사국시대의 한일관계사 연구

김태식 지음

서경문화사

2001년은 한일관계사가 크게 요동치던 시기였다. 그 하나는 일본의 '새 역사교과서를 만드는 회'에서 만든 후소샤 판 중학교 교과서가 문부과학성 검정을 통과했다는 소식 때문이다. 다른 하나는 그 해 김대중 대통령 일본 방문의 만찬 석상에서 아키히토 일왕이 일본 천황의 옛 생모 중에 백제 왕의 후손이 있다고 발언했다는 소식이다.

후자를 먼저 언급하자면, 화제의 주인공은 8세기 후반에 재위했던 환무(桓武) 천황의 어머니이면서 광인(光仁) 천황의 부인으로, 이름이 다카노니이카사[高野新笠]이다. 『속일본기』에 보면 789년 12월에 환무 천황 재위 중에 그 어머니인 황태후가 죽자 그 다음 해인 790년 1월에 장례를 치르는데, 그 장례 기사 말미에 황태후는 백제 무령왕의 아들인 순타태자(純陁太子)의 후손이라고 나온다.

원래 광인 천황에게는 황족 계통의 첫째 부인이 있었고 그 사이에 둔 아들이 황위 계승 예정자였는데 그는 둘째 부인을 질투하여 천황을 대상으로 나쁜 주술을 쓰다가 발각되어 황태자와 함께 유폐되었다. 그래서 황위 계승권에서 멀었던 백제 왕족 계통의 야마베[山部] 친왕이 황위에 올라 환무 천황이 되었고 그는 자기 어머니 쪽의 백제 왕통을 널리 선양한 것이다.

일본 고대 황위 계승에서는 어머니가 천황의 피를 받은 황녀 출신이 아니면 그 아들이 황위에 오를 때 장애가 되었다. 그러나 야마베 친왕의 어머니가 황녀가 아니면서도 그가 무난하게 황위에 오른 것은 사실이며, 이는 한반도에서 이주해 온 출신이기 때문에 모멸 받는 일은 없었던 당시의 상황을 묘사하고 있다.

그렇다면 6세기 초부터 일본열도에서 이어진 백제 왕통 인물들이 8세기 후반까지 약 270년에 걸쳐 일본 귀족 사회에서 무령왕의 후손이라는 명분으로 높은 지위를 유지하고 살았던 것을 확인할 수 있다. 또한 백제 귀족의 후손으로서 7세기 일본 천황족의 외척이 되어 강한 권력을 쥐었던 소가씨[蘇我氏] 일족의 사례도 있다. 이런 사실들에 토대를 두고 지나친 주장을 하는 사람들도 있다. 그러나 이는 어디까지나 일본 천황족의 외가 한 사람이 백제 왕족 또는 귀족이었다는 것을 벗어나지 못한다.

그에 앞서 일본열도에서 중요한 역할을 하였던 사람들은 가야인들이다. 그런데 가야 계통에 대해서는 백제 계통의 인물들과 같은 기록이 거의 남아 있지 않다. 이는 일본의 문자 기록 체계가 유교나 불교와 같은 고급문화와 함께 백제로부터 받아들여졌음에 기인한다고 볼 수 있다. 백제인들은 가야보다 높은 문화 수준을 토대로 일본열도에 진출하여 가야 문화보다 백제 문화가 우월함을 선전하였다. 일본에서 흔히 '가라'로 발음되던 '韓'자가 훗날 '空'자로 대체되는 것은, 백제 문화에 비하면 가야 문화는 빈 껍데기와 같다는 백제 측의 인식을 반영한다. 일본어에서 백제의 산물이 아니라는 뜻의 '구다라나이'가 아직도 '쓸모없는 것'이라는 의미로 쓰이는 것도 마찬가지이다.

그러나 일본열도에 문자가 정착하기 이전에 가야 문화는 일본에 커다란 기여를 하였다. 이는 두 지역의 고고학적 유물들을 비교해 보면 알 수 있다. 가장 중요한 것은 제철 능력, 금속 가공술, 단단한 도질토기 제작 기술, 무기나 갑옷·투구 및 마구 생산 기술 등이다. 즉 일본 고대 문화의 기반이 되는 물질문화는 대부분 가야인들이 전해주었다고 해도 지나친 말이 아니다. 김해 금관가야 시조인 수로왕 신화와 일본 천손강림 신화에서 하늘의 명령에 따라 최초의 알 또는 천신의 손자가 내려온 곳이 구지봉(龜旨峰) 또는 구지후루타케[久土布流多氣]로서 같은 곳을 가리킨다는 점도 다시 새겨볼 필요가 있다. 이 문제에 대해서는 충분히 논하지 못했으나 본서 III단원의 4세기 후반부터 5세기 전반까지의 가야와 일본열도 상황을 정리하며 대략 거론하였다.

한편 고대 한일관계사에서 이보다 더욱 중요한 쟁점은 이른바 '임나' 문제였다. 특히 후소샤 교과서에서는 스에마쓰 야스카즈[末松保和]의 '임나 일본부설' 또는 '남한경영론'을 거의 그대로 전재함으로써 식민사관의 부활을 연상케 하였다. 게다가 근대 일본의 전쟁 침략을 미화하는 서술이 다수 발견되자 이에 대한 한국 언론의 비판이 이어지고, 한일 간의 관광과 교류가 경색되는 국면에 도달하였다.

이러한 문제점을 해결하기 위한 방안으로 양국 정상 간의 합의를 통하여 2002년에 한일역사공동연구위원회가 구성되었다. 한일역사공동연구위원회는 한일 양국의 학자들이 모여 한일관계사의 쟁점에 대한 양국 연구의 공통점과 차이점을 확인한 후 그 상황을 교과서 출판사들에 통보하여 반영토록 하자는 취지에서 마련되었다. 출판사들에 대한 강제성이 없다는 점을 문제 삼아 한국 측 언론에서는 반발하였으나, 일본은 검인정 교과서 출판 체제의 특수성으로 인하여 국가가 이를 강제할 수 없다고 항변하여 일단 그대로 출범하였다.

본서의 II단원과 III단원은 필자가 제1기(2002~2005년) 및 제2기(2007~2009년) 한일역사공동연구위원회에 제출했던 보고서를 거의 그대로 전재한 것이다. 제1기 때는 4, 5, 6세기의 한일관계사를 3인의 연구위원이 분담하였기 때문에 필자는 그 중에 4세기 문제를 집필하였다. 제2기 때는 1~3세기, 4~6세기, 7~9세기의 한일관계사를 3인이 분담하였고 필자는 그 중에 4~6세기 문제를 집필하였다. 이 시기는 이른바 '임나일본부설'이 규정하고 있는 시기였기 때문에, 당연히 필자의 주요 관심은 임나 문제를 극복하는 데 놓여졌다.

　　거기서 필자는 해당 시기 한일 간에 기본적인 문화 수준이나 무력과 관련된 기술의 차이가 컸다는 점을 지적하고 임나가 있었다는 가야 지역에는 독립적인 가야연맹체가 유지되고 있었다는 것을 부각시키려고 노력하였다. 그리고 6세기 이후 한일관계의 중심은 점차 백제 쪽으로 옮겨갔으나, 적어도 6세기 전반까지는 한일관계의 방향을 주도하는 세력이 가야였다는 것을 문헌 및 유물의 다양한 측면에서 보여주었다.

　　I단원은 고대 한일관계에 대한 연구사를 개설적으로 정리한 글들을 모아놓았다. 그 중에 대방군의 위치에 대한 논문은 한일관계사에 대한 직접적인 글이 아니나, 그것 역시 일본 역사교과서에서 문제가 되는 중요한 별도의 주제이기 때문에 함께 수록해 두었다.

2014년 2월
고대 한일관계사에 대한 고민을 거듭하며
저자 삼가 씀

차 례

I 부

한일관계 연구의 흐름

한일관계 연구의 흐름

1.
한일 간의 임나 문제 연구사

1. 머리말

한국과 일본은 고대 이래로 긍정적이든 부정적이든 상호간에 밀접한 관계를 맺어 왔다. 그러나 그들 사이의 관계가 어떠했는가에 대한 연구는 그리 충분히 이루어졌다고 보기 어렵다.

더욱이 2001년에는 고대 한일관계사를 왜곡 서술하는 일본 중학교 역사 교과서가 나타나서 한일관계를 긴장시키고 있다. 특히 그 중의 한 교과서는 해방 이후 50여 년에 걸쳐서 한국과 일본 사이에서 연구되어 온 고대 한일 관계사의 연구 성과를 전혀 무시하고 있다. 그 교과서의 설명에 대하여 일본의 일부 국민들이 지지를 표명하기도 하는데, 이는 근래의 학계 연구 성과가 널리 알려지지 않은 것과도 관련이 있을 것이다.

한국과 일본의 학계에서 고대 한일관계에 대한 연구 성과가 그리 많은 것은 아니지만, 그럼에도 불구하고 그 연구 성과들이 양국의 여러 전문적인 논문집들에 분산되어 있어서, 전문 학자라고 해도 그들을 일일이 찾아보기가 어려운 상태이다. 그러므로 지금의 시점에서라도 고대 한일관계사의 연구 성과들을 객관적으로 정리하여 일반에게 제시하는 것이 학계의 의무라고 하겠다.

고대 한일관계사의 연구 범위는 선사시대부터 10세기경까지의 고대 한국과 일본 사이의 관계사라고 하겠다. 연구 대상 주제는 임나 문제, 고구려, 백제 및 신라와 왜의 관계, 한반도와 일본열도 사이의 문화 교류사, 한국 및 일본의 종족 구성 문제 등이다. 그 중에서도 임나 문제는 고대 한일관계사의 핵심적인 문제라고 할 수 있다. 임나 문제란 가야와 왜의 관계사를 지칭하며, 그 동안의 연구 결과물도 이 문제에 거의 집중해 왔다. 그 중에 핵심은 任那日本府說로서, 이는 일제 강점기에 일본이 우리에게 강요한 식민사관의 대표적인 것이고, 그들은 이것을 통해 한국 고대사를 왜곡시키고 한국인에게 열등감을 조장했다. 그들이 '임나' 라고 부르는 곳은 고대 한반도의 가야 지역에 해당한다.

가야 지역의 역사에 대한 최초의 학문적 연구는 조선 후기 실학자인 정약용 등으로부터 시작되었다. 그러나 근대 이후 연구 주체가 일본학자들로 넘어가면서, 가야사를 다루는 시각이 임나 문제를 중심으로 한 고대 한일관계사로 변질되기 시작했다.

본고는 임나 문제를 중심으로 하여 고대 한일관계사를 다루어 보고자 한다. 한편으로는 2002년 한일 월드컵 공동 개최를 통하여 양국 사이의 우호적 선린 관계가 요청되고 한편으로는 역사교과서 파동으로 인하여 임나일본부설이 다시 부흥되는 이 시점에, 임나 문제의 근래 연구 성과들을 중심으로 하여 한일 양국 학계의 공감이 어디까지 와 있는가를 확인할 필요가 있다고 하겠다.

2. 임나일본부설의 성립

19세기 후반 메이지유신 이후 몇몇 일본 정객들에 의하여, 일본의 근대화를 위해서는 한반도를 정벌해야 한다는 이른바 '征韓論' 이 대두되면서,[1] 일본 국내에서는 『古事記』나 『日本書紀』 등 고대 문헌에 전하는 神功皇后의 신라 정벌 전설이 거론되기 시작했다. 즉 옛날 일본 제14대 왕 仲哀天皇의 부인인 神功皇后가 수십 척의 배를 이끌고 신라에 와서, 신라왕의 항복을 받고 궁궐을 약탈한 후, 조공의 서약을 받았다는 전설이다.[2] 물론 이는 일본의 옛 전설일 뿐, 이를 입증할 만한 어떤 기록도 한국 계통 사서에는 없었는데, 당시 고구려의 옛 수도인 만주 集安에서 발견된 광개토왕릉비에서 고구려가 한반도 남부 지역에서 왜구를 여러 차례에 걸쳐 격파하여 물리쳤다는 기록이 나오자, 관련 논의가 활기를 띠었다. 이 비문의 초기 탁본이, 만주에서 간첩 행위를 하던 酒匂景信 중위에 의해 일본군 참모본부로 넘겨지고, 비문에 대한 초기 연구가 그 곳에서 비밀리에 이루어졌다는 것은 이미 일본 근대사 연구자에 의하여 널리 알려진 사실이다.[3]

那珂通世는 일본에 「廣開土王陵碑文」이 전해진 지 얼마 후에 神功紀 49년(249) 己巳年의 사실을 干支 二運 내려서 紀年을 하향 조정한 후, 기사의 내용 자체는 그대로 신뢰하는 자세를 보였다.[4] 반면에 津田左右吉 및 池内宏은 이 기사가 『百濟本記』 소재의 6세기 전반 임나 관계 사실에 의거하여 『日本書紀』 編者가 대대적인 起源說話를 만들어낸 허구의 것이라고 하여,[5] 그 사실성을 전반적으로 부정하였다. 물론 이들도 6세기 전반에는 가야 제국이 任那日本府의 관할 아래 있었다고 생각하였으며,[6] 4세기 중엽의 상황에 대해서도 일관성 없는 언급을 하고 있으므로, 고대 일본이 임나를 지배

1) 이현희, 1986, 『征韓論의 배경과 진상』, 대왕사.
   제홍일, 1993, 「서향융성과 征韓論정변」, 『國史館論叢』 44.
2) 『古事記』 中卷, 仲哀天皇 神功皇后新羅征討條 ; 『日本書紀』 卷9, 神功皇后 攝政前紀 仲哀天皇 9年 겨울 10월 조.
3) 中塚明, 1971, 「近代日本史學における朝鮮問題 -とくに'廣開土王陵碑'をめぐって-」, 『思想』 561.
4) 那珂通世, 1888, 「日本上古代考」, 『文』 1·8·9 ; 1958, 『外交繹史』 제1권.
5) 津田左右吉, 1924, 『古事記及日本書紀의研究』, 岩波書店, 644쪽.
   池内宏, 1947, 『日本上代史의一研究』 ; 1970, 再版, 中央公論美術出版, 53쪽.
6) 津田左右吉, 1913, 「任那疆域考」, 『朝鮮歷史地理研究』 1 ; 1964, 『津田左右吉全集』 11.
   池内宏, 위의 책(1970년판), 54쪽.

했다는 인식 자체로부터 자유로운 것은 아니었다.

임나일본부의 설치 및 임나 지배라는 것은 이미 에도시대의 『古事記』 및 『日本書紀』에 대한 國學 연구 때부터 기정 사실로 인정되어 있는 상태였다. 에도시대의 한 연구에 의하면, 崇神天皇이 신라를 정벌하지 않았으나 신라가 일본 조정이 任那王에게 준 비단을 약탈하여 죄를 지었고, 결국 神功皇后가 임나를 위하여 신라를 정벌하여 韓地에 日本府를 두고 宰에게 맡겨 다스렸는데, 신라가 일본의 은혜를 위배하고 欽明天皇 23년에 임나를 침략하여 멸망시켰으니, 신공황후 이래 593년 동안 임나가 존속했다는 것이었다.[7] 에도시대의 연구는 『일본서기』의 편년을 그대로 인정하면서, 崇神 말년(B.C. 30)부터 欽明 23년(562)까지를 임나 지배 기간으로 설정한 것이다. 그가 崇神 말년을 임나 경영의 개시 연대로 추정한 이유는, 垂仁紀 2년(B.C. 28) 是歲條의 기사와 같이 蘇那曷叱智 또는 都怒我阿羅斯等이 이미 죽은 崇神天皇을 추모하여 그 本國의 이름을 '미마나'로 바꾸었다는 설화를 인정한데 있다. 그러나 이 설화를 그대로 인정한다 해도, 그 내용은 '임나 경영 개시'를 말하는 것이 아니라 '일본과 임나의 교역 개시'를 말하는 것이므로, 그 기년이 아무리 타당하다해도 임나 경영의 개시 연대로 될 수는 없는 것이다.

19세기 말 이후 일제 강점기에 걸쳐 일본 학계는 에도시대의 國學 연구 성과를 토대로 하면서, 광개토왕릉비의 발견을 계기로 이를 좀 더 합리화하기 위하여 임나 관련 紀年을 조정하는 데에 관심을 두었다. 임나 경영의 개시 연대에 대한 학설로는 菅政友·那珂通世의 258년설과 橋本增吉의 318년설 등이 있는데, 이들은 모두 일본 국학 연구 전통과 같이 『古事記』에서 崇

---

7) 松下見林, 1688, 『異稱日本傳』 卷下, 東國通鑑卷之一 新羅始祖八年條 註釋 "仍齎赤絹一百疋 賜任那王 然新羅人遮之於道而奪焉 其二國之怨 始起於此際矣 終至神功皇后得征之 蓋爲任那征之也 (中略) 於是 韓地置日本府 任宰以治之 新羅當親戴我與天地不變 而時逆天昔孟 違我恩義 數侵任那 至欽明天皇二十三年 新羅遂滅任那 自神功皇后以來五百九十三年 任那之存如此永久也 此非神功皇后之大神餘烈乎"

神天皇의 崩年인 戊寅年을[8] 몇 년으로 추정하는가에 따른 결과들이다.[9] 그러나 당시에 대부분의 학자들이 임나 지배의 증거로 생각하던 七支刀의 제작 연대를 西晉 泰始 4년(268)으로 인정한 것은[10] 아직까지 『일본서기』의 신공황후 섭정 기간(200~269)을 사실로 인정하고 있던 분위기를 반영하는 것이다.

한편 末松保和는 이에 대해 상대적으로 좀 더 합리적인 자세를 취하여, 崇神紀와 垂仁紀의 임나 관계 기사는 '임나 조공의 전설'로서 사실의 기재가 아니므로 연대 추정은 무의미하며, 神功紀 끝 무렵부터는 사실의 기재이되 연대는 깎아내려야 한다고 보았다.[11] 즉 神功紀 49년(249) 己巳年의 사실을 干支 二運 내려서 보는 나카의 紀年觀을 스에마쓰는 任那史研究의 과거 성과 중에 가장 기본적인 기준이라고 평가하면서 그대로 수용한 것이다.[12] 그리하여 그는 기존의 문헌 고증적 연구들을 체계적으로 종합함으로써 외형적 근거를 갖춘 남한경영론, 즉 임나일본부설을 내놓게 되었다. 이를 요약하여 소개하면 다음과 같다.

『일본서기』로 보아, 신공황후 섭정 49년인 서기 369년에 왜군은 바다를 건너 신라를 쳐서 比自㶱(창녕), 南加羅(김해), 㖨國(경산), 安羅(함안), 多羅(합천), 卓淳(대구), 加羅(고령) 등 일곱 나라를 평정함으로써 임나 지배를

---

8) 『日本書紀』 권5의 말미에는 崇神天皇이 그 踐祚 68년에 죽었다고 되어있는데, 崇神紀 68년(B.C. 30)의 干支는 辛卯年으로 『古事記』의 戊寅과 전혀 다르다.
9) 菅政友, 1893, 「任那考」; 1907, 『菅政友全集』, 國書刊行會.
   那珂通世, 1915, 『那珂通世遺書』; 1958, 『外交繹史』 제1권, 岩波書店.
   橋本增吉, 『東洋史上より見たる日本上古史研究』(改訂增補版), 688쪽.
10) 菅政友, 1907, 「大和國石上神宮寶庫所藏七支刀」, 『菅政友全集』 雜稿 1.
   高橋健自, 1914, 「京畿旅行談」, 『考古學雜誌』 5-3.
   喜田貞吉, 1918, 「石上神宮の神寶七枝刀」, 『民族と歷史』 1-1.
   大場磐雄, 1929, 『石上神宮寶物誌』, 吉川弘文館.
   末永雅雄, 1941, 「象嵌銘文を有する鉾 - 七支刀」, 『日本上代の武器』, 弘文堂.
11) 末松保和, 1949, 『任那興亡史』, 大八洲出版; 1956, 再版, 吉川弘文館, 21~22쪽.
12) 위의 책, 17쪽.

시작했으며, 또한 왜군은 전라도 지역을 평정하여 일부를 백제 근초고왕에게 줌으로써 조공의 서약을 받아냈다고 했다.[13]

그리고 「광개토왕릉비문」에는 왜가 신묘년, 즉 서기 391년에 바다를 건너 백제와 신라 등을 깨뜨려 臣民으로 삼았다는 기록이 있고, 서기 400년을 전후하여 이들은 신라의 구원 요청을 받은 고구려 광개토왕의 군대에게 상당히 격파되기도 하지만, 그 지배체제 자체를 무너뜨리지는 못했고, 오히려 왜군은 그 얼마 후 황해도 연안까지 북상하여 한반도의 패권을 둘러싸고 고구려와 전투를 벌이기도 했다는 것이다.[14] 그리하여 중국 25사의 하나인 『宋書』에 보이듯이, 5세기에 왜왕은 중국 남조에 조공하여 '使持節都督 倭・百濟・新羅・任那・加羅・秦韓・慕韓 七國諸軍事 安東大將軍 倭國 王'이라는 작호를 받아냈으니, 이는 왜의 한반도 남부 지배를 국제적으로 공인 받은 결과였다는 것이다.[15]

그러나 6세기에 들어 백제가 점차 남쪽 지역에 대해 팽창해옴에 따라 왜는 임나 지역의 일부를 백제에게 할양해 주기도 했고,[16] 신라의 무력 진출에 의해 남가라・탁순 등의 나라를 빼앗기기도 했다.[17] 임나의 지배기관인 임나일본부가 이를 막지 못하여 임나는 점차 약화되었고, 결국 임나의 일본 관가는 562년 신라 진흥왕이 보낸 군대의 공격을 받아 멸망했다는 것이다.[18]

결국 왜가 4세기 중엽부터 6세기 중엽까지 200년 동안 가야 지역에 해외 통치 기관인 임나일본부를 두고 한반도 남부를 지배했다는 것이 그 요점이다. 이는 기존의 전통에 비하여 임나 지배 기간을 대폭 줄여서 본 것이다.

그러나 임나일본부설의 토대가 된 『일본서기』의 6세기 이전 기록은 설

---

13) 위의 책, 47~63쪽.
14) 위의 책, 71~78쪽.
15) 위의 책, 91~101쪽.
16) 위의 책, 115~130쪽.
17) 위의 책, 135~146쪽.
18) 위의 책, 177~188쪽.

화 전승을 토대로 위조된 것이 많고, 「광개토왕릉비문」의 신묘년 기사에는 탈락된 몇몇 글자들로 인해 달리 해석될 여지가 많기 때문에, 이 설은 불안한 토대 위에 서 있다고 할 수 있다. 또한 왜의 임나 지배 사실은 한반도 계통의 사서에는 전혀 보이지 않고 있으며, 가야 지역의 고고학적 유물에는 일본적인 요소가 거의 없다는 것도 문제로 남아있다. 200년간이나 왜의 지배를 받았다는 가야 지역에 일본 유물이 거의 없다는 것은, 임나일본부설이 원래부터 틀린 주장이었다는 반증이 될 수 있는 것이다.

　　그러나 일본 국내에서는 이 학설이 거의 그대로 인정되는 추세를 이어갔다. 七支刀의 제작 연대를 東晉 太和 4年(369)으로 보는 설이 그 이후로 생겨나서 한동안 고착화된 것은 이를 반영하는 것이다.[19]

3. 임나 문제 연구의 혼란

패전 이후 일본 국내에서는 『일본서기』의 불확실성을 비판하던 학자가 재평가되고 일본 천황의 계보에 의문이 제기되는 등, 그 때까지의 皇國史觀에서 벗어나려는 움직임이 학계 일각에서 일어났다. 그 중 하나로 1949년 동경대 고고학 교수인 江上波夫에 의해 일본 고대사 관련 토론석상에서 발표되었다가[20] 1967년 책으로 출판된 '騎馬民族征服王朝說'이 있는데,[21] 특

19) 福山敏男, 1951, 「石上神宮の七支刀」, 『美術研究』 158 ; 1969, 『日本建築史研究』 재수록.
　　榧本杜人, 1952, 「石上神宮の七支刀と其銘文」, 『朝鮮學報』 3, 朝鮮學會, 天理.
　　藤間生大, 1968, 「七支刀」, 『倭の五王』, 岩波新書.
　　栗原朋信, 1970, 「七支刀の銘文よりみた日本と百濟 東晉の關係」, 『歷史敎育』 18-4.
　　上田正昭, 1971, 「石上神宮と七支刀」, 『日本なかの朝鮮文化』 9.
　　神保公子, 1981, 「七支刀銘文の解釋をめぐって」, 『東アジア世界における日本古代史講座』 3.
　　鈴木靖民, 1983, 「石上神宮七支刀銘についての一試論」, 『坂本太郎頌壽記念日本史學論集』 上.
20) 江上波夫, 1949, 「日本民族=文化の源流と日本國家の形成」, 『民族學研究』 13-3.
21) 江上波夫, 1967, 『騎馬民族國家』, 中央公論社, 東京.

히 그의 학설은 언론을 통해 일본 국내에 큰 물의를 일으켰다.

그는 일본의 고고학 자료들을 종합해 볼 때, 일본 고훈시대 초기인 3세기 말부터 4세기 말까지의 고분에서는 폭넓은 청동투겁창[廣形銅鉾], 청동말종방울[銅鐸], 청동거울, 돌팔찌 등 비실용적이고 제사의례적인 유물이 주로 출토되어, 그 문화의 내용이 평화적이고 농경적인 성격을 갖는다고 했다. 그러나 고훈시대 후기인 5세기 이후 6세기의 고분에서는 철제의 큰칼, 긴 창, 갑옷과 투구, 마구 등 실용적이고 전투적인 유물이 주로 출토되어, 그 문화의 내용이 기마군단에 의한 정복적이고 억압적인 것으로 급변했다고 했다. 이는 4세기 대에 만주로부터 한반도를 거쳐 남하한 기마민족이 원래의 일본 농경민족을 정복한 이후에 나타난 변화일 것이라고 했다.[22]

그리하여 그는 고고학적 지견을 토대로 하여 일본 고대국가의 성립 과정을 다시 구성했다. 일본의 제10대 왕 崇神(B.C. 97~30)은 일본의 진정한 초대 천황으로서, 그의 생전의 이름은 미마키 이리비코 이니에[御間城入彦五十瓊殖]이니, 이는 곧 미마나의 城, 즉 한반도 김해 지방에서 온 사람이라는 뜻이라는 것이다. 그는 원래 기마민족으로서 김해 지방에 머물면서 변한 지역 전체를 다스리던 辰王의 자손인데, 4세기 초 백제와 신라의 압박이 심해지자 일본 북 규슈로 건너와서 원주민을 정복하고 새로운 국가를 건설했다고 하였다. 그는 북 규슈에 정권의 중심을 두고 원주지였던 가야 지역까지를 포괄하여 다스리는 倭 · 韓 聯合王國을 세웠다. 이것이 제1차 일본 건국으로서, 일본의 天孫降臨 신화는 이를 반영한 설화라는 것이다.[23]

일본의 제15대 왕 應神(A.D. 270~310)은 神功皇后의 신라 정벌 이후 북규슈 해안 가에서 태어났다는 전설을 가진 사람인데, 무덤은 일본 기나이[畿內] 지방에 있다. 이는 그가 5세기 초 규슈로부터 기나이 지방으로 진격하여 그 곳의 원주민을 정복하고 일본 야마토[大和] 정권을 세운 사람이라는 것을

---

22) 위의 책, 158~171쪽.
23) 위의 책, 181~183쪽, 190~195쪽.

의미한다. 이것이 제2차 일본 건국으로서, 일본의 초대 왕인 神武(B.C. 660~582)의 東征 설화는 이를 토대로 한 것이라고 했다.[24]

그 후 應神의 후손들은 기마전투적인 무력을 기반으로 일본열도 전역을 통합했으며, 바다 건너 한반도 남부의 임나 지역도 다시 평정하여 경영했다. 이들은 7세기 중엽 백제 부흥군을 지원하는 왜의 군단이 백강 입구에서 나당연합군에 의하여 패배한 후, 비로소 한반도 남부의 경영을 포기했다는 것이다.[25]

이러한 내용의 기마민족 정복왕조설은 일본 고대사를 좀 더 객관적으로 보는 계기를 만들었다는 성과를 인정할 수 있으나, 왜가 고대에 임나 지역을 통치했다는 시각에 대해서는 큰 변화가 없다는 것을 알 수 있다. 게다가 이 학설은 문헌 고증상의 문제, 바다를 사이에 둔 왜·한 연합왕조라는 개념이 가능한가의 여부 등, 많은 문제점을 내포하고 있는 상태이다.

한편 분단 이후 북한의 역사학은 階級史觀에다가 唯一思想 및 國粹主義를 가미한 이른바 '主體史觀'을 성립시켜 나갔는데, 그러기 위해 그들은 처음부터 정책적으로 植民史觀을 극복하기 위해 노력했다. 그러던 중에 북한의 대표적 역사학자인 김석형은 1963년에 고대 한일관계에 대한 자신의 생각을 조그만 논문의 형태로 발표하고[26] 1966년에 이를 확대 정리한 저서를 출판함으로써 日本列島內分國說을 공표했다.[27]

그는 일단 한일 양국의 고고학적 유물들을 비교함으로써, 일본의 농경문화와 청동기 문화, 철기 문화는 모두 규슈 지방에서 시작되어 점차 동쪽으로 퍼져 나갔으며, 그 시작 시기가 한반도에 비해 상당히 늦었다는 것을 큰 전제로 삼았다. 일본열도에 나타나기 시작하는 새로운 문물의 도래는 대

---

24) 위의 책, 184~185쪽.
25) 위의 책, 195~198쪽.
26) 金錫亨, 1963, 「삼한·삼국의 일본열도내 분국에 대하여」, 『력사과학』 1963-1.
27) 金錫亨, 1966, 『초기조일관계연구』, 사회과학원출판사, 평양 ; 1969, 『古代朝日關係史』, 頸草書房, 東京.

부분 한반도로부터 이주민의 도래에 의해 비롯되었다는 것이다.[28]

그리하여 그는 5세기 말까지 일본열도는 수십 개의 소국들로 이루어져 있었고, 그 소국 중에는 한반도 삼한·삼국의 분국이 상당수 존재했으며, 일본열도 내에 산재하는 이른바 '조선식 산성'은 한반도 계통의 분국들이 정치·군사적 거점을 영위했던 유적들이라고 보았다.[29] 특히 규슈 지방에는 백제 소국과 가라 소국이 많고,[30] 기비 지방에는 임나 소국이 많고,[31] 야마토 지방에는 신라 소국이 많았다고[32] 하였다. 이주민 계통의 分國들은 本國을 통해 문화를 전수받기도 하고 일정한 공물을 바치기도 했으며, 본국을 위해 군사 동원되기도 했으므로, 「광개토왕릉비문」의 고구려와 싸운 왜군은 규슈 지방 소재 백제·가야계 분국민이었다는 것이다.[33]

『宋書』의 왜왕 武가 '왜·백제·신라·임나·가라·진한·모한 7국 제군사'를 자칭한 것은 5세기의 왜국왕이 일본열도 내에 있던 백제·신라·임나 등의 분국들에 대해 일정한 패권을 수립했다는 것으로 해석해야 하는데, 그 세력 범위는 야마토 지방을 크게 벗어나지 못했을 것이라고 보았다. 게다가 이들은 5세기 말에 규슈 백제 소국의 공격을 받아 정복되어 왕조가 단절되었는데, 이는 백제에서 기원하여 규슈에만 있던 굴식 돌방무덤의 묘제가 5세기 말 이후에 기나이 야마토 지방에 나타나기 시작한 것으로 보아 알 수 있고, 神武 東征 설화는 이 사실을 반영한 것이라고 했다.[34]

또한 분국설에서는 임나 문제를 일본의 한반도 경영 문제가 아니라 기나이 야마토 정권에 의한 일본열도 내의 소국 통합 문제로서 이해했다. 즉 6세기 초 이후 야마토를 중심으로 한 일본 국가세력은 각지에 미야케[屯倉]를

---

28) 위의 책(1969년판), 121~122쪽.
29) 위의 책, 112~116쪽.
30) 위의 책, 281~287쪽.
31) 위의 책, 290~293쪽.
32) 위의 책, 300쪽.
33) 위의 책, 370~377쪽.
34) 위의 책, 301~305쪽.

설치하면서 지방 소국들을 통합하기 시작하였고, 『일본서기』에는 신라 · 백제 · 임나에도 일본의 미야케 또는 內官家가 설치되어 있었다고 기술되어 있는데, 이들은 한반도의 본국이 아니라 일본열도 내의 분국이며, 임나일본부는 야마토가 기비 지방의 임나 소국에 설치한 지배기관이었다는 것이다.[35] 그 결과 각지의 한반도 이주민 계통 소국들의 분산성이 청산되는 것은 일본열도 내에서 첫 통일국가가 성립하게 된 7세기 전반에야 이루어졌으며, 그 일본 고대국가 형성의 주력을 담당한 귀족 계층은 모두 백제 유민이었다고 보았다.[36]

이러한 연구 결과는 일본 고대사 자체 및 임나일본부설의 취약성을 입증함으로써, 1970년대 이후 일본학자들의 반성을 촉구하는데 성공했다. 그러나 『일본서기』를 비롯한 문헌 사료들을 이용할 때 거의 모든 사료를 무리하게 일본열도에서의 사실로 억측함으로써, 오히려 한반도 내의 가야사를 포기한 결과를 초래했다.

위와 같은 분국설에 접한 일본 고대사학계는 이를 논박하는 많은 반론을 내놓았으나, 그런 중에 기존의 임나일본부설에 문제가 있음을 인정한 연구가 나오기 시작했으며, 1973년에 나온 井上秀雄의 僞倭 自治集團說은 그 대표적인 것이다.[37]

그는 우선 임나일본부설의 토대가 된 『일본서기』 자체의 사료적 가치를 검증하기 시작했으며, 『일본서기』의 사료 계통의 原典을 추출해내어 분석하는 방법론을 써서 좀 더 객관적인 연구를 시도했다. 그 결과 『일본서기』에 전하는 6세기 이전의 기사들은 거의 사료 가치가 없음을 전하고, 그 중에 『百濟記』 · 『百濟新撰』 · 『百濟本記』와 같은 책을 인용하여 수록된 한반도 관계 기사는 일부 사실성이 인정되는 바가 있음을 인정했다.[38]

---

35) 위의 책, 439~444쪽.
36) 위의 책, 463~465쪽.
37) 井上秀雄, 1973, 『任那日本府と倭』, 東出版, 東京.
38) 위의 책, 28~29쪽.

또한 그는 4~5세기의 항해 수송 능력으로는 대규모의 군단이나 이주민 집단이 현해탄을 자유로이 왕래할 수 없었기 때문에, 기마민족 정복왕조설이나 일본열도 내 분국설은 모두 성립하기 어렵다고 말했다. 다만 한반도의 문화를 동경하여 어려움을 무릅쓰고라도 바다를 건넌 일부의 왜인들이 한반도 남부에 어느 정도 자리 잡고 살았다는 사실은 인정되어야 한다고 했다.[39)

그렇게 하여 나온 연구 결과에 따르면, 『광개토왕릉비문』의 왜군이나 『일본서기』의 임나일본부 관계 기사들은, 왜인으로 칭하는 임나의 한 호족세력이 한반도 내에 존재했다는 것을 보여주며, 임나일본부는 백제·신라의 접촉지대에 있던 왜인 집단 거주 지역을 통치하고 있었을 뿐이라는 것이다. 즉 임나일본부는 일부 왜인과 다수의 僞倭, 즉 가야인이면서 거짓으로 왜인을 칭하는 사람들의 정치세력으로서, 이들은 야마토 정권의 명령을 받들거나 한 흔적은 없으며, 현지의 이해관계를 우선하는 독립소국과 같은 것이었다고 보았다.[40)

이는 일본학자의 연구 결과 중에서 왜 왕권의 군사 정벌에 의한 임나 지배를 부인한 최초의 것으로서 주목된다. 그러면서도 그는 지역의 규모는 작지만 한반도 내의 일정 지역을 왜에서 파견된 관료가 통치하고 있었다고 인정했다. 그러나 백제·신라의 접촉지대에 왜인 집단의 장기간에 걸친 거주 흔적은 고고학 상으로 입증된 바 없으며 『일본서기』에도 그에 대한 직접적인 기록은 없어서, 이러한 주장도 근본적인 한계를 지닌다고 하겠다.

북한과 일본 사이에 이처럼 임나일본부를 둘러싼 공방이 오가고 있어도, 우리 한국학계에서는 이 문제에 대한 전문 연구자가 없어서 별다른 견해를 내놓을 수 없었다. 그러다가 1970년대 후반에 와서야, 언론인이면서 역사학자인 故 千寬宇 선생이 가야사를 복원한다는 목표 아래 연구하여 百濟軍司

---

39) 위의 책, 118쪽.
40) 위의 책, 119~121쪽.

令部說을 발표했다.[41]

그는 『일본서기』의 편찬 실무자 두 사람 중에 키노 키요히토[紀淸人]라는 사람이 있는데, 그를 백제계 이주민으로서 백제 귀족 중 大姓八族의 하나였던 木氏의 후손이라고 보았다. 그 이주민 계통의 『일본서기』 편찬자는 일본 내에서 자신의 입지를 강화하기 위해, 자기 조상들이 모국 백제에서 백제왕의 명령을 받고 활약한 일을 왜지에서 왜왕의 명령을 받고 한반도로 건너가 활약하다가 돌아온 것으로 변조했다는 것이다.[42] 예를 들어 『일본서기』 神功皇后 49년 조인 369년에 신라를 정벌하러 간 왜군 증원군 장군으로 木羅斤資라는 사람이 나오는데, 그에 대한 주석에 작은 글씨로 '百濟將也'라는 기록이 덧붙여져 있으므로, 가야 7국을 정벌한 것은 백제왕의 명령을 받은 목씨 계통의 백제 장군이라는 것이다.[43]

그러므로 천관우는 백제 근초고왕 대인 369년에 백제군이 가야를 쳐서 자기 세력권으로 만들었고,[44] 400년경에는 백제가 가야·왜를 거느리고 고구려·신라와 대결을 했으며,[45] 5세기에는 백제가 가야 지배를 공고히 하기 위해 김천 방면에 군대를 주둔시켜 파견군사령부를 설치했고,[46] 6세기에는 군사령부를 진주에 두었다가 함안으로 옮기기도 했으니,[47] 『일본서기』에 나오는 임나일본부는 곧 백제가 가야를 지배하기 위해 설치한 백제의 파견군사령부라고 보았다.[48]

이 연구 결과는 『일본서기』를 일정한 비판을 거쳐 이용함으로써 왜의 임

---

41) 千寬宇, 1977·1978,「復元加耶史」(上·中·下),『文學과 知性』28·29·31 ; 1991,『加耶史研究』, 一潮閣, 서울.
42) 千寬宇, 1977,「復元加耶史」(中),『文學과 知性』29, 926쪽 ; 1991,『加耶史研究』, 34쪽.
43) 위의 논문, 927쪽 ; 1991, 위의 책, 35쪽.
44) 위의 논문, 917~918쪽 ; 1991, 위의 책, 23~24쪽.
45) 위의 논문, 920~924쪽 ; 1991, 위의 책, 26~32쪽.
46) 千寬宇, 1978,「復元加耶史」(下),『文學과 知性』31, 112~114쪽 ; 1991, 위의 책, 33쪽, 40~44쪽.
47) 위의 논문, 117~118쪽 ; 1991, 위의 책, 46~48쪽.
48) 천관우, 앞의 논문(中), 925쪽 ; 1991, 위의 책, 33쪽.

나 지배설에서 벗어났다는 점과, 서술 과정 중에 가야의 조기 중심을 김해로 보고 만기 중심을 고령으로 구분해 본 점이 중요한 업적이라고 하겠다. 그러나 4세기 중엽 이후 6세기 중엽까지의 기간에 걸쳐 가야가 백제의 지배 아래 놓여 있었다고 추정한 점은, 고고학 유물 상에 보이는 가야 문화의 독자적 경향과 어긋난다. 즉 200년간에 걸쳐 가야가 백제의 지배를 받았다면 가야 유물에 백제 유물이 많이 섞여 있어야 하는 것이 마땅하나, 가야 문화는 백제와 구별되는 독자성을 가지고 있으므로, 백제군사령부설도 허구일 가능성이 높은 것이다.

4. 임나 문제 연구의 안정

이처럼 가야사와 일본 고대사의 전체 구조가 뒤흔들릴 만한 연구들이 진퇴를 거듭하면서, 1970년대 후반 이후 한일 양국 학자들 사이에 고대 한일관계사에 대해서 어느 정도 객관적으로 인식하려는 연구 경향들이 나타났다.

山尾幸久는 神功紀 49년 조의 기사를 임나 성립 기사의 시초로 보기는 하였으되 이를 세부적으로 비판하여, 거기서 대부분의 내용은 조작된 것이고 다만 木羅斤資라는 백제 장군이 신라를 공격하여 加羅에의 지배권을 확립한 내용만이 사실인데, 그 기사의 年代는 그의 아들인 木滿致가『삼국사기』의 개로왕 말년(475)에 나오는 것으로 보아 249년에서 干支 三運 내린 429년으로 수정해서 잡아야 한다고 하였다.[49] 그 후 應神紀 25년(294 ; 수정 474년) 조의 기사로 보아 木羅斤資 · 木滿致의 노력으로 任那諸國과 卓淳 · 喙己呑까지 일괄하여 백제의 직접적인 정치 지배 아래 놓은 것은 5세기 50년대일 것으로 추정하였으며, 5세기 80년대에 滿致가 倭國으로 이주함에

---

49) 山尾幸久, 1978,「任那に關する一試論 -史料の檢討を中心に-」,『古代東アジア史論集(下卷)』(末松保和博士古稀記念會編), 吉川弘文館, 198~202쪽.

따라 왜의 임나 경영이 시작된다고 하였다.[50] 야마오 유키히사의 독특한 견해는 神功紀 49년 조 기사의 紀年을 60년 더 늦춰 잡고 왜에 의한 임나 경영의 개시를 이보다 더 늦춰 잡으면서 단계화한 것이나, 神功紀의 기사를 임나 성립 시기와 연관하여 사실로 인정한 마지막 연구라고 하겠다.

반면에 請田正幸은 史料上으로 任那日本府는 6세기 前期의 安羅日本府밖에 존재하지 않았다 하고,[51] 繼體紀 23년(529) 3월의 두 번째 是月條의 기사로 보아 왜가 아후미노 게나노오미[近江毛野臣]를 安羅에 파견함으로써 '日本府'가 설치되고 그에 의해 安羅·倭의 연합이 이루어져 안라국이 임나 제국을 통일할 수 있었다는 연구를 내놓았는바,[52] 그의 간단한 언급 이후로는 이 繼體紀 23년 3월 조의 기사가 任那 '日本府' 성립 기사로 주목되기 시작하였다.

大山誠一은 繼體紀에 대한 미시나의 紀年 연구 결과를[53] 무리하게 적용하여 繼體紀 23년 3월의 두 번째 是月條를 3년 뒤로 물려 同 26년(532) 3월 조로 수정하고, 이 때 안라에서 열린 회의에 왜의 장군인 게나노오미가 참석하고 있었는데 그 회의의 내용에 대하여 훗날 백제 聖王이 '會于任那日本府相盟'이라고 표현하였으므로 이는 安羅의 게나노오미가 곧 任那日本府로 인식된 증거라고 하였다.[54] 또한 繼體紀 24년 9월 조(수정 同 27년 9월 조)의 기사로 보아, 게나노오미는 그 후 2년간 安羅에 머무르는 동안 大和王朝에 충실한 日系 조직의 확립에 노력하였으며, 그에 의해 성립된 조직이 바로 任那日本府라는 것이다.[55]

---

50) 위의 논문, 216~219쪽.
51) 請田正幸, 1974, 「六世紀前期の日朝關係 -任那 '日本府' を中心として-」, 『朝鮮史研究會論文集』 11, 195쪽.
52) 위의 논문, 200쪽.
53) 三品彰英, 1966, 「繼體紀」の諸問題 -特に近江毛野臣の所傳を中心として-」, 『日本書紀研究』 2.
54) 大山誠一, 1980, 「所謂 '任那日本府' の成立について」(上·中·下), 『古代文化』 32-9·11·12, 古代學協會, 761~762쪽 ; 1999, 『日本古代の外交と地方行政』, 吉川弘文館, 東京, 56쪽.
55) 위의 논문, 765쪽 ; 1999, 위의 책, 59쪽.

김현구는 천관우의 견해를 이어받아 임나일본부를 백제의 가야직할령 통치기관으로 보되, 이를 왜국과도 연관지어, 백제가 왜로부터 왜인 傭兵을 받아서 그 곳을 통치하되 왜계 백제 관료가 이를 지휘했다고 보았다.[56] 이는 변형 백제군사령부설이라고 볼 수 있다.

鈴木英夫도 繼體紀 23년(530년경으로 인정) 3월 조를 任那日本府의 성립 기사로 보아, '任那日本府' 즉 '在安羅諸倭臣'의 安羅 駐在는 530년경의 게나노오미 군대의 安羅 進駐가 기점이라고 보았다.[57] 그러나 그는 임나일본부의 멸망 시기를 欽明紀 23년 조의 562년으로 보아온 기존의 모든 연구와 달리 繼體紀 25년 조 細注의 『百濟本記』 辛亥年 기사에서 구하여, 531년에 백제가 안라에 進駐하여 군사 지배권을 확립하자 '在安羅諸倭臣'의 자립적 행동은 거의 종식되었고, 欽明紀에 계속해서 나오는 倭臣들은 이미 백제의 '傭兵'的인 성격으로 변모한 것이라고 하였다.[58]

田中俊明은 가야사의 연구 성과를 바탕으로 하여, '任那'라는 용어가 한국에서 어떠한 의미를 가지는가에 대해 주의를 환기시키면서 임나를 중심으로 한 '南韓經營論'과의 연관성을 배제하였다.[59] '가야 남부 제국과 왜와의 관계는, 왜가 군사적으로 관여하는 사태를 포함하여, 5세기에도 계속되고 있던 것은 의심할 바 없으나 지배·경영이라는 것과는 별개'라고도 언급하였다.[60] 그러나 이는 예전의 남한경영론과 비교할 때, 백제와 신라 및 가야 북부 지역의 독립성은 인정하되, 왜 왕권이 상호간의 우호에 기반을 두고 가야 남부 지역에 대한 패권을 확립하고 있었다는 관념을 남겨두었다.

위의 연구들은 전통적인 임나일본부설에서 벗어나 새로운 연구 전망을 보여준 연구들이다. '임나 경영'이라는 개념을 완전히 포기하지는 않았으

---

56) 金鉉球, 1985, 『大和政權の對外關係研究』, 吉川弘文館 ; 1993, 『任那日本府硏究』, 一潮閣.
57) 鈴木英夫, 1987, 「加耶·百濟と倭 -'任那日本府' 論-」, 『朝鮮史硏究會論文集』 24, 82쪽 ; 1996, 『古代の倭國と朝鮮諸國』, 靑木書店, 東京.
58) 1987, 위의 논문, 86~87쪽 ; 1996, 위의 책, 재수록.
59) 田中俊明, 1992, 『大加耶連盟の興亡と'任那'』, 吉川弘文館, 37~39쪽.
60) 위의 책, 217쪽.

나, 혹은 그 시기를 대폭 축소하기도 하고(山尾幸久・請田正幸・大山誠一・鈴木英夫), 혹은 그 지역 범위를 대폭 축소하기도 하고(田中俊明), 혹은 그 성격을 백제 주도의 왜인 傭兵과 왜계 백제 관료로 전환하기도(김현구) 하였다. 여하튼 이런 여러 가설들이 임나일본부설의 무리한 점을 충분히 인식한 상태에서 나온 반론들이라는 것은 분명하다.

반면에 위의 연구들과는 달리 임나와 왜 사이의 상업적 교역을 중시한 설들이 있는데, 일찍이 이병도는 소위 任那日本府의 訓은 '야마토노미코토모치'로서 倭宰의 뜻이요 宰는 使臣의 뜻이라 하고 나서, '任那府'는 후세의 倭館 官吏와 같은 것으로서 본시 倭國이 加羅諸國과의 貿易關係를 위하여 설치한 公的 商館인데, 후에 加羅諸國이 신라의 압력에 못 이겨 왜인의 원조를 구하기 때문에 이것이 다소 그 역할의 중심이 되었던 것 같다고 하였다.[61] 이 견해는 1930년대 당시로서는 매우 획기적인 착상이고 지금도 다시 검토해 볼만한 가치가 있는 것이라고 하겠는데, 아쉽게도 본인의 말대로 '힌트'만 제시하였을 뿐 사료상의 구체적인 검증이나 추론 과정을 보이지 못하였다.

그 후 吉田晶은 6세기 초 이후의 시기가 일본의 기나이 세력에 의한 고대국가 형성의 초기 단계로 파악하였다. 즉 4세기 이래로 가야 지역은 倭의 각지 세력들에 대한 鐵素材 및 생산 기술의 공급지였는데, 차츰 기나이 세력이 일본열도에서 국가 형성의 주체 세력으로 등장하게 되자, 그들은 당시의 加耶諸國聯合이 유지하고 있던 회의체에 자기 측의 관료를 참여시켜 보다 많은 선진 문명・문화를 기나이 측에 독점적으로 수용하고자 노력하였으며, 그것이 바로 임나 문제의 기본 성격이라고 하였다. 그러므로 그들이 파견한 관료로 구성된 임나일본부는 가야에 대한 統治機關이나 軍政機關이 아니라 交易機關이었다는 것이다.[62] 요시다는 이병도의 견해를 인용하지

---

61) 李丙燾, 1937, 「三韓問題의 新考察」(六), 『震檀學報』7, 113쪽 ; 1976, 『韓國古代史研究』, 博英社, 305쪽.
62) 吉田晶, 1975, 「古代國家의 形成」, 『岩波講座 日本歷史(古代2)』, 54~57쪽.

Ⅰ부 한일관계 연구의 흐름 … 1. 한일 간의 임나 문제 연구사 25

는 않았지만, 결국 그와 같은 결론에 도달한 것이다.

그 후 이근우는 6세기를 전후한 시기의 일본열도 내부 상황에 대하여 요시다의 설을 받아들이면서도, 『일본서기』 및 중국 계통의 사료를 종합 비판함으로써 임나 문제에 대한 약간의 수정을 가하였다. 즉 『삼국지』의 3세기 邪馬臺國이나 『宋書』의 5세기 '倭의 五王'은 九州의 倭로 보아야 하므로,[63] 임나일본부는 5세기 이전의 九州 倭王朝와 관련이 있는 문물 수용의 통로였던 것이고, 6세기 초 繼體朝 이후에야 국제적으로 등장하기 시작한 大和勢力과는 아무런 실제적 연관을 갖지 않는다는 것이다.[64]

서로 간에 약간의 차이점은 있으나, 이병도 · 요시다 · 이근우는 임나 문제의 본질을 가야와 왜 사이의 교역, 특히 왜에 의한 가야 문물의 수입 문제에 관련지어 이해하였다. 그 중에서도 요시다는 왜의 입장에서 보아 가야의 문물이 자신의 지배 체계를 강화해 나가는 정치적 목적을 위해 긴요했다는 점을 지적하였는데,[65] 이러한 관점은 중시되어야 할 것이다. 그러나 교역기관설을 주장한 연구자들은 사료를 개별적으로 천착하지 않고 大勢論的으로 결론을 내렸다는 점이 조금 불안하며, 임나일본부 관계 기사에 나타나는 모든 행동 유형이 그러한 교역기관으로서의 성격에 부합하는지 검증될 필요가 있다고 하겠다.

반면에 請田正幸은 임나일본부를 왜가 가야 제국과의 외교 교섭을 위해 임시 파견한 使臣團으로 보았고,[66] 이정희는 이 견해를 지지하였다.[67] 鬼頭淸明은 이를 인정하면서도 그것이 야마토 정권과 별개의 정치 주체로서

---

63) 李根雨, 1985, 「日本書紀 任那關係 記事에 關하여」, 『淸溪史學』 2, 韓國精神文化硏究院, 29~34쪽 ; 1994, 『日本書紀에 인용된 百濟三書에 관한 硏究』, 韓國精神文化硏究院 博士學位論文.

64) 1985, 위의 논문, 43쪽 ; 1994, 위의 논문.

65) 吉田晶, 1975, 앞의 논문, 84쪽.

66) 請田正幸, 1974, 앞의 논문, 197쪽.

67) 李貞姬, 1985, 「古代日本의 政治的 勢力形成에 대하여 -任那日本府와의 關係檢討를 위한 一試論으로-」, 『韓國傳統文化硏究』 1, 曉星女大.

의 倭로부터 파견된 官人들의 殘存形態였다고 파악하였다.[68] 또한 奧田尙은 임나일본부가 가야와 왜 사이의 外交機關이기는 하되 그 설치 주체가 임나 제국이었다고 하였다.[69]

그 후 이영식은 우케다의 견해에 찬동하면서 이를 약간 수정하여, 任那日本府는 的臣과 吉備臣이고, 安羅日本府는 河內直이며, 그들은 각기 임나 및 안라에 파견된 使者였는데, 특히 吉備臣과 河內直은 가야계 도래인의 후손으로서 왜국 사신으로 임나에 파견된 후 오래 머무르면서, 모국인 가야 제국의 독립 유지를 위해서 노력한 것이라고 하였다.[70]

연민수는 좀더 독자적인 견해로서, 임나일본부를 안라국이 530년대 이후 자국의 독립 보존을 위하여 남원 己汶國으로부터의 망명 집단, 서일본 호족, 일본계 안라인 등을 참여시켜 조직한 외교기구로 야마토 정권과는 무관한 존재였다고 보았다.[71]

결국 우케다·기토오·오쿠다·이영식·연민수는 임나 문제의 본질을 경제적인 교역보다는 가야와 왜 사이의 정치적인 외교 문제에 관련지어 이해한 것이다. 국제간의 관계이니까 상호간에 사신단이 일시 파견될 수도 있고, 그들이 머무는 곳을 공식적인 기관으로 조성해 줄 수도 있었을 것이다. 그러나 그러한 일반론만으로서는 欽明紀에 나오는 임나일본부의 존재의 의미를 설명해 줄 수 없다는 것이 문제점이다.

아직까지 어느 설이 우세하다거나 지배적인 학설로서 굳어졌다는 판단을 할 수는 없으나, 이들은 몇 가지의 새로운 경향을 보이고 있다. 이를 세 가지로 정리하면 다음과 같다.

첫째로, 왜군이 한반도 남부에 군사 침략하여 임나를 지배했다는 가설을 아직까지 포기하지 않은 일본학자들이 상당수 있는데, 이들은 한결같이 그

---

68) 鬼頭淸明, 1976, 『日本古代國家の形成と東アジア』, 校倉書房, 251쪽.
69) 奧田尙, 1976, 「任那日本府」と新羅倭典, 『古代國家の形成と展開』, 吉川弘文館, 123쪽.
70) 李永植, 1993, 『加耶諸國と任那日本府』, 吉川弘文館, 東京.
71) 延敏洙, 1998, 『고대한일관계사』, 혜안, 267쪽.

군사 지배의 시기와 폭을 축소하는 방향으로 연구를 진전시키고 있다. 그 중에는 소위 '임나 지배'의 시기를 5세기 후반부터 562년까지의 약 100년경으로 축소한 견해(山尾幸久), 532년부터 562년까지의 30년간으로 축소한 견해(大山誠一), 530년부터 531년까지의 1년간으로 축소한 견해(鈴木英夫) 등이 있다.

둘째로, 거의 대부분의 학자들은 임나 문제를 일본의 야마토 왜와 가야 지역 사이의 직접적인 문제로만 이해하지 않고, 그 중간에 백제의 역할을 중시하는 시각을 보이고 있다. 즉 5세기 후반에는 왜가 임나를 직접 지배했으나 6세기 전반에는 백제를 사이에 끼고 간접 지배했다든가(山尾幸久), 또는 백제가 왜로부터 왜인 용병을 받고 왜계 백제 관료가 이를 지휘하는 형식으로 가야를 지배했다고 보기도 하였다(김현구). 531년 이후 가야는 실질적으로 백제의 조종을 받고 있었으며 당시 백제는 왜군의 파견을 구하여 받아들였으니 그들은 왜국에게 종속적 동맹 관계에 있었다고 보아야 한다는 견해(鈴木英夫)가 나오기도 했다.

셋째로, 이제 상당수의 학자들은 왜군의 군사 침략 사실을 아예 부인하고, 양국 사이의 정상적인 외교 또는 교역의 사실을 『일본서기』에서 과장되게 기록하였다는 주장을 펴고 있다. 이러한 설은 '외교 교역설'이라고 부를 수 있을 듯하다. 그 중에는 한반도에 존재했음이 확인되는 6세기 전반의 이른바 '임나일본부'가 단순한 가야 지역에 파견된 왜국 사신 또는 사신단일 뿐이라는 사신단설(請田正幸·이정희·이영식), 또는 한반도 선진 문물의 수입을 위해 임나 지역에 거주하던 왜국 대표 상인들로 보는 교역기관설(이병도·吉田晶), 또는 그들이 가야 제국의 대외 업무를 처리하는 기관이었다는 가야 외무관서설(奧田尚·연민수), 또는 그들은 규슈 지방 왜인들과 가야 제국 사이의 교역기관이었는데 6세기에 규슈 왜가 야마토 왜에게 정복되자 그대로 가야 지역에 머무르게 된 왜인들이라는 규슈 교역기관설(鬼頭淸明·이근우) 등이 있다.

이제 임나 문제는 위에서 본 세 가지의 근래 연구 동향이 상호 합일을 향해서 보다 확대되고 정비되는 방향으로 나가고 있다. 전통적인 임나일본부설은 학계에서 축출되었다고 해도 과언이 아니다. 다만 아직도 상당수의 학설들은 임나, 즉 경남 일대의 가야 지역이 상당히 오랜 기간 동안 다른 세력의 지배까지는 아니라고 해도 그 영향력 아래 놓여 있었던 것처럼 설명하고 있음을 알 수 있다. 왜의 임나 지배 기간이나 지역을 축소했다 해도 여전히 이를 주장하는 견해도 있고, 가야에 대한 외부 세력의 지배를 용인하지는 않아도 왜나 백제의 가야에의 강한 영향력, 또는 종속성을 주장하는 견해도 있다.

과연 가야 지역은 그처럼 남의 지배나 간섭만 받다가 신라에 의해 멸망되고만 것일까? 필자는 그렇지 않다고 단언할 수 있다. 이제 임나일본부설 및 여러 변형적 가설들의 문제점을 근본적으로 해결하는 방안의 하나로서 가야사의 재정립을 모색해 볼 필요가 있다.

가야 제국은 중앙 집권적인 성숙한 고대국가를 건설하지 못하고 소국연맹체, 또는 초기 고대국가를 유지한 상태이기는 했지만, 기원전 1세기부터 기원후 6세기까지에 걸쳐 자신들의 생존과 발전을 위해 부단히 노력하고 있었다. 우리가 박물관에서 접하는 가야 유물들은 백제나 신라에 못지 않게 수준 높고 독자적인 문화 능력을 보여준다. 반면에 왜와는 교역 면에서 가장 밀접한 관계를 보였을망정 그로부터 장기간에 걸쳐 지배당한 사실이 없었으며, 이런 관계는 백제에 대해서도 마찬가지였다. 임나일본부 문제에 대한 이해는 이와 같은 가야의 독자적 발전 과정과 자기 존립 노력을 전제로 해서 이루어져야 할 것이다.

'임나일본부' 또는 '일본부'라는 명칭이 『일본서기』의 사료 상에서 실제로 나오는 것은 6세기 중엽 왜국에서 재위하고 있었다는 欽明朝의 2년 조부터 13년 조까지, 즉 서력기원으로 따지면 541년부터 552년까지의 12년간에 34번에 걸쳐 나오고 있다. 이 시기는 가야 제국 연맹체가 멸망하기 직전의 시기이므로, 임나일본부의 문제는 당시의 가야연맹체 내부의 소국 간의 갈등과 가야를 둘러싼 백제, 신라, 왜 사이의 복잡한 외교관계 등과 연관시켜 보아야 한다.

그런데 '일본'이라는 국명은 가야가 멸망한 지 100년 정도 지난 7세기 중엽부터 쓰이기 시작한 것으로 보아, '일본부'라는 명칭은 당시의 것이 아니다. 따라서 다른 것으로 바꾸어 써야 할 것이다. 『일본서기』에서 편찬자가 미처 용어를 바꾸지 못한 탓인지, 임나일본부를 지칭하면서 '在安羅諸倭臣', 즉 안라국에 있는 여러 왜인 신하들이라고 부른 말이 한 번 나오는데,[72] 이것이 당시의 호칭이었을 것으로 보인다. 그러므로 임나일본부가 아니라 '安羅倭臣館'으로 용어를 바꾸는 것이 선입견을 배제하는 첫 번째 조치일 것이다.

사료에 입각해서 볼 때, 안라왜신관은 530년대 중엽에 백제가 친백제계의 왜인 관료를 안라에 배치함으로써 성립되었으니, 이는 동맹 관계에 있었던 신라의 비위를 거스르지 않으면서 가야 지역의 동향을 감시하고 대왜 무역의 편리를 도모하기 위하였던 것으로 보인다. 그러므로 성립 당시의 안라왜신관은 백제가 안라에 설치한 대왜 교역의 중개기관이었다고 볼 수 있다. 그러나 530년대 후반에 안라왕이 신라와 백제 사이의 국제 관계 변동을 틈타 왜신관을 장악하고 나서, 안라는 이를 이용하여 다른 가야 제국에 비해 대왜 교역관계 면에서 우월성을 인정받으며 크게 대두하였다. 그 후 안라왜신관은 안라왕 밑에서 가야연맹의 독자적 이익을 위해 외교적으로 공헌하는 모습을 보이고 있으며, 백제는 그들을 쫓아내려고 부단히 애썼고, 왜국은 그들에게 대표 교섭권도 인정하지 않았다.

그러므로 안라왜신관은 안라국의 외교적 이익을 위해 일하는 왜인 관료들이 상주하던 안라의 특수 외무관서였으며, 왜나 백제의 임나 지배를 위해 존재하는 기관이 아니었음이 『일본서기』 자체의 사료를 통해서도 입증되는 것이다. 물론 550년경에 가야연맹이 백제의 부용국으로 된 후 왜신관은 다시 백제의 대왜 교역 중개기관으로 전락했으나, 전통적으로 왜와의 교역에 전념하지 않는 신라가 가야에 대한 무력 병합에 나서자 안라왜신관은 그 기

---

72) 『日本書紀』권19, 欽明天皇 15년 겨울 12월 "百濟遣下部杅率汶斯干奴 上表曰 百濟王臣明 及在安羅諸倭臣等 任那諸國旱岐等奏 以斯羅無道 不畏天皇 與狛同心 欲殘滅海北彌移居."

능을 상실하고 소멸되었다.[73]

이처럼 가야사의 연속성 위에서 볼 때, 임나일본부란 가야와 왜의 교류 특성상의 우호 관계를 바탕으로 하면서, 가야 마지막 시기에 백제와 신라의 압력을 받던 가야연맹 제국이 대가야-안라 남북 二元體制로 분열된 상황 속에서 일시적으로 존재했던 '백제의 대왜 교역 중개기관' 또는 '안라의 특수 외무관서' 였다. 이를 더 이상 가야사 전반에 걸쳐 일반화시키거나 확대 왜곡해서는 안 될 것이다.

5. 임나 문제의 교육 현황

지난 2001년 3월에 있었던 일본 중학교 역사교과서의 일본 문부성 검정과 관련된 일련의 파동에서 한국 근대사에 대한 왜곡이 가장 큰 문제가 되었지만, 임나 문제도 그에 못지 않은 파장을 미쳤다. 위에서 논의해 온 임나 문제에 대한 한일 양국의 연구사가 일본의 교과서에 어느 정도 반영되었다면 그리 큰 문제는 없었을 것이다. 그러면 2001년에 검정 통과된 8개 출판사의 일본 중학교 교과서에 임나 문제가 어떻게 서술되었는지를 간략하게 살펴보자. 2000년까지 쓰이던 기존의 일본 중학 역사 교과서(이하 '기존판' 이라고 약칭함)와 2001년에 새로이 검정을 통과한 교과서(이하 '개정판' 이라고 약칭함) 사이에 한국 고대사의 서술로서 변화가 보이는 부분을 대략 살펴보면 다음과 같다.

우선 일본에서 약 40%의 중학교에서 채택하고 있는 東京書籍의 교과서[74]에서는 크게 보아 한국 고대사를 설명하는 기조에 변화가 보이지는 않고, 한국사 관련 서술이 대체로 줄었다. 일본 중학교의 역사 교과과정이 축소되

73) 金泰植, 1993, 『加耶聯盟史』, 一潮閣.
74) 田邊裕 外 37名, 2001, 『新しい社會 歷史』, 東京書籍.

면서 짧은 중학교 역사 교과서에서 일본사를 설명하기도 빠듯할 텐데 한국사 관련 서술을 먼저 줄이는 것은 당연하다고 생각된다.

가장 문제가 되는 任那 관련 서술에서는,

> 야마토 국가는 백제와 소국으로 분열되어 있던 가야(임나) 지방의 국가들과 연결하여, 고구려와 신라와 싸웠다. 5세기에 야마토 국가의 대왕은 왜의 왕으로서의 지위와 조선 남부를 군사적으로 지휘하는 권리를 중국의 황제로부터 인정받으려고 중국 남조에 자주 사절을 보냈다.

라고 되어 있으며, 이는 기존판과 개정판 사이에 변화가 없다. 東京書籍의 이 부분의 서술은 '임나'가 아닌 '가야(임나)'로 표기하였고 가야의 국가들과 '연결'하였다고 하여 객관적인 서술을 보이며, 임나일본부설을 고집하려는 의도가 겉으로 드러나지 않는다. 다만 왜 5왕이 중국에게 "조선 남부를 군사적으로 지휘하는 권리"를 인정받으려고 했다는 것을 왜왕이 중국에 요구한 爵號를 통해서 유추할 수 있으나, 이것이 한반도에 대해서는 아무런 영향력도 가지지 못하는 것이었다는 것을 부연 설명하지 않았기 때문에 마치 그것이 사실인양 오해를 불러일으킬 소지가 있다. 그러나 이는 사료상의 기록을 그대로 전제한 것이기 때문에 흠 잡기는 어렵다.

大阪書籍의 교과서[75]는 다른 교과서에 비하여 전반적으로 볼 때 한국에 대해서 우호적인 서술이 많은 편이다. 임나 관련 서술은 "백제와 신라 사이에 둘러싸인 가야(임나) 지방의 작은 나라들은 야마토 왕권과의 관계 등을 이용하여 양국에 대항했다."고 간략하게 서술하였다. '관계'라고만 표현한 것은 모호하고, '우호 관계' 등으로 평등한 사이였음을 지적하지는 않았지만, 문장 자체로는 우리나라를 의식하여 표현을 자제한 분위기가 느껴진다.

教育出版의 교과서[76]는 기존판에서 4~5세기에 일본이 조선 남부에 '세

---

75) 熱田公 外 13名, 2001, 『中學社會 歷史的分野』, 大阪書籍.
76) 笹山晴生・阿部齊・奧田義雄 外 39名, 2001, 『中學社會 歷史 未來をみつめて』, 教育出版.

력'을 뻗치거나 유지하려고 했다고 한 것을 개정판에서는 '관계'로 수정하여 긍정적이다. 日本書籍의 교과서[77]는 4세기에 대한 서술에서는 임나 관련 서술을 하지 않았고 왜 5왕이 "조선반도 남부를 지배하는 將軍으로서의 지위"를 인정받으려고 했다는 것만을 서술하였다.

日本文敎出版, 淸水書院, 帝國書院의 교과서[78]는 기존판에 비해 개정판에서는 조선 남부와의 '관계'를 '세력', '지배', '우위' 등의 단어로 교체하여, 이번에 임나일본부설을 좀 더 강화한 증거가 뚜렷하다. 이들은 채택률이 매우 적은 群小 출판사들이기 때문에 우경화의 바람을 타고 자신의 교과서의 채택률을 늘려볼까 하는 심산으로 한국 고대사 관련 서술을 의도적으로 개악한 것이 아닐까 한다. 그러나 이들에서는 임나 관련 서술이 그다지 많지 않고 지나친 표현으로 진전되지는 않았다.

그래도 가장 영향력이 많은 東京書籍(점유율 40%), 大阪書籍(점유율 20%), 敎育出版(점유율 18%)의 세 교과서가[79] 2001년도 문부과학성 검정 과정에서 개악되지 않은 것은 다행이다. 이는 그 교과서들을 집필하거나 자문해주는 연구진들이 비교적 일본 학계의 연구 성과를 착실하게 반영할 수 있는 수준에 있고, 또 그 출판사들도 기존의 채택률에 자신이 있어서 모험을 하지 않았기 때문이라고 생각된다.

반면에 가장 큰 문제를 일으킨 것은 역시 '새 역사교과서를 만드는 회'의 扶桑社版 중학교 교과서이다.[80] 후소샤 교과서의 임나 관련 서술을 정리

---

77) 兒玉幸多・峯岸賢太郎 外 15名, 2001, 『わたしたちの中學社會 歷史的分野』, 日本書籍.
78) 大濱徹也 外 11名, 2001, 『中學生の社會科 歷史 - 日本の步みと世界』, 日本文敎出版.
　　大口勇次郎・西脇保幸・中村硏一 外 10名, 2001, 『新中學校歷史 - 日本の歷史と世界』, 淸水書院.
　　黑田日出男・小和田哲男・成田龍一・里井洋一・眞榮平房昭・仁藤敦史・土屋武志・梅津正美, 2001, 『社會科 中學校の歷史 - 日本の步みと世界の動き』, 帝國書院.
79) 일본 중학교 역사교과서의 점유율에 대해서는 李讚熙, 2001, 「일본 중학교 현행 역사교과서의 한국관련 내용 변화분석」, 『일본의 역사교과서 문제와 네오내셔널리즘의 동향』, 한국사연구회 외 14학회 주최 공동심포지움 발표요지, 28쪽 참조.
80) 西尾幹二 外 13名, 2001, 『中學 社會 新しい歷史敎科書』, 扶桑社.

하면 다음과 같다.

[조선반도의 동향과 일본]

"일본열도 사람들은 원래 鐵 자원을 얻고자 조선반도 남부와 교류를 해 왔다. 이에 4세기 후반, 야마토 조정은 바다를 건너 조선으로 出兵하였다. 야마토 조정은 반도 남부의 임나(加羅)라는 곳에 據點을 둔 것으로 여겨진다."(37쪽)

[조공]

"바다를 건넌 야마토 조정의 軍勢는 백제를 도와, 고구려와 격렬하게 싸웠다. 414년에 세워진 고구려 광개토왕 비문에 4세기 말부터 5세기 초의 사건으로 이 사실이 기록되어 있다. 고구려는 백제의 수도 한성을 빼앗고 반도 남부를 석권하였다. 그러나 백제와 임나를 地盤으로 한 일본군의 저항에 부딪쳐 정복은 이루지 못하였다. (중략) 야마토 조정의 반도 정책은 점차 부진에 빠지고 난관에 봉착하였다."(38쪽)

[야마토 조정의 自信]

"6세기가 되면 (중략) 임나는 신라로부터는 침략당하고, 백제로부터는 영토의 일부 割讓을 요구받았다. (중략) 562년, 임나는 멸망하여 신라의 영토가 되었다. (중략) 임나에서 撤退하여, 반도 정책에 실패한 야마토 조정이었으나(하략)"(40쪽)

위와 같은 내용은 기존의 일본 중학교 교과서에는 유례를 찾을 수 없을 정도로 임나일본부설을 내세우고 있다. 검정 신청본에는 "이곳에 놓인 우리나라의 거점은 임나일본부라고 불리었다"라고 까지 표현하였다가 그 부분만 일본 문부과학성에 의하여 삭제되었다. 그러나 임나일본부라는 용어만 삭제되었을 뿐, '出兵', '據點', '地盤', '割讓要求', '撤退' 등 末松保和의 임나일본부설에서 나타난 용어와 개념이 그대로 반복되고 있다.

그래서 2001년 5월 26일에 일본의 朝鮮史研究會와 日本史研究會를 포함한 여러 역사 단체들이 내놓은 성명서에서도, "4세기 말부터 5세기 초의 왜가 백제·신라를 일관되게 원조하여 고구려와 대립한 것처럼 서술한 것은 틀렸다."고 하고, 또 "백제와 임나에 항상적인 일본의 정치적 基地가 구축되어 있는 것과 같은 표현도 틀리다"라고 하였다.[81] 이로 보아 일본 학계에서도 전형적인 임나일본부설이 부활하는 것을 문제시하고 반대하는 것을 알 수 있다. 후소샤 교과서와 관련된 논쟁의 와중에서 최근에는 대부분의 일본사학자들도 임나일본부설에 동의하지 않는다는 합의를 확인한 것은 소중한 사실이다.

그러면 중학교 교과서에 비하여 고대사 관련 서술 분량이 많은 고등학교 교과서는 임나 문제에 대하여 어떤 자세를 보이고 있을까? 일본 고등학교의 역사 교과서는 2002년 3월에 새로운 검정본이 공개될 예정이므로, 여기서는 1995년 이래 사용되고 있는 현행본을 검토할 수밖에 없다. 일본 고등학교 교과서는 A형과 B형으로 나뉘어져 있는데, B형이 전근대사의 비중이 더 높으므로 이를 중심으로 살펴보고자 한다.

일본 인문계 고등학교에서 가장 높은 채택률을 보이고 있는 山川出版社의 두 교과서[82]는, 4세기의 상황에 대해서는 "조선반도 남부의 철 자원 확보를 위하여 일찍부터 가야와 밀접한 관계를 가지고 있던 왜국(大和政權)이 고구려와 싸우게 되었다."고 완곡하게 서술하였으나, 562년에 백제와 신라가 가야 제국(임나)을 차례로 지배하에 넣은 결과 "야마토 정권은 가야에 가지고 있던 세력 거점을 잃었다."고 하여 그 밀접한 관계가 지배 관계였음을 드러냈다.

일본 인문계 고등학교에서 두 번째로 많이 채택하고 있는 東京書籍 교과서[83]의 임나 관계 서술은 앞의 교과서보다 조금 더 많은데, 그 내용은 다음과 같다.

소국이 분립되어 있던 변한의 제국은, 백제 및 신라와 대항하기 위하여 일찍부터
철을 구해서 조선 남부와 교섭이 있었던 왜의 세력과의 결속을 강화하였던 것으

---

81) 大阪歷史科學協議會 外 18學會, 2001, 『"新しい歷史教科書"が教育の場に持ち込まれることに反對する緊急アピール』(2001. 5. 26.), 3쪽.

82) 石井進·笠原一男·兒玉幸多·笹山晴生 外 15名, 1995, 『新日本史』, 山川出版社.
石井進·笠原一男·兒玉幸多·笹山晴生, 1996, 『詳說日本史』, 山川出版社.

83) 尾藤正英·藤村道生·益田宗·吉田孝·大口勇次郎·萱原昌二·原口幸男·福士堯夫, 1996, 『日本史B』, 東京書籍.

로 생각된다. 4세기 후반에 이르면 (중략) 이 무렵부터 야마토 왕권은 가라 지방 (가야라고도 한다. 원래 변한 지역)에 세력을 뻗쳐, 그 세력 아래 들어온 것으로 간주한 지역을 任那라고 불렀다.(原註: 임나는 본래 조선반도의 남단에 있던 소국의 이름이었으나, 야마토 왕권은 그 곳을 거점으로 삼아 가라 제국에 세력을 뻗쳤으므로, 그 세력 아래 들어온 것으로 간주한 지역을 임나라고 불렀다.) 5세기 초부터 약 1세기 동안 5대의 왜왕(왜의 5왕)은 중국 남조(宋)에 조공하고, 조선 남부에 대한 군사 지휘권을 나타내는 높은 칭호를 얻고자 하였다. 이는 중국 황제의 권위를 배경으로 하여, 조선 제국에 대한 정치적 입장을 유리하게 하려는 것이었다.

위에서 관심을 기울인 분야와 서술 기조는 같은 출판사의 중학교 교과서와 비슷하며, 한반도 내의 상황을 좀 더 자세히 기술하여 이해를 심화시키려고 하였다. 그러나 자세히 서술하는 중에 "야마토 왕권이 가라 지방에 세력을 뻗쳤다"든가, "임나라는 소국을 거점으로 삼았다"든가, "그 세력 아래 들어온 것으로 간주한 지역을 임나라고 불렀다든가" 하여, 가야 지역에 대한 우월적 심정을 드러냈다. 다만 이를 단언하지 않고 그런 사실을 야마토 왕권이 '간주'한 것으로 서술하여 논쟁을 피해가려고 하였다. 왜 5왕의 작호에 대한 서술 강도는 중학교 교과서와 같다.

實敎出版社, 自由書房, 三省堂의 교과서[84]는 야마토 정권이 소국으로 분립된 가야 제국에 '세력'을 뻗쳤다든가, 왜 5왕이 조선 남부에 대한 지배권을 보이는 칭호를 중국에 요청하였다는 점을 서술하면서 그에 대한 異說도 존재한다는 것을 각주를 통해서 언급하였다. 帝國書院의 교과서[85]는 왜국이 가야 제국에 강한 영향력을 가졌고 백제와는 우호 관계를 유지하고 있

---

84) 直木孝次郎 · 都出比呂志 · 榮原永遠男 · 河音能平 · 大山喬平 · 脇田修 · 池田敬正 · 江口 圭一 · 廣川幀秀, 1996, 『日本史B』, 實敎出版社.
　　江坂輝彌 · 竹內理三 · 瀨野精一郎 · 田中健夫 · 高木昭作 · 小西四郎 · 宮地正人, 1996, 『高等學校 新日本史B』, 自由書房.
　　家永三郎 · 井原今朝男 · 大日方純夫 · 齋藤善之 · 田中義昭, 1995, 『新日本史B』, 三省堂.
85) 上橫手雅敬 · 和田萃 · 井上滿郎 · 西山克 · 喜舍場一隆, 1997, 『新考日本史B』, 帝國書院.

었다고 하였으며, 淸水書院의 교과서[86)]는 가야에 대한 언급은 전혀 없이 백제가 야마토 정권과 동맹 관계를 맺고 고구려에 대항했다는 점만을 서술하였다.

일본 고등학교 역사교과서 중에 임나 문제에 대한 서술 비중이 가장 많은 것은 國書刊行會에서 출판한 교과서이다.[87)] 거기서는 3세기의 "『위지』왜인전의 기록에 의하면 狗邪韓國은 왜국의 일부"라는 기사를 언급하였고, 야마토 조정이 "가라(임나)라고 불린 변한 제국으로 진출하여 거점을 두었던 것으로 생각한다."고 하였으며, "이소노카미 신궁의 칠지도 명문에 있는 연호를 태화 4년(369)으로 보면 조선 출병의 해와 일치한다."고도 하였다. 또한 왜의 5왕의 작호에 대한 서술은 다른 교과서들과 대동소이하고, 512년에 백제에게 임나의 4개 지역(縣)을 할양"하였으며, 임나가 신라에게 멸망함으로써" 조선반도에서 우리나라의 거점은 없어졌"다고도 하였다. 이 교과서의 임나 관련 서술은 매우 자세하고 구체적인 서술에 있어서는 여러 사료를 제시하고 지나친 단정은 하지 않았으나, 세련된 표현 속에서나마 후소샤의 중학교 교과서와 논조가 거의 같다. 즉, 과거의 임나일본부설을 거의 그대로 반영하고 있는 것이다. 다만 이 교과서는 일본 내에의 역사 교사들 사이에 공감을 얻지 못하여 교과서 점유율이 1% 미만이라는 점은 다행이다.

고등학교 교과서의 경우에는 가장 높은 점유율을 가진 山川出版社와 東京書籍의 교과서가 임나일본부설을 비교적 강도 높게 서술하고 있는 편이고, 기타 교과서들에서는 이를 언급하면서도 이설의 존재를 환기시키거나 또는 '영향력', '우호 관계' 등으로 서술을 완화하였을 뿐이다. 따라서 대부분의 일본 고등학교 역사 교과서들은 임나일본부설을 구체적으로 언급하지는 않았다고 하더라도 간접적으로 야마토 정권이 가야 지역에 진출하였거나 지배하였다는 것을 기정사실화하고 있는 것이다.[88)]

86) 黛弘道・大橋信彌・星野良作・大隅和雄・安田次郎 外 14名, 1997, 『詳解日本史B』, 淸水書院.
87) 朝比奈・正幸小堀・桂一郎・村松剛 外 9名, 2001, 『高等學校 最新日本史』, 國書刊行會.

위와 같이 볼 때, 대부분의 일본 중·고등학교 역사교과서는 야마토 정권이 4세기 후반부터 6세기 중엽까지 한반도 남부의 가야 제국에 세력을 뻗치고 있었다는 것을 토대로 삼아, 일본열도의 중앙 집권적인 고대국가 형성 사실을 입증하려는 태도를 보이고 있다. 그런 기조를 유지하면서 출판사의 성향에 따라 이를 '지배'나 '거점' 등으로 강하게 표현하거나, 또는 '영향력'이나 '관계' 등으로 완화하고 있다. 扶桑社의 중학교 교과서의 임나 문제 서술은 각 출판사의 가장 강경한 표현들을 집적해 놓은 것으로서 사실 우리의 눈으로 볼 때 그다지 새로운 것은 아니다. 이들 모든 서술은 末松保和의 『任那興亡史』를 고대 한일관계의 근간으로 설정하고 있다.

그리하여 이제 임나 문제는 일본에서의 교육 상황과 연구 상황 사이에 큰 괴리를 보이고 있다. 한국과 일본 두 나라에서 1950년대 이후 50여 년에 걸쳐 연구한 결과, 임나일본부의 성격을 한반도에 임시로 왔던 외교 사신이나 또는 상호간의 우호 관계에 토대를 둔 교역기관으로 보는 양국 역사학자들의 연구는 거의 반영되지 않고 있다. 이는 현재의 일본 사회에서 널리 통용되고 있는 史觀에, 과거의 사실에 대한 반성을 결여하고 고대 한국 문화까지 폄하하려는 근본적인 선입견이 있는 탓이다. 아무리 연구해도 과거에 설정된 자기 나라 역사의 설명 기조를 고칠 수 없다는 것은, 현대 일본 역사학자들의 한계성인 동시에 일본 중등학교 역사 교육의 비극이라고 할 수 있다.

반면에 우리나라의 중등학교 역사교과서는 1990년대 이후 가야사의 연구 성과들을 점차 많이 반영하여 임나 문제 극복의 단서를 마련했으나, 아직은 三國時代의 관념에 갇혀서 이를 한국 고대사 체계에 적극적으로 반영하는 데 인색하다.[89] 마음을 열어 가야의 역사를 있는 그대로 인정함으로써

---

88) 李根雨, 2001, 「일본 교과서의 가야사 기술과 문제점」, 『학교교육과 사회교육으로서의 가야사』, 부산대학교 한국민족문화연구소, 가야사 정책연구위원회 주최 심포지엄 발표요지, 81쪽.

89) 金泰植, 2001, 「중등학교 교과서(국사 및 사회)의 가야사 서술과 문제점」, 『학교교육과 사회교육으로서의 가야사』, 부산대학교 한국민족문화연구소, 가야사 정책연구위원회 주최 심포지엄 발표요지, 22쪽.

四國時代를 정립하지 않는다면 그 곳에 여전히 任那史가 남아 있게 되는 것이다. 그렇다면 일본의 임나 문제 교육이 일제 강점기의 관념대로 뿌리 깊게 온존되는 것에는 우리나라의 역사 교과서들도 방조한 점이 있다고 하겠다.

6. 맺음말

지금까지 임나일본부와 관련하여 가야사와 고대 한일관계사에 대한 연구사를 정리해 보았으나, 아직 해결해야 할 문제점이 많이 남아 있다. 특히 4~5세기의 가야 및 일본의 역사상은 불분명한 점이 많이 있고, 그 시기를 반영하는 사료인『광개토왕릉비문』과 고고학적 유물 자료에 대해서도 부단한 연구가 필요하다. 이런 문제는 앞으로 계속적인 연구 축적과 학술 발굴 및 과학적인 연구 방법의 개발 등에 의해 해결해 나가야 할 것이다.

본문에서 밝힌 내용을 간단하게 요약하면 다음과 같다.

임나 문제란 가야와 왜의 관계사를 지칭하며, 그 동안의 연구 결과물도 이 문제에 거의 집중되어 왔다. 그 중에 핵심은 任那日本府說로서, 이는 일제 강점기에 일본이 우리에게 강요한 植民史觀의 대표적인 것이다. 그들은 이것을 통해 한국 고대사를 왜곡시키고 한국인에게 열등감을 조장했다.

일본에서는 이미 에도시대의『日本書紀』에 대한 연구 때부터 일본 고대 야마토 정권이 가야 지역에 임나일본부를 설치하고 지배했다는 견해가 제시되어 있었다. 그 근거는 神功皇后와 관련된 설화적인 이야기에 지나지 않았다. 일제 강점기를 거치면서 스에마쓰 야스카즈는 이를 좀 더 강화하여 왜가 4세기 중엽부터 6세기 중엽까지 200년 동안 가야 지역에 해외 통치기구인 임나일본부를 두고 한반도 남부를 지배했다고 하였다. 이로써 이른바 '임나일본부설'은 성립되었다.

그러나 고고학적인 증거로 볼 때, 가야 지역에는 일본의 유물들이 나타나지 않으며, 오히려 가야 지역의 철제 갑주나 무기, 마구 등이 일본열도보다 시기적으로 앞선다. 그래서 그 후 1949년에 에가미 나미오는 가야 지역으로부터 철제 갑주와 무기로 무장한 기마민족이 4~5세기경에 일본열도로 진입해 들어와서 이를 정복하였다는 학설을 발표하였다. 그 후 일본의 고대 소국들은 모두 한반도에 있는 삼한 및 삼국의 이주민들이 건설한 식민지와 같은 존재였다는 연구가 나오고, 가야 지역은 일본 야마토가 아닌 백제의 지배를 받았을 것이라는 연구도 나왔다. 또한 임나일본부설의 근거가 되던 『日本書紀』의 5세기 말 이전의 사료들은 그 신빙성이 낮아서 그대로 사용할 수 없다는 견해도 발표되었다. 이처럼 임나 문제의 연구는 별다른 해결점도 찾지 못한 채 혼란스러워졌다.

1970년대 이후로 한일 양국의 학자들은 고대 한일관계를 좀 더 객관적으로 보려고 노력하기 시작했다. 그래서 혹자는 임나를 왜가 경영하기는 했어도 그 시기는 30년 또는 단 1년에 지나지 않는다든가, 또는 왜군은 백제의 양해 아래 傭兵으로서 가야 지역에 들어와 있었다는 견해를 제기했다. 혹은 임나일본부란 가야 지역에 들어와 있던 왜국의 使臣에 불과했다든가, 또는 양국 간의 交易을 위한 機關에 지나지 않는다든가 하는 견해도 나왔다. 사실 그 설치 주체는 왜국이 아니라 가야연맹의 2인자인 安羅國이었고, 왜의 해외 통치기구가 아니라 加耶의 外務官署일 가능성이 높다. 이제 임나일본부설을 주장하는 목소리는 매우 축소되었다.

그럼에도 불구하고 일본 중등학교의 상당수의 역사교과서에는 여전히 가야 제국에 왜국의 세력이 미치고 있었다든가, 왜국의 군사 거점이 그 곳에 있었다든가, 또는 그 지역을 토대로 삼아 고구려와 대결하였다든가 하는 주장들이 남아 있다. 그러나 그 지역에는 고구려, 백제, 신라의 삼국 외에 가야라는 네 번째의 정치체가 오랫동안 독립적인 정치체를 이루고 살았다. 그들은 적어도 3세기 이후 6세기까지 수백 년에 걸쳐서 여러 小國들이 聯盟體를 이루고 있었으며, 5세기 후반 이후로는 상당히 중앙 집권적인 면모를 보이기도 하였다. 그러므로 이제 임나 문제를 포기하고, 가야연맹체의 발전을 주목해야 한다.

아직 불충분한 연구 수준에 지나지 않는다고 하더라도, 근래의 수십 년 간에 이루어진 한일 양국 학계의 임나 관련 연구 성과는 양국의 중등학교 역사 교과서에 제대로 반영되어야 한다. 잘못된 임나 관련 역사 인식이 양국의 학생들 사이에 대를 이어서 계승되는 것을 이제 막아야 할 때가 되었다.

* 이 글의 원전 : 金泰植, 2002, 「古代 韓日關係 硏究史 -任那問題를 中心으로-」, 『韓國 古代史 硏究』 27, 서울 : 한국고대사학회, 15~51쪽.

한일관계 연구의 흐름

2.
고대 한일관계사의 기본 흐름

1. 머리말

고대 한일관계사 연구는 이른바 '임나일본부설' 같은 부정적인 관점에 대한 반론에 그칠 것이 아니라 두 지역 관계의 시작과 변화상을 살펴보는 것이 더욱 중요하다.

한일관계의 시초에 대해서는 신석기 초기의 덧무늬토기 단계부터 논의되고 있으나, 실질적인 관계는 일본의 농경 문화가 시작된 때부터 개시되었다고 할 수 있다. 일본 최초의 논벼 농경 유적들의 문화 내용은 기원전 5세기경[1] 민무늬토기 문화 단계의 한반도 남부에서 벼농사의 시스템으로서 완성되어 있던 것이 그대로 일본열도에 전래된 것이다.[2]

---

1) 2000년대 이후 일본 벼농사의 시작을 기원전 10세기경으로 보는 연대가 제시되어 주목을 받고 있다. 이는 조몽 만기와 야요이 조기의 취사용 토기에 붙은 탄화물에 대하여 측정된 방사성탄소연대(기원전 900~750년)를 토대로 하여 새로이 추정한 것이다. 春成秀爾・藤尾愼一郎・今村峯雄・坂本稔, 2003,「彌生時代の開始年代」,『日本考古學協會 第69回綜合研究發表要旨』, 日本考古學協會.

당시에 한반도에서 일본열도로 직접 건너간 이주민의 수는 그다지 많지 않았으나, 농경을 영위하던 그 이주민의 인구 증가율이 원주민의 그것보다 높았기 때문에, 그들은 결과적으로 '왜인' 형질의 기원을 이루었다.[3] 이로 보아 일본 민족의 형성은 한국계 농경 이주민으로부터 비롯되었다고 하겠다.

2. 3세기 이전의 관계사

뿐만 아니라 일본 고대 금속 문명은 기원전 2세기경에 한반도에서 일본 이키섬[壹岐島]을 거쳐 북 규슈[北九州]까지 위만조선 계통의 세형동검 문화와 남한 민무늬토기가 교역을 통해 전래됨으로써 시작되었다. 그 후 기원후 1~3세기에도 한반도와 일본열도의 교류는 활발하여, 규슈[九州]를 비롯한 일본 각지에서 청동거울, 璧, 오수전 등의 중국 낙랑계 유물과 진·변한 계통 덩이쇠 및 회색 와질토기들이 나타났다.[4]

『삼국지』위서 동이전에 의하면, 3세기 당시에 낙랑에서 배가 출발하여 서해와 남해 연안을 따라 항해하여 拘邪韓國에 들른 뒤 해협을 건너 왜지로 향하였다고 하며, 弁辰에서는 철을 생산하여 韓, 濊, 왜 및 낙랑·대방군과 활발하게 교역했다고 한다. 또한 왜국은 오랜 기간에 걸쳐 어지러운 후에 그 소국 수장들이 邪馬臺國의 히미코[卑彌呼]를 여왕으로 함께 세웠고, 여왕국은 각국의 교역에 대하여 大倭 및 一大率을 설치하여 감찰케 했다고 한다.

2) 白石太一郎, 2006, 「倭國の形成と展開」, 『列島の古代史8 古代史の流れ』, 東京 : 岩波書店, 10쪽.
3) 中橋孝博, 2002, 「倭人の形成」, 『日本の古代史 I 倭國誕生』, 東京 : 吉川弘文館 ; 2006, 「'倭人' への道」, 『列島の古代史8 古代史の流れ』, 東京 : 岩波書店.
4) 武末純一, 2002, 「日本 九州 및 近畿地域의 韓國系 遺物」, 『고대 동아세아와 삼한·삼국의 교섭』, 2002년도 복천박물관 국제학술대회 발표 요지.

문헌과 유물상의 이러한 증거를 정리한 최근 일본학계의 견해에 따르면, 일본열도에서는 2세기 후반에 큰 전쟁이 있었고, 그 결과 3세기 초에 긴키[近畿]의 야마타이국을 중심으로 하여 규슈까지 포함하는 연합체가 형성되었는데, 이들은 변진, 즉 가야의 철 자원과 각종 선진 문물의 교역로를 안정적으로 확보하기 위해 결속된 것이라고 한다. 또한 나라[奈良] 동남부의 하시하카[箸墓] 고분은 최초의 前方後圓墳으로 3세기 중엽 히미코의 무덤이고, 그 직후에 야마타이국 연합과 狗奴國 연합이 통합되어 야마토 정권이 성립되었다고 하였다.[5] 그러나 『일본서기』에 전하는 야마토 정권의 전승에 히미코가 포함되어 있지 않으므로, 야마타이국 연합과 야마토 정권은 계승 관계가 없다고 보는 견해도 있다.[6]

　　이로 보아 3세기 이전의 한일관계는 철과 선진 문물의 수출을 매개로 일본열도와 전통적으로 밀접하게 교류하던 김해 가야국 중심의 전기 가야 소국연맹체와 철을 수입하기 위하여 가야와 독점적 우호 관계를 원했던 규슈 또는 긴키 중심 소국연맹체의 교류가 중심을 이룬다고 하겠다. 그러나 철은 가야 지역에서 생산된다고 해도, 상당수의 선진 문물은 중국 방면에서 생산되는 것을 가야가 낙랑 또는 대방을 통하여 중개하는 것이므로, 그 교역관계는 동아시아 전반의 형세에 따라 연동되어 움직였다.

3. 4세기의 관계사

3세기 말, 4세기 초에 중국 북방의 유목민족들이 남하하는 변란의 시기를 맞이하여, 동쪽의 고구려는 그 틈을 타 낙랑군과 대방군을 멸망시켰다. 이에 따라 낙랑-가야-왜를 잇는 교역로가 단절되고 가야와 왜에서도 큰 변화

---

5) 白石太一郎, 2000, 『古墳と古墳群の研究』, 東京: 塙書房 ; 2006, 白石太一郎, 주석2의 논문.
6) 吉村武彦, 2006, 「ヤマト王權と律令制國家の形成」, 『列島の古代史 8 : 古代史の流れ』, 東京 : 岩波書店, 79쪽.

가 나타났다.

4세기의 가야는 북방 유목민족의 기마 무장을 일부 받아들이는 한편, 그들의 철제 미늘갑옷에 자극을 받아 긴 철판들을 못으로 연결한 판갑옷과 투구를 개발하였다.[7] 이로 보아 가야의 일부 엘리트 계층이 중장 기마전술을 수용했다고 볼 수 있다.[8]

일본열도에서는 4세기의 청동거울, 벽옥제 가래모양 팔찌[鍬形石]와 바퀴모양 팔찌[車輪石] 등과 같은 의례적 성격의 威勢品 분급 체계를 갖추고 있던 나라 남부 중심의 기존 세력이 약화되고, 4세기 후반에 가와치[河內]의 신흥 세력이 가야의 철을 수입하여 철제 판갑옷과 투구를 공급하는 새로운 위세품 분급체계를 구축하고 정권을 잡았다.[9]

당시에 가야는 왜에게 물적 자원인 덩이쇠와 선진 문물을 공급하였으며, 왜는 가야에게 그 대가로 인적 자원인 노동력[10] 또는 군사력[11]을 공급하였다. 이러한 상호 교류를 주도하며 김해의 가야국과 긴키의 가와치 세력은 각자 가야연맹 또는 일본 서부연맹의 맹주국으로서 위치를 굳혀갔다.

한편 4세기 중·후반에 한강 유역의 백제가 중국 남조의 문물을 중개하는 교역의 중심지로 대두되고, 가야를 중계 기지로 하여 왜와 연결되었다. 4세기 말에 백제는 고구려와의 전쟁에서 열세에 밀리게 되자 397년에 태자 腆支를 일본열도로 파견하여 왜국과 좀 더 긴밀한 동맹 관계를 추구하였다. 가야는 백제의 동맹 세력으로서 왜국을 지원하였으나, 핵심 기술을 제외

7) 신경철, 1994, 「가야 초기마구에 대하여」, 『부대사학』 18 ; 2000, 「금관가야의 성립과 연맹의 형성」, 『가야 각국사의 재구성』, 부산대학교 한국민족문화연구소 편, 혜안.

8) 김두철, 2003, 「무기·무구 및 마구를 통해 본 가야의 전쟁」, 『가야 고고학의 새로운 조명』, 부산대학교 한국민족문화연구소 편, 혜안, 145쪽.

9) 福永伸哉, 1998, 「對半島交涉から見た古墳時代倭政權の性格 -4·5世紀における日韓交涉の考古學的再檢討-」, 『靑丘學術論集』 12, (財)韓國文化振興財團 ; 田中晋作, 2000, 「巴形銅器について」, 『古代學硏究』 151, 古代學協會.

10) 신경철, 2000, 앞의 논문, 73∼77쪽.

11) 鈴木靖民, 2002, 「倭國と東アジア」, 『日本の時代史2 倭國と東アジア』, 東京 : 吉川弘文館, 15쪽.

한 부분적인 지원이었다.[12] 게다가 왜국은 철 소재를 외부에 의존해야 했던 근본적 한계성을 가지고 있었고 군비 수준도 고구려나 가야에 비해 크게 열세였기 때문에[13] 가야와 왜의 협력이 큰 효과를 낼 수는 없었다.

그리하여 백제-가야-왜의 동맹군은 400년 및 404년의 두 차례에 걸쳐 고구려-신라의 동맹군에게 패배하였다. 이에 따라 전기 가야연맹은 해체되고, 가야와 왜 사이의 동맹 관계 수립에 바탕을 둔 문물 교류는 큰 타격을 입었다.

이에 비해 임나일본부설과 관련하여 4세기 한일관계사의 쟁점은 『일본서기』神功 49년 조 기사를 어떻게 보아야 하는가 하는 점에 있다. 그 줄거리는 신공황후 49년(369)에 왜가 장군들을 파견하여 신라를 친 결과 비자발 등의 일곱 나라를 평정하였고, 백제 왕 肖古와 왕자 貴須가 군사를 거느리고 와서 모이니 이때 비리 등의 네 읍이 항복하였다는 것이다.

초기에는 이 기사를 통해서 4세기 후반 왜의 임나 정벌을 사실로 인식하였으나,[14] 1970년대 이후로는 한국과 일본의 학자들 대부분이 그 기사 및 사실 모두를 부정하는 방향으로 선회하였다.[15] 한국의 연구자들은 4세기 후반 백제의 마한 잔여 세력 정벌에 대해서는 인정하고 있으며,[16] 왜의 비자발(比自㶱 : 창녕) 등 7국 평정 기사에 대해서는 그 주체를 교체하여 백제에 의한 가야 정벌로 보는 견해도 있고,[17] 또는 백제가 가야와 친교를 트고 이를 토대로 왜와 연결된 것에 대한 과장으로 보기도 한다.[18]

또한 광개토왕릉비에 나오는 왜군의 성격은 무엇인가? 거기에서 왜군은

---

12) 예를 들어 가야 지역에서 널리 사용되던 마름모꼴 단면의 쇠투겁창은 끝내 보급되지 않았다.

13) 김두철, 2005, 「4세기 후반~5세기 초 고구려・가야・왜의 무기・무장체계 비교」, 『광개토대왕비와 한일관계』, 한일관계사연구논집 편찬위원회 편, 경인문화사.

14) 末松保和, 1949, 『任那興亡史』, 大八洲出版 ; 1956, 再版, 東京 : 吉川弘文館 ; 三品彰英, 1962, 『日本書紀 朝鮮關係記事 考證』上卷, 東京 : 吉川弘文館.

15) 井上秀雄, 請田正幸, 大山誠一, 鈴木英夫, 이영식, 연민수 등 대부분의 학자들이 그러하다. 기사 편년의 3주갑 인하론(山尾幸久)이나 그에 바탕을 둔 기사 분해론(田中俊明)도 목씨 문제만 제외하고는 부정 일변도이다.

16) 이병도, 1976, 『韓國古代史研究』, 博英社.

400년에 신라성(경주)과 임나가라(김해) 종발성에서 고구려군에게 격퇴되었으며, 404년에는 수군으로 대방계를 침입하였다가 고구려군에게 일망타진되었다고 나온다.

이에 대하여 임나일본부설에서는 한반도 남부에 세력 거점을 둔 왜군의 활동이라고 보고 있으나, 최근 학자들은 왜군이 백제 및 가야의 원군 또는 용병이었으며 규모도 그리 크지 않았는데, 활동이 과장되었다고 보고 있다. 다만 이를 주도한 것이 왜였는가,[19] 백제였는가,[20] 가야였는가[21]에 대해서는 관점이 갈리고 있다.

4. 5세기의 관계사

5세기 이후 일본열도의 고대 문화에는 급격한 변화가 일게 되었다. 즉 4세기 말 내지 5세기 초에 공격·방어 도구가 모두 한반도계의 실용 무장으로 혁신되었고, 5세기 후반에는 공격력이 높은 긴 목 달린 쇠화살촉, 못으로 연결하는 갑주 제작 기법, 마구 등도 나타나게 된 것이다.[22] 또한 금동제의 장신구류도 많게 되고, 움집 주거에 화덕이 부설되었고, 토기에서도 단단한

---

17) 천관우, 1977·1978, 「복원 가야사」 상·중·하, 『문학과 지성』 28·29·31 ; 1991, 『加耶史研究』, 一潮閣 ; 金鉉球, 1985, 『大和政權の對外關係研究』, 東京 : 吉川弘文館.

18) 김태식, 1994, 「광개토왕릉비문의 임나가라와 '안라인수병'」, 『한국고대사논총』 6, 가락국사적개발연구원 ; 李鎔賢, 1999, 『加耶と東アジア諸國』, 國學院大學 大學院 博士學位論文.

19) 武田幸男, 1985, 「四~五世紀の朝鮮諸國」, 『シンポジウム好太王碑』, 三上次男外, 東京: 東方書店 ; 濱田耕策, 2005, 「4세기의 일한관계」, 『한일역사공동연구보고서』 제1권, 한일역사공동연구위원회.

20) 천관우, 앞의 논문 ; 김현구, 1993, 『任那日本府研究』, 一潮閣.

21) 김태식, 2005, 「4세기의 한일관계사 -광개토왕릉비문의 왜군문제를 중심으로-」, 『한일역사공동연구보고서』 제1권, 한일역사공동연구위원회.

22) 松木武彦, 1999, 「古墳時代の武裝と戰鬪」, 『戰いのシステムと對外戰略』, 東京: 東洋書林.

스에키[須惠器] 생산이 시작되었으며, 굴식 돌방(횡혈식 석실)의 매장시설이 나타났다.[23] 문헌 기록으로 확인한 바에 따르면 413년에 왜왕이 동진에 사신을 보낸 것을 시작으로, 5세기 후반까지 왜의 5왕이 중국 남조와 조공관계를 유지하였다. 5세기 들어 일본의 가와치[河內] 지역에서 거대한 고분을 축조한 정권이 대두한 것은 한반도에서 유입된 집단들이 통합된 것과 관련이 있으나, 그 통합의 계기나 과정은 분명치 않다.

그런데 많은 연구자들이 4세기 말에서 5세기 초에 낙동강 하류지역에서 일본열도 각지로 마구류와 금속 가공술, 陶質土器 등이 이민과 함께 전해졌다고 말하고 있다.[24] 4~5세기에 해당한다고 볼 수 있는 『일본서기』武烈紀 이전 시기의 일본 대외관계 기사 중에 가장 먼저 눈에 띄는 것도 한반도에서 많은 사람들이 일본열도로 이주했다는 점이다.[25]

이를 한일 간의 단순한 교역 또는 일본의 주체적 문물 수용, 심지어 도래인의 공급을 안정화시키기 위해 한반도 제국을 번국으로 예속시킨 결과[26] 또는 임나 경영의 결과에 따른 한국·중국계 주민의 이동이라고 보는 견해[27]도 있으나, 그런 정도로는 기마민족의 정복이라고까지 불릴 정도로 급격한 4~5세기 일본열도 내 유물상의 변화를 합리적으로 설명할 수 없다. 이는 4세기 후반 고구려와 백제의 대결이라는 한반도 정세에 연동되어 이루어진 가야의 지원과 그에 이은 전기 가야연맹의 해체에 따른 대규모 피난민 행렬

---

23) 白石太一郎, 2006, 앞의 논문, 45~47쪽.

24) 江上波夫, 1984, 「日本における國家の形成 -倭人の國から大和朝廷へ-」, 『東洋研究』72 ; 1992, 『江上波夫の日本古代史-騎馬民族說四十五年-』, 東京 : 大巧社, 256~257쪽 ; 최병현, 1987, 「고고학적으로 본 가야와 일본의 관계」, 『한국사시민강좌』11, 일조각, 111~117쪽 ; 中村潤子, 1991, 「騎馬民族說の考古學」, 『考古學その見方と解釋』, 東京 : 筑摩書房 ; 酒井淸治, 2001, 「倭における初期須惠器の系譜と渡來人」, 『4~5世紀 東亞細亞 社會와 加耶』, 제7회 加耶史 국제학술회의 발표 요지, 김해시, 99~101쪽.

25) 김태식, 1998, 「일본서기에 나타난 한국고대사상」, 『한국고대사연구』14집, 한국고대사학회.

26) 石母田正, 1973, 『日本古代國家論』, 東京 : 岩波書店 ; 吉村武彦, 2006, 「ヤマト王權と律令制國家の形成」, 『列島の古代史 8 古代史の流れ』, 東京 : 岩波書店, 94쪽.

에 의하여 이루어졌다고 보아야 한다.[28]

반면에 5세기의 가야 지역에서는 고령의 伴跋國이 가야산 기슭의 철광산을 개발하여 제철 산업을 일으켰는데[29] 이를 토대로 국호를 대가야로 바꾸고 대왜 교역을 주도하기 시작하였다. 5세기 후반 이후로 일본열도 각지에서 고령 계통의 위세품과 토기가 분포되기 시작하였고,[30] 축소모형 철제 농기구가 4세기 말부터 6세기 초엽에 이르는 기간에 걸쳐 성행했다는 사실은[31] 고령의 대가야가 자신의 문물과 함께 백제 문물 일부를 가지고 왜와 교류한 것을 반영한다.

최근의 고고학적 연구에 따르면 일본열도의 鍛冶와 철 생산은 5세기 후반 내지 6세기 전반에 가야 또는 백제 남부지방으로부터의 이주민에 의하여 개시되었다고 한다.[32] 또한 5세기 전반 일본열도의 무기와 마구는 낙동강 하류 유역 금관가야의 것이 도입되거나 또는 그 영향 아래 만들어진 것이며, 5세기 후반의 일본열도 마구는 대가야에서 온 기술자의 것을 수용하여

27) 末松保和, 1949, 앞의 책, 264쪽 ; 關晃, 1956, 『歸化人』, 至文堂 ; 1996, 『古代の歸化人』(關晃著作集 第三卷), 東京 : 吉川弘文館, 10~11쪽 ; 上田正昭, 1965, 『歸化人 -古代國家の成立をめぐって-』, 東京 : 中央公論社.
다만 우에다(上田正昭)의 渡來人說은 한반도에서 일본으로 주민들이 건너와 일본 고대문화 건설에 기여한 것을 '귀화'라는 말로 일률적으로 표현할 수는 없고, 그 도래인의 구성에는 중국계보다 한국계가 훨씬 더 중요한 비중을 차지하고 있었다고 강조한 점에 의미가 있다.
28) 신경철, 2000, 앞의 논문, 78쪽 ; 김태식 · 송계현, 2003, 『한국의 기마민족론』, 마사박물관, 제3장 제2절.
29) 김태식, 1986, 「후기가야제국의 성장기반 고찰」, 『부산사학』 11 ; 2002, 『미완의 문명 7백년 가야사』 1권, 푸른역사, 176쪽.
30) 박천수, 1994, 「도래계 문물에서 본 가야와 왜에 있어서의 정치적 변동」, 『동아시아 고대사』, 東京 : 考古學研究會 ; 定森秀夫, 1997, 「초기 스에키와 한반도제 도질토기」, 『한국고대의 토기』(특별전 도록), 국립중앙박물관, 173~174쪽.
31) 都出比呂志, 1967, 「農具鐵製化の二つの劃期」, 『考古學研究』 13.
32) 藤尾愼一郎, 2004, 「彌生時代の鐵」, 『國立歷史民俗博物館研究報告』 110, 佐倉 ; 東潮, 2004, 「弁辰と加耶の鐵」, 『國立歷史民俗博物館研究報告』 110, 佐倉 ; 穴澤義功, 2004, 「日本古代の鐵生産」, 『國立歷史民俗博物館研究報告』 110, 佐倉 ; 大澤正己, 2004, 「金屬組織學からみた日本列島と朝鮮半島の鐵」, 『國立歷史民俗博物館研究報告』 110, 佐倉.

在地化시킨 것이라는 점이 거의 공통적으로 지적되고 있다.[33]

이들 기술자 원조 또는 파견은 4세기 말부터 시작되어 6세기 전반까지의 시기에 한정된 가야와 왜 사이의 교역 방식이었다고 할 수 있다. 가야는 자신들이 받을 왜인의 무장을 강화시키기 위하여 철기나 도질토기 제작 기술자들을 미리 왜에 파견한 것이고, 왜 왕권은 이를 국내 집권력 강화의 계기로 삼았던 것이다. 또한 가야는 왜국으로부터 받은 노동력과 군사력을 여러모로 이용했는데,『삼국사기』신라본기에 500년까지 신라 변경을 침범하던 왜군의 일부는 그러한 존재들이었을 것이다. 백제는 6세기 전반까지는 이러한 방식의 교역에서 직접적인 상대자로 나서지 않고 다만 가야 또는 영산강 유역을 중개지로 삼아 간접적으로 이용하려 한 것으로 보인다.

한편 임나일본부설과 관련된 5세기 한일관계사의 쟁점은『宋書』왜국전에 나오는 왜왕 武 등의 5왕이 자칭한 '사지절도독 왜·백제·신라·임나·가라·진한·모한 칠국제군사 안동대장군 왜국왕(使持節都督倭百濟新羅任那加羅秦韓慕韓七國諸軍事安東大將軍倭國王)'이라는 작호 중에 '백제'를 제외한 부분을 중국 남조 송나라로부터 인정받았는데 그 성격이 무엇인가 하는 것이다.

여기서의 논쟁점은 위의 '諸軍事號'가 각국의 군사 통수권에 대한 ① 실제를 어느 정도 반영하는가,[34] ② 단순한 왜왕의 의도를 반영하는가,[35] ③ 단지 일본열도의 대내용 거짓 작호인가,[36] ④ 또는 일본열도 내의 여러 도래계 종족에 대한 통수권인가[37] 하는 점들에 있다. 그중에 ①과 ④는 약간 지나친 주장이고, 문제의 핵심은 ②와 ③ 사이에 있을 것으로 보인다. 의도

33) 田中晉作, 2004,「古墳時代の軍事組織について」,『國立歷史民俗博物館研究報告』110, 佐倉 ; 千賀久, 2004,「日本出土の '非新羅系' 馬裝具の系譜 -大加耶圈の馬具との比較を中心に-」,『國立歷史民俗博物館研究報告』110, 佐倉.

34) 末松保和, 앞의 책 ; 吉村武彦, 2006,「ヤマト王權と律令制國家の形成」,『列島の古代史8 古代史の流れ』, 東京 : 岩波書店, 86쪽.

35) 石井正敏, 2005,「5세기의 일한관계 -왜의 오왕과 고구려·백제-」,『한일역사공동연구보고서』제1권, 한일역사공동연구위원회.

된 계산이든, 아니면 망상에 의한 착오이든 5세기의 왜왕이 한반도 남부를 군사적으로 통솔하고 있다는 것을 중국으로부터 인정받고자 했던 것은 사실일 수도 있으나, 가장 중요한 것은 그것이 전혀 실효성이 없었다는 점이다.

5. 6세기의 관계사

479년에 중국 남조의 송이 멸망하고 난 후, 중국에 대한 일본 야마토 정권의 외교는 120년간 단절을 보이게 된다. 이 당시 한반도 세력의 대왜 교역 중심은 6세기 전반 내지 중엽 이후 가야에서 백제로 옮겨지니, 일본의 아스카[飛鳥] 문화가 곧 그 반영이다. 백제와 왜의 직접적인 교섭은 5세기 후반에 개로왕이 동생 昆支를 왜국으로 파견하여 왜국과의 협력 체계를 만들면서 시작되었고,[38] 백제는 그 후에도 대왜 외교의 일선에 왕족들을 내세워 양국의 협력 체계 구축에 공을 들였다.[39]

백제는 왜국의 요청에 따라 주로 고급 정신문화를 전하였다. 이제 왜국은 단순한 철이나 위세품 같은 문물보다는 국가제도를 정비하는 데 필요한 고급 문화를 필요로 하는 수준으로 성장하였기 때문이다. 그리하여 백제는 513년, 516년 및 554년에 五經博士 段楊爾 등을 보내 유학을 전수하였다.[40] 또한 백제는 552년에 怒利斯致契 등을 보내 석가불 금동상 1구와 경론 등을

---

36) 노중국, 2005, 「5세기 한일관계사 -『송서』 왜국전의 검토-」, 『한일역사공동연구보고서』 제1권, 한일역사공동연구위원회.
37) 李永植, 1993, 『加耶諸國と任那日本府』, 東京 : 吉川弘文館.
38) 연민수, 1994, 「5세기 후반 백제와 왜국」, 『일본학』 13 ; 1998, 『고대한일관계사』, 혜안.
39) 연민수, 1997, 「백제의 대왜외교와 왕족」, 『백제연구』 27 ; 1998, 『고대한일관계사』, 혜안.
40) 『일본서기』 권17, 계체천황 7년(513), 10년(516) 조 ; 같은 책, 권19, 흠명천황 15년(554) 조. 『일본서기』 응신천황 15년(연대 미상)과 16년 조의 백제 아직기와 왕인 또는 『고사기』의 와니키시(和邇吉師)가 『논어』 10권과 『천자문』 1권을 전했다고 하여 이것이 유학의 최초 전수라고도 하지만, 어느 정도의 사실성을 가지고 있는지는 알 수 없다.

보냈고, 577년에는 경론과 승려 및 사찰 건축기술자 6인을 보내고, 588년에
도 불사리와 승려 및 건축기술자, 화공 등을 보내 法興寺, 즉 아스카사[飛鳥
寺]를 짓게 하였으니, 일본의 불교와 사찰 건축은 실질적으로 그때부터 시작
된 것이다. 또한 554년에 백제가 왜국에 曆博士, 醫博士 등을 보냈다고 하였
으니, 역법 및 의약 등도 백제로부터 전수되었다고 하겠다. 당시에 백제는
문화 전수의 대가로 야마토 정권에게 軍援을 요청하여 받았으니, 이는 왜의
인부와 원군 및 군수물자 등을 가리킨다.[41]

   한편 임나일본부설과 관련된 6세기 한일관계사의 쟁점은 『일본서기』에
보이는 '임나일본부'가 무엇인가 하는 점이다. '임나일본부'라는 용어는
『일본서기』의 541년부터 544년까지의 기록에 5회 나올 뿐이고, '일본부'라
고만 나오는 것을 포함하면 464년부터 552년까지 35회 나오는데, 경남 함안
의 安羅國에 있었던 것으로 나온다.

   임나일본부의 성격은 크게 보아 (1) 임나 지배기구설과 (2) 외교-교역기관
설로 나뉘며, 그 안에서 (1)군에 속하는 ① 왜의 임나 지배기구설, ② 야마토
의 미마나소국 지배기구설, ③ 왜인 사칭 임나 호족의 통치기관설, ④ 백제
의 가야 지배기구설 등과 (2)군에 속하는 임나와 왜 사이의 ① 교역기관설,
② 외교기관설 그리고 이를 결합한 ③ 安羅倭臣館說 등으로 나뉜다.[42]

   요즘의 연구 경향으로 볼 때, 이제 6세기의 임나일본부 문제는 백제사와
가야사를 배제하고는 생각할 수 없게 되었다. 그에 따라 안라왜신관은 가야
말기인 530년대 후반부터 550년대까지 존재하였고, 외형상으로는 '왜국사
절 주재관'의 명분을 지니지만 실제로는 남부 가야연맹의 맹주국인 안라국
의 외교를 지원하는 모습을 보였다.

   한편 임나일본부설에서는 임나 멸망 이후에 일본은 신라의 가야 영유를

41) 김현구, 2005, 「6세기의 한 · 일관계 -교류의 시스템을 중심으로-」, 『한일역사공동연구보
   고서』 제1권, 한일역사공동연구위원회.
42) 이 문제에 대한 연구사는 김태식, 2002, 「고대 한일관계 연구사 -임나문제를 중심으로-」,
   『한국고대사연구』 27, 참조.

승인하는 대신 이른바 '임나의 調'를 신라로부터 7세기 전반까지 수취했다고 하였다. 이에 대해서는 『일본서기』 찬자가 야마토 정권의 임나 지배라는 사관에 맞추기 위해 조작해낸 것이라는 비판이 있고[43] 또는 교류 사실은 인정된다고 해도 그 표현은 6세기 말 이래 고조되기 시작한 국가의식과 『일본서기』 편찬 시의 신라 적시관 및 번국관이 융합되어 나타난 관념적 허상이라는 연구가 있다.[44]

6. 7세기의 관계사

가야가 멸망한 이후, 한반도 삼국과 왜국의 관계에 대해서는 『삼국사기』 같은 한국 측 사료에는 거의 전하는 것이 없기 때문에 대부분을 『일본서기』에 의존해야 한다. 그러한 문제점을 염두에 두고 『일본서기』에 나타난 7세기의 한일관계에 대하여 정리하면 다음과 같다.

첫째, 백제가 멸망한 663년 이후 한반도에서 왜국으로 이주한 이주민이 많았으며, 그들은 주로 백제와 고구려 계통의 유망민이었다.

둘째, 이 시기에 삼국은 왜국에 경쟁적으로 외교사절을 파견하여 그 횟수나 규모도 서로 비슷하였다. 그 외교 경쟁에서 가장 큰 성과를 올린 것은 전통적으로 대왜 교섭에 치중해온 백제였으나, 신라도 활발한 대왜 교섭을 통하여 왜가 삼국 통일에 장애가 되지 않도록 억누르는 데 성공하였다.[45]

이 시기의 외교에 대해서는 최근 한국 측의 새로운 연구 성과들이 축적되고 있다. 그에 따르면, 일본의 외교 정책은 6세기 말까지 소가씨[蘇我氏] 주도의 친백제 노선을 취하다가, 수·당제국이 출현하는 7세기 전반에는 신라·당과도 관계를 맺는 다면외교를 추진하고, 정권 내부에 친신라 노선이

---

43) 金鉉球, 1985, 『大和政權の對外關係研究』, 東京 : 吉川弘文館.
44) 延敏洙, 1992, 「日本書紀の'任那の調'關係記事の檢討」, 『九州史學』105.
45) 김태식, 1998, 「일본서기에 나타난 한국고대사상」, 『한국고대사연구』14집.

강해지자 위기의식을 느낀 소가씨가 다시 친백제 노선으로 회귀하였으나, 645년 친신라 세력인 다이카[大化] 개신정권의 등장과 함께 신라-일본-당의 3국 협력 체제로 전환되었다가, 655년 이후에는 확고한 친백제 노선으로 다시 회귀하여 663년의 백강구 전투를 전개하게 되었다고 하였다.[46]

혹자는 왜 왕권의 백강구 전투 참전 요인을 군사적 모험주의에 의한 왜 왕권 내부의 결속, 부흥운동이 성공했을 경우에 예상되는 유리한 조건, 오랜 세월에 걸친 백제와의 친연 관계, 여기에 백제 왕족을 비롯한 관인층의 지속적인 대왜 외교가 복합적으로 작용하여 왜 왕권 내에 친백제적 관료가 형성되었던 것으로 보기도 한다.[47]

7. 8~9세기의 관계사

668년 신라의 대일 국교 재개 이후 양국은 사절단을 자주 파견하였다. 신라는 대당 항전의 연장선 위에서 대일 외교를 진행시켰고, 나당 연합군에게 패배한 일본은 신라가 문물 수입의 유일한 통로였기 때문에 신라의 법률·학술·사상·제도의 수입에 역점을 두었다.[48]

신라와 마찬가지로 일본은 8세기 전반에 견당사를 보내 당과의 교류를 강력하게 추진하였다. 730년대 당과 발해의 대립 속에 신라는 당과 가까워

---

46) 김현구, 1983, 「일당관계의 성립과 나일동맹 -일본서기 김춘추의 도일기사를 중심으로-」, 『김준엽교수화갑기념 중국학논총』, 중국학논집편찬위원회 ; 1989, 「고대 한(신라)·일관계의 일고찰」, 『대동문화연구』 23 ; 1997, 「백촌강 싸움 전야의 동아시아 정세」, 『사대논집』 21, 고려대 출판부.
위의 요약문은 연민수, 2003, 「국내학계의 고대한일관계사 연구의 회고와 전망」, 『고대한일교류사』, 혜안, 37~38쪽의 것을 거의 그대로 전재하였다.
47) 연민수, 1997, 「개신정권의 성립과 동아시아」, 『일본역사연구』 6.
48) 연민수, 2003, 「통일기 신라와 일본관계 -공적교류를 중심으로-」, 『강좌 한국고대사』 제4권, 가락국사적개발연구원, 224쪽.

졌고 일본은 발해와 가까워졌지만, 신라와 일본 사이의 문물 교류는 상대적으로 증가 일로에 있었다.[49] 7~8세기 신라와 일본 사이의 교역은 신라의 가공생산품과 일본의 원료를 교환하는 것이었다. 일본 텐표[天平] 문화의 진수인 정창원 보물 중에 신라 문물임이 확실한 것으로는 배 모양 먹, 신라금(가야금), 佐波理加盤과 수저 세트, 色氈과 花氈 등이 있다.[50]

9세기에 수도를 헤이안경[平安京]으로 옮긴 일본이 견당사를 폐지하자, 교역은 주로 청해진을 중심으로 한 신라 상인들의 중계 활동을 통하여 서일본에서 이루어졌다. 이로 인하여 동아시아의 교역은 종전의 정치적 책봉 체제의 부수적인 성격을 탈피하여 좀 더 경제성이 강한 교역으로 대체되었다.

발해와 일본은 사신 파견을 포함하여 48회 왕래하였다. 발해와 일본 교역의 제1기는 727년부터 759년까지로, 당시에 발해는 당과의 무력 항쟁 및 신라와의 군사적 긴장 때문에 일본과의 교역에 열중하였다.[51] 발해와 일본 교역의 제2기는 762년에 발해와 당의 화해가 이루어진 이후의 시기이며, 그 후 9세기에 발해의 사신단은 상인단의 성격으로 변질하였다.[52] 발해에서 일본으로 전한 교역품은 발해에서 생산되는 모피, 약재, 천연 특산물과 당과의 교역에서 얻은 것들이었고, 발해가 일본에서 들여온 물건은 주로 직물류였다.[53]

통일신라와 일본의 관계에서 핵심적인 쟁점 사항은 『일본서기』의 표현과 같이, 8~9세기에 일본이 신라를 하위에 두어 번국으로 취급하였는가 하는 문제이다. 이에 대해서는 8세기의 일본 지배층들은 중국적 화이사상에 의해 신라를 번국으로 취급했지만, 신라 역시 일본을 번국으로 인식하고 있

49) 연민수, 위의 논문, 284쪽.
50) 이성시, 김창석 옮김, 1999, 『동아시아의 왕권과 교역 -신라·발해와 정창원 보물-』, 청년사, 25~40쪽.
51) 이성시, 위의 책, 146쪽.
52) 이성시, 위의 책, 151쪽.
53) 한규철, 2003, 「발해국의 대외관계」, 『강좌 한국고대사』 제4권, 가락국사적개발연구원, 347~348쪽.

었다는 연구가 있다.[54] 그러나 8세기 중엽부터는 일본이 국가체제에 위협을 느껴 관념적으로 모방한 중화사상을 포기하고 실리를 추구하였으며, 9세기 중엽 이후에는 신라 해적의 습격으로 신라에 대한 적대감을 노골적으로 드러냈다고 한다.[55]

한편 발해와 일본의 관계에서는 8세기 중엽 일본의 신라 침공 계획에 대하여 다양한 연구가 있다. 즉 758년부터 764년까지의 발해와 일본의 교섭은 일본의 신라 침공에 발해를 끌어들이기 위한 것이었고, 일본의 신라 공격 계획은 후지와라 나카마로[藤原仲麻呂] 정권이 전제정치에 대한 비판의 화살을 해외로 돌리려고 한 것이었으나, 발해가 대당 관계의 개선으로 처음과는 달리 소극적이 되자 무산되었다고 하였다.[56] 그러나 신라 정벌 계획을 주도한 것은 일본이 아니라 발해였다는 견해도 있고,[57] 신라 정벌 계획을 추진한 것은 일본이지만 발해는 처음부터 그에 동조하지 않았다는 견해도 있다.[58]

8. 맺음말

지금까지 서술한 것을 정리해 볼 때, 고대 한일관계사의 기본 흐름은 중국 대륙에서 기원한 선진 문물과 학문 등의 고급 문화가 한반도 남부에서 정착된 후에 지속적으로 일본열도로 전수되었다는 점이다. 그러한 문화 전수는

54) 이병로, 1996, 「8세기 일본의 외교와 교역 -나일관계를 중심으로-」, 『일본역사연구』 4.
55) 이병로, 1996, 「일본지배층의 대신라관 정책변화의 고찰 -9세기를 중심으로-」, 『대구사학』 51.
56) 한규철, 1993, 「발해와 일본의 신라협공계획과 무산」, 『중국문제연구』 5 ; 1994, 『발해의 대외관계사』, 신서원.
57) 박진숙, 1997, 「발해 문왕대의 대일본외교」, 『역사학보』 153 ; 2001, 「발해의 대일본외교」, 충남대학교 박사학위논문.
58) 구난희, 1998, 「일본의 대신라침공계획 추진의도」, 『청람사학』 2 ; 1999, 「8세기 중엽 발해·신라·일본의 관계 -일본의 신라침공계획을 중심으로-」, 『한일관계사연구』 10.

이를 공급하는 한반도의 사정과 이를 수용하는 일본열도의 수준 및 욕구에 따라 서로 다른 방식으로 이루어졌다.

그리하여 기원전 5세기경의 벼농사와 기원후 5세기경의 마구류, 금속 가공술, 도질토기 등은 한반도 내부의 전란 등의 사정으로 인하여 발생한 이주민과 함께 일본열도에 전해졌다고 보인다. 이런 것들은 일본 측에서 적극적으로 구한 것은 아니나, 일본으로 건너가 일본열도의 고대 문명 형성에 결정적인 기여를 하였다.

반면에 세형동검과 청동거울 같은 청동기류, 철 소재, 문자, 유학, 불교 등은 일본 고대 문화가 발전함에 따라 교역 또는 외교적 요청에 의하여 일본열도로 전해졌다. 이를 전해주는 쪽은 대개 가야나 백제였는데, 이들은 그 대가로 정치적·경제적 이득을 얻고자 하였다. 또한 전해주는 쪽의 의도에 따라 마름모꼴 단면의 쇠투겁창 같은 전략 무기는 끝내 보급되지 않기도 하였다. 철 생산 기술은 요즘의 핵무기 생산 기술에 비유될 만한 가야의 전략적 지식이었기 때문에, 거의 수백 년간이나 보안이 지켜졌다고 보인다.

그럼에도 불구하고 고대 한일관계에서 그동안 문제가 된 것들은 대개 일본의 왜국이 가야 지역을 2백여 년간 지배했다거나, 가야를 포함한 한반도 남부 전역에 대하여 군사 통수권을 가지고 있었다거나, 또는 일본이 신라나 발해를 번국, 즉 종속적인 하위의 나라로 여겼다거나 하는 문제의 진위 여부였다. 이는 관련 문헌 사료가 『일본서기』를 비롯한 일본 측의 것들 위주로 이루어져 있었던 점에 기인한다.

고대 한국은 일본에 관한 문헌 사료를 거의 남기지 않았으며, 이는 한국 측의 입장을 설명하기에 불리한 점으로 작용하고 있다. 이런 문제를 보완하기 위해서는 고대 한일 고고학 자료에 대한 연구를 활성화시키고, 그를 기반으로 하여 문헌 사료를 재해석할 수 있는 여지를 만들어야 한다. 그러기 위해서는 일본 고대사 자체에 대해서도 일본 학계의 수준을 넘어서는 한국 학계의 연구가 있어야 할 것이다.

* 이 글의 원전 : 김태식, 2007, 「고대 한일관계사의 기본 흐름」, 『한국사 시민강좌』 제40 집(한국사의 15개 대쟁점), 서울 : 일조각, 59~75쪽.

3.
임나일본부설의 흐름과 쟁점

1. 머리말

고대 한일관계사의 쟁점이 '임나일본부설' 이라는 것을 웬만한 사람들은 다 아는 듯하다. 물론 한국인이라면 그 부당성에 흥분하기도 한다. 실상 한일 관계사 쟁점의 대부분은 고대사 분야보다는 근대사 쪽에 있고 그쪽의 쟁점이 보다 더 구체적이고 생생하다. 그럼에도 불구하고, 사람들은 고대사의 왜곡을 더욱 기분 나쁘게 생각한다.

왜 그럴까? 그것은 "아니, 벌써 이때부터?" 라는 당혹감과 좌절감을 주어 고대사 분야에 대하여 느끼는 낭만을 훼손하기 때문이다. 게다가 그 내용이 사실에 전혀 근거를 두지 않은 날조라고 생각하기 때문이다. 그런데 그런 기분은 실제로는 느낌에 불과하다. 사실에 근거를 두지 않았는지의 여부는 분명치 않으며, 적어도 관련된 문헌 사료들을 읽어 보면 신음 소리가 날 정도로 한국 측에 불리한 것 투성이다.

이 정도 운을 떼면 어떤 독자들은 벌써 필자를 의혹의 눈초리로 쳐다보려고 할지도 모른다. 무언가 듣기 싫은 소리를 하려고 한다고 생각하여 읽지 않으려고 할 것이다. 그런 수준 높은 독자들이 솔직히 두렵다. 그럼에도 불구하고 용감하게 이런 선언을 앞세우는 이유는, 이 문제를 단번에 부정하기는 쉽지 않다는 전제를 두기 위함이다.

항상 이런 반문을 하곤 한다. 어째서 우리 쪽의 사료는 고대 한일관계에 대하여 많이 언급하지 않았을까? 어째서 일본 쪽의 사료는 한일관계에 대하여 그처럼 많이 언급하였을까? 어째서 대부분의 사료에 왜군의 강성함이 지적되고, 왜국의 우월성을 내세우고 있을까?

그것은 관심의 지향하는 바가 달랐기 때문이라고 볼 수밖에 없다. 우리 쪽의 고대 사료는 중국과의 연관성에 많은 관심을 두고 있다. 그러면서도 중국의 규모나 문화적 우수성을 정확하게 인식하고 있기 때문인지 중국을 넘어서려고 애쓴다거나 그에 대한 열등감을 표현하지도 않고 있다. 반면에 일본열도에 대해서는 무관심 일변도이다. 때때로 왜로부터 군사적으로 피해 입은 것을 담담하게 서술하고 있을 뿐이다.

반면에 일본 쪽의 고대 사료에는 적어도 6세기까지 중국에 대한 관심이 잘 드러나지 않는다. 일본열도의 고대 세력들이 중국의 존재를 알고 있었고 또 일정하게 교류하고 있었다는 것을 알 수 있는 자료는 『삼국지』 왜인전이나 『송서』 왜국전 뿐이고, 『일본서기』에는 거의 보이지 않는다. 『일본서기』에는 백제, 신라, 가야와 같은 한반도 남부 세력들에 대한 지대한 관심을 보이는 서술들이 대부분이다.

결국 이는 한국인 또는 일본인들이 고대 문화의 발전 과정에서, 자신들에게 직접적인 영향을 주는 선진 문물 수입 경로에 큰 관심을 기울이고 있었음을 의미한다. 그러고 보면 『삼국사기』에서도 신라본기에는 적어도 5세기 후반까지는 중국에 대한 관심이 거의 없고 고구려의 문화 및 그와의 관계에 대한 기술이 주종을 이루고 있다. 이는 『일본서기』에 한반도 남부 세력들에 대한 기술이 대부분이라는 점과 같은 흐름이라고 할 수 있다.

그런데 『일본서기』 서술의 한반도 남부에 대한 관심 방향은 각기 달랐다. 『일본서기』는 백제에게는 친밀감, 신라에게는 적대감, 가야(임나)에게는 우월감을 드러내고 있다. 『일본서기』가 편찬되던 서기 720년경에 이미 백제는 역사에서 없어지고 한반도에는 신라가 있을 뿐이었으나, 친백제적인 서술 방향은 그대로 이어졌다.

실상 일본 고대 문화 중에서 철기, 토기, 장신구 등과 같은 물질문화는 6세기 전반까지 가야를 통해서 유입되었고, 6세기 중엽 이후 문자, 불교, 유교와 같은 고급 정신문화는 백제를 통하여 수입되었다. 그렇게 볼 때 일본 고대 문화의 기반은 가야를 통해서 성장했음을 알 수 있다. 그럼에도 불구하고 『일본서기』에 그에 대한 우월감이 드러나 있는 것은, 『일본서기』의 한반도 남부에 대한 인식이 백제의 눈과 손을 거쳐 기록되었음을 추측케 한다.

그렇다면 『일본서기』의 기록 및 관점을 통해서 근대에 계승된 '임나일본부' 관념은 가야 지역을 둘러싼 신라와의 경쟁에서 패배하고 궁극적으로 신라에게 멸망당한 백제인의 열등감 및 회한이, 7세기 중엽에 백제를 구원한다는 명목으로 한반도에 2만 대군을 출동시켰다가 패배한 왜인의 좌절감과 결합하여 탄생한 것이 아닐까 한다. 그래서 약하게나마 백제와 신라에 대한 우월의식도 추가된 것이다.

그러나 임나일본부 관념은 19세기 말 이후 일본이 한반도를 점령하는 역사적 근거로 작용하였고, 20세기에 들어와 근대적인 학설인 '임나일본부설'로 변모되었다. 특히 일본의 일부 중등학교 역사교과서에는 고대 한일관계의 근간으로 제시되어 있다. 미래의 바람직한 한일관계를 조망해 볼 때, 교육의 場에서 이런 시각이 아직도 잔존해 있다는 것은 매우 큰 문제가 아닐 수 없다.

그러므로 본고에서는 임나일본부설에서 倭가 임나 지배를 했다는 4세기부터 6세기까지 한일관계 관련 사료의 존재 상태와 그에 대한 학계의 연구 동향 및 그에 대한 일본 역사교과서의 서술 현황 등을 일반인들의 이해를 위해 되도록 쉽게 설명해 보고자 한다. 그리하여 제2장에서는 임나일본부설의 내용과 그에 대한 학설상 대안들의 큰 흐름을 개관하고, 제3장부터는 세기별로 쟁점 사항들을 검토해 보고자 한다.

2. 연구 추세

임나일본부설이 학술적으로 분명하게 정립된 것은 1949년에 출간된 스에마쓰 야스카즈의 저서 『임나흥망사』[1]로부터이다. 그러나 임나 관련 연구의 시초는 그보다 상당히 오래 전부터 시작되었다.

일본 에도시대의 한 연구[2]에 의하면, 제10대 숭신천황 말년에 임나왕이 일본 비단을 가져갔는데 신라가 이를 빼앗아 갔으므로, 신공황후(제15대 응신천황의 모후)가 임나를 위하여 신라를 정벌하여 한국 땅에 일본부를 두고 다스렸고, 제29대 흠명천황 23년에 신라가 임나를 멸망시켰으니, 593년 동안 임나가 존속했다고 하였다. 이처럼 숭신 말년을 임나 지배의 개시 연대로 잡는 연구는 그 후로도 이어졌다. 19세기 말 이후 광개토왕릉비와 칠지도의 발견 등으로 임나 관련 연대를 합리적으로 조정하는 연구가 이어져서, 이를 서기 258년으로 늦추는 연구[3]가 나오기도 하였다.

20세기 전반에는 『일본서기』에 나오는 임나 관련 지명들에 대한 고증이 이어졌다.[4] 그에 따라 왜의 임나일본부가 지배했다는 경역의 범위를 신라와 백제 수도 주변의 좁은 범위를 제외한 남한 전역으로 추정하였다. 이러한 그들의 지명 고증 결과는 한 장의 지도로 그려져서 지금까지도 거의 모든 일본의 역사교과서에 공통적으로 제시되고 있다.

스에마쓰는 이러한 지명 고증 결과와 기년 연구를 이어받되 좀 더 합리적인 자세를 취하여, 신공황후 섭정 49년, 즉 서기 369년을 임나 지배가 성

---

1) 末松保和, 1949, 『任那興亡史』, 大八洲出版 ; 1956, 再版, 吉川弘文館.
2) 松下見林, 1688, 『異稱日本傳』 卷下, 東國通鑑卷之一 新羅始祖八年條 註釋.
3) 菅政友, 1893, 「任那考」 ; 1907, 『菅政友全集』, 國書刊行會.
   那珂通世, 1915, 『那珂通世遺書』 ; 1958, 『外交繹史』 제1권, 岩波書店.
4) 津田左右吉, 1913, 「任那彊域考」, 『朝鮮歷史地理硏究』 1 ; 1964, 『津田左右吉全集』 11.
   今西龍, 1919, 「加羅彊域考」, 『史林』 4-3 · 4 ; 1922, 「己汶伴跛考」, 『史林』 7-4 ; 1970, 『朝鮮古史の硏究』, 國書刊行會.
   鮎貝房之進, 1937, 「日本書紀朝鮮地名考」, 『雜攷』 7 下卷.

립되는 해로 확정하였다. 결국 왜가 4세기 중엽 369년부터 6세기 중엽 562년까지 거의 200년 동안 가야 지역에 해외 통치 기관인 임나일본부를 두고 한반도 남부를 지배했다는 것이 그 요점이다.

일본이 고대시기에 한반도 남부를 지배했었다는 설이 이처럼 오랜 연구 역사를 가지고 있고, 그것이 마치 기정사실인 것으로 일본의 많은 학자들 사이에 통용되고 있었다는 사실을 접하면, 한국인들은 매우 큰 정신적 충격을 받을지 모른다. 무엇 때문에 그들은 그처럼 생각하였을까? 실제로 무슨 근거가 있었을까? 그것은 실제일까?

그 문제의 핵심은 『일본서기』이다. 『일본서기』에 한일관계 기록이 어째서 그렇게 수록되었을까 하는 점에 대해서는 머리말에서 추정한 바와 같다. 그에 더하여 일본 학자들이 증거로 삼는 자료들로는 광개토왕릉비문의 왜 관련 기사, 칠지도의 명문, 『송서』 왜국전의 왜 5왕의 작호 및 상표문 내용 등이 있다. 그 상세한 내용에 대해서는 본고의 뒤에 이어지는 각 세기별 쟁점에서 하나씩 거론할 예정이다.

한편 임나일본부설에 필적할 정도로 고대 한일관계사의 큰 틀을 제시한 것으로는 에가미 나미오의 기마민족 정복왕조설[5]이 있다. 이 학설은 45년 간 지속되면서 그 내용이 조금씩 변화되었지만, 일반인들에게 널리 알려진 것은 1960년대의 일이었다.

그에 따르면, 일본 4~7세기에 걸치는 고훈시대의 고고학 유물들은 5세기부터 갑자기 변화하며, 4세기까지의 유물이 농경민족적·주술적·평화적이라면, 5세기 이후의 유물은 기마민족적·귀족적·전투적이라는 것이다. 그리고 그 변화의 속도는 점진적인 것이 아니라 급작스러운 것이라서, 5세기경에 기마민족에 의한 일본열도 정복이 있었고 그들이 천황족이 되었

---

5) 江上波夫, 石田英一郎, 岡正雄, 八幡一郎 座談, 1949, 「日本民族=文化の源流と日本國家の形成」, 『民族學研究』 第13卷 第3號, 日本民族學協會編, 東京 : 彰考書院.
　　江上波夫, 1967, 『騎馬民族國家 -日本古代史へのアプローチ』(中公新書 147), 東京 : 中央公論社 ; 1992, 『江上波夫の日本古代史 -騎馬民族說四十五年-』, 東京 : 大巧社.

다는 것이다.

그런데 그 기마민족은 3세기경까지 변한 지역에 있다가 4세기에 일본 규슈 지역으로 건너가 제1차 왜한 연합왕조를 세웠고 그 최초의 인물이 일본의 제10대 숭신천황이며, 제15대 응신천황은 5세기에 규슈에서 일본 혼슈의 긴키 지방으로 들어가 제2차 왜한 연합왕조를 세웠다고 하였다. 그리고 그들은 중심지를 일본열도로 옮긴 이후에도 변한 지역, 즉 임나를 영유하고 있다가 562년의 신라 공격과 663년의 백강구 전투 패배로 인하여 한반도의 발판을 모두 상실했다는 것이다.

이 견해는 한편으로는 일본의 천황족이 변한=가야 지역에서 건너간 사람들이라고 그 기원을 설명하면서, 역으로 그때부터 변한=가야 지역은 일본의 영토가 되었다고 하여 임나일본부설과 결합하고 있다. 그래서 이런 설명은 일본의 역사학자들도 싫어하고 한국의 역사학자들도 싫어하여 사학계에서는 그리 큰 반향을 일으키지 못하였다. 그러나 일본과 한국의 고고학자와 인류학자 및 일반인들에게는 상당한 영향을 주었다.

1990년대에 한국의 김해 지방에서 대성동 고분군이 발굴되고 거기서 일본열도 기마계통 문물의 기원으로 생각되는 풍부한 철기·마구·갑옷 등이 출토되었다. 그러자 에가미는 1992년의 저서에서 일본의 제10대 숭신천황은 아직 임나 즉 가야 지역에 있었으며, 김해 대성동 고분군의 고분 중에 하나는 숭신천황의 것이라고 추정하였다. 대성동 고분군에서는 북방계 유물도 많이 나왔지만 왜계 유물로 보이는 것도 상당히 출토되었다.

그리하여 에가미는 드디어 한반도와 일본열도 사이에 메워지지 않던 '미싱 링크'가 확인되어, 자신의 오랜 가설이 유물로서 입증되었다고 주장하였다. 그의 추론이 사실이라면, 4세기에 가야인들은 일본 천황으로 불릴 만큼 일본열도의 규슈 방면을 정복하여 지배하고 있던 것이 된다. 이는 유물 증거에 의한 임나일본부설의 역전이 이루어진 것이라고도 하겠다. 그러나 이미 80대의 노학자가 출판한 이 책은 학자나 일반인들의 관심을 거의 끌지 못하였다.

한편 북한의 역사학자 김석형은 1963년에 일부 발표했던 가설을 더욱 집

대성하여, 1966년에 『초기 조일관계 연구』라는 저서를 냈다. 이것은 1969년에 일본어로 번역 출간되었다.[6] 그 내용은 『일본서기』에 나오는 고구려 · 백제 · 신라 · 가야(임나) 등의 국명은 한반도에 있는 본국을 가리키는 것이 아니라, 그 본국이 일본열도에 세운 분국, 즉 식민지들을 가리킨다는 것이다. 그는 일본열도에 전하는 많은 지명들과 고고학적 유물들을 대략 정리하여 방증 자료로 제시하였다.

그러므로 김석형은 임나일본부라는 것도 일본 긴키 지방의 왜 왕국이 그 서쪽에 있던 오카야마 지방의 정권을 다스리기 위하여 설치하였던 지배기관이었고, 한반도의 가야와는 관계가 없다고 하였다. 일본학계는 이에 큰 충격을 받고 『일본서기』의 사료적 가치를 재검토하기 시작하였고, 특히 한반도 관련 기사들에 대하여 매우 면밀한 연구들이 이어졌다. 그리하여 그들은 김석형의 가설이 틀렸다고 반박하기에 이르렀으나, 기존의 임나일본부설도 확실치 않다는 것을 깨닫기 시작하였다. 김석형의 연구는 극단적인 것이었으나, 적어도 일본학계의 정설로 치부되고 있었던 임나일본부설의 문제점을 자각케 하는 계기를 마련했던 것이다.

1970년대 말에 남한의 언론인이면서 역사학자인 천관우가 임나일본부 관련 사료들을 재검토하여 백제군사령부설이라는 가설을 제기하였다.[7] 『일본서기』에는 백제 유민들이 남긴 사료들이 많이 남아 있으며, 임나일본부 관련 사료들도 그러한 것들이라고 하였다. 실은 일본열도에 있던 백제 유민들의 조상이 망명 전에 가야를 정벌하여 지배하고 있던 사실을 기록하여 일본에 넘겼는데, 『일본서기』의 편찬자들이 이를 조작하여 마치 일본인들이 한반도로 군대를 파견하여 임나를 지배했던 것처럼 사료를 왜곡하였

6) 김석형, 1963, 「삼한 삼국의 일본열도 내 분국에 대하여」, 『력사과학』 1963-1 ; 1966, 『초기 조일관계 연구』, 사회과학출판사 ; 1969, 『古代朝日關係史 -大和政權と任那-』, 朝鮮史研究會譯.
7) 천관우, 1977 · 1978, 「복원가야사」 상 · 중 · 하, 『문학과 지성』 28 · 29 · 31 ; 1991, 『가야사 연구』, 일조각.

다는 것이다. 그러므로 369년부터 562년까지 가야(임나)를 지배한 것은 임나일본부가 아니라 백제군사령부였다는 것이다.

이 학설은 한 때 임나일본부설의 대안으로 유력시되기도 하고 아직도 백제사를 연구하는 일부 학자들에 의하여 지지받는 경우도 있으나, 요즘에는 『일본서기』의 편찬 사정을 지나치게 가정하여 해석하였기 때문에 무리하다고 보는 것이 중론이다. 그러나 이 가설로 인하여 『일본서기』를 통하여 백제사를 일부 보완할 수도 있겠다는 인식이 생긴 것은 바람직하다고 하겠다.

위에 설명한 바와 같이 선풍적이었던 학설들을 제외하고, 조용히 임나일본부 관련 사료들을 재검토한 1970년대 이후 최근에 이르는 문헌 고증적인 연구들은 몇 가지 공통적인 특징을 가지고 있다. 즉 '임나일본부' 문제에 대한 요즘 학계의[8] 대세는 다음과 같다.

첫째로, 이른바 '임나일본부' 라는 것의 존속 기간을 과장하여 200년 정도 되는 긴 기간으로 보지 않고, 530년대부터 560년대, 즉 가야의 멸망 단계에 있었던 한시적인 것으로 보고 있다. 이는 『일본서기』에 나오는 '임나일본부' 라는 말이 나오는 기간을 확장하지 않고 사료에 있는 그대로만 인정하려는 엄밀성이 부각되었기 때문이다.

둘째로, '임나일본부' 의 성격을 논함에 있어서, 왜의 의도를 강조하는 일방적인 연구보다는 신라 · 백제 · 가야의 상황을 함께 고려하는 복합적인

---

8) 金泰植, 1991, 「530년대 安羅의 '日本府' 經營에 대하여」, 『蔚山史學』 4, 울산대학교 사학과.
　　田中俊明, 1992, 『大加耶連盟の興亡と'任那'』, 吉川弘文館.
　　이영식, 1993, 『加耶諸國と任那日本府』, 吉川弘文館, 東京.
　　백승충, 1995, 『가야 지역연맹사 연구』, 부산대 박사학위논문.
　　鈴木英夫, 1996, 『古代倭國と朝鮮諸國』, 青木書店.
　　연민수, 1998, 『고대한일관계사』, 혜안.
　　이용현, 1999, 『加耶と東アジア諸國』, 日本 國學院大學 大學院 博士學位論文.
　　鈴木靖民, 2002, 「倭國と東アジア」, 『日本の時代史2 倭國と東アジア』, 東京 : 吉川弘文館.
　　남재우, 2003, 『안라국사』, 혜안.
　　백승옥, 2003, 『가야 각국사 연구』, 혜안.
　　이재석, 2004, 「소위 임나문제의 과거와 현재 -문헌사학의 입장에서-」, 『전남사학』 23.

연구가 주조를 이루고 있다. 일제 강점기의 천황 중심 사관에 의하여 『일본서기』를 일방적으로 해석하던 시기와 달리 일부 왜곡의 요소들을 배제하고 관련 사료들을 객관적으로 볼 때, 이 문제는 왜와 가야(임나) 사이만의 문제라기보다 그에 더하여 백제와 신라가 결합된 국제 관계 속에서 벌어지는 복잡한 문제임을 이해하게 되었기 때문이다.

셋째로, '임나일본부'의 성격에 대하여, 이를 왜나 백제의 가야(임나) 지배 또는 통치기관으로 보는 시각은 퇴조하고, 가야와 왜 사이의 교역기관 또는 외교기관으로 보는 시각이 대세를 이루고 있다. 이는 6세기 전반의 일을 기록한 문헌 사료들에서 백제나 왜와 같은 외부 세력이 가야 지역을 정벌하여 점령했다는 기록을 찾을 수 없기 때문이다.

이러한 시각 변화에는 고고학적인 발굴에 의한 가야사 확립이 크게 기여하였다. 가야 유적에 대하여 20세기 이후 21세기 초까지 백년 이상을 발굴해 보아도, 4~6세기에 걸쳐 이 지역을 백제나 왜가 장기간에 걸쳐 점령하거나 지배한 흔적은 전혀 나타나지 않았다. 오히려 이 지역에는 신라에 못지않은 정치 세력이 수백 년간에 걸쳐 독립적으로 발전한 흔적만 확인되었을 뿐이다.

물론 가야 지역에서는 나름대로 가야 문화로서의 일체감을 드러내고 있기는 하나 3~4개의 지역으로 구분된 문화권이 끝까지 존속하여, 6세기 이후의 신라나 백제 유적과 달리 전국에 걸친 통일적인 통치의 흔적은 보이지 않는다. 즉 가야는 중앙 집권적인 고대국가를 완성하지는 못했지만, 소국연맹체 또는 그보다 좀 더 통합된 초기 고대국가로 존재하면서, 경우에 따라 대외적으로는 하나인 것처럼 부각되기도 하였다. 이제 임나일본부설 또는 가야를 둘러싼 고대 한일관계사를 정리할 때는, 그 대상지인 가야 지역의 이러한 상태를 고려하지 않고서는 논의를 전개시킬 수 없는 새로운 상황을 맞이하고 있는 것이다.

3. 4세기의 쟁점

임나일본부설과 관련된 4세기의 쟁점은『일본서기』신공황후 섭정 49년 조의 이른바 '가야 7국 평정' 기사와 광개토왕릉비문의 왜 관련 기사이다. 이 사료들은 모두 왜군이 실제로 가야 또는 신라를 군사 정벌하여 모종의 지배 체제를 성립시켰는가의 여부에 대한 논쟁이다.

우선 서기 369년으로 조정되어 인정되는 신공기 49년 조 기사의 줄거리는 다음과 같다.

왜국 장군 아라타와케와 가가와케가 신라를 정벌하러 탁순에 도착하여 목라근자와 사사노케가 이끌고 온 지원군을 받아 함께 비자발 · 남가라 · 탁국 · 안라 · 다라 · 탁순 · 가라의 일곱 나라를 평정하고, 다시 군사를 옮겨 서쪽으로 돌아 고해진에 이르러 남쪽 오랑캐 탐미다례를 잡아 백제에게 주었으며, 이에 그 왕 초고와 왕자 구수가 군사를 거느리고 오니 비리 · 벽중 · 포미지 · 반고의 네 읍이 스스로 항복하였다는 것이다.

이 기사는 스에마쓰에 의하여 임나 성립의 증거로 제시되던 것으로서, 비자발 등 7국은 창녕 · 김해 · 함안 · 고령 등 가야의 국명들이다. 그래서 이를 왜의 군사 정벌에 의한 임나 지배의 성립으로 보았고, 그 통치사령부로서의 임나일본부는 김해 일대에 있던 것으로 상정되었다.

여기서 일본 중등 역사교과서들이 가지고 있는 공통적인 인식을 살펴본다면, (1) 가야는 철 자원을 생산하고 있었으나, (2) 소국들로 분립되어 있어서 힘이 약했고, (3) 그래서 일본 야마토 정권과 '연결' 하거나 '관계' 를 맺고 있었다는 것이다. 이는 표현이 직설적이지는 않다고 해도 임나일본부설과 크게 다르지 않다. 더 나아가 후소샤(2005년판) 및 지유샤 교과서(2009년판)에서는 '야마토 조정은 바다를 건너 조선에 출병하여 반도 남부의 임나(가라)라고 하는 땅에 거점을 구축했다고 생각된다.' 고 서술하였다. 이는 그 거점에 설치한 기관 이름을 명시하지 않았을 뿐이지, '임나일본부설' 그 자체에 다름없다.

일본의 2005년판 중학교 역사교과서에서는 왜가 백제와는 '동맹' 이나

'연합'을 했다고 하고 가야를 포함한 한반도 남부에 대해서는 '관계를 심화 시켰다'(교이쿠 출판)거나 '연결했다'(도쿄 서적)거나 '연결을 강화했다'(데이코쿠 서원)고 서술하였다. 이는 지난번 교과서들에서 '지배 관계', '종속적 연결' 등으로 되어 있던 서술이 문제되자 그저 '관계' 또는 '연결'이라고 표현한 것일 뿐이다.

그런데 가야가 왜군의 정복을 받았다는 줄거리는 신공기의 기록이 유일하다. 그 기사를 그대로 신뢰한다는 학자는 요즘 학계에는 아무도 없다. 일본 조선사연구회 홈페이지에서도 "이 시기에 고대 일본이 조선반도 남부에 침입하여 지배했다고 하는 '임나일본부' 설은 이미 학술적으로는 부정되고 있다."고 언급하였다.[9] 이런 언급은 1, 2차 한일역사공동연구위원회를 거치면서 일본 측 위원들로부터도 확인할 수 있었다. 그럼에도 불구하고 일본 학계에서는 막연하게 아직도 가야가 일본에 어떤 형식으로든 종속되어 있었음을 믿고 있는 듯하며, 더 나아가 왜국이 신라나 백제보다 무력이나 규모면에서 강했다고 믿는 경향이 대세를 이루고 있다. 가장 큰 문제는 이러한 선입견을 불식시키는 일이다.

철을 생산하지 못하고 있던 왜가 철을 생산하던 백제·가야·신라보다 강한 무력을 갖추고 있을 수는 없었다. 국가 체제 정비의 면에서도 마찬가지이다. 또한 당시의 가야는 약간의 한계성이 있기는 해도 김해의 금관가야를 대표로 하는 세력에 의하여 영도되는 연맹 조직을 갖추고 있었다. 왜국보다 훨씬 앞서는 철제 무기 및 갑옷과 마구를 종합한 重裝 기마전술을 응용하고 있었다. 무엇보다도 일본 학자들 사이에서 가야 문화의 우수성과 가야사의 독자성에 대한 인식이 없는 것이 본질적인 문제이다.

이 기사에 대한 한국 측의 대응을 보면, 우선 이병도는 7국 평정에 대해서는 논급하지 않고 초고에 의한 비리 등 4읍의 위치를 전남 남부 지역으로 고증하여, 이를 백제 근초고왕에 의한 마한 잔여 세력 정벌이라고 규정지었

---

9) 朝鮮史硏究會, 2005, 「日本中學校歷史敎科書の朝鮮關係記述に對する檢討(2005)」, 朝鮮史 硏究會 홈페이지, 東京.

다.[10] 이 논리는 지금도 한국 학계에서 정설의 위치를 차지하고 있으나, 다만 4읍의 위치에 대해서는 설이 분분하여 전북 일대로 보는 설이 다수이다.

천관우는 7국 평정에 나선 장군 중 하나인 목라근자에 대한 『일본서기』의 주석에서 그가 백제 장군이라는 설명이 붙어 있다는 점을 찾아내어 부각시킴으로써, 이 기사는 실제로는 백제가 파견한 백제 장군에 의한 가야 7국 평정이라고 결론지었다. 국내에서도 주로 백제사를 연구하는 학자들 중에는 이에 찬성을 표하는 경우가 상당히 있다.

그러나 1970년대 이후로는 일본에서도 전문 연구자들 사이에서는 신공기 49년 조의 기사 및 사실 모두를 부정하는 방향으로 전환되었다. 기사에 나오는 백제 장군 목라근자의 생존 연대와 관련지은 3주갑 인하론[11]이나 그에 바탕을 둔 기사 분해론[12]도 목씨 문제만 제외하고는 7국 평정에 대하여 부정 일변도이다. 국내의 가야사 연구자들은 그 연대를 429년으로 늦추어야 하나 그 역시 목라씨 가계 전승의 그릇된 주장일 뿐이라고 하거나, 기사 자체를 후대 사실의 반영이라고 하여 전면 부정하기도 한다.

신공기 49년 조의 근본적인 문제점은, 왜군이 평정했다는 지명은 모두 가야 지역임에도 불구하고 '가야' 나 '임나' 라는 용어는 나오지 않고 '신라' 에 대한 적대 관념만이 나타나 있다는 점이다. 이로 보아 이 기사는 가야나 백제 멸망 이후의 역사 인식을 반영하고 있다. 또한 『일본서기』에서 존재 사실이 분명한 6세기 전반 흠명천황 2년(541) 조 기사에 나오는 백제 성왕의 언급에 의하면, '조상인 근초고왕과 근구수왕 때에 백제는 가야의 소국들인 가라·탁순 등과 사신을 교환하고 친하게 지냈다' 는 것이다. 사료상으로 보아 이 기록이 4세기 후반 백제와 가야의 관계를 보여준다는 점은

<hr>

10) 이병도, 1937, 「삼한문제의 신고찰(6)」, 『진단학보』 7 ; 1976, 『한국고대사연구』, 서울 : 박영사.
11) 山尾幸久, 1978, 「任那に關する一試論 -史料の檢討を中心に-」, 『古代東アジア史論集』 下卷(末松保和博士古稀記念會編), 吉川弘文館 ; 1983, 『日本古代王權形成史論』, 岩波書店 ; 1989, 『古代の日朝關係』, 塙書房.
12) 田中俊明, 1992, 앞의 책.

매우 중요하다.

즉 필자가 일전에 지적한 바[13]와 같이, 4세기 후반에 백제나 왜가 가야에 군대를 보내 평정하고 지배한 것이 아니라, 백제는 사신을 보내 가야와 친교를 트고, 이를 토대로 가야와 밀접한 교역을 이루고 있던 왜와 연결된 것이다. 『일본서기』에는 왜가 교역을 이루던 한반도 지역들을 흔히 '쳤다'고 표현하고 또 그 교역 대상자에게 그 땅을 '주었다'고 표현하는 사례가 많은 것도 지적되었다. 이런 관점은 가야사 연구자들 사이에 폭넓은 지지를 받고 있다. 지금까지 알려진 고고학적인 유적, 유물의 존재 상태로 보아도 이런 상정이 적합하다. 그러므로 신공기 49년 조 기사는 이른바 '임나일본부'라는 용어는 물론이고 그 성립과도 전혀 관계없는 기사이다.

위의 7국 평정 기사를 왜나 백제의 가야 지배 개시로 보는 연구자들은 현재의 나라현 이소노카미 신궁에 전하는 칠지도의 제작 연대를 369년으로 보는 경우가 많다.[14] 이는 신공기 52년 조의 기록과 같이, 백제가 왜군의 출병에 의한 7국 평정 및 고해진 사여에 대한 감사의 표시로 왜왕에게 칠지도와 칠자경을 보내주었다고 인정하기 때문이다. 즉 칠지도의 제작 연대를 369년으로 인정하는 순간, 가야 7국의 왜나 백제에의 복속은 사실로 간주되는 것이다.

이에 대하여 상당수의 고고학자들이나 가야사 연구자들은 369년 제작설을 부정하고 5세기 후반 내지 6세기 전반설을 제시하고 있다.[15] 금상감 명문을 새긴 철검이나 칠자경의 유행 시기가 5세기 후반부터 6세기 전반이었

---

13) 김태식, 1994, 「광개토왕릉비문의 임나가라와 '안라인수병'」, 『한국고대사논총』 6, 서울 : 가락국사적개발연구원.
14) 福山敏男, 1951, 「石上神宮の七支刀」, 『美術研究』 158 ; 1951, 「石上神宮の七支刀 補考」, 『美術研究』 162 ; 1952, 「石上神宮の七支刀 再補」, 『美術研究』 165.
   榧本杜人, 1952, 「石上神宮の七支刀と其銘文」, 『朝鮮學報』 3, 天理 : 朝鮮學會.
   末松保和, 1949, 앞의 책.
   濱田耕策, 2005, 「4世紀의 日韓關係」, 『한일역사공동연구보고서』 제1권, 한일역사공동연구위원회.

다는 점, '泰和 4년'의 '和'자가 보이지 않는 점, 다른 사료에 백제가 중국의 연호를 사용한 흔적이 없는 점, 백제가 중국과 처음으로 교통한 것은 372년이었다는 점 등이 주요 논거들이다.

한편 광개토왕릉비의 왜 관련 기사 중에 가장 큰 논란이 되었던 것은 신묘년 기사이다. 그것은 영락 6년(396)에 광개토왕이 몸소 수군을 이끌고 백제를 공격하는 대목 앞에 붙은 "百殘新羅 舊是屬民 由來朝貢 而倭以辛卯年 來 渡□破百殘□□□羅 以爲臣民"이라는 문장이다. 그 문장에 대해서는 비문 변조설이 논의되다가, 1984년 중국인 학자 왕건군의 연구 이후로는 비문 자체의 변조가 아니라 중국인 탁공에 의한 석회칠 만이 문제되므로, 원석 탁본에 의하여 해석은 가능하게 되었다.

그 해석에 대해서는 "백잔과 신라는 옛날부터 속민으로 조공해 왔으나, 왜가 신묘년(392) 이래로 □를 건너 백잔을 깨뜨리고 □라를 □□하여(또는 백잔과 □□□라를 깨뜨리고) 신민으로 삼았다."고 인정하는 것이 보통이다. 임나일본부설에서는 392년에 '왜가 백제·임나·신라를 깨뜨리고 신민으로 삼았다'고 해석하여, 이 기사를 왜에 의한 한반도 남부 경영의 근거로 삼고 있다. 이를 부정하는 연구자들은 임나일본부설의 해석을 인정하면서도 그 문장을 고구려에 의한 과장으로 보거나, 혹은 백제·임나·신라를 신민으로 삼은 주체를 고구려로 보아야 하다고 추정하고 있다. 그러므로 이 문맥은 중간의 네 글자가 확인되지 않는 이상, 어느 설이 맞는지를 더 이상 논하기 어렵다.

---

15) 樋口隆康, 1972, 「武寧王陵出土鏡と七子鏡」, 『史林』 55-4.

이병도, 1974, 「백제 칠지도고」, 『진단학보』 38, 서울 : 진단학회.

村上英之助, 1978, 「考古學から見た七支刀の製作年代」, 『考古學研究』 25-3.

宮崎市定, 1983, 『謎の七支刀 -五世紀の東アジアと日本-』, 中央公論社 ; 1992, 『謎の七支刀』(文庫版), 中央公論社.

연민수, 1998. 앞의 책.

김태식, 2005, 「4세기의 한일관계사 -광개토왕릉비문의 왜군문제를 중심으로-」, 『한일역사공동연구보고서 제1권』, 한일역사공동연구위원회.

또 하나의 문제는 영락 10년 경자(400) 조에 세 번 나오는 '安羅人戌兵'의 해석 방법이다. '안라인수병'이라는 글자 앞뒤로는 비면이 탈락되어 보이지 않는 글자들이 많아서 분명한 해석이 어려운데, 임나일본부설에서는 안라인수병을 안라, 즉 경남 함안에 있었던 안라국(아라가야) 사람들로 구성된 수비병으로 보고, 고구려군의 왜군 정벌이 왜군의 치하에서 구성된 현지인 방위대의 반격을 받아 실패로 끝났다고 보고 있다. 반면에 이를 부정하는 학자들은 안라국 사람들의 수비병이 있었기는 하나 그들이 왜군에 소속된 현지인 부대가 아니라 안라국의 독립적인 부대였다고 보기도 하고, 혹은 이를 '(고구려가 그 곳에) 순라병(또는 신라인)을 두어 수비케 하였다'라는 관용구로 해석하기도 한다. 필자는 이를 고구려가 한시적으로 순라병을 두어 지키게 한 조치를 가리킨다고 보는 설에 찬동하고 있으나, 이것도 주변의 글자들이 모두 확인되기 전에는 결론짓기 어려운 문제임에 틀림없다.

광개토왕릉비문의 해석은 이처럼 비문 자체의 해독도 문제지만, 더욱 문제가 되는 것은 경자년(400)에 신라 및 임나가라 일대에서 활동하던 왜군과 갑진년(404)에 대방계, 즉 황해도 일대에서 활동하던 왜군의 성격이 무엇인가 하는 점이다. 임나일본부설에서는 그 왜군은 한반도 남부를 경영하면서 고구려와 패권을 다투던 군대라고 보았다. 그러나 요즘은 한국과 일본 사이에 그런 견해를 노골적으로 표출하는 연구자는 없는 듯하며, 대개는 그것이 왜국에서 가야나 백제를 돕기 위하여 파견되어온 원군이라고 보고 있다. 그러나 왜군이 한반도에 건너오게 된 배경에는 왜국(야마토 정권)의 주체적 판단이 있었음을 강조하거나, 백제의 의도가 크게 작용하였다고 보거나, 혹은 가야와 왜 사이의 전통적인 인적·물적 교류가 군사적으로 확장된 것으로 보는 등, 여러 가지 추정이 나와 있다. 그 당시 일본열도에 백제의 문물이 전해진 것이 거의 없고 가야의 문물은 상당히 전파되어 있다는 점에서, 가야가 일본열도의 각지에 도질토기나 철기 관련 공인(기술자)과 선진 문물을 보내주고 그 대가로 왜인 노동력과 군사력을 받아서 신라를 공격하거나 백제를 지원하는데 사용하였을 가능성이 가장 크다고 보이나,[16] 구체적인 사정은 역시 분명치 않다.

4. 5세기의 쟁점

고대 한일관계에서 5세기의 일로 가장 논란이 되고 있는 것은 『송서』 왜국전에 나오는 '왜 5왕'의 작호 중의 제군사호와 왜왕 무의 상표문 내용이다.

5세기의 왜왕으로서 중국 남조의 송나라나 제나라에 조공하여 작호를 받은 이로는 讚, 珍, 濟, 興, 武의 5인이 있는데, 이를 흔히 왜 5왕이라고 일컫는다. 이들은 중국에서 안동장군 혹은 안동대장군의 장군호와 왜국왕의 왕호를 받았는데, 그 중 제와 무는 '사지절 도독 왜 신라 임나 가라 진한 모한 6국 제군사'라는 도독제군사호를 추가로 받았고, 무는 '백제'를 포함한 '7국 제군사'를 자칭하기도 하였다. 여기서 '도독'과 '제군사' 사이에 있는 '왜 신라 임나 가라 진한 모한 6국'과 왜왕은 어떤 관계에 있었는가 하는 것이 문제의 초점이다.

임나일본부설에서는 그 6국들은 모두 왜왕의 지배를 받고 있었다고 중국 황제가 인정해 주었으므로, 왜왕의 남한 경영은 국제적 승인을 받고 있었다고 주장한다. 일본 중학교 역사교과서 중에서 가장 대표적인 도쿄 서적(2005년판)에서는 이 문제에 대하여 "대왕은, 왜의 왕으로서의 지위와, 조선반도 남부를 군사적으로 지휘하는 권리를 중국의 황제로부터 인정받기 위해 중국의 남부에 자주 사신을 보냈"다고 하였다. 니혼쇼세키 신사와 니혼분쿄 출판(2005년판)의 역사교과서에서는 좀 더 노골적으로 '조선반도 남부를 지배하는 지위'라고 표현하였다.

이에 대하여 전문 학자들은 도독제군사호는 그 중간에 들어있는 지역들에 대한 민정권을 가리키는 것이 아니라 군사권만을 가리키므로[17] '지배'와는 관계가 없다고 한다. 즉 '지배하는 지위'라고 쓴 표현은 오류이다. '한반도 남부에서의 군사권'이라는 것은 '한반도 남부에 군대를 출동시켜 이

---

16) 김태식 · 송계현, 2003, 『한국의 기마민족론』, 과천 : 한국마사회 · 마사박물관.
17) 坂元義種, 1978, 『古代東アジアの日本と朝鮮』, 吉川弘文館.

를 지휘할 수 있는 권리'이다. 이 문제에 대하여 상당수의 일본 학자들은, 왜왕이 한반도 남부에 대하여 군사적으로 관여하는 권리를 중국 황제로부터 인정받으려고 한 것은 사실이라고 말하고 있다. 즉, 이는 왜왕의 희망 사항이었다는 것이다. 그렇게 본다면 도쿄 서적 역사교과서의 표현은 틀린 것이 아니다.

그러나 도독제군사호를 인정받았다고 해도 실제로 군사권을 발휘할 수 있었는가는 전혀 별개의 사실이다. 한반도 남부 신라와 가야의 군사권은 엄연히 신라와 가야의 왕이 가지고 있었다. 그래서 일본 조선사연구회의 홈페이지에서 "장군호를 인정받은 것과 실제로 군사 지휘권을 발휘할 수 있었던가는 전혀 별개의 문제인 사실을 언급하지 않으면, 왜가 실제로 조선반도 남부의 군사 지휘권을 장악하고 있었다고 오해할 우려가 있다."[18]고 한 것은 타당하다. 그런데 도쿄 서적의 교과서와 같이 '한반도 남부를 군사적으로 지휘하는 권리'라고 표현해도, 일반인이나 학생들이 듣기에는 마치 '한반도 남부의 군사들을 모두 지휘할 수 있는 권리'라고 느껴지며, 그렇다면 지배권과 별다른 차이가 없다.

그러므로 왜 5왕의 제군사호의 내용을 교과서에서 언급하려면 반드시 그것이 실제적 실효성이 없었다는 것을 부기해야 한다. 즉, 왜왕의 희망 사항에도 불구하고 한반도 남부에서 그런 일이 실현되고 있지는 않았다는 것이다. 이 문제에 대하여 한국 학자들은 더 나아가 왜 5왕의 제군사호는 일본열도 안에서 다른 지방 수장들에게 왜왕의 권위를 과시하기 위한 대내용 거짓 작호에 불과하다고 보기도 하고,[19] 혹은 왜왕의 군사권이 미치는 범위는 한반도에 있던 여러 국가들이 아니라 일본열도 안에 있는 여러 한반도계 이주민들에 대한 것이었다고 보기도 한다.[20] 다만 이는 5세기 후반 당시 왜

---

18) 앞의 주석 9)와 같음.
19) 노중국, 2005, 「5세기 한일관계사 -"송서" 왜국전의 검토-」, 『한일역사공동연구보고서』 제1권, 한일역사공동연구위원회.
20) 이영식, 1993, 앞의 책.

왕권의 국제 감각을 조금 과소평가한 것이 아닐까 하는 느낌이 들므로 주의해야 한다.

5세기에 대한 또 하나의 쟁점은 송나라 순제 승명 2년(478)에 왜왕 무가 보낸 상표문에 나오는 문장이다. 거기서 왜왕 무는 자신의 할아버지와 아버지(또는 막연히 조상) 때에 "동쪽으로는 毛人 55국을 정벌하고 서쪽으로는 여러 오랑캐[衆夷] 66국을 복속시켰으며 바다 북쪽[海北]의 95국을 건너가 평정하였다"고 주장하였다.

여기서 '바다 북쪽의 95국'이 어디인가 하는 점이 문제이다. 한국 학자 중에는 이를 한반도가 아닌 규슈라고 보는 견해가 있으나, 대부분은 이를 한반도 남부라고 이해한다. 그러나 그렇다면 당시의 한반도에 가야연맹은 하나로 볼 수도 있고 최대 20여 개의 소국으로 구분해 볼 수도 있으나, 신라나 백제는 각기 하나의 국가이므로, 이를 95국이라고 주장하는 것은 사실에 어긋난다.

근래의 학자들 가운데 이것을 사실이라고 주장하는 경우는 거의 없다. 이런 외교적 주장을 사실로 인정하기에는 역시 무리한 점이 있는 것이다. 그렇다고 해도 이것을 왜왕이 한반도 남부에서의 권리를 중국으로부터 인정받으려는 정치적 수사에 의한 과장이라거나 혹은 왜왕의 희망 사항이라고 볼 수는 있다.

고대 한일관계와 관련하여 왜 5왕의 작호를 살펴볼 때 대개 간과하고 있는 것은, 각국의 장군호에 대한 서열이다. 5세기에 중국 남조로부터 받은 장군호를 다른 나라들과 비교해 보았을 때, 고구려는 '정동장군' 또는 '정동대장군'을 제수받고 백제왕은 '진동장군' 또는 '진동대장군'을 제수받았으며, 왜국왕은 '안동장군' 또는 '안동대장군'을 제수받았다. 그런데 이들은 모두 정3품 상위의 벼슬들이나, 그 사이에는 정동장군이 제일 높고 그 다음이 진동장군이며, 그 다음의 안동장군은 비교적 하위 서열이라는 것이 기본적 인식이다. 같은 장군호라도 '대장군'이라면 '장군'보다 1등급이 높다고 여겨지는데, 왜왕이 1등급 상승했을 때는 고구려나 백제왕의 장군호도 1등급 상승하였다. 그렇다면 왜 5왕이 백제를 포함한 도독제군사호를 자칭하고 이를 중국에 신청했다는 것이 무리였다는 점은 보다 자명해진다.

　요컨대 5세기의 『송서』 왜국전 기록들은 예전의 임나일본부설에서 일본 측이 아닌 중국 측의 증거 자료로 들이댄 신빙성 있는 회심의 카드였지만, 근래에 와서는 일본 역사학계 스스로의 성장에 의하여 그 폭발력이 사라진 모습이다. 이에 대한 한국학계의 반론은 무리한 주장에 의하여 스스로 한계를 드러내거나 혹은 미미한 수준에 지나지 않는 듯하다. 물론 그것이 한반도 남부의 군사권을 장악하려는 왜왕의 희망 사항에 지나지 않았고 실제로 확인되지는 않는다고 하는 일본 역사학자들의 진단이나 표현은 그 자체만으로는 합리적이고 정확하다고 보일지 모르나, 왜국은 실제로도 그런 정도의 수준에 이르렀다고 하는 우월감이 배후에 숨어 있다. 일부 학자들은 별다른 근거 없이 그런 감정을 그대로 드러내기도 한다. 더욱 걱정스러운 것은 근래 혐한증에 걸린 일부 중국 네티즌이나 일반인들이 『송서』 기록을 통하여 임나일본부설을 재생산하려고 하는 경향이다. 이 문제에 대해서 좀 더 확실한 연구와 자료의 뒷받침이 필요하다.

5. 6세기의 쟁점

6세기 한일관계의 서술에서 가장 큰 문제점은, 이 시기를 임나 문제의 종결로 간주하는 일본 측의 시각이다. 이에 대하여 도쿄 서적과 후소샤의 중학교 역사교과서(2005년판)에서는, 562년에 임나가 신라에게 멸망되어 "야마토 정권은 조선반도에 있는 세력(또는 발판)을 잃었다"고 표현하고 있다. 이것은 임나일본부설에서 서기 369년부터 562년까지 왜가 임나를 지배했다고 보는 시각의 연장이다.

　그러나 '임나일본부' 라는 용어는 『일본서기』의 541년부터 544년까지의 기록에 5회 나올 뿐이고, '일본부' 라고만 나오는 것을 포함하면 464년부터 552년까지 35회 나오며, 그 중에 둘은 '안라일본부' 라고도 나온다. 앞에서 언급하였던 바와 같이 근래의 '임나일본부' 관련 전문 연구에서는 임나일본부의 성립 시기를 4세기나 5세기로 보는 견해는 거의 없고, 대개 6세기 전반의 문제로 접근하고 있다. 이처럼 임나일본부의 해석은 6세기의 사건으로 보는 것이 주종을 이루므로, 본고에서는 기존 설을 포함하여 임나일본부의 성격에 대한 여러 학설들을 대비시키고, 이를 설명하는 과정에서 6세기의 가야를 둘러싼 국제 관계를 아울러 설명하고자 한다.

임나일본부의 성격에 대한 학설은 크게 보아 (1) 임나 지배설과 (2) 외교 교역설로 나뉜다. 임나 지배설은 임나, 즉 가야 지역이 외부의 다른 세력으로부터 지배를 받고 있었고, 임나일본부는 외부 세력이 임나에 설치한 지배 기관이었다고 보는 견해이다. 외교 교역설은 임나, 즉 가야 지역에는 독립적인 정치 세력이 있었고, 임나일본부는 가야와 외부 세력 사이의 외교 또는 교역을 위하여 양자 중의 한 쪽이 설치한 기관이었다고 보는 견해이다. 그렇게 상황과 주체를 보는 시각이 나뉘면서 그 안에는 다시 여러 가지 다른 관점이 존재한다. (1)군에 속하는 네 가지 학설로 ① 왜의 임나 지배설, ② 야마토의 일본열도 내 미마나 지배설, ③ 백제의 가야 지배설, ④ 왜계 임나 호족설 등이 있고, (2)군에 속하는 네 가지 학설로 가야와 왜 사이의 ① 교역기관설, ② 사신단설, ③ 외교기관설, ④ 안라왜신관설 등이 있다.

(1)-① 왜의 임나 지배설은 앞에서 설명한 임나일본부설이 원형을 이루나, 적어도 전문 학계에서는 이 설이 부정되고 있다. 그러나 아직도 이 관념은 약간 변형되어, 임나를 경영하던 백제 귀족이 5세기 후반에 일본열도로 망명하여 왜의 귀족이 되고 그 후 이 관계가 그들 씨족을 통해 이어지므로, 왜의 임나 지배는 5세기 후반부터 6세기 후반까지 100년 정도 이어진다고 보는 설[21]이 존재하고 있다. 이 견해는 백제의 목씨 일족이 가야 지역을 어떻게 통치했는지, 혹은 왜로 이주한 이후 목씨 일족이 그 관계를 어떻게 유지했는지에 대한 명증이 없으므로 근본적인 문제가 있다. 비교적 개연성이 높은 것은 백제 귀족 목만치가 일본열도로 건너가 그 곳에서 왜의 유력 귀

---

21) 山尾幸久, 1978, 앞의 논문.

족으로 성장했다는 점일 뿐이다.

530년경에 백제와 신라로부터 압박당하던 가야가 왜에 구원을 요청하여 왜가 아후미노 게나노오미를 시켜 원병을 파견하였으므로, 그 후 562년까지 30년간 가야는 왜의 지배를 받았다고 보는 견해[22]도 있다. 그러나 그 견해는 '임나일본부'가 가야 제국 지배자들의 연합회의에 참석하여 자신들의 의견을 반영시켰다고 하므로, 이를 왜의 임나 지배라고 말할 수는 없으며, '임나일본부' 성립의 계기가 그것인지도 분명치 않다는 문제가 있다.

531년에 왜군이 가야를 구원하기 위해 파견되었고 532년에 이들이 백제의 관리 밑에 들어가게 되므로 왜의 임나 지배가 1년간 유지되었으며, 그 후 30년간은 백제를 통한 간접 지배가 있었다고 보는 견해[23]도 있다. 그러나 왜군이 조금이라도 가야 지역에 주둔하고 있으면, 이를 직접 또는 간접 지배라고 간주한다는 것은 그의 독특한 관점에 불과하며, 사실 여부와는 무관한 것이 아닐까 한다.

이렇게 볼 때 왜군의 파견 또는 주둔에 근거를 둔 임나 지배설은 그 근거와 시기가 뒤로 늦춰지고 후퇴하고 있으며, 왜의 영토적 강점을 전제로 한 견해는 전혀 없음을 재확인할 수 있다.

(1)-② 야마토의 일본열도 내 미마나 지배설은 분국설이라고도 하여, '임나'의 일본 발음인 '미마나'는 한반도에 있는 것이 아니라 일본열도에 있던 가야 계통 이주민들의 분국이므로, 야마토 정권이 설치했다는 '임나일본부'는 일본열도의 미마나 소국을 통치하는 기관이었을 뿐이고, 한반도와는 관계없다는 견해[24]이다. 즉 야마토 정권은 5~6세기에 걸쳐 일본열도 내의 한반도 삼한·삼국의 이주 세력들, 즉 분국들을 통합하여 성장해 나간 것을 보일 뿐이라고 한다.

---

22) 大山誠一, 1980, 「所謂'任那日本府'の成立について」上·中·下, 『古代文化』 32-9·11·12, 京都 : 古代學協會.

23) 鈴木英夫, 1987, 「加耶·百濟と倭 - '任那日本府' 論-」, 『朝鮮史研究會論文集』 24.

24) 김석형, 1966, 앞의 책.

그러나 이 견해는 일본열도에 있는 한반도계 지명들의 의미를 중시하고 『일본서기』에 인용된 『백제본기』 등과 같은 서적들의 성격을 간과하여, 일본 관련 모든 기록들을 일률적으로 일본열도 내에서의 일로 해석하는 오류를 나타냈다고 생각된다. 그러므로 이 학설은 주체적인 발상에도 불구하고 잘못된 전거에 의한 지나친 해석이라는 비판을 면키 어려울 듯하다.

(1)-③ 백제의 가야 지배설은 임나일본부설을 배격하기 위하여 백제에 의한 가야 지배를 상정한 것이다.[25] 이는 한반도 중서부의 우리 민족이 낙동강 유역의 우리 민족을 지배한 것이라고 보기 때문에 문제가 없다고 볼 수도 있다. 그러나 그 전제가 되는 『일본서기』의 한일관계 관련 기사들에 나오는 '왜왕'의 명령을 모두 '백제왕'의 명령으로 바꾸어서 이해해야 한다는 전제 조건은, 아무리 『일본서기』 편찬 과정의 왜곡을 전제로 삼는다고 하더라도 지나친 것이다.

이 견해는 이후 백제가 정치적 의도에 의하여 가야 지역에 왜군을 용병으로 삼아 주둔시키고 그 곳에 왜계 백제 관료를 투입하여 결과적으로 백제를 위해 일하게 했다는 용병설[26]로 발전하였다. 그러나 『일본서기』에 나오는 이른바 '임나일본부' 관료들은 한결같이 백제에 반대하여 친신라 또는 독립적인 자세를 보이고 있으므로, 이 가설도 사료의 존재 상태와의 동조가 불가능하다.

(1)-④ 왜계 임나 호족설은 위왜 자치집단설 또는 가야의 왜인설이라고도 하는 것으로, 가야 지역에는 소수의 왜인들이 거주하고 있었는데 그들과 일정한 관계가 있는 임나의 지방 호족이 일본의 중앙 귀족이나 지방 호족과 관계를 가진 것에 의하여 임나 제국의 연합 조직에 파고들어 그 세력을 확대하고 외교권을 통제할 수 있었다는 설[27]이다. 그리고 그들이 일본열도와

---

25) 천관우, 1977, 앞의 논문.
26) 김현구, 1985, 『大和政權の對外關係硏究』, 東京: 吉川弘文館 ; 1993, 『임나일본부연구』, 일조각.
27) 井上秀雄, 1973, 『任那日本府と倭』, 東出版.

I부 한일관계 연구의 흐름 … 3. 임나일본부설의 흐름과 쟁점 *79*

의 관계를 빙자하여 세력을 확대할 수 있었던 것은 6세기 전반에 가야 지역이 백제와 신라의 침공 압력을 받고 있었기 때문이라고 본다.

이 견해는 왜군의 파견이라거나 지배를 상정하지 않고 가야 제국의 정치적 독립성을 인정한 위에 논리를 전개하고 있으므로, 기존의 임나 지배설과는 차원을 달리 하는 발전적 견해이다. 그러나 임나일본부가 가야 지역의 한 독립소국이라고 하면서, 그 중심지는 안라왕이 통치하던 안라국에 있었고, 그 영역인 이른바 '일본부의 군현'은 안라국에서 멀리 떨어진 가야의 변경 지대에 있었다고 하여 특이한 형태를 상정하고 있다. 이렇게 특이한 설명 형태가 나올 수밖에 없게 된 것은 사료 해석과 관점에 문제가 있었기 때문이라고 볼 수밖에 없다.

근래에는 이 학설이 좀 더 진화하여, '일본부'란 5세기대부터 왜와 한반도와의 관계 또는 지방 호족의 독자적 통교 등에 의하여 안라에 거주한 왜인들의 단체이고, 이들이 가야 제국과 공통의 이해를 가져 거의 대등한 관계로 접하며 주로 외교 교섭에 협동하고 종사하고 있었다고 주장하였다.[28] 이 견해는 '안라 거주 왜인 집단설'이라고 해야 옳을 듯하고 이노우에의 견해보다는 객관적인 표현이라고 보이나, 그들의 존재가 어째서 540년대에 와서 부각되는지, 그들이 안라왕과 어떤 관계에 있었는지에 대한 설명이 필요하다.

(2)-① 교역기관설은 오래 전에 한국 측에서 제기되었던 것으로서 임나일본부의 성격을 조선시대의 왜관과 같은 것이었다고 본 견해[29]이다. 가야의 철에 대한 인식이 높아지면서 일본 측에서도 이에 동조하는 견해[30]가 나왔다. 이 견해는 상당한 타당성이 있는 견해이나, 이를 입증할 만한 증거 자료가 많지 않은 탓에 다수의 지지를 얻지는 못하고 있다.

(2)-② 왜의 사신단설은 '임나일본부'의 용어 풀이를 통하여 왜가 가야

---

28) 森公章, 2006, 『東アジアの動亂と倭國』, 吉川弘文館.
29) 이병도, 1937, 앞의 논문.
30) 吉田晶, 1975, 「古代國家の形成」, 『岩波講座日本歷史』(古代2).

제국과의 외교 교섭을 위해 임시로 파견한 사신, 관인 또는 그 집단이 임나일본부라고 보았다.[31] 이 견해는 '임나일본부' 의 성립 원인으로 군사 행동과 같은 것을 상정하지 않아 한일 간에 상당한 지지자를 확보하면서[32] 최근까지 유력한 견해로 부상되어 있다. 그러나 『일본서기』에 이른바 '임나일본부' 의 관인으로 나오는 인물들을 왜 왕권이 파견한 사실이 보이지 않고, 그들이 왜 왕권의 의도대로 움직이지 않는 독자성을 보이고 있어, 적어도 왜 왕권의 공식적인 사신으로 보이지 않는다는 점이 문제이다.

그리하여 이들은 일본열도에서도 야마토 정권이 아닌 다른 곳, 예컨대 규슈 지역의 독자 세력에서 파견했던 외교 관인들의 잔존 형태라고 보는 견해[33]가 있다. 혹은 이들은 왜에서 안라로 파견된 외교 사신임에도 불구하고 안라에 반영구적으로 머무르면서 안라의 정책에 동조하는 왜계 안라 관료라고 보아야 한다는 견해[34]가 나오기도 하였다. 그러나 왜의 사신이면서 안라 관료라는 형태는 상정하기 어렵다는 점이 이 견해의 문제로 남는다. 오히려 규슈 왜 사신들의 잔존 형태로 보는 것이 좀 더 사리에 맞을 듯하나, 이 경우에는 그들의 출신지 분석이 이루어지고 그들의 행동이 모국의 정권이 붕괴된 이후에 보이는 유민의 행태와 어울리는가 하는 점도 따져보아야 할 것이다.

(2)-③ 외교기관설은 그 설치 주체를 임나 제국으로 보는 설[35]과 안라국으로 보는 설,[36] 혹은 어느 일국의 것이 아니라 안라국과 야마토국의 합작

---

31) 請田正幸, 1974, 「六世紀前期の日朝關係 -任那‘日本府’を中心として-」, 『朝鮮史硏究會論文集』 11.
32) 鈴木靖民, 1985, 「東アジア諸民族の國家形成と大和王權」, 『岩波講座日本歷史』 1(原始·古代1).
    이영식, 1993, 앞의 책.
33) 鬼頭淸明, 1974, 「加羅諸國の史的發展について」, 『古代朝鮮と日本』, 龍溪書舍 ; 1976, 『日本古代國家の形成と東アジア』, 校倉書房.
34) 백승충, 2003, 「'임나일본부' 와 '왜계백제관료'」, 『강좌 한국고대사』 제4권, 가락국사적개발연구원.
35) 奧田尙, 1976, 「‘任那日本府’と新羅倭典」, 『古代國家の形成と展開』, 吉川弘文館.

외교기관이었다고 보는 설,[37] 혹은 532년 이전의 금관국에 있으면서 백제-
왜 사이의 중간 외교기관 역할을 대행하였던 사람들의 잔존 형태라고 보는
설[38] 등으로 나뉜다. 이 학설들은 『일본서기』에 나오는 '임나일본부' 관인
들의 행동에 어울리는 관점이라는 점에서 가장 사실에 근접한 견해라고 볼
수 있다. 설치 주체의 면에서는 임나 제국의 연합에 의한 것이라기보다는
안라국 단독의 행동이었다고 보는 견해가 가장 타당한 듯하다. 다만 여기서
는 가야 제국을 둘러싼 당시의 국제 관계에서 어째서 안라국이 그런 기관을
구성했는가에 대한 계기 설명이 좀 부족하지 않을까 한다. 합작 외교기관이
나 중간 외교기관이었다는 설들은 새로운 설로써 참신성을 가진 것들이라
고 생각된다. 그러나 양쪽 국가의 합작에 의한 기구라면 양국 모두에 속한
관인이라는 뜻인데 그런 것이 가능할까 하는 의구심이 든다. 그리고 중간
외교기관에 속한 관인들이었다고 하는 견해도 논리적으로는 매우 그럴 듯
한데, 그들이 김해 지방에 있었을 당시의 정황에 대한 설명이나 근거가 거
의 없다는 점이 문제이다.

　(2)-④ 안라왜신관설은 위의 교역기관설과 사신단설 및 외교기관설을 절
충하여 가야연맹체 말기의 정치 상황과 연동시킨 점에 특징이 있다. 이는
필자의 견해로서, '임나일본부'라는 것은 가야 말기인 530년대 후반부터
550년대까지 존재하였고, 외형상으로는 '왜국사절 주재관'의 명분을 지닌
다는 점을 전제로 삼았다.[39]

　가야 지역의 소국들은 김해의 가야국을 중심으로 여러 소국들의 연맹체
(전기 가야연맹)를 구성하고 있었으나 4세기 말에 신라의 요청으로 들어온
고구려군에 의하여 이 체제는 강제적으로 해체되었다. 그 후 5세기에는 고

36) 연민수, 1998, 앞의 책.
37) 이연심, 2004, 「임나일본부의 성격 재론」, 『지역과 역사』 14, 부경역사연구소.
38) 정효운, 2007, 「중간자적 존재로서의 '임나일본부'」, 『동북아문화연구』 13.
39) 김태식, 1993, 『가야연맹사』, 서울 : 일조각 ; 2002, 『미완의 문명 7백년 가야사 1권~3권』,
　　푸른역사.

령의 반파국, 즉 대가야를 중심으로 새로운 소국 연맹체(후기 가야연맹)가 형성되어 고구려·백제·신라 등의 변화에 대처하며 독자 노선을 추구하였다. 그러나 6세기에 들어 510년대에 백제와의 경쟁 끝에 호남 동부 지역의 몇 개 소국들을 상실하고 530년경에는 신라의 침공으로 경남 동부의 탁기탄국(영산)과 남가라국(=금관국, 김해)을 상실하였다. 그런 과정에서 가야연맹의 맹주국인 대가야의 권위가 흔들려 가야는 대가야국을 중심으로 한 북부 가야연맹과 함안의 안라국을 중심으로 한 남부 가야연맹으로 분열되었다. 이에 백제는 신라의 더 이상의 침공을 저지하기 위하여 가야 남부 지역의 구례산 5성(칠원)에 군대를 진주시켜 그 서쪽의 안라국(함안)을 군사적으로 견제할 수 있는 상태에 있었으나, 가야 제국의 반발을 피하기 위하여 안라의 정치적 독립성을 유지시키고 그 곳에 외국사절 주재관을 세운다는 명분으로 친백제 왜인 관료를 안라에 들여보내 '백제의 대왜 무역중개소'를 설립했다. 이것이 이른바 '임나일본부'의 기원이라고 하겠다.

그러나 530년대 후반에 신라가 정치적 공작을 벌여 창원의 탁순국을 병합하고 그 북쪽에 인접한 구례산성의 백제 주둔군을 쫓아내었다. 그리하여 540년을 전후하여 안라국에 대한 백제의 군사적 영향력이 소멸되자, 남부 가야연맹의 맹주인 안라왕은 그 인원을 친안라 왜인 관료들로 재편하여 안라국의 외교를 지원하는 '안라의 특수 외무관서'와 같은 성격으로 변모시켰다. 이것이 『일본서기』에 나오는 540년대의 이른바 '임나일본부'로서, 그 명칭은 그 관인들에 대한 별칭인 "在安羅 諸倭臣等"을 참조하여 '안라왜신관'으로 고쳐서 부르는 것이 타당하다고 보았다. 왜냐하면 '일본'이라는 이름은 일러도 7세기 후반에나 성립되는 국명이므로, 6세기의 기관 명칭에 '일본'을 넣어 불렀을 리가 없고, 또한 그들은 가야 지역에 대한 범칭인 '임나'를 위하여 행동한 것이 아니라 그 기구가 설치되어 있던 '안라'를 위하여 행동한 것이 분명하기 때문이다.

여기서 540년대 안라왜신관 관인들인 이쿠하노오미[的臣], 기비노오미[吉備臣], 가와치노아타히[河內直], 移那斯, 麻都 등의 출신과 행동 양식을 『일본서기』의 기사들에서 구체적으로 검토해 볼 필요가 있다.

본고에서는 그에 대한 사료 제시는 생략하나, 우선 그들 중에 상층 관인인 이쿠하노오미, 기비노오미 등은 씨성으로 보아 왜인이다. 하급 관인인 가와치노아타히는 왜계 씨족명을 띠고 있으나 그 뒤의 가야인인 이나사 및 마도와 친형제 관계에 있는 사람이다. 그들 3인은 가야인과 왜인 사이의 혼혈인이었다고 보이므로 크게 보아 왜계인이라고 부를 수 있다고 하겠다.

그리고 안라왜신관 관인들은 모두 안라에 머무르면서 외국과 관련된 일에 관여하고 있었음을 알 수 있다. 즉 그들은 백제에 가서 가야연맹 전체의 앞날을 논의하는데 참여하였고, 신라에 가서 안라의 경작 문제를 논의하였으며, 고구려에 사신을 보내 백제 공격을 권유하기도 하였다. 그들은 가야연맹 전체 사신단의 일원으로 백제나 신라에 가기도 하였고, 안라만을 위해 단독으로 고구려에 가기도 하였다. 왜신관 관인이 논의한 것은 주로 안라의 경작 문제였던 것으로 보아 그들은 대외적으로 안라의 이익을 위해 행동하고 있었음을 알 수 있다.

또한 그들은 신라나 백제에 가는 왜의 사신을 한반도 남부의 기착지에서 맞이하여 그 목적을 확인하였으며, 그 때 얻은 왜왕의 의도에 대한 정보를 기반으로 하여 가야연맹 집사들이 백제왕이 주도하는 회의에 참여하지 않는 명분을 제공하였다. 이로 보아 왜신관 관인들은 왜 왕권과 직접적인 관련을 맺고 있지는 않지만, 일본어 소통 능력을 토대로 일본열도의 정보를 알아내어 가야연맹이 타국과 대외관계를 수립하는 데 중요한 역할을 하였다고 추정된다.

따라서 사료 상에 나오는 왜신관 관인들은 가야연맹체, 그 중에서도 특히 안라국의 독립성 유지 및 대외 교섭을 위해서 활동하였던 것을 확인할 수 있다. 따라서 안라왜신관은 540년대에 가야연맹이 대가야 중심의 연맹체를 유지하고 있으면서 주위의 중앙 집권적 고대국가인 신라와 백제의 복속 압력을 받고 있던 시기에, 가야연맹의 제2인자였던 안라국이 자신을 중심으로 한 연맹체를 도모하기 위해 운영하였던 기구였다. 그 관인들의 행동을 토대로 생각해 볼 때, 그들이 속한 안라왜신관은 실질적으로 안라의 외무관서였다.

6. 맺음말

이제 전형적인 임나일본부설을 주장하는 전문 연구자는 없다. 그러나 이것으로 문제가 완결된 것은 아니다. 왜냐하면 아직도 많은 개설서나 역사교과서에서 임나일본부설, 즉 고대 일본이 가야 제국을 중심으로 하여 한반도 남부를 지배했다는 관념을 당연시하거나 혹은 이를 암시하는 표현으로 서술하고 있기 때문이다. 다만 이런 서술들은 과거 학설들의 잔재로서, 앞으로는 서서히 사라질 것으로 전망한다.

일본 학자들과 공식적인 자리가 아닌 사석에서 대화한 내용에 의하면, 임나일본부설이 공식적으로 주장되지는 않는다고 해도, 그 후의 여러 설 중에 유력한 대안이 뚜렷하게 부각되지 않고 있기 때문에 개설서나 교과서 등의 임나일본부설과 관련한 기존 서술은 앞으로도 상당히 지속될 것으로 전망하고 있었다. 교과서나 개설서의 속성으로 보아 이런 진단은 일리가 있다고 보인다. 물론 그렇다고 해도 일본의 어린이나 학생들이 그런 관점을 계속 답습하여 배우는 것은 앞으로의 한일관계를 위해 전혀 바람직한 것이 아니기 때문에, 대안이 분명치 않다면 아예 관련 서술을 삭제할 것을 요청해야 한다. 다만 그렇게 된다면 일본 고대사의 전개 과정에 대한 설명 체계가 불분명해진다는 점에 대하여, 일본의 출판사들은 문제를 느낄 것이라고 생각된다. 왜냐하면 일본의 고대사는 한반도로부터 선진 문물의 전래를 인정하면서도 그것이 일본열도로 건너온 계기에 대해서는 일본 우월적인 관점을 유지해왔기 때문이다.

임나일본부설이 주장되지 않는다고 해도 그것이 변형된 임나 문제는 여전히 존재하고 있다. 이것은 4세기 이후 한일관계사 전반에 걸쳐 있는 일본 우위의 관점이다. 거기에 가장 희생양으로 등장하는 것이 가야라는 점이 가야 전문 연구자인 필자를 우울하게 한다. 즉 고대시기에 문화 수준은 한반도 제국이 우수했을지도 모르나 적어도 무력이나 적극성은 일본열도의 왜가 우월했으며, 특히 적어도 가야보다는 우월하여 이를 '경영'할 정도였다는 것이다. 앞에서도 언급하였듯이, 한·중·일 대부분의 사료들이 그런 식으로 기록되어 있다는 점이 사태의 설명을 어렵게 하고 있다.

그리하여 왜 왕권은 자신의 이익을 위해서 철을 생산하여 공급하는 지역인 가야를 확보하였다거나 혹은 적어도 그 지역의 세력이 왜 왕권에 종속적이었다고 설명하고 싶어 한다. 4세기에는 그런 이익이 흔들릴 사태에 처하여 왜군이 주도적으로 한반도에 출동한 것이고, 5세기에는 왜 5왕이 그런 기득권(?)을 중국으로부터 공인받으려고 임나와 가라가 포함된 7국 제군사호를 자칭하였다는 것이다. 6세기에도 이를 보장받기 위하여 가야나 백제의 세력들과 협의하였으나 신라가 562년에 가야를 병합하고 660년에 백제를 병합함으로써 모든 것이 틀어졌다고 생각하고 있다. 고대 한일관계에 대한 일본 측 전문 연구자들도 왜군이 한반도에 출병하여 군대를 주둔시키며 항구적으로 임나 즉 가야를 지배했다는 것을 부인할 뿐이지, 왜 왕권이 한반도 남부, 특히 가야 지역에 대하여 우월성을 계속해서 유지하고 있었다는 생각까지 바꾼 경우는 거의 없는 듯하다.

앞으로 고대 한일관계사에 대한 연구는 이런 점을 유의할 필요가 있다. 가장 큰 과제는 가야의 독립성 여부와 가야와 왜 사이 교류의 실체이다. 국제 관계라는 점으로 보아 가장 합리적인 설명은 상호간에 등가성 있는 물품을 교환했다는 가설이나, 안타깝게도 가야의 철에 대하여 왜국이 무엇을 지불했는지는 발견되지 않고 있다. 그래서 왜국으로부터 인력, 즉 노동력이나 군사력을 도입하여 가야의 의도에 따라 부렸을 것이라는 가설을 제출하였으나, 당시의 가야가 이들을 통제할 만한 사회적 능력, 즉 중앙 집권적 통치와 그에 따른 사회 정비를 갖추고 있었는지를 확인할 수 없기 때문에 설명에 어려운 점이 있다.

근래에 들어 여러 차례에 걸쳐 일본을 방문하면서 많은 것을 느꼈다. 그런데 한일관계와 관련된 역사 인식에서 큰 문제점의 하나로 보인 것은, 일본 긴키 지방부터 서쪽으로 규슈 지방에 걸쳐서 존재하는 고대 유적이나 신사 등에는 신공황후의 삼한 정벌에 관한 설명이 거의 상식적으로 나타나고 있다는 점이다. 특히 이를 위하여 세운 가장 큰 신사가 일본 오사카에 있는 스미노에 다이샤[住吉大社]이다. 거기에서는 신공황후가 삼한 정벌을 위해

배를 타고 바다를 건널 때 바람과 파도를 일으키고 물고기를 동원하여 도왔다는 소코쓰쓰노오노미코토[底筒男命], 나카쓰쓰노오노미코토[中筒男命], 우하쓰쓰노오노미코토[上筒男命]라는 세 명의 신과 신공황후를 위하여 네 개의 본궁을 지어놓고 있다. 그런 신사 유적들에는 당연히 삼한 정벌이 자랑스럽게 표출되고 설명문으로 붙어 있다.

그러나 다행스러운 것은 필자가 2003년 4월에 그 곳을 방문했을 때는 삼한 정벌에 대한 설명문이 여기저기 붙어 있었고, 그 옆에는 '그것이 한일 간에 왕래가 많았던 점에 대한 증거이기도 하다'는 식의 한국인을 위한 위로성(?) 언급도 부가되어 있었으나, 2009년 2월에 다시 방문하였을 때는 그런 안내문들이 모두 사라졌다는 점이다. 그리하여 그것이 세 명의 신과 신공황후를 위한 궁이라는 설명은 있으나 그 유래에 대한 추가적인 설명은 없기 때문에, 일본 고대사나 『고사기』, 『일본서기』에 정통하지 않은 사람이라면 신공황후의 삼한 정벌을 알 수 없도록 되어 있었다. 이런 조치가 늘어나는 한국인 관광객들을 위한, 혹은 더 나아가 한국인 전반을 위한 신사 측의 배려였다면 참으로 바람직한 것이다. 근거가 부족한 전설이나 신화라고 해도, 그것이 상대국에 대한 적개심이나 나쁜 인식을 줄 우려가 있다면 상호 배려의 차원에서 주의할 필요가 있다.

* 이 글의 원전 : 김태식, 2010, 「임나일본부설의 흐름과 쟁점」, 『한일역사의 쟁점 2010 제1권』, 조광·손승철 편, 서울 : 경인문화사, 119~150쪽.

4.
일본 역사교과서에 표기된
대방군의 위치

1. 머리말

일본 역사교과서의 서술 중에 일부가 우리를 놀라게 하는 일은 이제 놀랍지
도 않을 정도로 흔한 일이 되었다. 그 중 하나에 대방군의 위치 문제가 있다.

일본의 일부 역사교과서는 한국 고대사에서 고조선을 언급하지 않고 한
무제의 정벌에 의한 한사군 성립을 말하고 이어서 낙랑군과 대방군 이후로
한국사가 시작되는 듯한 인상을 주고 있다. 이는 일제의 식민사관의 하나로
서 한국사의 시작을 외세의 침탈에 비롯되는 것으로 보는 타율성론을 계승
하고 있음에 틀림없다. 그런데다 중국 군현의 하나인 대방군의 위치를 현재
의 대한민국 수도 서울로 서술한 것은 더욱 더 사람들을 놀라게 했다.

그런데 연구사를 검토하다보니, 대방군의 위치에 대한 연구가 일본 측에
서는 풍부하나 한국 측에서는 매우 소략한 것을 알 수 있었다. 이는 대방군
이 엄연히 한반도 안에 설치되어 있었고 우리나라 고대사의 흥망에 많은 영
향을 끼친 것을 알면서도 한국사의 범주에서 의도적으로 제외해 온 분위기
때문이 아닐까 한다.

한국의 초·중·고교 역사교과서에 대방군이라는 말은 한 마디도 나오

지 않는다. 다만 그와 관련 있는 낙랑 또는 낙랑군이라는 단어가 『고등학교 국사』 교과서(2003)에 세 번 나올 뿐이다. 이를 적출하면, (1) 변한에서는 철이 많이 생산되어 낙랑, 왜 등에 수출하였다(42쪽), (2) (가야에서는) 풍부한 철의 생산과 해상 교통을 이용하여 낙랑과 왜의 규슈 지방을 연결하는 중계 무역이 발달하였다(51쪽), (3) 미천왕 때에 낙랑군을 완전히 몰아낸 고구려는 압록강 중류 지역을 벗어나 남쪽으로 진출할 수 있는 발판을 마련하였다(52쪽)는 언급이 전부이다. 지도에는 낙랑군의 위치도 표현하지 않았다. 이런 정도의 서술만 있다면 우리의 학생들은 대방군은 고사하고 낙랑군이 의미하는 바도 알 수 없을 것이다.

불행한 역사도 우리의 역사라고 생각할 때, 낙랑군과 대방군을 배제해온 우리의 연구사와 역사 교육은 심각한 문제가 아닐 수 없다. 그러나 그 모든 문제를 일시에 해결할 수는 없으므로, 본고에서는 문제가 된 대방군의 위치에 대한 사료 및 일본 역사교과서의 서술과 그에 대한 학계의 연구 상황을 검토하는 데 머물고자 한다.

2. 사료로 본 대방군

『삼국지』 위서 동이전 한 조에 대방군의 연혁에 대한 기사가 다음과 같이 나온다.

> [1] 환제와 영제의 말기에 韓과 濊가 강성해져서 군현이 제대로 통제하지 못하자, 주민들이 많이 韓國에 흘러 들어갔다. 건안 연간(196~220년)에 公孫康이 屯有縣 이남의 거친 땅[荒地]을 나누어 帶方郡으로 삼았다. 공손모와 장창 등을 보내 남아있는 주민들을 모으고, 군대를 일으켜서 한과 예를 치자, 옛 주민들이 차츰 다시 나타났다. 이후로 왜와 한이 마침내 대방군에 복속하였다.

위의 사료 [1]에서 후한 환제(147~167년)와 영제(168~189년)의 말기란, 환관 세력이 자신들에 대해 비판적인 사족들에게 사사로이 당파를 지어 나라를 어지럽힌다는 죄를 씌워 사형, 유배, 금고 등의 형에 처한 사건, 즉 두 차례의 黨錮로 말미암아 정치 혼란이 극심해지고, 이 틈을 타서 지방에서 황건적이 일어난 184년 전후의 시기를 가리킨다. 그에 따라 한나라가 낙랑 군을 잘 지원할 수 없게 되자 낙랑군의 통제 아래에 있던 군현 주민들이 한국, 즉 삼한 지역으로 탈출한 듯하다.

그러자 후한의 요동태수 公孫度는 190년에 遼東侯로 자립하고, 요동군을 요동군, 중요군, 요서군으로 나눔과 동시에, 현도군과 낙랑군을 함께 아울렀다. 그를 이은 아들 공손강은 204년에 遼東太守가 되어 얼마 후 낙랑군 둔유현 이남의 땅에 대방군을 설치하고 왜와 한에 대한 통제를 맡게 하였다. 대방군의 설치 시기에 대해서는 더 이상의 자료가 없으나, 학자들은 대개 204년부터 207년 사이의 시기로 보고 있다.

[2] 경초 연간(237~239년)에 명제가 대방 태수 유흔과 낙랑 태수 선우사를 비밀리에 보내 바다를 건너 두 군을 평정하고, 여러 韓國의 臣智들에게 邑君의 印綬를, 그 다음 가는 자에게는 邑長의 인수를 더하여 주었다.(『삼국지』 권30, 위서30 오환선비동이전 제30 한 조).

『삼국지』의 이어지는 사료 [2]로 보아, 공손씨의 요동 점거 및 대방군 경영은 위나라 경초 연간에 끝났다. 즉 위의 기사는 238년에 중국 위나라의 司馬懿가 유주자사 관구검의 지원을 받아 공손강의 아들 公孫淵을 물리쳐 요동 지역을 점령하고, 이어서 낙랑군과 대방군을 접수한 사실을 가리킨다. 위나라는 삼한 신지들과 접촉하여, 앞으로는 낙랑군과 대방군을 통하여 요동의 공손씨가 아닌 위나라와 교통하게 되었음을 알린 것이다. 그런 과정에서 알력이 생겨 삼한 소국들의 군대가 대방군 기리영을 공격하기도 하였으나, 대방 태수와 낙랑 태수는 이를 제압하고 또 고구려의 휘하에 있던 不耐侯를 조공케 하는데 성공하였다.

265년 이후로는 위나라를 이은 진나라가 낙랑·대방군을 다스리다가, 서진 때인 285년에 東夷校尉 河龕이 변방 민족들을 직접 통괄하는 체계로 바뀜에 따라 낙랑·대방군은 종래의 대외적 기능을 상실하게 되었다(오영찬, 2003: 227). 그러다가 대방군은 314년에 고구려 미천왕의 공격으로 병합되었으니, 『삼국사기』 고구려본기의 간단한 대방군 침공 기사[1])가 한반도 내의 대방군 몰락을 반영한다.

그러면 204년경부터 314년까지 110년간 한반도에 존재했던 대방군의 위치에 관한 사료는 무엇이 있을까? 앞의 사료 [1]에서 낙랑군 둔유현 이남의 거친 땅을 나누어 대방군을 설치했다는 것이 기본을 이루고, 그밖에 두 가지의 사료가 더 있다.

[3] 韓은 대방의 남쪽에 있다. 동쪽과 서쪽은 바다를 경계로 하고, 남쪽은 왜와 접하였으며, 사방 4천리쯤 된다. 세 종족이 있으니, 첫째는 마한이요, 둘째는 진한, 셋째는 변한이다. (중략) 마한은 서쪽에 있다.(『삼국지』 권30, 위서30 오환선비동이전 제30 한 조).
[4] 대방군[공손도가 두었다. 일곱 현을 통치한다. 戸는 4,900이다.] 帶方 列口 南新 長岑 提奚 含資 海冥.(『진서』 권14, 지4 지리상 평주 조).

사료 [3]으로 보아 대방군은 삼한의 북쪽에 있고, 특히 삼한 중에 서쪽에 있었다는 마한과 접했던 것으로 보인다. 그렇다면 대방군은 낙랑군과 마한의 사이에 있었던 것으로 된다. 그에 더하여 사료 [4]에서는 대방군의 일곱현의 이름을 전하고 있어서, 좀 더 구체적인 지명들을 전하고 있다. 그 중에 남신현을 제외한 여섯 현은 『한서』 지리지에서 낙랑군 25현 중에 포함되어 나온다. 해당 조항을 인용하면 다음과 같다.

[5] 낙랑군은 戸 62,812, 口 406,748, 縣 25개소. 朝鮮 讍邯 浿水 含資 黏蟬 遂成. 增地 帶方 駟望 海冥 列口 長岑 屯有 昭明 鏤方 提奚 渾彌 吞列 東暆 不而 蠶台 華麗 邪頭昧 前莫 沃祖.(『한서』 권28, 지리지8하).

그런데 위의 사료 [5]에서 낙랑군이 25현으로 되어 있는 것은 흔히 말하

---

1)『三國史記』 卷17, 高句麗本紀5 美川王 "十五年 秋九月 南侵帶方郡."

는 '大樂浪郡' 시대의 것이고, 기원전 108년 설치 당시의 낙랑군은 11현 뿐이었다. 그 후 『한서』 昭帝紀에 의하면, 기원전 82년에 진번군이 폐지된 사실이 보이며, 이를 『후한서』 濊傳에서는 임둔·진번군을 폐지하고 낙랑·현도군에 합쳤다고 기록하고 있다. 그런데 임둔군과 진번군의 어떤 현을 폐지하고 어떤 현을 낙랑군과 현도군에 합쳤는지는 분명치 않다. 이 때 낙랑군은 동부도위와 남부도위를 두고 추가된 14현을 관리하였던 것에 비하여, 현도군은 얼마 후인 기원전 75년에 高句麗, 上殷台, 西蓋馬의 3현으로 퇴축되어 북쪽 新賓 방면으로 쫓겨 간 것으로 보아, 폐지된 임둔군과 진번군의 현들은 대부분 낙랑군에 합쳐진 것으로 보인다.

『삼국지』 위서 동이전 동옥저 조에 의하면, 동부도위는 不耐, 華麗, 沃沮 등의 領東七縣을 다스리고 있었는데, 기원후 30년에 도위를 폐지하였다고 하니, 『후한서』 지리지에 나오는 낙랑 18현[2]은 그 이후의 상태를 표시한다. 그러므로 대방 7현과 낙랑 18현 중에 겹치는 含資 帶方 海冥 列口 長岑 提奚 6현과 南新縣은 남부도위가 다스리던 7현이었다고 보인다.

그런데 그 중의 하나인 함자현에 대해서는 『한서』 지리지 주석에 '帶水가 서쪽으로 帶方에 이르러 바다로 들어간다.' 는 정보를 나타내고 있다. 그리하여 함자현과 대수는 대방군의 위치나 경역을 고증함에 있어서 가장 중요한 기준이 되고 있다.

3. 일본 역사교과서의 서술

일본 후소새[扶桑社]의 중학교 학생용 『새로운 역사교과서』 초판(2001)에는 대방군에 대한 언급은 없고 낙랑군에 대한 언급만 있었다. 거기서 '2세기

---

2) 『後漢書』 卷23, 郡國志5 第23 幽州 "樂浪郡 十八城 戶六萬一千四百九十二. 口二十五萬七千五十. 朝鮮 誹邯 浿水 含資 占蟬 遂城 增地 帶方 駟望 海冥 列口 長岑 屯有 昭明 鏤方 提奚 渾彌 樂都."

せんび　こうくり　か
鮮卑　高句麗　倭
黄河　魏　ぎ
洛陽　らくよう
黄海
せいと　長江
成都　しょく
蜀　呉　建業　けんぎょう
太平洋

0　1000　2000km

⤊3世紀ごろの東アジア

〈지도 1〉 새로운 역사교과서(후소샤 2008)의 3세기 지도

중엽 무렵의 동아시아'라는 지도(32쪽)에서는 중국 한나라의 영역으로 한반도 서북부 전반에 더하여 충청남북도까지 포함하고 있으며 평양 위치에 '낙랑군'이라고 표기하였다. 그 서술에서는 "고구려는 313년에, 이 무렵 중국 영토였던 낙랑군[현재의 평양 부근을 중심으로 한 지역]을 쳐서 멸망시켰다."(37쪽)고 하였다.

그런데 서술 분량이 30% 정도 줄어든 재판(2008)에서는 이에 더하여 대방군에 대한 언급이 추가되었다. 거기에서는 '『위지』왜인전' 자료에 대한

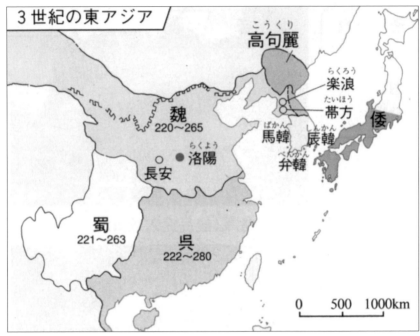

〈지도 2〉 우리들의 중학사회 역사적 분야(니혼쇼세키 2004)의 3세기 지도

설명으로 "대방군: 중국의 왕조가 조선반도에 두었던 郡으로, 중심지는 현재의 서울 부근."(27쪽)이라고 덧붙였다. 그리고 '3세기 무렵의 동아시아'라는 지도(26쪽)에서 중국 위나라의 영역이라고 그린 부분은 한반도 서북부 전반에 더하여 경기도와 충북까지를 포함하고 있다(〈지도 1〉 참조).

결국 그 좁은 지면에서, 3세기에 중국의 영토였던 낙랑군 중심지는 평양이고 대방군 중심지는 서울이라고 강조하였으니, 이는 한국 고대사의 출발을 훼손하고 타율적 성격을 부각시키려는 의도가 아닌가 한다.

한편 니혼쇼세키신샤(日本書籍新社)의 『우리들의 중학사회 역사적 분야』 2004년판에서는 '3세기의 동아시아' 지도(〈지도 2〉 참조)에서 평안도와 황해도 지역만 중국 위나라 영토에 넣고 평양 위치에 '낙랑', 황해도 위치에 '대방'을 표기하였는데(28쪽), 2009년도의 개정판에서는 같은 지도(〈

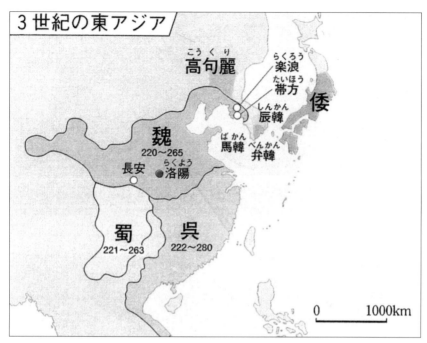

〈지도 3〉 우리들의 중학사회 역사적 분야(니혼쇼세키 2009)의 3세기 지도

지도 3〉 참조)의 위나라 영역에 경기도 일대를 포함시켰다(34쪽). 서술 내
용으로는 "4세기의 조선에서는, 고구려가 북방에서 진출해 와서 중국이 세
운 낙랑군을 멸망시켰다."(36쪽)는 것만 있다.

기타 중학교 역사교과서 7종의 서술은 다음과 같다.

* 니혼분쿄슛판[日本文敎出版], 『중학생의 사회과 역사』(2008): 관련 기록 없음.
  다만 '진·한시대의 중국' 지도에서 중국 한나라의 영토에 서북한과 경기도를
  포함시키고, 평양 위치에 '낙랑'이라고 표기함(11쪽).
* 데이코쿠쇼인[帝國書院], 『사회과 중학생의 역사』(2009): 관련 기록 없음.
* 시미즈쇼인[淸水書院], 『신중학교 역사』(2008): "한나라는 (중략) 조선반도 북
  부에도 세력을 넓혔다." '기원전 2세기 무렵의 동아시아' 지도에서 중국 한나
  라의 영역에 한반도 북부, 경기, 충청, 전북, 강원도 일대를 포함시키고, 평양 위

〈지도 4〉 중학사회 역사적 분야(오사카 2008)의 3세기 지도

치에 '낙랑' 이라고 표기함(28쪽).

* 도쿄쇼세키[東京書籍], 『새로운 사회 역사』(2008): 관련 기록 없음. 다만 '2세기 무렵의 동아시아' 지도에 한반도 서북부 평북, 평남 일대만 중국 한나라의 영토로 포함시키고, 평양 위치에 '낙랑' 이라고 표기하였음(24쪽).

* 교이쿠슛판[教育出版], 『중학사회 역사』(2008). 관련 기록 없음.

* 오사카쇼세키[大阪書籍], 『중학사회 역사적 분야』(2004): 관련 기록 없음. 다만 '3세기의 동아시아' 지도(〈지도 4〉 참조)에 한반도 서북부와 경기도, 충북 일대까지 중국 위나라의 영토로 표시되어 있음(21쪽).

* 지유샤[自由社], 『일본인의 역사교과서』(2009): '3세기 무렵의 동아시아의 나라

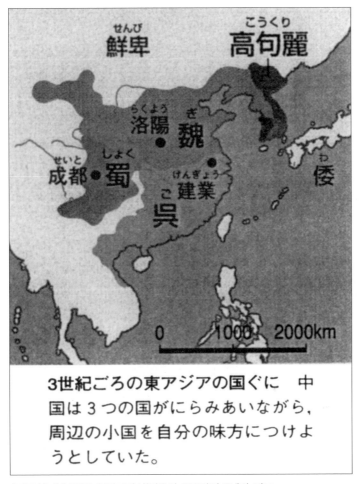

3世紀ごろの東アジアの国ぐに　中国は3つの国がにらみあいながら、周辺の小国を自分の味方につけようとしていた。

〈지도 5〉 일본인의 역사교과서(지유샤 2009)의 3세기 지도

들' 지도(〈지도 5〉 참조). 평북, 평남, 황해, 경기도, 충북 일대가 중국 위나라의 영역으로 칠해져 있음(26쪽).

일본 고등학교 일본사B 교과서 11종은 대방군에 대하여 중학교보다는 좀 더 자세한 내용을 보이고 있다. 이를 발췌하면 다음과 같다.

〈지도 6〉 고교일본사B(야마카와 2009)의 3세기 지도

* 야마카와슛판샤[山川出版社], 『고교일본사B』(2009): '3세기의 동아시아' 지도
 (〈지도 6〉 참조). 평북, 평남, 황해 일대와 경기 북부, 충북이 중국 위나라의 영
 토로 되어 있고, 평안도에 '낙랑', 황해도에 '대방' 이라고 표기(19쪽). 관련 본
 문 서술은 중국 및 왜인전에 대한 것만 있음.
* 야마카와슛판샤, 『신일본사B』(2008): "조선반도의 삼국 중 북쪽에 있었던 강국
 인 고구려는 313년에 진나라의 조선반도 지배 거점인 낙랑군과 대방군을 멸하
 고, 더욱이 옛 낙랑군인 평양을 거점으로 하여 남하 정책을 취하기 시작하였
 다."(29~30쪽)
* 야마카와슛판샤, 『상설일본사B』(2004): 대방군 관련 기사 없음.
* 시미즈쇼인[清水書院], 『고등학교일본사B』(2009): "조선반도 북부에는 중국 동
 북부에서 일어난 고구려가 진입하여 313년 낙랑군을 멸망하고 강력한 통치기

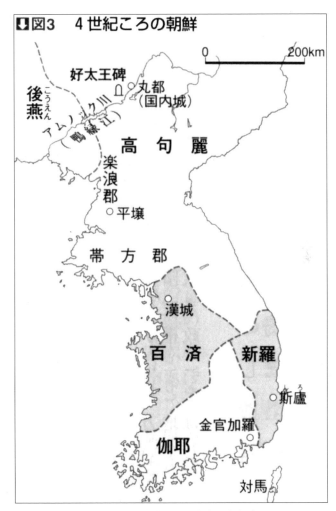

〈지도 7〉 고등학교 일본사B(시미즈 2009)의 4세기 지도

구를 형성하였다." '4세기 무렵의 조선' 지도(〈지도 7〉 참조). 고구려의 영역
내에서 '낙랑군'을 평남 일대에, '대방군'을 황해도 일대에 표기. 경기도는 백
제의 영역에 포함시키고 서울 위치에 '漢城'이라고 표기(26쪽).
* 산세이도[三省堂], 『일본사B』(2009): "『한서』 지리지에 의하면, 기원전 1세기
무렵 왜는 백여 국으로 나뉘어 조선반도의 한나라 직할지[낙랑군: 한의 무제가

〈지도 8〉 일본사B(짓쿄 2009)의 3세기 지도

기원전 108년에 조선반도에 둔 직할 4군의 하나. 그 후 205년 무렵에 낙랑군의 남부를 잘라 대방군이 설치되었다고 하며, 모두 313년에 멸망되었다.]에 정기적으로 사신을 보내고 있었다."(15쪽). 관련 지도 없음.

* 짓쿄슛판[實敎出版], 『일본사B』(2008): '3세기의 동아시아' 지도(〈지도 8〉 참조). 평북, 평남, 황해, 경기 북부, 충북 일대가 중국 위나라의 영역으로 표기되고, 평남에 '낙랑군', 서울 위치에 '대방군'이라고 표기(42쪽). "중국에서는 화북을 영유한 위나라가 3세기 전반에 조선반도에 세력을 뻗쳐, 낙랑·대방[후한 말기에 요동의 호족 공손씨가 낙랑군을 점거하고 그 남쪽 절반을 잘라 대방군을 설치하였다]의 2군을 지배하였다."(43쪽) "4세기에는 조선반도의 정세에도 변화가 생겼다. 고구려는 일찍부터 중국 동북부에 국가를 형성하였지만, 313년에 낙랑군을 멸망시켜 조선반도 북부를 지배하였다. 또한 대방군도 같은 무렵 멸망하였다."(45쪽)

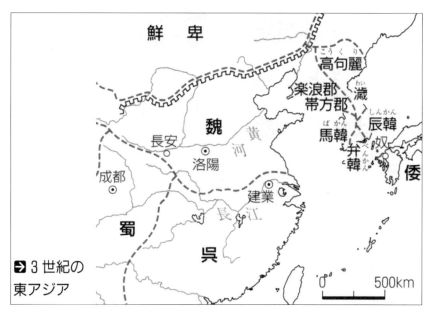

〈지도 9〉 고교일본사B(짓쿄 2009)의 3세기 지도

* 짓쿄슛판, 『고교일본사B』(2009): '3세기의 동아시아' 지도(〈지도 9〉 참조). 평
북, 평남, 황해, 경기 북부, 충북 일대가 중국 위나라의 영역으로 표기되고, 평남
에 '낙랑군', 서울 위치에 '대방군'이라고 표기(18쪽). "중국이 남북조시대의
동란기에 돌입하여 중국의 조선에 대한 지배력이 쇠퇴하자, 중국 동북부에 본
거지를 둔 고구려가 중국이 설치한 낙랑군, 대방군을 멸하여 조선반도 북부에
세력을 뻗치고, 남하책을 추진하였다."(23쪽)

* 기리하라쇼텐[桐原書店], 『신일본사B』(2009): "『위지』 왜인전: 왜인은 대방[후
한 말에 낙랑군의 남쪽 절반을 잘라 설치한 군명]의 동남 큰 바다 가운데 있고"
'3세기의 동아시아' 지도(〈지도 10〉 참조). 평북, 평남, 황해, 경기, 충북 일대
를 중국 위나라의 영역으로 표시. 평안도에 '낙랑군', 경기도에 '대방군' 표기.
충남, 전라 지방에 '마한 50여 국'으로 표기(24쪽). '3세기의 조선' 지도(29쪽)
도 같은 표기. "일찍이 한의 무제는 기원전 108년에 위씨조선을 멸하고 조선반
도 서북부의 평양을 중심으로 하여 낙랑군 등의 4군을 설치하였다. 이후 낙랑
군만은 약 420년간의 긴 기간에 걸쳐서 평양의 땅에 계속 있어서 중국의 동방
정책의 거점으로 되고, 또한 많은 漢人의 유입을 보아, 중국 문명의 직접적인

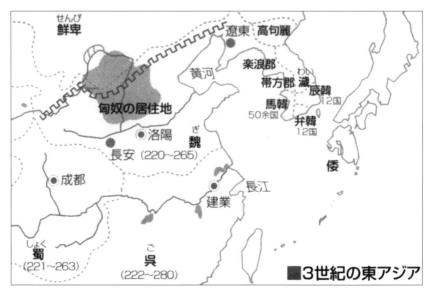

〈지도 10〉 신일본사B(기리하라 2009)의 3세기 지도

공급지로도 되었다. 이 사이 후한 말의 3세기 초엽에 낙랑군의 남부를 나누어 대방군이 별도로 설치되었다. 조선제국이나 일본의 국가사회 형성은 이 낙랑·대방군과의 여러 가지 관계 밑에서 시작되어 갔다."(28쪽) "4세기에는 조선에서도 국토 통일의 기운이 높아져갔다. 우선 중국의 동북지역에서 일어난 고구려가 4세기 초에 낙랑군을 멸하고 조선 북부에 세력을 뻗쳤다. 대방군도 멸망시켰다. 조선 남부에서는 韓族이 마한·진한·변한이라고 불리는 세 개의 소국가 군을 만들고 있어, 각기 낙랑·대방군과 관계를 맺고 있었지만, 낙랑·대방군이 멸망한 후의 4세기 중엽에는 백제가 마한 제국을, 신라가 진한 제국을 각기 통일하였다. 여기서 조선 삼국이 탄생하였다."(29~30쪽)

* 도쿄쇼세키[東京書籍], 『일본사B』(2009): "이 무렵 중국에서는 요동의 공손씨가 2세기 말에 약체화한 후한으로부터 자립하기 시작하여, 3세기에 들어서자 낙랑군의 남쪽에 대방군을 두었다."(24쪽) "조선반도에서는 북방에 옛날부터 성립해 있던 맥족의 고구려가 4세기 초에 낙랑군, 대방군을 공략하고 남쪽으로 세력 확대를 도모하고 있었다."(29쪽) 관련 지도 없음.

* 도쿄쇼세키, 『신선일본사B』(2009): "히미코는 239년, 대방군[후한의 말기에 낙랑군의 남부를 분할하여 신설되었다]을 통하여 위의 황제에게 사신을 보내고

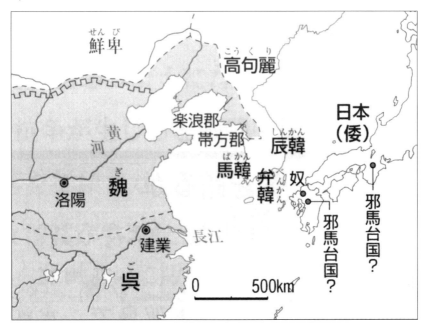

〈지도 11〉 신선일본사B(도쿄 2009)의 3세기 지도

'친위왜왕'의 칭호와 金印, 銅鏡 등을 받아다 그 권위를 배경으로 국내를 진압
하였다."'3세기의 동아시아'지도(〈지도 11〉 참조). 평북, 평남, 황해, 경기도
일대가 위나라의 영역으로 칠해져 있고, 평양 위치에 '낙랑군', 서울 위치에
'대방군'이라고 표기. 충남, 전라 지역에 '마한'이라고 표기(18쪽). "중국의 내
부가 분열하여 조선을 지배하는 힘이 약해지자, 중국 동북부에서 일어난 고구
려가 조선 북부에 세력을 뻗쳐 4세기 초에 낙랑군, 대방군을 멸하였다."(20쪽)
* 메이세이샤[明成社], 『최신일본사』(2009): "화북을 지배한 위는 후한 때 조선반
도에 설치되어 있었던 낙랑·대방의 2군[4군의 하나로서 두어진 낙랑군은 그 후
다른 3군을 흡수하여 지배하고 있었다. 후한 말기에 해당하는 204년에 요동반도
에 독립의 세력을 유지하고 있던 공손씨가 낙랑군을 점령하고, 그 남부를 분할하
여 대방군을 신설하였다]를 계승하여 동북아시아의 여러 민족에게 영향력을 가
지려고 하였다."(20쪽) '3세기의 동아시아'지도(〈지도 12〉 참조). 평북, 평남,
황해, 경기도 일대가 위나라의 영역으로 표시되어 있고, 평양 위치에 '낙랑', 서
울 위치에 '대방'이라고 표기(21쪽).

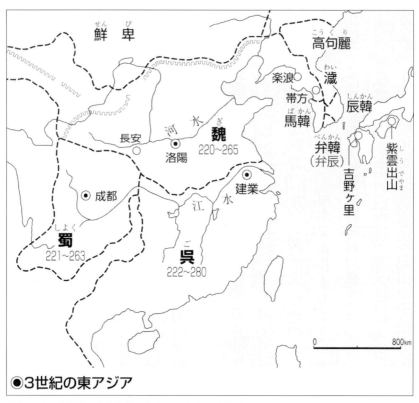

 내부에 다음과 같은 지명/문자가 표기됨:

鮮卑 (せんぴ)
高句麗 (こうくり)
樂浪
濊 (わい)
帶方
辰韓 (しんかん)
馬韓 (ばかん)
河水 (か)
魏 220~265
弁韓 (べんかん)(弁辰)
紫雲出山 (しうでやま)
長安
洛陽
吉野ケ里
成都
建業
江水 (ご)
蜀 (しょく) 221~263
吳 (ご) 222~280
0　　　　　800km
●3世紀の東アジア

〈지도 12〉 최신일본사B(메이세이샤 2009)의 3세기 지도

　　그에 이어 고등학교 세계사B 12종은 관련 서술은 적으나 지도를 통하여
상당한 내용을 파악할 수 있다. 대방군 관련 서술과 지도들을 발췌 인용하
면 다음과 같다.

　* 야마카와슛판샤, 『신세계사B』(2009): "한 무제의 대원정 후, 기원 전후에 중국
　　동북부에 고구려가 일어나 4세기 초에 남하하여 낙랑군 및 대방군을 멸하고 조
　　선반도의 북부를 지배했다."(88쪽)
　* 야마카와슛판샤, 『상설세계사B』(2004): '삼국시대의 중국' 지도(〈지도 13〉 참
　　조). 한반도 평북, 평남, 황해, 경기, 충남, 충북 일대를 중국 위나라의 영역에 포
　　함시킴. 평양 위치에 '낙랑'을 표기하고, 서울 위치에 '대방'을 표기함. 만주와

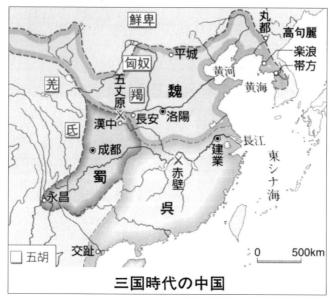

〈지도 13〉 상설세계사B(야마카와 2004)의 3세기 지도

〈지도 14〉 고교세계사B(야마카와 2004)의 3세기 지도

함북 일대에 '환도'와 '고구려' 표기함(74쪽).

* 야마카와 슛판샤, 『고교세계사B』(2004): '삼국시대의 중국' 지도(〈지도 14〉 참조). 한반도 평북, 평남, 황해, 경기, 충남, 충북 일대를 중국 위나라의 영역에 포함시킴. 평양 위치에 '낙랑'을 표기하고, 서울 위치에 '대방'을 표기함. 함북 일대에 '고구려' 표기함(68쪽).

〈지도 15〉 고등학교 세계사B(시미즈 2009)의 3세기 지도

* 데이코쿠쇼인, 『신편고등세계사B』(2006): '한이 준 인새' 지도에는 평북, 평남 지역만 후한의 영역으로 포함되고, 평양 위치에 '낙랑군'이라고 표기(25쪽).

* 데이코쿠쇼인, 『신상세계사B』(2009): '한이 준 인장' 지도는 위의 책과 마찬가지(45쪽).

* 시미즈쇼인, 『고등학교세계사B』(2009): '삼국시대의 중국' 지도(〈지도 15〉 참조). 한반도 평북, 평남, 황해, 경기, 충청남북도 일대를 중국 위나라의 영역에 포함시킴. 평양 위치에 '낙랑'을 표기하고, 서울 위치에 '대방'을 표기함(36쪽). "낙랑군과 대방군은 중국왕조의 조선반도 지배의 거점이고, 왜의 야마타이국의 여왕 히미코의 사자도 대방군을 경유하여 수도인 낙양에 들어가 위나라로부터 책봉을 받고 있다. 그러나 오호십육국시대의 화북의 혼란 속에서 조선

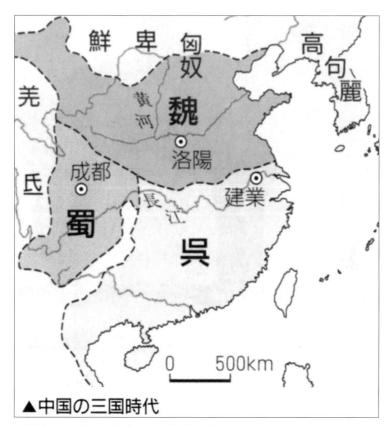

<〈지도 16〉 고교세계사B(짓쿄 2009)의 3세기 지도

반도의 여러 민족이 점차 대두하게 되었다. 4세기 초에 낙랑군은 고구려에, 대
방군도 조선반도 남부의 韓族 등에게 멸망되었다. 이렇게 4세기 동안에 걸친
중국왕조의 조선반도 지배는 끝났다." (36~37쪽)

* 짓쿄슛판, 『세계사B』(2009): 대방군 관련 기록 없음.

* 짓쿄슛판, 『고교세계사B』(2009): '중국의 삼국시대' 지도(〈지도 16〉 참조). 위
  나라의 영역이 요서 지방까지만 포함되어 있다. 요동 및 한반도에는 굵은 글씨
  로 '고구려'만 표기함(62쪽).

* 산세이도, 『세계사B』(2004): '삼국시대의 중국' 지도(〈지도 17〉 참조). 위나라
  의 영역에 한반도 평북, 평남, 황해, 경기, 충남, 충북 일대가 포함됨. 평양 위치

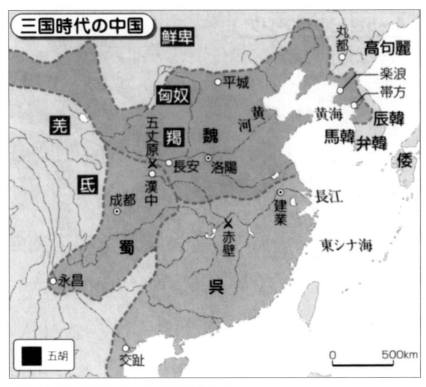

〈지도 17〉 세계사B(산세이도 2009)의 3세기 지도

에 '낙랑', 서울 위치에 '대방'이라고 표기. 전북, 전남에 '마한' 표기(59쪽).

* 다이이치각슈샤[第一學習社], 『고등학교세계사B』(2004): '2세기의 세계' 지도.
  후한의 최대 영역에 평북, 평남, 황해, 경기, 충청 일대를 포함시킴. 평양 위치에
  '낙랑' 표기(67쪽).

* 도쿄쇼세키, 『세계사B』(2004): '삼국의 분립' 지도(〈지도 18〉 참조). 위나라의
  영역에 한반도 북부 평북, 평남, 황해, 함남, 강원 북부 일대를 포함시킴. 경기도
  와 강원 남부는 제외되고 아무런 표시도 하지 않음(90쪽).

* 도쿄쇼세키, 『신선세계사B』(2004): '삼국시대' 지도(〈지도 19〉 참조). 위나라
  의 영역에 한반도 서북부 평북, 평남, 황해, 경기, 충북 일대를 포함시킴(59쪽).

위에서 제시한 일본 중·고등학교 역사, 일본사B, 세계사B 교과서들에

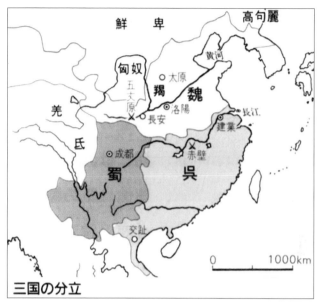

〈지도 18〉 세계사B(도쿄 2004)의 3세기 지도

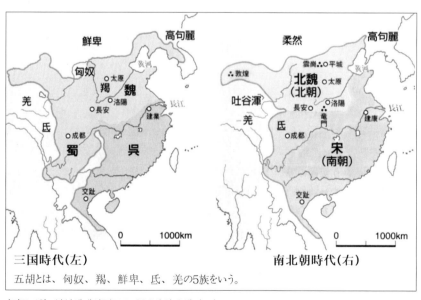

〈지도 19〉 신선세계사B(도쿄 2004)의 3세기 지도

나오는 3세기의 동아시아 지도나 서술을 통하여 대방군의 위치를 어떻게 표기했는지 정리하면 다음과 같다.

(ㄱ) 낙랑군과 대방군의 영역을 한반도 서북부와 충청남북도 일대까지 포함시키고, 낙랑군 중심지를 평양, 대방군 중심지를 서울 일대로 보는 것.

　　야마카와숫판샤, 2004, 『상설세계사B』(본고의 〈지도 12〉)
　　야마카와숫판샤, 2004, 『고교세계사B』(본고의 〈지도 13〉)
　　시미즈쇼인, 2009, 『고등학교세계사B』(본고의 〈지도 14〉)
　　산세이도, 2008, 『세계사B』(본고의 〈지도 16〉)

(ㄴ) 평북, 평남, 황해, 경기도, 충북 일대를 위나라의 영역으로 표시하고 낙랑군 중심지를 평양, 대방군 중심지를 서울로 보는 것.

　　후소샤, 2008, 『새로운 역사교과서』(본고의 〈지도 1〉)
　　짓쿄숫판, 2009, 『일본사B』(본고의 〈지도 8〉)
　　짓쿄숫판, 2009, 『고교일본사B』(본고의 〈지도 9〉)
　　기리하라쇼텐, 2009, 『신일본사B』(본고의 〈지도 10〉)

(ㄴ-1) 평북, 평남, 황해, 경기도, 충북 일대를 위나라의 영역으로 표시하고 낙랑이나 대방의 표기가 없는 것.

　　오사카쇼세키, 2008, 『중학사회 역사적 분야』(본고의 〈지도 4〉)
　　지유샤, 2009, 『일본인의 역사교과서』(본고의 〈지도 5〉)
　　도쿄쇼세키, 2004, 『신선세계사B』(본고의 〈지도 19〉)

(ㄴ-2) 평북, 평남, 황해도와 경기 북부, 충북 일대를 위나라의 영역으로 표시하고, 평안도에 '낙랑', 황해도에 '대방'이라고 표기한 것.

　　야마카와숫판샤, 2009, 『고교일본사B』(본고의 〈지도 6〉)

(ㄷ) 평북, 평남, 황해, 경기도 일대를 위나라의 영역으로 표시하고 낙랑군 중심지를 평양, 대방군 중심지를 서울 일대로 보는 것.

　　도쿄쇼세키, 2009, 『신선일본사B』(본고의 〈지도 11〉)
　　메이세이샤, 2009, 『최신일본사』(본고의 〈지도 12〉)

(ㄷ-1) 평안도와 황해도, 경기도 일대를 위나라의 영역으로 표시하고 평양 위치
　　　에 '낙랑', 황해도 위치에 '대방'을 표기한 것.

　　　니혼쇼세키신샤, 2009, 『우리들의 중학사회 역사적 분야』 (본고의 〈지도 3〉)

(ㄹ) 평안도와 황해도 일대만 위나라의 영역에 포함시키고, 낙랑군 중심지를 평
　　　양, 대방군 중심지를 황해도로 보는 것.

　　　시미즈쇼인, 2009, 『고등학교일본사B』 (본고의 〈지도 7〉)

(ㄹ-1) 한반도 북부 평북, 평남, 황해, 함남, 강원 북부 일대를 위나라의 영역에 포
　　　함시킨 것.

　　　도쿄쇼세키, 2004, 『세계사B』 (본고의 〈지도 18〉)

　　위에서 (ㄱ) (ㄴ) (ㄷ)은 대방군의 중심지를 서울로 표기했다고 보이는데
그 영역의 남한계선을 충남까지 보는가, 혹은 충북까지 보는가, 혹은 경기
도까지 보는가의 차이가 있을 뿐이다. 대부분의 교과서가 이런 견해, 즉 대
방군의 중심지를 서울로 보는 관점을 나타내고 있다. (ㄱ)의 지도들이 대방
군의 영역을 가장 넓게 해석하여 충청남북도를 모두 포함시킨 것은 명백하
다. 그런데 (ㄱ)에는 중학교 역사 교과서나 고등학교 일본사B 교과서는 없
고 세계사B 교과서만 포함되어 있는 것이 특징이다. 이는 다루는 범위가 넓
은 세계사 교과서의 성격상 해당 분야의 전문가가 포함되지 않아서 생긴 현
상일 수 있다.
　　(ㄴ-1)은 지도가 작아서 '대방'이라는 문자 표기는 없지만, 그 영역도로
보아 서울을 대방군 중심지로 보는 견해에 포함시킬 수 있다. (ㄴ-2)는 '대
방'이라는 문자를 황해도에 표기했으나, 그 영역이 경기도와 서울을 포함하
고 있어서, 어떤 견해인지 분명치 않다. (ㄴ-2)는 (ㄴ) (ㄴ-1)의 지도와 마찬
가지로 대방군 경역의 동남부가 아래쪽으로 뾰족하게 그려진 것으로 보아,
남한강 상류, 즉 충북 일대까지 경역에 포함시킨다는 취지를 나타낸 것이라
고 생각된다. 그렇다면 이것도 한강 상류와 하류 유역 및 서울을 대방군에
포함시키고 그 중심지를 서울로 보는 견해인데, 지도가 너무 작은 관계로

'대방군'이라는 문자 표기가 좀 더 위인 황해도 방면에 표시된 것이 아닐까 한다.

(ㄷ) (ㄷ-1)은 위나라 영역의 남한계선이 경기도와 충청도의 사이에 그어져 있는데, 그 선이 수평을 이루는 직선이거나 아래쪽으로 약간 배가 부른 데 지나지 않아서, 충청북도를 포함시켰다고 보기 어렵다. 이는 지도를 그린 사람의 한반도 지형에 대한 인식이 부족하여 나타난 현상일 수도 있으나, 일단 외형적으로는 경기도에 한정했다고 보인다. (ㄷ-1)이 '대방군' 문자 표기를 황해도 방면에 둔 것은 (ㄴ-2)와 마찬가지로 지도가 작은 데서 오는 문제였다고 추정된다.

(ㄹ)은 대방군의 중심지를 황해도로 보고 서울, 경기 지역을 그 영역에 포함시키지 않은 견해이다. 그러나 이 견해는 매우 소수이며, 시미즈쇼인의 『고등학교일본사B』는 4세기의 지도에 '낙랑'과 '대방'의 옛 지명을 표기한 것이므로 3세기의 상황을 잘 나타냈다고 보기 어렵다. 다만 313년까지는 낙랑군과 대방군이 존재했으므로, 4세기의 지도에 이를 그려 넣었다고 해서 문제될 것은 없다. 니혼쇼세키신샤의 『우리들의 중학사회 역사적 분야』 2004년판 3세기 지도는 대방군 영역을 황해도까지로 한정시킨 대표적인 것이었는데, 그것이 본래 취지와 달리 표현되었다고 보았는지 2009년판에서는 경기도까지 포함되는 것으로 수정되어 있다. (ㄹ-1)은 경기도 일대가 영역에서 빠졌기 때문에 대방군=황해도설이라고 할 수 있지만, 함경남도와 강원 북부까지 낙랑·대방군에 포함시키고 있으므로, 3세기 지도에 대한 안목이 전반적으로 미흡한 상태라고 볼 수 있다.

또한 주목되는 것은 대방군 멸망 관련 서술이다. 한사군의 설치에 대해서는 대부분의 일본 역사교과서에서 다루고 있으나, 대방군의 멸망에 대해서는 고등학교의 일부 일본사B 교과서와 세계사B 교과서에서 다루고 있을 뿐이다. 그에 대한 서술을 정리하면 다음과 같다.

(ㅁ) 고구려가 313년 또는 4세기 초에 낙랑군과 대방군을 멸망시켰다고 서술한 것.
야마카와슛판샤, 2008, 『신일본사B』

짓쿄슛판, 2009, 『고교일본사B』

도쿄쇼세키, 2009, 『일본사B』

도쿄쇼세키, 2009, 『신선일본사B』

야마카와슛판샤, 2009, 『신세계사B』

(ㅂ) 4세기 초에 고구려가 낙랑군을, 한반도 남부의 韓族이 대방군을 멸망시켰다
고 서술한 것.

시미즈쇼인, 2009, 『고등학교세계사B』

(ㅂ-1) 고구려가 313년 또는 4세기 초에 낙랑군을 멸망시키고, 같은 무렵 또는 얼
마 안 있어 대방군도 멸망하였다고 서술한 것.

짓쿄슛판, 2009, 『일본사B』

기리하라쇼텐, 2009, 『신일본사B』

(ㅅ) 낙랑군과 대방군이 모두 313년에 멸망되었다고만 서술한 것.

산세이도, 2009, 『일본사B』

위로 보아 (ㅁ)의 5개 교과서는 고구려가 낙랑군과 대방군을 멸망시켰다
고 서술하였다.[3] 물론 이것이 옳은 서술이다. 그러나 (ㅂ)의 『고등학교세계
사B』는 대방군이 韓族에게 멸망되었다고 서술하였다. 지금의 학설 상황으
로 보아 이것은 명백한 오류이다. 이는 그 교과서가 대방군의 중심지를 서
울로 보고 남한계선을 충남 일대까지 내려 보았기 때문에, 당연히 그 곳에
건설된 백제를 비롯한 마한 소국들에 의하여 멸망된 것으로 여기기 때문인
듯하다. 그렇게 볼 때, (ㅂ-1)의 2개 교과서와 같이 고구려가 낙랑군을 멸망
하였고 얼마 후에 대방군도 멸망하였다고 한 서술도 (ㅂ)의 가능성을 염두

3) 다만 그 중에서 고구려가 313년에 낙랑군과 대방군을 멸했다고 한 야마카와슛판샤, 2008,
『신일본사B』의 서술은 잘못이다. 『삼국사기』의 기록에 따라, 고구려가 313년에 낙랑군을
멸하고 314년에 대방군을 멸했다고 보는 것이 통설이다.

에 둔 서술이 아닐까 한다. (ㅅ)의 서술은 대방군 멸망 연대도 잘못 표시되었고 그 맥락도 누락시켰다.

이렇게 볼 때, 대방군의 중심지가 서울 일대였다고 문장으로 서술한 것은 후소샤의 교과서밖에 없다고 하나, 지도상의 표현을 본다면 일본 역사교과서의 대부분이 서울을 대방군 중심지로 보는 견해를 취하고 있고, 그 남한계선에 대해서는 최소한도로 경기도 일대까지, 혹은 충북까지, 심지어 충남까지 포함시키는 것이 대세라고 할 수 있다.[4]

4. 대방군의 치소와 경역 연구

대방군의 치소인 대방현의 위치에 대해서는 (1) 경기도 개성설, (2) 서울설, (3) 황해도 봉산설, (4) 요동반도 와방점시설 등의 네 가지로 나눌 수 있다. 대방군은 낙랑군 남부의 일부를 떼어내서 설치한 것이고, 그 중심지는 대방현임이 틀림없다. 이를 확인할 수 있는 사료를 살펴보면, 『한서』 지리지 낙랑군 조 소재 25개현 중에 하나인 함자현(含資縣) 주석에 "帶水는 서쪽으로 흘러 帶方에 이르러 바다로 들어간다."라는 기록이 나오므로, 대수의 하류 일대가 대방군 치소일 것이라고 추정할 수 있다.

대수의 위치를 추정할 만한 자료는 『삼국사기』에도 있어서 백제본기 온조왕 때 기사를 보면, 비류가 패수·대수를 건너 미추홀에 이르러 살았다는 내용(즉위 조)과, 漢水 동북 부락에 기근이 들어 고구려에 도망쳐 들어간 자가 1,000여 호나 되어 패수와 대수의 사이가 비어 사는 사람이 없었다는 내용(37년 조)이 있다. 이로 보아 대략 대수가 한강 이북 지역에 있음을 알 수

---

4) 일본 역사교과서에서 기원전 2세기부터 기원후 2세기까지의 전한 또는 후한의 최대 영역에 대해서는 서북한과 충남 일대까지 포함시키는 것이 일반적이고, 상당수의 교과서는 함북, 전남과 경상남북도를 제외한 한반도 거의 전역을 포함시키고 있으나, 이번 연구의 직접 주제가 아니므로 상세하게 거론하지 않았다.

있다.

그리하여 조선 후기 실학자 중에 많은 학자들이 대수를 임진강으로 보았으니(홍봉한; 한진서; 정약용; 안정복), 그들은 이를 토대로 하여 임진강 하류 일대, 즉 松京·豊德의 땅(안정복), 또는 豊德·開城의 땅(정약용)을 대방군 치소로 지목하였다. 이곳은 개성과 개풍군 지역이니, 지금은 모두 개성시에 들어가는 곳이다.

실학자 중에는 성호 이익과 같이 대수를 한강과 동일시한 경우도 있는데, 일본학자 이마니시 류는 이를 이어받으면서『삼국지』한전에 인용된『위략』에서 廉斯鑡가 경상도 지역으로 추정되는 辰韓에서 함자현을 거쳐 대방군으로 오는 것으로 보아, 함자현은 한강 상류에 해당하고 대수는 한강일 수밖에 없다고 하였다(今西龍, 1912). 그 후 일본의 많은 학자들이 이 학설을 이어받으면서, 대방군의 위치는 서울이라고 보고 있다(箭內亙·稻葉岩吉, 1913; 稻葉岩吉, 1914; 今西龍, 1916; 池內宏, 1948; 駒井和愛, 1972; 西本昌弘, 1989).

한편 1910년대에 세키노 타다시와 야쓰이 세이치는 황해도 봉산군 문정면의 古唐城이라는 토성(지금은 보통 봉산 지탑리 토성이라고 부른다)을 조사할 때 그 부근의 태봉리 1호분에서 출토한 '使君 帶方太守 張撫夷塼' 등의 명문을 가진 벽돌을 보고, 다른 명문에 나오는 해의 간지인 '戊申'을 晉太康 9년(288)으로 추정하여, 이것을 대방군 치소로 간주하였다(谷井濟一, 1914; 關野貞, 1932). 그러나 그들은 문헌 사학자들의 견해에 동의하고 있었기 때문에, 공손씨가 설치한 초기의 대방군 치소는 한강 하류 일대였고, 봉산의 대방군 치소는 삼국 말이나 서진 초에 백제의 흥기에 따라 남방으로부터 이동한 것이라고 생각하였다(關野貞, 1932: 13~14). 이에 반하여 이병도는 대수는 황해도의 서흥강이고, 봉산 지탑리 토성은 처음부터 대방군 치소였다고 보았다(이병도, 1929; 1976: 116~117).

그 후 이케우치 히로시는 이것을 대방군 치소로 하면 郡이 현저하게 축소하게 된다고 하여 군치의 이동을 인정하지 않고 그대로 서울로 보았으며, 고당성은 옛 소명현을 이동해온 남신현지라고 하였다(池內宏, 1941; 1979:

47~53). 봉산 태봉리 1호분의 구조에 대한 연구가 진전되어 그 고분이 순수한 벽돌무덤이 아니라 뚜껑을 판석으로 덮은 과도기의 것임이 밝혀지고, 무신년은 대방군이 폐지된 후인 348년임이 알려지면서, 장무이 명문전을 군 멸망 후의 것으로 보아 그대로 대방군 치소 서울설을 취하는 학자도 있다(駒井和愛, 1972).

그러나 시기 편년이 약간 늦는다고 하여도 고고학적 유물의 위력은 커서, 한일 간에 많은 학자들이 일찍부터 대방군 치소 봉산설에 동조하고 있다(梅原末治·藤田亮策, 1948; 靑山公亮, 1968). 특히 고고학자들과 한국의 학자들은 거의 전원이 봉산설이라고 해도 좋다.

한편 북한의 손영종은, 평양시 낙랑구역에 있는 한 귀틀무덤에서 나온 '낙랑군 초원4년 현별 호구표'에 보이는 7개 현(후의 대방군 지역)의 호구 수는 요동반도 남단의 역사 및 경제 지리적 환경 조건과 대비해 보면 잘 대응한다면서, 복주하 계선 이남 와방점시 중심 지역 이서, 보란점시 북서부 지역에 대방현과 열구현이 있었다고 하였다(손영종, 2006: 32). 이 견해는 한반도 안에 외세의 침략은 없었다는 국수적인 사관에 의한 것이니, 한일 역사학자들의 연구 대세와는 동떨어진 것이다.

대방군의 경역을 검토해 볼 때, 낙랑군의 둔유현 이남을 나누어 만들었다는 『삼국지』 예전의 기록으로 인하여, 그 북쪽 경계는 거의 분명하다. 둔 유현을 황해도 황주로 본다는 점에 이설은 없으므로, 황주 이남의 자비령을 경계로 한다는 점은 통설이라고 해도 좋다. 또한 대방군은 대개 한반도 서부 일대로 보기 때문에, 그 동쪽 경계를 한반도 동부의 함경도나 강원도 일대까지 확장하는 견해는 없다. 이는 『삼국지』 위서 동옥조 전에 25현의 '대 낙랑군'에서 일찍이 도위와 영동7현이 폐지되고 해당 지역이 독립하였다고[5] 나오기 때문이다. 그 후 낙랑군 18현의 상태는 『후한서』 지리지에 나오는

---

5) 『三國志』卷30, 魏書30 烏丸鮮卑東夷傳第30 東沃沮 "漢光武六年 省邊郡 都尉由此罷. 其後 皆以其縣中渠帥爲縣侯 不耐·華麗·沃沮諸縣皆爲侯國."

대로이다. 대방군의 서쪽 경역은 서해 바다이기 때문에 문제가 안 된다. 그러므로 대방군의 경역에서 여러 가지 이설이 있는 것은 그 남쪽 경계이다.

우선 조선 후기의 실학자 안정복과 정약용은 열수를 한강으로 보고, 대방군의 남단을 한강으로 보았다. 그래서 대방군은 경기도와 황해도의 연해 일대라고 하였다. 이에 비해 중국 청나라 말기의 학자인 楊守敬은 진번이 조선 남쪽에 있었고, 임둔보다 천리나 먼 곳에 있어서 삼한과 서로 접하였다고 보고, 또 『수서』에서 백제가 처음에 帶方故地에서 나라를 세웠다고 한 기사[6]와 『삼국사기』 백제본기 온조왕 13년 조에서 백제의 초기 강역이 북쪽으로는 浿河에 이르고 남쪽으로는 熊川에 이른다는 기사[7]를 통해, 금강 이북의 땅이 대방군의 경역이고, 그 이전에는 진번군의 경역이었다고 하였다.

그러자 이나바 이와키치는 양수경의 설을 채택하여, 진번은 조선의 충청도에 있다고 단정하였다(稻葉岩吉, 1914). 또한 염사치 설화를 방증 자료로 삼아, 함자현은 진한과 낙랑군 사이 교통의 요충지에 위치해 있어야 한다고 하여 충북 충주로 보았다(箭內亘 · 稻葉岩吉, 1913: 36, 72~73). 이마니시 류는 4군 당시의 낙랑은 열수(대동강), 패수(청천강) 유역과 대수(한강) 유역 일부를 관할하여 평안도, 황해도와 경기도의 일부를 영유하였다고 보았다(今西龍, 1916; 1970: 235). 훗날 낙랑군 남쪽 소명현, 즉 지금의 경기도 廣州 및 漢城 지방에 놓인 남부도위는 주로 충청도 및 전라북도에 있던 진번군의 殘縣을 다스리게 되었는데, 도위가 주재한 낙랑군 소명현은 후에 대방현이 되었다고 보았다(今西龍, 1916; 1970: 262~267).

그는 여기서 진번군의 경역을 충청도와 전라북도 일대로 보았으나, 대방

---

6) 『隋書』 卷81, 列傳第46 百濟 "東明之後有仇台者 篤於仁信 始立國于帶方故地. 漢遼東太守公孫度以女妻之 漸以昌盛 爲東夷强國."

7) 『三國史記』 卷23, 百濟本紀1 溫祚王 "十三年 夏五月 王謂臣下曰 國家東有樂浪 北有靺鞨 侵軼疆境 少有寧日 況今妖祥屢見 國母棄養 勢不自安 必將遷國 予昨出巡 觀漢水之南 土壤膏腴 宜都於彼 以圖久安之計. 秋七月 就漢山下 立柵 移慰禮城民戶. 八月 遣使馬韓 告遷都 遂畫定疆場 北至浿河 南限熊川 西窮大海 東極走壤."

군이 남부도위에 이어 진번군의 '잔현'을 다스렸다고만 하여, 그 잔현이 어디까지였는지를 추론하지 않았다. 그러나 훗날 다른 논문에서, 마한의 백제국이 지금의 廣州 땅에 있었다고 한다면, 대방군의 남쪽 경계는 종전에 생각했던 것보다도 북방에 위치하지 않으면 안 되므로, 지금은 含資와 진한과의 지리적 관계만으로 帶水를 한강이라고 단정하기에는 이유 박약하다고 느끼고 있다고 하였다(今西龍, 1929; 1970: 184). 그처럼 의구심을 나타내면서도, 대수가 한강이라는 설을 거두지는 않고 있다. 그렇다면 그는 대방군의 경역에 충청·전북 일대는 포함되지 않고, 경기도 일부까지만 포함된다고 인식하게 된 듯하다.

이병도는 양수경의 학설을 '眞番在帶方說'이라고 하면서 대방군의 위치를 진번군의 옛 땅으로 보는 데 동의하였다. 그러나 백제와 대방군은 서기 314년까지 병존하고 있었으므로, 백제가 대방의 옛 땅에서 일어났다고 하는 것은 있을 수 없는 일이며, 실은 대방의 前身인 진번군의 폐기된 옛 땅에서 백제가 일어났다고 보았다(이병도, 1929; 1976: 115~116). 또한 양수경의 학설을 이어받은 이나바 이와키치와 이마니시 류의 학설을 '眞番在馬韓地域說'이라고 비판하며, 충청·전라도의 지역은 마한 소국들이 점거해 있었고, 한나라 때에는 이 지역이 오직 '辰國'이란 이름으로 총칭되었던 것이므로 진번이나 대방의 경역에 넣을 수 없다고 하였다(이병도, 1929; 1976: 116). 그리하여 그는 대방군의 북쪽 경계는 자비령과 대동강의 하류이고, 남쪽 경계는 조선시대 이래 황해도와 경기도의 경계선을 이루고 있는 예성강이니, 대방군은 황해도의 대부분을 관할 구역으로 하였다고(이병도, 1929; 1976: 121) 결론지었다.

그러나 이케우치 히로시는 이병도의 반증에 대한 아무런 언급도 없이, 『만주역사지리연구』(箭内亘·稻葉岩吉, 1913)의 연구를 되풀이하여, 『진서』에 게재된 대방군 7현 중에 4현은 황해도 지방에 있고, 대방현은 서울, 장잠현은 한강 하류, 함자현은 남한강 상류의 충주에 있는 것으로 보았다(池內宏, 1941; 1979: 39~40). 그리고 낙랑군은 평안남북도, 황해도, 경기도, 충청북도의 여러 지방을 통치하고, 진번군은 충청남도와 전라북도 일대를 통치하였는데(池內宏, 1948; 1979: 110), 『후한서』 군국지 소재 낙랑군의 18현 중에서 자비령 산맥 이남은 전한시대 남부도위의 치하에 있었으며, 그 구역이 중국 삼국시대의 대방군과 큰 차 없다고 보았다(池內宏, 1941; 1979, 51~52). 그렇다면 그는 자신이 지정한 낙랑군의 영역 중에서 황해도 대부분(황주 제외)과 경기도, 충청북도를 대방군의 영역으로 본 셈이다. 이 학설은 그 후로도 일정한 생명력을 가져서 추후의 연구들에서도(駒井和愛, 1972: 42~45; 西本昌弘, 1989) 추종되고 있다.

한편 대방군의 경역이 황해도 일대를 벗어나지 못했을 것이라는 이병도의 견해는 일본 고고학자들에 의하여 추종되고 있다(梅原末治·藤田亮策, 1948; 田村晃一, 1974). 이들의 견해는 벽돌로 만든 전축분의 분포를 통해서 제기되고 있다. 그리하여 혹자는 그 시대의 대방현을 지금의 서울에 비정하는 설과 같은 것은 최소한도의 물적 증거도 들기 어려운 혐의가 있다고 비판하였으며, 대방군 개설 당시 공손씨 정권의 약한 군사력 등에서 추산하면 그 영역은 재령강 유역 지방을 거의 벗어나지 못했을 것이라고도 하였다(靑山公亮, 1968: 22). 또한 구보조에 요시후미는 '대낙랑군' 25현 중에서 남부에 있는 몇 현인가는 원래 진번군에 속하고 있던 것일 가능성이 강한데, 이케우치의 학설에서는 이 가능성이 사라지고 말았다는 것이 약점이라고 비판하였다(窪添慶文, 1981: 29~30).

낙랑의 고분 문화를 정리한 다카쿠 켄지도, 고고 자료에서 보면 한강 유역에서는 漢式 분묘 및 漢式 유물이 거의 발견되고 있지 않으므로 대방군 서울설을 인정하기는 어렵고 塼室墓가 많이 분포하고 있는 황해도 부근으로 비정하는 것이 타당하다고 하였다(高久健二, 1995: 25). 오영찬은 평양 일대의 낙랑군 지역은 기원전후의 귀틀묘 성행 시기로부터 귀틀벽돌무덤, 벽돌곽무덤의 과도기를 거쳐 2세기 후반 이후의 궁륭상 천정을 갖춘 전형적인 전실묘로 발전했으나, 황해도 일대에서는 중간 단계의 묘제가 존재하지 않은 채 3세기 초에 처음부터 완성된 형태의 전실묘가 등장하는 것으로 보아, 이 지역이 낙랑군의 지배력이 미치지 않는 荒地였다가 대방군 설치에 따라 요동·산동 및 주변으로부터 새로운 세력이 이입되면서 전실묘가 축조되는 상황을 보인다고 하였다(오영찬, 2006: 197~214). 즉 평양과 황해도 지역 전실묘의 분포 양상과 연대를 살펴볼 때, 황해도 일대가 대방군의 설치 및 폐지에 관한 문헌 기록과 일치한다는 것이다.

한편 손영종은 기원 전후 시기 황해남도와 황해북도 일대의 제철 제강 기술, 유색 금속 제련 기술, 농공구의 제작 기술 등은 상당히 높은 수준에 있어서 이 지역에 주민들이 많았을 것인데 이곳에 7,353호, 5만 167명만 살고 있었다는 것은 맞지 않으며, 요동반도 남단에 대방군 소속 5개 현(대방, 열구현 제외)이 있었다면 거기에는 경지도 얼마 없고 물산도 특별히 이를 만한 것이 없으니, 그 호구 수가 많지 못한 사실을 합리적으로 설명할 수 있다고 하였다(손영종, 2006: 32~33). 그러나 인구 수준만으로 이런 결론을 내린다는 것이 불가피하다면, 이 결론의 신빙성은 의심스러운 것이라고 하겠다.

5. 맺음말

지금까지 대방군의 위치에 관련된 사료와 일본 역사교과서의 표기 및 학계의 연구 상황 등을 살펴보았다. 끝으로 맺음말에서는 일본 역사교과서에 나타난 대방군 위치가 어느 학설을 반영하고 있으며, 그 문제점은 무엇인가를 정리해 보고자 한다.

대방군은 요동의 공손씨가 낙랑군 둔유현 이남을 나누어 설치한 것이며, 204년경부터 314년까지 110년간 한반도에 존재하였다. 그 대방군의 위치에 대하여 일본 역사교과서에 표기된 것을 보면, (ㄱ) 평북, 평남, 황해, 경기도, 충남, 충북 일대를 낙랑·대방의 영역으로 표시하고 대방군 치소를 서울로 보는 것(야마카와슛판샤 등의 4종), (ㄴ) 평북, 평남, 황해, 경기도, 충북 일대를 낙랑·대방의 영역으로 표시하고 대방군 치소를 서울로 보는 것(후소샤 등의 8종), (ㄷ) 평북, 평남, 황해, 경기도 일대를 낙랑·대방의 영역으로 표시하고 대방군 중심지를 서울로 보는 것(도쿄쇼세키 등의 3종), (ㄹ) 낙랑·대방의 영역에 평안도와 황해도 일대만 포함시키고, 대방군 중심지를 황해도로 보는 견해(시미즈쇼인의 1종) 등의 네 가지로 나눌 수 있다. 또한 대방군의 치소와 남쪽 경계에 대한 학설은 간략하게 정리할 때, 개성-한강설(안정복, 정약용), 서울-충청도설(이나바, 1913), 서울-경기도설(이마니시, 1916; 1929), 봉산-황해도설(이병도, 1929), 서울-충북설(이케우치, 1941), 와방점시-요동반도 남단설(손영종, 2006) 등의 여섯 가지로 나눌 수 있다.

이렇게 볼 때, 일본 역사교과서 (ㄱ)은 이나바의 견해, (ㄴ)은 이케우치의 견해, (ㄷ)은 이마니시의 견해, (ㄹ)은 이병도의 견해, 좀 더 정확하게는 그 후의 일본학자인 아오야마·다무라·다카쿠 등의 견해를 반영한 것이라고 할 수 있다. 그 중에 (ㄴ)에 속하는 교과서가 가장 많다고 볼 때, 일본 역사교과서에서 대방군의 위치 문제에 대해서는 서울을 대방군 치소로 보고 그 남쪽 경계를 충북까지 보는 이케우치의 견해가 주류를 이루고 있다고 하겠다.

그렇다면 일본 역사교과서의 대방군 위치 표기는 20세기 전반으로 소급되는 일본학계 연구의 연장선 위에 서있다고 할 수 있으며, 이 학설들이 일본 내에서는 아직도 상당한 생명력을 가지고 있다는 점에서 볼 때 시대착오적인 것은 아니다. 1970년대를 전후해서부터 이 학설에 대한 반론이 나오고 있으나, 아직까지 일본학계의 주류를 이루지는 못하고 있는 듯하다. 이는 20세기 전반 이래 봉산-황해도설을 취하고 있는 한국학계의 연구 동향과 큰 격차를 보이고 있다.

본고에서는 주제를 벗어나기 때문에 언급을 회피하였으나, 일본 역사교과서에서 한사군 전체의 위치 비정 문제도 20세기 전반의 학설을 벗어나지 못하고 있다. 대방군의 위치는 그것들의 위치 문제와 긴밀하게 연결되어 있다. 그러므로 이 문제를 극복하기 위해서는 대방군뿐만 아니라 초기의 한 군현인 낙랑·임둔·진번·현도 등 4군의 위치 문제와 함께 좀 더 확실한 대안이 필요한 상황이 아닐까 한다.

:: 참고문헌

『三國史記』,『三國志』,『隋書』,『晉書』,『漢書』,『後漢書』

교육인적자원부, 2003,『고등학교 국사』.

教育出版, 2008,『中學社會 歷史』.

大阪書籍, 2004,『中學社會 歷史的分野』.

東京書籍, 2004,『世界史B』.

東京書籍, 2004,『新選世界史B』.

東京書籍, 2008,『新しい社會 歷史』.

東京書籍, 2009,『新選日本史B』.

東京書籍, 2009,『日本史B』.

桐原書店, 2009,『新日本史B』.

明成社, 2009,『最新日本史』.

扶桑社, 2001,『新しい歷史教科書』(初版).

扶桑社, 2008,『新しい歷史教科書』(再版).

山川出版社, 2004,『高校世界史B』.

山川出版社, 2004,『詳說世界史B』.

山川出版社, 2004,『詳說日本史B』.

山川出版社, 2008,『新日本史B』.

山川出版社, 2009,『高校日本史B』.

山川出版社, 2009,『新世界史B』.

三省堂, 2004,『世界史B』.

三省堂, 2009,『日本史B』.

實敎出版, 2008,『日本史B』.

實敎出版, 2009,『高校世界史B』.

實敎出版, 2009,『高校日本史B』.

實敎出版, 2009,『世界史B』.

日本文敎出版, 2008,『中學生の社會科 歷史』.

日本書籍新社, 2004, 『わたしたちの中學社會 歷史的分野』.

日本書籍新社, 2009, 『わたしたちの中學社會 歷史的分野』.

自由社, 2009, 『日本人の歷史教科書』.

帝國書院, 2006, 『新編高等世界史B』.

帝國書院, 2009, 『社會科 中學生の歷史』.

帝國書院, 2009, 『新詳世界史B』.

第一學習社, 2004, 『高等學校世界史B』.

清水書院, 2008, 『新中學校歷史』.

清水書院, 2009, 『高等學校世界史B』.

清水書院, 2009, 『高等學校日本史B』.

李丙燾, 1929, 「眞番郡考」, 『史學雜誌』40-5; 1976, 『韓國古代史研究』, 博英社.

손영종, 2006, 「락랑군 남부지역(후의 대방군지역)의 위치 - '락랑군 초원4년 현별 호구
　　　다소□□' 통계자료를 중심으로-」, 『력사과학』198.

安鼎福, 1778, 『東史綱目』附下 帶水考.

吳永贊, 2003, 「帶方郡의 郡縣支配」, 『강좌 한국고대사』 제10권, 가락국사적개발연구원.

吳永贊, 2006, 『낙랑군 연구』, 사계절.

李瀷 저, 安鼎福 편, 1760년경, 『星湖僿說類選』卷一 天地篇 地理門.

韓鎭書, 1823, 『海東繹史續』.

洪鳳漢, 1770, 『東國文獻備考』.

丁若鏞, 1811, 『疆域考』卷1 帶方考.

楊守敬, 19세기 말, 「汪士鐸漢志釋地駁議」, 『晦明軒稿』.

高久健二, 1995, 『樂浪古墳文化 研究』, 學研文化社.

谷井濟一, 1914, 「黃海道鳳山郡ニ於ケル漢種族ノ遺蹟」, 『朝鮮古蹟調査略報告』, 朝鮮總
　　　督府.

關野貞, 1932, 『朝鮮美術史』, 朝鮮史學會.

駒井和愛, 1972, 『樂浪』, 中公新書.

今西龍, 1912, 「百濟國都漢山考」, 『史學雜誌』23-1.

今西龍, 1916, 「眞番郡考」, 『史林』1-1; (1970), 『朝鮮古史の研究』, 近澤書店.

今西龍, 1929, 「洌水考」, 『朝鮮支那文化の研究』; (1970), 『朝鮮古史の研究』, 近澤書店.

稻葉岩吉, 1914,「眞番郡の位置」,『歷史地理』24-6.

梅原末治・藤田亮策, 1948,『朝鮮古文化綜鑑』第二卷, 養德社, 奈良.

西本昌弘, 1989,「帶方郡治の所在地と辰韓廉斯邑」,『朝鮮學報』130, 朝鮮學會.

窪添慶文, 1981,「樂浪郡と帶方郡の推移」,『倭國の形成と古文獻』(東アジアにおける日本古代史講座3), 學生社.

箭內亘・稻葉岩吉, 1913,「漢代の朝鮮」,『滿洲歷史地理』卷1.

田村晃一, 1974,「帶方郡の位置 -漢墓綜考1-」,『韓』3-1, 東京.

池內宏, 1941,「樂浪郡考」,『滿鮮地理歷史硏究報告』第16冊; 1979,『滿鮮史硏究』上世篇第一冊, 吉川弘文館.

池內宏, 1948,「眞番郡の位置について」,『史學雜誌』57-2?3; 1979,『滿鮮史硏究』上世篇第一冊, 吉川弘文館.

靑山公亮, 1968,「帶方郡攷」,『朝鮮學報』48.

* 이 글의 원전 : 김태식, 2010,「일본 역사교과서에 표기된 대방군의 위치」,『한일 역사쟁점 논집 전근대편』, 서울: 동북아역사재단, 21~55쪽.

II부
4세기의 한일관계사

1.
4세기 문제의 소재

4세기는 동아시아 역사에서 큰 변혁의 시기였다. 고대 중국에서도 한국에서도 일본에서도 4세기는 새로운 시대를 지향하는 첫 발자국이 내디뎌진 시기였다. 그런 가운데 4세기 한국과 중국의 관계는 주로 고구려와 前燕·前秦·後燕 사이에 攻防과 小康을 반복하였고, 그 결과 고구려는 5세기 초에 요동을 영유하게 되었다.

그러나 4세기 한국과 일본의 관계에 대해서는 아직까지 설명 체계가 안정되어 있지 않다. 핵심은 광개토왕릉비문에 나오는 倭軍의 성격을 어떻게 파악하는가 하는 문제이다. 그래서 이 논문에서는 한반도계 이주민들이 일본열도에서 활동한 내용은 다루지 않고 문제의 중점을 한반도에 들어온 왜인의 문제에 둔다. 광개토왕릉비문의 기사는 4세기 말 5세기 초의 상황을 나타내고 있으나, 이는 그 이전부터 지속된 한일관계의 연장선 위에서 나온 것이므로 4세기의 한일관계를 전반적으로 검토할 필요가 있다.

4세기 한일관계사에 대한 연구사의 핵심은 왜에 의한 이른바 '임나 지배' 체제 성립 여부에 있다. 이러한 견해는 1949년에 간행된 스에마쓰 야스카즈의 『임나흥망사』[1]에서 주장된 것이나, 이는 근대 일본 사학계의 전통적 이해[2]를 바탕으로 한 야마토 왕권론을 정리한 것이다. 그에 따르면, 『일본서기』 신공황후 조로 보아, 366년에 백제가 왜에게 보물을 주고 出兵을 요청하자 369년에 왜는 대규모의 출병으로 가야 제국을 쳐서 복속시키고 백제의 조공 서약을 받아냈으므로, 그 결과 왜와 백제의 관계가 성립되면서 동시에 임나가 성립되었다고 하였다.[3] 또한 광개토왕릉비로 보아, 그 후 왜군은 이를 地盤으로 삼아 391년부터 405년까지 광개토왕의 남정을 맞이하여 끊임없이 반격함으로써 그 곳에 부식된 왜의 세력을 더욱 공고히 했다는 것이다.[4] 다만 왜의 임나 地盤에 대한 증거는 없어서, 스스로도 '임나에는 야마토 조정에서 상규적 지배자가 설치된 형적이 당연히 있어야 할 것'[5][밑줄 : 필자]이라고 하여 추측으로 일관하였다.[6]

그러한 부실에도 불구하고 임나의 성립에 대한 스에마쓰의 정리는 그 후 여러 학자들에 의하여 거의 그대로 받아들여졌다. 福山敏男은 칠지도 명문의 太和四年(369)說로서 이를 보완하고,[7] 三品彰英은 신공기 49년 조의 근거로 되었다고 보이는『百濟記』등 '百濟三書'의 사료적 가치를 높이 평가함으로써 보완하였다.[8]

그러나 1970년대 이후 일본사학계에서는 기존의 남한경영론에 대한 반성이 일기 시작하였다. 새로운 연구 동향은 이른바 '임나 지배'의 성격을 달리 추정해 보기도 하고 그 기간을 축소해 보기도 하였다. 井上秀雄은 임

1) 末松保和, 1949,『任那興亡史』, 大八洲出版 ; 1956, 再版, 吉川弘文館, 東京.
2) 那珂通世, 1888,「日本上古年代考」,『文』1-8・9; 1958,『外交繹史』제1권, 那珂通世遺書, 岩波書店, 東京.
3) 末松保和, 1956, 앞의 책, 46~63쪽.
4) 위의 책, 77~78쪽.
5) 위의 책, 257쪽, "間接支配の百濟・新羅に、大和朝廷から常規的支配者が置かれた確かな形跡のないことは上に述べたが、それに對して直接支配の任那には、當然あるべきである."
6) 그가 任那에 대한 常規的 지배자의 증거로 든 것은 木滿致 뿐이다. 임나 성립 당시 常備軍의 증거로는 광개토왕릉비문의 倭軍밖에 들지 못하였다. 그러나 목만치는 5세기 후반에 일본으로 건너간 백제 귀족으로 추정되며, 광개토왕릉비의 왜군은 후술하듯이 임나를 지배하는 상비군이라는 증거는 되지 못한다.
7) 福山敏男, 1951,「石上神宮の七支刀」,『美術研究』158.
8) 三品彰英, 1962,『日本書紀朝鮮關係記事考證』上卷, 115~176쪽.

나일본부설의 출발점이 되었던 『백제기』 관련 사료의 신뢰성에 의문을 제기하고,[9] 일본 학자의 연구로서는 최초로 왜 왕권의 군사 정벌에 의한 임나 지배를 부인하였다.[10]

그 후 山尾幸久는 왜 왕권에 의한 임나 경영의 계기와 방식을 5세기 후반 백제 귀족 목만치의 왜국 이주와 연관시켜 보았다.[11] 請田正幸, 大山誠一, 鈴木英夫, 田中俊明 등은 임나일본부 문제에 대한 전문적인 논고를 작성하면서 이를 4~5세기 단계와는 관련지을 수 없다고 보았다.[12]

즉 1970년대 및 1980년대에 걸쳐 4세기 왜 왕권의 군사 정벌에 의한 임나 지배라는 관념은 학계에서 폐기된 것이다. 그런 경우 광개토왕릉비문 永樂 10年 庚子條의 전황으로 보아 4세기의 임나가라와 왜는 제휴 또는 연합의 관계에 있었다고 보았다.[13] 4세기의 한일관계에 대한 근래의 학계 연구 동향은 주로 가야와 왜 사이에 긴밀한 교류가 있었음을 강조하고 있다.[14]

그러나 상당수의 일본사 개설서나 교과서에서는 그와 달리 任那日本府

---

9) 井上秀雄, 1973, 『任那日本府と倭』, 東出版, 東京, 42쪽.

10) 위의 책, 71~91쪽.

11) 山尾幸久, 1978, 「任那に關する一試論 -史料の檢討を中心に-」, 『古代東アジア史論集』 下卷 末松保和博士古稀記念會編, 吉川弘文館, 東京 ; 1989, 『古代の日朝關係』, 塙書房, 東京, 113~127쪽.

12) 請田正幸, 1974, 「六世紀前期の日朝關係 -任那 '日本府'を中心として-」, 『朝鮮史研究會論文集』 11 ; 1974, 『古代朝鮮と日本』, 朝鮮史研究會編, 龍溪書舍, 東京, 194쪽.
大山誠一, 1980, 「所謂 '任那日本府'の成立について」, 『古代文化』 32-9・11・12, 古代學協會, 京都.
鈴木英夫, 1987, 「加耶・百濟と倭 - '任那日本府' 論-」, 『朝鮮史研究會論文集』 24, 67・75쪽 ; 1996, 『古代の倭國と朝鮮諸國』, 靑木書店, 東京, 183~184쪽.
田中俊明, 1992, 『大加耶連盟の興亡と '任那'』, 吉川弘文館, 東京, 86~90쪽.

13) 千寬宇, 1978, 「復元加耶史・中」, 『文學과 知性』 29, 문학과 지성사, 서울, 920쪽 ; 1991, 『加耶史硏究』, 一潮閣, 서울, 27쪽.
鈴木英夫, 1996, 『古代倭國と朝鮮諸國』, 靑木書店, 東京, 54쪽.
鈴木靖民, 2002, 「倭國と東アジア」, 『倭國と東アジア』, 鈴木靖民編, 日本の時代史 2, 吉川弘文館, 22쪽.

14) 白石太一郎・上野祥史 編, 2004, 『國立歷史民俗博物館研究報告』 110(第5回 歷博國際シンポジウム 古代東アジアにおける倭と加耶の交流), 國立歷史民俗博物館, 佐倉.

를 고대 일본의 강한 무력의 증거이면서 문화 발전의 전제 조건으로 간주하여, 4세기 후반에 왜가 가야 지역에 세력을 뻗치거나 또는 거기에 진출하여 거점을 두고 강한 영향력 아래 두었다고 서술하였다.[15] 그리하여 1990년대에 들어 일본의 한 역사학자는 "지금의 학계에 있어서는 '임나일본부' 론은 이미 과거의 것으로 되어, 새삼스럽게 그것을 부정할 것까지도 없으나, 현실에서는(일본의 일반인들에게는) 아무래도 그렇지 않은 듯하다."[16][괄호 안: 필자]고 솔직하게 서술하였다. 그런 경향은 2000년대 들어서도 크게 변하지 않았다.

4세기의 한반도를 기준으로 하여 볼 때, 북방에서는 313년과 314년에 고구려가 낙랑군과 대방군을 병합하면서 크게 팽창하였고, 남한에서는 이미 초기 고대국가를 형성하고 있던 백제의 선도적 발전에 이어 가야와 신라도 각각 변한과 진한 소국연맹체의 맹주로서 해당 지역의 대외관계를 주도하게 되었다.[17] 게다가 1970년대 이후로 낙동강 유역에 대한 고고학적 발굴 성과가 대거 축적되어[18] 加耶史의 독자적 전개 과정에 대한 새로운 연구 성

---

15) 綱野善彦著, 李根雨譯, 1999, 『日本社會의 歷史(上)』(한림신서 일본학총서 42), 도서출판 소화, 64~103쪽.
   吉田孝, 1997, 『日本の誕生』, 岩波新書, 東京, 74~78쪽.
   西尾幹二 外 13名, 2001, 『中學社會 新しい歷史敎科書』, 扶桑社, 東京.
   大濱徹也 外 11名, 2001, 『中學生の社會科 歷史 -日本の步みと世界-』, 日本文敎出版, 大阪.
   村尾次郎 外 25名, 2002, 『高校 最新日本史』, 明成社, 東京.
   山川出版社編, 2002, 『高校 要說世界史A 改訂版』, 東京.
16) 田中俊明, 1992, 앞의 책, 38쪽.
17) 邊太燮, 2002, 『韓國史通論: 四訂版』, 三英社, 서울, 74~83쪽.
   국사편찬위원회 · 국정도서편찬위원회, 2003, 『고등학교 국사』, 교육인적자원부, 서울, 49~51쪽.
   金泰植, 2003, 「初期 古代國家論」, 『강좌 한국고대사』 제2권, 駕洛國史蹟開發硏究院, 서울, 1~90쪽.
18) 盧重國 외 5인, 1998, 『가야문화도록』, 경상북도, 대구.
   한국고고학회 편, 2000, 『考古學을 통해 본 加耶』, 한국고고학회, 부산.
   부산대학교 민족문화연구소 편, 2003, 『가야 고고학의 새로운 조명』, 혜안, 서울.
   朴天秀 외 3인, 2003, 『加耶의 遺蹟과 遺物』, 학연문화사, 서울.

과가 정리되고 있다.[19]

　그럼에도 불구하고 일부 개설에서 4세기 후반의 임나 성립을 논하는 것은 오래된 선입견의 반복에 지나지 않는다. 그러한 견해의 기본 사료를 이루는 것은 『일본서기』 신공황후 49년 조 기사와 광개토왕릉비문의 왜군 활동에 관한 기사이다. 그러므로 본고에서는 해당 사료들에 대한 기존의 이해와 문제점을 검토한 후에, 그를 바탕으로 4세기 한일관계의 전개 과정을 정리하고자 한다.

* 이 글의 원전 : 金泰植, 2005, 「4世紀의 韓日關係史 -廣開土王陵碑文의 倭軍問題를 中心으로-」, 『한일역사공동연구보고서 제1권』, 한일역사공동연구위원회, 19~22쪽(I. 머리말).

19) 金泰植, 1993, 『加耶聯盟史』, 一潮閣, 서울 ; 2002, 『미완의 문명 7백년 가야사』, 푸른역사, 서울 ; 2004, 『가야사』 CD, 미디어채널, 서울.
　부산대학교 민족문화연구소 편, 2001, 『한국 고대사 속의 가야』, 혜안, 서울.

2.
『일본서기』 신공황후
관련 기사의 문제점

1. 신공기 49년 조 기사의 연구사

神功紀 49年條의 기사는 소위 '남한경영론' 의 주요 근거가 되는 사료이다.
왜가 가야 지역에 군대를 진출시켜 평정했다고 하는 기사는 신공기 49년 조
가 유일하다. 그러므로 이 사료를 재검토하는 것이 긴요하다.

신공기 49년 조의 기사는 『일본서기』보다 10년 앞서 작성된 『古事記』에
는 전혀 보이지 않는 것으로서 同 46년 조부터 52년 조에 걸쳐 이어지는 記
事群인데, 그 47년 조 기사에 『百濟記』가 인용되고 있어서,[1] 신공기 후반의
기사들이 전반적으로 이를 근거로 한 것이라고 추정할 수 있다. 이를 포함
하여 『일본서기』에는 백제 관련 자료들이 많이 나온다. 이들은 이른바 '百
濟三書', 즉 『百濟記』, 『百濟新撰』, 『百濟本記』를 토대로 한 자료들인데, 그
성격에 대해서는 여러 논란이 있다. 이를 간략하게 요약하면 다음과 같다.

---

1) 『日本書紀』 卷9, 神功皇后攝政 47年條 細注 "千熊長彦者 分明不知其姓人. 一云 武藏國人.
　　今是額田部槻本首等之始祖也. 百濟記云職麻那那加比跪者 蓋是歟也."

132 사국시대의 한일관계사 연구 | 四國時代의 韓日關係史 硏究

기존의 주요 연구에서는, 그 기사들이 『일본서기』 찬자가 천황 중심제 사관에 맞추어 전체적으로 개작한 것이라든가,[2] 원래 백제에서 편찬된 百濟三書로부터 거의 그대로 『일본서기』에 전재된 것이라고[3] 주장되었다. 또한 그에 이어 백제 삼서의 인명이나 지명에 쓰인 字音假名字는 모두 『萬葉集』과 같은 推古朝 遺文의 표기법과 높은 유사성을 보인다든가,[4] 또는 백제에서 망명한 백제인 또는 백제왕 후예 씨족이 7세기 말에 자신들이 가지고 있던 자료 중에서 백제가 과거에 일본에게 협력한 흔적들을 조작 및 재편집하여 『일본서기』 편찬 修史局에 제출한 것이라든가[5] 하는 점들도 강조되었다. 그리하여 근래에는 이를 모두 인정하여, ① 백제에서 편찬된 某種의 사서들이 있었고, ② 백제 유민들이 이들을 일부 재편하여 일본 조정에 제출하였으며, ③ 『일본서기』 찬자가 이를 전반적으로 윤색함으로써 『일본서기』의 백제 관련 기사들이 성립하였다는 종합적 관점, 즉 三段階編纂論이 통설이라고 할 수 있다.[6] 그러므로 백제 삼서 기사의 사료적 가치를 지나치게 신빙하는 것은 위험하다.

기사의 성립 과정에 대한 논의를 유념하면서, 신공기 49년 조의 기사를 정밀하게 이해하기 위하여 그 주요 부분을 번역하여 인용하면 다음과 같다.

---

2) 津田左右吉, 1924, 『古事記及日本書紀の研究』, 岩波書店, 東京.
   丁仲煥, 1972, 「日本書紀에 인용된 百濟三書에 대하여」, 『亞細亞學報』 10, 서울.
3) 三品彰英, 1962, 「百濟記·百濟新撰·百濟本記」, 『日本書紀朝鮮關係記事考證(上)』, 吉川弘文館, 東京.
4) 木下禮仁, 1961, 「"日本書紀"にみえる '百濟史料' の史料的價値について」, 『朝鮮學報』 21·22合, 天理.
5) 坂本太郎, 1961, 「繼體紀の史料批判」, 『國學院雜誌』 62-9 ; 1964, 『日本古代史の基礎的研究 上』, 東京大學出版會.
   山尾幸久, 1989, 「百濟三書と日本書紀」, 『古代の日朝關係』, 塙書房, 東京.
6) 高寬敏, 1993, 「『日本書紀』所引「百濟本記」に關する研究」, 『高句麗·渤海と古代日本』, 雄山閣, 東京 ; 1994, 「『日本書紀』所引「百濟記」と「百濟新撰」に關する研究」, 『朝大學報』 1.
   李根雨, 1994, 「日本書紀에 引用된 百濟三書에 관한 研究」, 한국정신문화연구원 한국학대학원 박사학위논문, 성남, 285~286쪽.
   延敏洙, 1998, 『고대한일관계사』, 혜안, 서울, 46쪽.

A. 〈1〉 [신공황후 섭정] 49년(249) 봄 3월에 아라타 와케[荒田別], 가가 와케[鹿我別]를 장군으로 삼아 久氏 등과 함께 군사를 이끌고 건너가 卓淳國에 이르러 신라를 습격하려고 하였다. 〈2〉 그 때 누군가 말하였다.

"병사의 무리가 적어서 신라를 격파할 수 없소. 다시 한번 沙白과 蓋盧를 받들어 올려 보내 군사를 증원하도록 요청합시다."

그래서 木羅斤資와 沙沙奴跪 [이 두 사람은 그 姓을 알 수 없는 사람이다. 다만 木羅斤資라는 자는 백제의 장군이다.]에게 명하여 정예 군사를 거느리게 해서 沙白, 蓋盧와 함께 보냈다. 〈3〉 모두 卓淳에 모여 新羅를 쳐서 깨뜨렸다. 그로 인하여 比自㶱, 南加羅, 㖨國, 安羅, 多羅, 卓淳, 加羅의 일곱 나라를 평정하였다. 〈4〉 거듭 군사를 옮겨 서쪽으로 돌아 古奚津에 이르러 南蠻 忱彌多禮를 잡아 백제에게 주었다. 〈5〉 이에 그 왕 肖古와 왕자 貴須도 군사를 거느리고 와서 모였다. 이 때 比利, 辟中, 布彌支, 半古의 네 읍이 저절로 항복하였다.[7]

위의 기사에 대한 기존 설의 이해 방향은 매우 복잡하다. 일찍이 那珂通世는 일본에 광개토왕릉비문이 전해진 지 얼마 후에 신공기 49년(249) 기사년의 사실을 干支 二運 내려서 紀年을 하향 조정한 후, 기사의 내용 자체는 그대로 신뢰하는 자세를 보였다.[8] 末松保和는 那珂의 연구가 임나사 연구의 과거 성과 중에서 가장 기본적인 기준이라고 평가하면서 그대로 수용하였으며,[9] 거기에다가 鮎貝房之進의 문헌 고증에 의한 임나 관련 지명 비정 결과를[10] 대폭 받아들였다. 그리고 나서 369년에 임나 성립의 유도적 역할을 한 것은 고구려와 신라를 동시에 상대해야 할 필요에 직면한 백제였다고

7) 『日本書紀』卷9, 神功皇后攝政 49年 春3月 "以荒田別鹿我別爲將軍 則與久氏等 共勒兵而度之 至卓淳國 將襲新羅. 時或曰 兵衆少之 不可破新羅. 更復奉上沙白蓋盧 請增軍士. 卽命木羅斤資沙沙奴跪[是二人 不知何姓人也. 但木羅斤資者 百濟人也.] 領精兵 與沙白蓋盧共遣之. 俱集于卓淳 擊新羅而破之. 因以平定比自㶱南加羅㖨國安羅多羅卓淳加羅七國. 仍移兵 西廻至古奚津 屠南蠻忱彌多禮 以賜百濟. 於是 其王肖古及王子貴須 亦領軍來會. 時比利辟中布彌支半古四邑 自然降服."

8) 那珂通世, 1888, 「日本上古代考」, 『文』1-8·9 ; 1958, 『外交繹史』 제1권, 那珂通世遺書, 岩波書店, 東京, 37~39쪽.

9) 末松保和, 1949, 『任那興亡史』大八洲出版 ; 1956, 再版, 吉川弘文館, 東京, 17쪽.

10) 鮎貝房之進, 1937, 「日本書紀朝鮮關係地名攷」, 『雜攷』7 上·下卷.

하는 국제적 정황을 추가함으로써[11] 그 기사의 신빙성을 되살려냈다.

반면에 津田左右吉 및 池內宏은 이 기사가 『백제본기』 소재의 6세기 전반 임나 관계 사실에 의거하여 『일본서기』 편자가 대대적인 기원 설화를 만들어낸 허구의 것이라고 하여,[12] 그 사실성을 전반적으로 부정하였다. 그러면서도 4~6세기 왜의 임나 지배는 당연한 것으로 여기고 있었다.[13] 三品彰英은 신공기의 기사가 6세기 전반 欽明紀의 시점에 백제 성왕의 對가야 전략을 반영하여 찬술된 것이라는[14] 이른바 '反映法'의 논리를 내세웠다. 그러나 그도 일본의 가야 경영은 4세기 후반에 개시되었고 이때 가야 7국이 그 범위에 포함되었을 것이라고 하여[15] 임나 경영을 사실로 인정하였다. 이와 같은 津田, 池內, 三品의 이중적 견해는 학자적 엄격성과 시대 분위기의 영향이라는 현실적 괴리 속에서 나온 자기 모순적 산물이었다.

1970년대 이후로는 일본 내에서도 『일본서기』의 임나 관련 자료들의 사료적 가치를 비판적으로 보는 연구가 나타났다. 井上秀雄은 『일본서기』의 원전 연구를 통하여 6세기 이전의 문헌 사료는 불확실하고,[16] 신공기의 『백제기』 관련 기사는 欽明·繼體朝의 투영이며,[17] 『백제기』 자체는 백제가 6세기 중엽에 야마토 정권에게 영합하여 그 군사적 원조를 얻으려고 일본에 제출한 것이기 때문에 이를 통하여 4세기의 일을 알 수는 없다고 보았다.[18] 請田正幸은 더 나아가, 이제 일본 내에서도 武烈紀 이전의 任那 관련 기사들에 대해서는 신뢰하지 않는 것이 상식이라고 선언하였다.[19]

---

11) 末松保和, 1956, 앞의 책, 46~63쪽.
12) 津田左右吉, 1924, 『古事記及日本書紀の硏究』, 岩波書店, 東京, 644쪽.
    池內宏, 1947, 『日本上代史の一硏究』, 近藤書店 ; 1970, 再版, 中央公論美術出版, 53쪽.
13) 津田左右吉, 1913, 「任那疆域考」, 『朝鮮歷史地理硏究』 1 ; 1964, 『津田左右吉全集』 11.
    池內宏, 위의 책(1970년판), 54쪽.
14) 三品彰英, 1962, 앞의 책, 162~176쪽 ; 2002, 第二版, 天山舍, 160~177쪽.
15) 위의 책, 176쪽.
16) 井上秀雄, 1973, 『任那日本府と倭』, 東出版, 28~29쪽.
17) 위의 책, 42쪽.
18) 위의 책, 111~112쪽.

신공기의 임나 기사를 부인하는 이러한 태도는 그 후의 학자들에게 수용되어, 山尾幸久는 『삼국사기』 백제본기의 木刕滿致 기사를 존중하여 A-2 부분을 기존의 통설과 달리 3주갑 하향 조정하였으며,[20] A-3의 '7국' 평정 기사는 '七枝刀'와 '七子鏡' 헌상의 緣起로서 신공기 편자가 첨가한 작문에 지나지 않는다고 보았다.[21] 大山誠一과 鈴木靖民, 鈴木英夫도 신공기의 사료적 가치를 부정하고 임나의 성립 과정을 532년 또는 530년의 가야의 요청에 의한 군대 파견으로 늦추어 보았다.[22] 田中俊明은 A-2·4·5의 기사는 429년의 내용이되 그 중에 南蠻 탐미다례의 공취나 比利等 4읍의 항복은 목라근자의 활약을 보다 한층 빛나는 것으로 하기 위한 조작이며,[23] 369년의 내용인 A-3의 가야 7국 평정 기사는 『일본서기』 편자의 조작으로서 역사적 사실과는 무관하고 탁순국 기사만 가야에 관련된 것으로 인정할 수 있다고 보았다.[24]

한편 한국의 연구자들은 초기부터 최근까지 이를 왜의 가야 정벌로 인정하는 경우는 없다. 우선 이병도는 신공기 49년 조의 앞 부분에 대해서는 언급하지 않고 A-4·5 부분에 대해서만 사실성을 인정하여, 백제 근초고왕이 369년에 남정하여 마한 잔여 세력을 모두 복속시켰다고 주장하였다.[25] 여

---

19) 請田正幸, 1974, 「六世紀前期の日朝關係 -任那'日本府'を中心として-」, 『朝鮮史研究會論文集』 11, 40쪽.
20) 山尾幸久, 1989, 『古代の日朝關係』, 塙書房, 東京, 113~127쪽.
21) 위의 책, 124쪽.
22) 大山誠一, 1980, 「所謂'任那日本府'の成立について」 上·中·下, 『古代文化』 32-9·11·12, 古代學協會, 京都 ; 1999, 『日本古代の外交と地方行政』, 吉川弘文館, 東京.
   鈴木靖民, 1984, 「東アジア諸民族の國家形成と大和王權」, 『岩波講座 日本歷史』 1(原始·古代 1), 岩波書店, 東京.
   鈴木英夫, 1987, 「加耶·百濟と倭 -'任那日本府'論-」, 『朝鮮史研究會論文集』 24 ; 1996, 『古代倭國と朝鮮諸國』, 青木書店, 東京.
23) 田中俊明, 1992, 『大加耶連盟の興亡と'任那'』, 吉川弘文館, 東京, 86~90쪽.
24) 위의 책, 90쪽.
25) 李丙燾, 1959, 『韓國史 古代篇』, 震檀學會, 359~361쪽 ; 1970, 「近肖古王拓境考」, 『百濟研究』 1, 忠南大學校 百濟研究所 ; 1976, 『韓國古代史研究』, 博英社, 서울, 511~514쪽.

기서 더 나아가 천관우는 위의 기사에서 비자발 등 7국을 평정한 주체를 왜에서 백제로 바꾸어 보아야 한다고 주장하면서[26] 主體交替論의 조건 아래 A-1·2·3 부분의 사실성도 인정하였다.[27] 김현구는 사료를 좀 더 신중하게 분석하여 천관우와 대동소이한 결론을 내렸다.[28] 이처럼 神功紀를 백제 중심의 수정론으로 보는 견해는 그 후로도 학계의 일각에서 계속해서 이어져오고 있다.[29]

그러나 한국에서도 가야사를 전공하는 연구자들은 신공기 49년 조의 사료적 가치에 대하여 대부분 부정적인 자세를 취하고 있다. 이영식은 여러 가지의 내용적 모순으로 인하여 A-1·2 부분은 왜의 각 씨족의 家記類의 단계에서 창작 또는 과장된 것으로서 사실로 인정할 수 없고,[30] A-3·4 부분은 繼體紀의 후대 사실이 연대적으로 소급된 것이고,[31] A-5 부분만 역사적 사실로 인정하여 백제 근초고왕 대에 충남 및 전북 지역에 대한 일시적인 군사 활동이 있었다고 보았다.[32] 연민수는 신공기 49년 조의 기사들은 대체로 6세기 전반 백제의 의도를 나타내는 계체기 기사들이 중복 반영된 것이라고 하였다.[33] 또한 신공기 52년 조의 칠지도와 칠자경도 실은 6세기 초

26) 千寬宇, 1991, 『加耶史硏究』, 一潮閣, 서울, 24쪽, 160~162쪽.
27) 千寬宇, 1977·1978, 「復元加耶史」 上·中·下, 『文學과 知性』 28·29·31 ; 1991, 『加耶史硏究』, 一潮閣, 서울.
28) 金鉉球, 1985, 『大和政權의 對外關係硏究』, 吉川弘文館, 184~201쪽 ; 1991, 「神功紀 加羅七國 平定記事에 관한 一考察」, 『史叢』 39 ; 1993, 『任那日本府硏究 -韓半島南部經營論批判-』, 一潮閣, 서울, 21~45쪽.
29) 朱甫暾, 1995, 「序說 -加耶史의 새로운 定立을 위하여-」, 『加耶史硏究 -대가야의 政治와 文化-』, 경상북도, 대구, 43~46쪽.
    盧重國, 1995, 「大加耶의 政治·社會構造」, 『加耶史硏究 -대가야의 政治와 文化-』, 경상북도, 대구, 207~214쪽.
30) 李永植, 1995, 「百濟의 加耶進出過程」, 『韓國古代史論叢』 7, 駕洛國史蹟開發硏究院, 서울, 184쪽.
31) 위의 논문, 189~190쪽.
32) 위의 논문, 196~200쪽.
33) 延敏洙, 1998, 『고대한일관계사』, 혜안, 서울, 47~49쪽.

백제 무령왕 대에 왜국에 전해진 사실에 기초하여 백제의 일본에 대한 服屬 起源說話 속에 편입되었다고 보았다.[34]

일찍이 필자는 신공기의 사료적 가치를 의심하는 기조 아래, A-3의 7국은 김해의 교역망이 우월성을 가질 수 있는 범위에 국한되어 있으므로, 이들이 김해를 중심으로 한 교역 체계로서 백제와 연결되었다는 정도의 의미를 가지는 것으로서, 그 실제는 欽明紀 2년 4월 조에서 백제 성왕이 "옛날에 우리 선조이신 速古王 · 貴首王 때에 安羅 · 加羅 · 卓淳旱岐들이 처음으로 사신을 보내 서로 통하여 親好를 두터이 맺었다."[35]고 말한 것이 상황을 더욱 적절하게 표현한 것이라고 보았고,[36] 그 국명은 3~4세기 당시의 국명이 아니라 5세기 이후 후기 가야시대의 국명을 반영하고 있다고 하였다.[37] A-4 부분은 전남 탐미다례(강진군 병영면 또는 해남군 현산면) 지역에 백제가 제2의 對倭 교역 중계 기지를 설정한 데서 나온 말로 보았고, 여기에 왜나 백제의 군사 행동은 없었다고 보았다.[38] 다만 A-5의 4읍은『삼국사기』백제본기 온조왕 26 · 27년 조의 마한 멸망 기사와 同 36년 조의 古沙夫里城 축성 기사와 같이 전북 김제-고부 선까지 실제로 백제의 영역에 포함된 것을 의미한다.

위와 같이 볼 때, 일본의 초기 연구자들은 기사의 신빙성을 인정하든 하지 않든 4세기 후반 왜의 임나 정벌을 사실로 긍정하였으나, 1970년대를 전후한 井上秀雄의 태도 변화를 계기로 하여 기사 및 사실 모두를 부정하는

---

34) 위의 책, 51쪽.
35)『日本書紀』卷19, 欽明天皇 2年 夏四月 "聖明王曰 昔我先祖速古王貴首王之世 安羅加羅 卓淳旱岐等 初遣使相通 厚結親好."
36) 金泰植, 1994,「廣開土王陵碑文의 任那加羅와 '安羅人戍兵'」,『韓國古代史論叢』6, 駕洛 國史蹟開發研究院, 83~84쪽 ; 1997,「百濟의 加耶地域 關係史 : 交涉과 征服」,『百濟의 中央과 地方』(百濟研究論叢 第5輯), 忠南大學校 百濟研究所, 49~51쪽 ; 2002,『미완의 문명 7백년 가야사 1권』, 푸른역사, 서울, 137~143쪽.
37) 金泰植, 1994, 위의 논문, 85쪽.
38) 金泰植, 1997, 앞의 논문, 50~51쪽.

방향으로 전환되었다. 반면에 한국의 초기 연구자는 근초고왕의 마한 정벌만 인정하고 왜의 가야 정벌을 부정하였으나, 1980년대를 전후하여 백제 주체적 관점이 나온 이후 이를 백제의 가야 정벌로 수정하여 받아들이기도 하고 혹은 그것마저 부정하는 이원적 이해 방향으로 나뉘었다.

2. 신공기 49년 조 기사의 의미

위와 같이 복잡한 양상을 보이는 신공기 49년 조 기사에서 어떤 의미를 찾아낼 수 있을까?

우선 A-5의 근초고왕 경략에 의한 4읍 항복 기사에 대해서는 1970년대 이후 일본인 연구자들은 모두 부정하고 한국인 연구자들은 연민수만을 제외하고 모두 긍정하는 면모를 보이고 있으나, 이는 사료 자체에 대한 태도의 문제일 뿐이고 이 기사를 둘러싼 견해 대립은 그리 치열하지 않다. 특히 比利, 辟中, 布彌支, 半古 4읍의 지명 자료는『삼국지』위서 동이전의 마한 54국 중에 卑離國, 辟卑離國, 不彌國, 支半國, 狗素國 등의 지명과 일치도가 높기 때문에 중요한 사료의 하나로 간주될 수 있다. 이는 신공기에 인용된『백제기』의 일부 자료들이 사료적 가치를 인정받을 수 있다는 점에서 중요하다.

그렇다면 신공기 49년 조의 다른 부분은 어느 정도 인정할 수 있을까? 우선 A-1 부분을 인정하는 학자는 1970년대 이후로는 한일 간에 아무도 없다. 이는 그 기사가 일본 고대 씨족의 전승 요소를『일본서기』찬자가 변형하여 작문한 것일 뿐이고『백제기』의 것으로 인정할 수 없기 때문이다.

A-2·3·4의 沙白, 蓋盧, 木羅斤資, 沙沙奴跪 등의 인명 표기와 比自㶱, 南加羅, 喙國, 安羅, 多羅, 卓淳, 加羅 및 古奚津, 南蠻 忱彌多禮 등의 지명 표기는 일본 측의 것으로 볼 수는 없으므로, 이들 기사가『百濟記』의 원전에서 나온 것임은 분명하다. 그렇다고 해도 그 기사를 모두 신뢰할 수 있는 것은 아니고, 백제 중심적인 과장과 일본 위주의 변개, 후대적인 용어 표기

등을 배제해야 하기 때문에, 진상 파악은 거의 불가능하다. 그러므로 신공기 49년 조의 기사를 근거 삼아 369년 당시의 사실을 논할 수는 없다.

다만 신공기를 기년 수정하고 거기에 『삼국사기』 백제본기 기사를 더하여 본다면, 백제가 가야로 이어지는 교역망을 성립시키고, 평양성을 공격하여 고구려를 일차로 패배시킨 직후에, 왜국에 사신을 보내 칠지도 등을 준 것이 되는데, 이것은 얼마나 사실일까? 19세기 말에 칠지도가 극적으로 발견되어 보고된[39] 이후, 신공기의 삼한 정토 설화 및 7국 평정 기사는 369년의 사실이라고 인정하는 분위기가 생긴 듯하다. 그러나 일본 텐리시[天理市] 이소노카미 신궁[石上神宮]에 현존하는 칠지도가 어느 시기의 것인지는 분명치 않다. 이를 4세기 후반의 것이라고 보는 견해가 많기는 하나,[40] 실제로는 5세기 후반 내지 6세기 전반의 것일 가능성을 논하는 견해들도 유력하다.[41]

특히 한국과 일본에 현존하는 금 또는 은상감 명문이 있는 도검들, 즉 한

---

39) 星野恒, 1892, 「七枝刀考」, 『史學雜誌』 37, 東京.
   菅政友, 1893, 「任那考」; 1907, 『菅政友全集』.
40) 福山敏男, 1951, 「石上神宮の七支刀」, 『美術研究』 158; 1951, 「石上神宮の七支刀 補考」, 『美術研究』 162; 1952, 「石上神宮の七支刀 再補」, 『美術研究』 165; 1969, 『日本建築史研究』, 再收錄; 1971, 『論集日本文化の起源』 第二卷, 平凡社, 東京, 再收錄.
   榧本杜人, 1952, 「石上神宮の七支刀と其銘文」, 『朝鮮學報』 3, 朝鮮學會, 天理.
   西田長男, 1956, 「石上神宮の七支刀の銘文」, 『日本古典の史的研究』, 理想社.
   三品彰英, 1962, 「石上神宮の七支刀」, 『日本書紀朝鮮關係記事考證』 上, 吉川弘文館, 東京.
   藤間生大, 1968, 「七支刀」, 『倭の五王』, 岩波新書, 東京.
   栗原朋信, 1970, 「七支刀の銘文よりみた日本と百濟 東晋の關係」, 『歷史教育』 18-4.
   上田正昭, 1971, 「石上神宮と七支刀」, 『日本の中の朝鮮文化』 9.
   佐伯有淸, 1977, 『七支刀と廣開土王碑』, 吉川弘文館, 東京.
   神保公子, 1981, 「七支刀銘文の解釋をめぐって」, 『東アジア世界における日本古代史講座』 3.
   鈴木靖民, 1983, 「石上神宮七支刀銘についての一試論」, 『坂本太郎頌壽記念日本史學論集』 上.
   李道學, 1990, 「百濟 七支刀 銘文의 再解釋」, 『韓國學報』 60, 서울.
   木村誠, 2000, 「百濟史料としての七支刀銘文」, 『人文學報』 第306號, 東京都立大學 人文學部.

국 창녕 교동 11호분 출토 고리자루큰칼,[42] 일본 東京博物館 소장 고리자루
큰칼,[43] 사이타마현 이나리야마[稻荷山] 고분 출토 금상감 辛亥銘 철검,[44]
구마모토현 에타 후나야마[江田船山] 고분 출토 은상감 큰칼[45] 등은 모두 5
세기 후반 내지 6세기 전반의 것으로서, 그 유행 시기가 언제였는지를 보이
고 있다. 고고학적으로 보아 칠지도는 철제 三叉鉾, 철제 蛇行劍, 미늘쇠(=
有刺利器) 등과 형태적으로 유사하고 그 유물들은 6세기 전반에 성행하였
다는 것을 밝힌 논고[46]도 있다.

또한 『일본서기』에 백제 사신이 칠지도와 함께 가져갔다고 나오는 七子
鏡은 원형 거울의 언저리에 작은 원이 일곱 개 새겨진 청동거울이다. 그런
데 이렇게 생긴 거울은 1971년에 무령왕릉에서 출토된 바 있다. 그 모습을
보면 청동제 원형 거울의 바깥쪽 테두리와 안쪽 테두리 사이에 원형 꼭지가
도드라진 원형 무늬 7개를 두고 그 사이에 가는 선으로 새긴 四神과 三瑞獸
를 하나씩 배치하였다.[47] 무령왕은 523년에 붕어하였고, 3년상을 거쳐 525
년에 매장되었으니, 이 거울은 6세기 전반의 것이다. 백제에서 왜국으로 칠
자경을 보냈다면 무령왕릉의 거울과 유사한 것이었다고 생각된다. 칠자경

41) 李丙燾, 1974, 「百濟七支刀考」, 『震檀學報』 38, 진단학회, 서울 ; 1976, 『韓國古代史硏究』,
   博英社, 서울, 재수록.
   金錫亨, 1963, 「삼한 삼국의 일본열도 내 분국에 대하여」, 『력사과학』 1963-1 ; 1966, 『초
   기조일관계연구』, 평양.
   宮崎市定, 1992, 『謎の七支刀 -五世紀の東アジアと日本-』, 中央公論社.
   延敏洙, 1994, 「七支刀銘文の再檢討 -年號の問題と製作年代を中心に-」, 『年報 朝鮮學』,
   第4號.
42) 韓永熙·李相洙, 1990, 「昌寧 校洞 11號墳 出土 有銘圓頭大刀」, 『考古學誌』 2, 韓國考古
   美術硏究所, 서울.
43) 早乙女雅博·東野治之, 1990, 「朝鮮半島出土の有銘環頭大刀」, 『MUSEUM』 467쪽.
44) 埼玉縣敎育委員會, 1980, 『埼玉稻荷山古墳』.
45) 東京國立博物館編, 1993, 『江田船山古墳出土 國寶 銀象嵌銘大刀』, 吉川弘文館, 東京.
46) 村上英之助, 1978, 「考古學から見た七支刀の製作年代」, 『考古學硏究』 25-3, 95~102쪽.
47) 文化財管理局, 1973, 『武寧王陵發掘調査報告書』 35쪽(圖版 62).
48) 樋口隆康, 1972, 「武寧王陵出土鏡と七子鏡」, 『史林』 55-4, 13~16쪽.

이란 백제 무령왕릉 출토 거울과 일본 출토의 七獸帶鏡을 말한다는 견해[48] 가 바로 그것이다. 그렇다면 칠지도는 525년 무렵 또는 그보다 앞서는 가까운 시기에 만들어진 것으로 보아야 한다. 즉 칠지도의 존재가 신공기의 사료적 가치를 보증해 줄 수는 없다.

그러므로 신공기 49년 조의 기사는 369년 또는 429년에 백제나 왜가 군사 정벌을 단행하여 가야 지역을 정복한 것을 지적하는 사료로는 인정되지 않는다. 이는 4세기 후반 또는 5세기 전반의 어느 시기, 또는 그 동안의 여러 시기에 걸쳐 백제가 우수한 선진 문물을 가지고 가야 지역의 親신라적인 소국들 및 전남 해안지대의 일부 소국과 통교하게 된 것을 과장 왜곡한 것이다. 백제와 왜와의 관련은 좀 더 후대의 것을 소급해서 적용시켰을 가능성이 높다. 신공기를 통해서 4세기 후반의 가야 관련 사실로 인정할 수 있는 것은, 창원의 탁순국(=彌烏邪馬國), 즉 임나의 중계 활동으로 인하여 백제와 왜가 연결되었다는 것뿐이다.

* 이 글의 원전 : 金泰植, 2005, 「4世紀의 韓日關係史 -廣開土王陵碑文의 倭軍問題를 中心으로-」, 『한일역사공동연구보고서 제1권』, 한일역사공동연구위원회, 22~30쪽(II. 『日本書紀』 神功皇后 關聯記事의 問題点).

1. 신묘년 기사의 검토

고대 일본의 발전 원동력은 무엇인가? 4세기 말 5세기 초에 일본열도의 왜
는 동아시아에서 어떤 위치를 차지하고 있었는가? 이런 질문에 대한 응답으
로 반드시 거론되는 것이 멀리 중국 遼寧省 集安縣에 있는 광개토왕릉비문
에 나타난 왜 관련 기사이다.

거기에는 분명히 倭, 倭人, 倭賊, 倭寇라고 표현된 존재들이 있고, 그들
은 한반도 안에서 고구려와 전쟁을 치루는 상대로 명시되어 있다. 물론 광
개토왕릉비문에서 고구려와의 전쟁 상대로 거론된 존재들은 그 외에도 稗
麗, 百殘, 息愼, 東夫餘 등이 있다.

다른 나라들은 대개 기사가 한 번만 나오고 위치상으로 볼 때 모두 고구
려와 인접하고 있는데, 유독 왜만 멀리 떨어진 나라이고 여러 차례 나오는
이유는 무엇일까? 혹자는 이를 왜 왕권과 고구려 사이의 17년 전쟁이라고
대대적으로 인정하는 경우도 있다.[1] 물론 거기서도 이 전쟁은 백제가 주도
하고 왜가 따른 것이라고 추정하였다.[2] 그렇다면 그 표현은 달리 되어야 할
것이다.

광개토왕릉비에 왜 관련 기사들이 나오는 조항은 이른바 '辛卯年 記事',
永樂 9년 己亥(399) 조, 10년 庚子(400) 조, 14년 甲辰(404) 조 등이다. 그 해
당 조항의 '倭' 字에 대한 역대 판독문 대조표는 다음의 〈표 1〉과 같다.[3]

그에 따르면 판독자들은 최소 7자, 최대 12자의 '倭' 자가 있다고 보고
있다. 여기서 신묘년 기사는 6년 병신 조의 백제 정벌에 대한 이유 설명을
위해 나오는 것이고, 9년 기해 조는 10년 경자 조 신라 영토 내의 왜군 정벌

1) 鈴木靖民, 2002, 「倭國と東アジア」, 『倭國と東アジア』, 鈴木靖民編, 日本の時代史 2, 吉川
    弘文館, 17쪽.
2) 위의 논문, 22쪽.
3) 〈표 1〉을 작성하는 데 참고로 한 논저들은 다음과 같다.
    橫井忠直, 1889, 「高句麗古碑考」, 『會餘錄』 제5집, 亞細亞協會.
    三宅米吉, 1898a, 「高麗古碑考」, 『考古學雜誌』 第2編 第1~3號, 日本考古學會.
    三宅米吉, 1898b, 「高麗古碑考追加」, 『考古學雜誌』 第2編 第5號, 日本考古學會.
    榮禧, 1903, 「高句麗永樂太王墓碑文」, 『古高句麗永樂太王墓碑文攷』.
    羅振玉, 1909, 「高麗好太王碑釋文」, 『神州國光集』 第9集.
    楊守敬, 1909, 『高麗好大王碑』.
    今西龍, 1915, 「廣開土境好太王陵碑に就て」, 『訂正增補 大日本時代史』, 古代 下卷 附錄;
    1970, 『朝鮮古史の研究』, 國書刊行會.
    前間恭作, 1919, 「輯安高句麗廣開土王陵碑」, 『朝鮮金石總覽』 上.
    金毓黻, 1934, 「晉高麗好太王碑」, 『奉天通志』.
    水谷悌二郎, 1959, 「好太王碑考」, 『書品』 100號; 1977, 『好太王碑考』, 開明書院, 東京.
    末松保和, 1959, 「高句麗好太王碑文」, 『歷史敎育』 74.
    朴時亨, 1966, 『광개토왕릉비』, 사회과학원출판사, 평양.
    王健群, 1984, 『好太王碑研究』, 吉林出版社, 吉林.
    李亨求·朴魯姬, 1986, 『廣開土王陵碑 新研究』, 同和出版公社, 서울.
    武田幸男, 1988, 『廣開土王碑原石拓本集成』, 東京大學出版會, 東京.
    武田幸男, 1989, 『高句麗史と東アジア - '廣開土王碑' 研究序說-』, 岩波書店, 東京.
    盧泰敦, 1992, 「광개토왕릉비」, 『譯註韓國古代金石文』 1, 駕洛國史蹟開發研究院, 서울.
    白崎昭一郎, 1993, 『廣開土王碑文の研究』, 吉川弘文館, 東京.
    耿鐵華, 1994, 『好太王碑新考』, 吉林人民出版社, 吉林.
    林基中, 1995, 『廣開土王碑原石初期拓本集成』, 東國大學校出版部, 서울.
    손영종, 2001, 「비문의 해석」, 『광개토왕릉비문 연구』, 사회과학원 편, 도서출판 중심, 서울.
    任世權·李宇泰, 2002, 『韓國金石文集成(1)』, 韓國國學振興院, 안동.
    金泰植, 본 논문 말미의 〈표 3〉 광개토왕릉비 釋文 참조.

〈표 1〉 광개토왕릉비문 소재 '倭'字 釋文 대조표

條項 / 位置	橫井忠直 1889	三宅米吉 1898a	三宅米吉 1898b	榮禧 1903	羅振玉 1909	楊守敬 1909	今西龍 1915	前間恭作 1919	金毓黻 1934	水谷悌二郎 1959	末松保和 1959	박시형 1966	王健群 1984	이형구 1986	武田幸男 1988	武田幸男 1989	노태돈 1992	白崎昭一郎 1993	耿鐵華 1994	임기중 1995	손영종 2001	임세권 2002	김태식 2005
辛卯年 I-9-6	倭	倭	倭	倭	倭	倭	倭	倭	倭	倭	倭	倭	後	倭	倭	倭	倭	倭	倭	倭	倭	倭	倭
九年己亥 II-6-40	倭	倭	倭	倭	倭	倭	倭	倭	倭	倭	倭	倭	倭	倭	倭	倭	倭	倭	倭	倭	倭	倭	倭
II-7-15~16	倭人	倭人	倭人	倭人	倭人	倭人	倭人	倭人	倭人	倭人	倭人	倭人	倭人	倭人	倭人	倭人	倭人	倭人	倭人	倭人	倭人	倭人	倭人
II-8-31	倭	倭	倭	倭	倭	倭	倭	倭	倭	倭	倭	倭	倭	倭	倭	倭	倭	倭	倭	倭	倭	倭	倭
II-8-39~40	倭賊	倭賊	倭賊	倭賊	倭賊	倭賊	倭賊	倭賊	倭賊	倭賊	倭賊	倭賊	倭賊	倭賊	倭賊	倭賊	倭賊	倭賊	倭賊	倭賊	倭賊	倭賊	倭賊
II-9-9	來	□	來	來	來	來	來	來	來	來	來	□	來	侵	侵	□	倭	倭	侵	倭	□	倭	乘
II-9-36~37	倭滿	倭滿	倭滿	倭滿	倭滿	倭滿	倭滿	倭滿	倭滿	倭滿	倭滿	倭寇	後寇	倭□	倭寇	倭寇	倭滿	倭□	倭寇	倭寇	倭滿	倭□	倭寇
II-9-38	□	□	倭	倭	倭	倭	倭	倭	倭	倭	大	大	倭	大	委	倭	倭	大	委	倭	倭	大	萎
十年庚子 II-10-12	□	□	□	倭					倭														□
II-10-22	尖	尖	尖	大	□	來		來	來	來	來		倭					倭	倭		倭		徙
II-10-34	倭	□	□	煙						烟								村					
II-10-35				塵						塵								倭	利				
II-10-38	倭	□	□	燒						燒													
III-1-5				百					百									倭				倭	
III-1-40			王						太					倭								倭	
十四年甲辰 III-3-13	倭	倭	倭	倭	倭	倭	倭	倭	倭	倭	倭	倭	倭	倭	倭	倭	倭	倭	倭	倭	倭	倭	倭
III-3-37	□	□	倭						倭					往								往	
III-4-13~14	倭寇	倭寇	倭寇	倭寇	倭寇	倭寇	倭寇	倭寇	倭寇	倭寇	倭寇	倭寇	倭寇	倭寇	倭寇	倭寇	倭寇	倭寇	倭寇	倭寇	倭寇	倭寇	倭寇
十七年丁未 III-4-34~35	□□	□□	倭寇						倭														□□
計 總數	9	9	9	12	9	9	9	9	12	9	9	11	7	10	9	8	12	12	10	11	8	8	8

에 대한 이유 설명으로 나오는 것이므로, 본격적인 전투 기사는 아니다. 10년 경자 조는 주로 신라와 가야의 접경지대에서 벌어진 왜군 정벌과 그 결과를 기록하고 있다. 14년 갑진 조는 고구려와 백제의 접경지대인 帶方界에 들어온 왜군을 물리치는 경과를 기록하였다.[4]

그러므로 이 네 개의 기사들은 일단 왜와 관련되어 있다고 볼 수 있다. 그 중에서 가장 많은 관심의 초점이 되어온 것은 이른바 '신묘년 기사' 이다. '신묘년 기사'는 영락 5년 稗麗 정벌과 6년 百殘 정벌 사이에 들어 있는 문장으로서 여러 가지 釋文과 해석이 있다. 광개토왕릉비문에는 1970년대 이래 일본군 참모본부의 石灰塗付를 통한 비문 변조 논의가 있다가,[5] 중국에서의 현지 조사 이후에는 중국인 拓工의 행위라 하여[6] 대체로 수그러들었지만, 그 중에서도 '신묘년 기사'에 대해서는 아직도 몇 글자에 대하여 일본군 참모본부의 밀정인 酒句景信에 의한 毁손 또는 고의적 삭제가 상정되고 있다.[7]

다만 요즘 학계에서 대체로 인정되는 것은 신묘년 기사가 광개토왕의 '王躬率' 즉 친정 이유를 설명하는 前置文이거나,[8] 혹은 영락 6년 백제 토

4) 영락 17년 정미 조에는 倭라는 글자가 없으나 이 기사를 왜와 관련된 것으로 보는 견해가 상당히 있다. 그런데『삼국사기』고구려본기의 기록은 백제나 燕나라에 대해 여러 차례의 전투가 있었음을 보이고 있으나, 이에 비해 광개토왕릉비문에 後燕에 대한 전투 성과를 기록한 대목은 다른 곳에는 없다. 그러므로 영락 17년 정미 조는 후연에 대한 전투를 묘사한 것으로 보는 것이 옳다. 게다가 이 전투에는 다른 전투와 달리 鎧鉀과 軍資器械에 대한 특별한 관심이 베풀어져 있다. 만일 이 전투가 백제나 왜군에 대한 것이라면 차라리 몇 만 명을 무찔렀다고 나올지언정 갑옷이나 군비에 대한 묘사가 이처럼 나타나지는 않았을 것이다. 이 전투가 후연에 대한 것이었기 때문에, 고구려보다 앞선 그들의 무기를 대량 획득한 것에 대한 감회를 기록했다고 보아야 할 것이다. 따라서 17년 정미 조는 왜와의 관련성이 없다고 생각한다.
5) 李進熙, 1972,『廣開土王碑の硏究』, 吉川弘文館, 東京.
6) 王健群, 1984, 앞의 책.
7) 徐榮洙, 1996,「'辛卯年記事'의 변상과 원상」,『廣開土好太王碑 硏究 100年』, 高句麗硏究會 編, 學硏文化社, 서울, 409~415쪽.
8) 濱田耕策, 1974,「高句麗廣開土王碑文の硏究 -碑文の構造と史臣の筆法を中心として-」,『朝鮮史硏究會論文集』11, 龍溪書舍, 東京.

벌의 前置文일 뿐만 아니라 이후 모든 南征 기사의 導論이 되는 大前置文이며,[9] 왜가 강하다는 것은 사실과 다를 수 있으나 고구려는 왜를 트릭스타로 선전하였다는[10] 등의 견해이다. 광개토왕릉비문의 왜는 왜구일 뿐이나 과장되게 표현되었다고 보는 견해도[11] 그와 마찬가지이다. 이 견해들은 비문을 통해 남한경영론을 주장할 수 없다는 점에는 동의했다고 보이나, 고구려가 주목할 만한 왜의 실체가 있다는 것을 입증하려고 하였다.

그러나 이 기사가 親征의 前置文이라면, 고구려가—자신에게 적대 행위를 한 왜가 아니라—백제를 공격한 이유라고 보기에 합당치 못하다. 이 기사가 모든 南征의 大前置文이라고 한다고 하면 그 바로 뒤에 백제를 공격한 기사가 나오는 것을 변명할 수는 있어도 이 기사가 어째서 이 곳에 위치하고 있는가의 문제가 여전히 남는다. 왜냐하면 영락 6년 조 뒤에 이어 나오는 8년 조는 息愼에 대한 것으로서 방향이 다르기 때문이다.

그렇다면 비문의 구조상으로는 신묘년 기사를 '王躬率' 형태를 띠는 영락 6년 백제 토벌의 전치문으로만 보는 것이 가장 논리적이다. 그러기 위해서는 그 문장의 뜻은 '百殘과 新羅가 옛날부터 屬民이었으나 신묘년에 倭가 어떤 방식으로 작용하여 백제가 여기서 이탈하고 新羅만이 그대로 臣民이 되었다.' 는 내용이 되어야 한다.

여기서 신묘년 기사의 원문을 다시 살펴보자.

B. 百殘新羅 舊是屬民 由來朝貢 而倭以辛卯年來渡□破百殘□□新羅以爲臣民.

우선 가장 문제가 되는 것은 '百殘□□新羅'가 왜의 臣民이 되었다고 볼 수 있는가 하는 문제이다. 혹은 사실 여부를 떠나 고구려가 그렇게 인정했

9) 武田幸男, 1978, 「廣開土王碑辛卯年條の再吟味」, 『古代史論叢』, 井上光貞博士還曆記念會 編.

10) 李成市, 1994, 「表象としての廣開土王碑文」, 『思想』 842쪽 ; 이성시 지음, 박경희 옮김, 2001, 『만들어진 고대 -근대 국민국가의 동아시아 이야기-』, 도서출판 삼인, 서울.

11) 王健群, 1984a, 『好太王碑硏究』, 吉林出版社, 吉林 ; 1984b, 『好太王碑の硏究』, 雄渾社, 東京 ; 1985, 『廣開土王碑硏究』, 역민사, 서울.

는가의 문제도 포함된다. 그러나 비문 자체의 용례만 분석해 볼 때, 여기에는 세 가지 문제점이 있다.

첫째는 왜가 백제를 臣民으로 삼았다면 영락 6년 조에 고구려가 백제를 공격할 때 그 왜의 면모가 보여야 하나 전혀 나타나지 않는다는 점이다. 특히 백제가 항복하는 장면에서 그 타협을 왜의 총독이 아닌 백제왕이 주도하고 있으므로, 고구려가 백제를 왜의 신민이라고 인정할 여지가 없다.

둘째로 영락 9년 조로 보아 왜는 百殘과 和通의 대상이라는 점이다. 이는 영락 6년에 백제왕이 고구려의 奴客이 되기로 맹서한 이후의 상황이기는 하나, 만일 그 전에 왜가 백제를 신민으로 삼았거나 또는 고구려가 그렇게 인정하였다면 비문의 이 대목에서도 그 위세의 차이가 드러나야 한다. 그러나 '和通'이란 대등한 상대 사이의 협약을 의미하는 단어이다.

셋째로 비문에 나오는 '民'의 개념에는 오로지 고구려의 民만 있을 뿐이고, 다른 나라의 백성을 '民'으로 표기한 사례가 없다는 점이다. 百濟王조차도 '民'보다 못한 '奴客'일 뿐인데 외국의 民을 '奴'가 아닌 '臣民'으로 표기하였을 리가 없다. '民'의 용례는 비문에 모두 11회 나오는데,[12] 그 중에 '臣民' 외에 고구려의 民이 아니라는 논란이 있는 것은 영락 9년 조의 '以奴客爲民'뿐이나, 그에 대해서는 후술한다.

또한 사실의 문제로서 접근해 볼 때, 백제와 신라가 옛날부터 고구려의 屬民으로서 늘 조공해왔다는 것은 허구이다. 4세기 후반에 신라는 고구려와 그런 관계에 있었다는 것을 인정할 수 있으나, 백제는 371년에 고구려 평양성을 공격하여 고국원왕을 전사시킨[13] 강국이다. 그러므로 백제는 고구

---

12) 그 용례는 다음과 같다. 序文 國富民殷(1), 辛卯年 百殘新羅 舊是屬民(2), 新羅 以爲臣民(3), 九年己亥 以奴客爲民(4), 廿年庚戌 東夫餘舊是鄒牟王屬民(5), 守墓人烟戶 賣句余民(6), 五敦城民(7), 平穰城民(8), 舊民(9~11).

13) 『三國史記』卷24, 百濟本紀2 近肖古王 26年(371) "高句麗擧兵來 王聞之 伏兵於浿河上 俟其至急擊之 高句麗兵敗北. 冬 王與太子帥精兵三萬 侵高句麗 攻平壤城 麗王斯由力戰拒之 中流矢死. 王引軍退 移都漢山."

려의 屬民도 아니고 조공 관계를 확인할 수도 없다.

영락 6년 고구려의 백제 토벌 명분은 고국원왕의 피살에 대한 보복이라고 보아야 한다. 그러나 고구려는 광개토왕의 勳績을 기리는 비문에서 백제에 의한 고국원왕의 피살을 언급하고 싶지 않았던 듯하다. 그래서 또 하나의 허구로서 왜의 행위를 과장한 것이라고 보인다. 고구려가 백제의 同盟軍으로 보이는 왜를 높인 것은 원수인 백제를 百殘으로 부르는 것과 같이 그에 대한 일종의 모독이다.

그러므로 영락 6년 조의 前置文인 신묘년 기사는 온통 허구로 만들어진 문장이며, 실상은 백제에 대한 극도의 적개심이 그 안에 숨겨져 있었던 것이다.

2. 영락 9년 기해 조의 검토

이제 광개토왕릉비문에서 신묘년 기사를 제외한 왜 관련 기사들을 하나씩 검토해 보고자 한다. 우선 비문에서 永樂 9년(399) 己亥條의 譯文을 제시한다.

C. 〈1〉 9년 己亥에 百殘이 서약을 어기고 倭와 화통하므로, 王은 平穰으로 巡狩해 내려갔다. 〈2〉 新羅가 使臣을 보내 王에게 말하기를, '倭人이 그 國境에 가득 차 城池를 부수었으니, 奴客은 백성 된 자로서 王에게 歸依하여 분부를 청한다.'고 하였다. 〈3〉 太王은 恩慈하여 그 忠誠을 불쌍히 여겨, 특별히 使臣을 돌려보내 密計를 告하도록 하였다.[14]

사료 C-1의 9년 기해 조 첫 머리 부분의 번역에 대해서는 異論이 없다. 백잔이 서약을 어겼다는 것은, 영락 6년(396)에 백제왕이 패전 후에 '지금

---

14) 『廣開土王陵碑文』 永樂九年己亥 "百殘違誓 与倭和通. 王巡下平穰. 而新羅遣使 白王云 倭人滿其國境 潰破城池 以奴客爲民 歸王請命. 太王恩慈 矜其忠誠 特遣使還 告以密計."

부터 이후로는 영원히 노객이 되겠다'고 서약한 것을[15] 어겼다는 뜻이다. 왜와 화통했다는 것은, 백제가 아신왕 6년(397)에 왜국과 우호를 맺고 태자 전지를 볼모로 보낸[16] 사건을 가리킨다.

　C-2에 보이듯이, 신라는 사신을 보내 請命하였다. 여기서 '請命'은 '어명을 내려 관리의 직임을 맡겨 달라'는 뜻이다. 즉 고구려와 합작을 하자는 뜻이다. 그런데 합작 요청의 근거라고도 보이는 '以奴客爲民'을 어떻게 해석하는가에 대해서는 몇 가지 견해가 있다. 즉 노객인 신라왕을 왜의 民으로 삼았다는 新羅王=倭民說,[17] 또는 노객인 백제왕을 왜의 民으로 삼았다는 百濟王=倭民說,[18] 또는 노객인 신라왕은 고구려의 民이라는 新羅王=高句麗民說[19]의 세 가지이다.

　新羅王=倭民說에 따라 해석하면, '왜인이 신라의 城들을 부수어, 노객(=

---

15)『廣開土王陵碑文』永樂六年(396) 丙申 "殘主 (中略) 跪王自誓 從今以後 永爲奴客."
16)『三國史記』권25, 百濟本紀3 阿莘王 6년(397) 5월 "王與倭國結好 以太子腆支爲質."
17) 菅政友, 1891, 「高麗好太王碑銘考」, 『史學雜誌』24, 43쪽.
　　那珂通世, 1893, 「高句麗古碑考」, 『史學雜誌』49, 32쪽.
　　三宅米吉, 1898, 「高麗古碑考」, 『考古學雜誌』2-3, 2쪽.
　　王健群, 1984b, 『好太王碑の硏究』, 雄渾社, 京都, 196쪽.
　　鈴木靖民, 1988, 「好太王碑の倭の記事と倭の實體」, 『好太王碑と集安の壁畵古墳』, 讀賣テレビ放送編, 木耳社, 東京, 54쪽.
　　박진석, 1993, 『호태왕비와 고대조일관계연구』, 연변대출판사, 300~304쪽.
18) 武田幸男, 1978, 「高句麗好太王碑文にみる歸王について」, 『古代東アジア史論集』上卷, 吉川弘文館 ; 1989, 『高句麗史と東アジア - '廣開土王碑' 硏究序說-』, 岩波書店, 東京, 141~143쪽.
19) 鄭寅普, 1955, 「廣開土境平安好太王陵碑文釋略」, 『庸齋白樂濬博士還甲紀念國學論叢』, 思想界社.
　　朴時亨, 1966, 『廣開土王陵碑』, 社會科學院出版社, 平壤, 187쪽.
　　千寬宇, 1979, 「廣開土王陵碑文 再論」, 『全海宗博士華甲紀念史學論叢』 ; 1991, 『加耶史硏究』, 一潮閣, 서울, 128쪽.
　　李亨求·朴魯姬, 1986, 『廣開土大王陵碑新硏究』, 同和出版公社, 서울, 85~87쪽.
　　金哲埈·崔柄憲編, 1986, 『史料로 본 韓國文化史 古代篇』, 一志社, 서울, 81쪽.
　　李鍾旭, 1992, 「廣開土王陵碑 및 "三國史記"에 보이는 '倭兵'의 正體」, 『韓國史市民講座』 11, 一潮閣, 서울, 44쪽.

신라왕)을 (왜의) 백성으로 삼았으니, 왕에게 귀의하여 분부를 청한다.' 고 정리하게 된다. 이런 문구라면 신라왕이 고구려왕에게 합작을 청하는 근거가 무엇인지 알 수 없고, 실상 이미 신라왕은 더 이상 고구려왕에게 귀의하거나 '請命'할 수도 없는 처지이므로, 모순된 말이다. 이런 문제점 때문에 신라왕=왜민설에 가담하면서도 '노객으로 하여금 왜의 民으로 삼으려 하니'라고 번역한 예도 있으나,[20] 문맥상으로 보아 이를 사태의 완결 상태가 아닌 유보 상태로 판정할 근거는 부족하다.

그래서 百濟王=倭民說이 나오기도 하였지만, 왜인이 신라 국경 내에 들어와 城池를 파괴하는데 어째서 백제왕이 왜의 백성이 된 것을 언급해야 하는지 알 수 없다.

新羅王=高句麗民說에 따라 C-2의 신라 사신의 말을 해석해 보면, '왜인이 그 국경에 가득 차 城池를 부수었으니, 노객(=신라왕)은 (고구려의) 백성이 된 자로서 王에게 귀의하여 분부를 청한다.'는 말이 된다. 이렇게 되면 문맥이 순조로울 뿐만 아니라 뒤의 문장과도 연결에 무리가 없다.

신라 나물왕의 그런 태도 표시가 있었기 때문에, C-3의 기사와 같이, 太王은 함께 일을 도모하기로 결정한 것이다. 그리하여 광개토왕은 사신을 돌려보내면서 密計를 나물왕에게 고하도록 하였으며, 그 후 영락 10년 경자조에 이어지는 전투 상황은 당연히 밀계를 보낸 고구려군과 밀계를 받은 신라군의 합동 작전으로 이루어졌다고 보아야 한다.

3. 영락 10년 경자 조의 검토

永樂 10년 庚子條에 대해서는 학자마다 판독문이 다르므로 이에 대한 대조

---

20) 盧泰敦, 1992, 「廣開土王陵碑文」, 『譯註韓國古代金石文』 1, 駕洛國史蹟開發研究院, 서울, 18쪽.

표를 작성하면 다음의 〈표 2〉와 같다.[21] 여기서 필자가 새로이 釋文한 것은 II-9-8의 글자를 '卻'(却의 本字), II-9-9의 글자를 '乘', II-9-38의 글자를 '萎', II-9-41의 글자를 '夫', II-10-20의 글자를 '煞', II-10-21의 글자를 '抑', II-10-22의 글자를 '徙', III-2-19의 글자를 '服'으로 본 것이며, II-9-33의 글자는 보통 '城'으로 판독되어 왔는데, 이를 알 수 없는 글자로 처리하고, II-9-34의 글자를 '農'으로 판독하였다.[22]

〈표 2〉의 필자 판독문을 토대로 문장을 번역하여 제시하면 다음과 같다.

> D. 〈1〉 10년 庚子에 敎하여 步騎 5만을 보내, 新羅를 구원케 하였다. 男居城부터 新羅城까지 倭가 그 사이에 가득 차 있었다. 〈2〉 官軍이 바야흐로 이르자 倭賊이 물러가므로, 뒤를 타고 급히 추격하여 任那加羅의 從拔城에 이르렀다. 城이 곧 귀순하여 복종하므로, 巡邏兵을 두어 지키게 하였다. 〈3〉 新羅의 □農城을 공략하니 倭寇는 위축되어 궤멸되었다. 城夫의 열에 아홉은 모두 죽이거나 강제로 옮기고, 순라병을 두어 지키게 하였다. 〈4〉 師는 (중략) □□城을 □하고, 순라병을 두어 지키게 하였다. 〈5〉 옛날에는 新羅 寐錦이 몸소 와서 복종하여 섬긴 적이 없었는데, □□□廣開土境好太王 때 (이르러), (신라) 寐錦이 (중략) 朝貢하였다.[23]

---

21) 〈표 2〉를 작성하는 데 근거가 된 논저들은 앞의 주석 3에 인용된 것들 및 뒤의 주석 22에 인용된 논문이다.

22) 金泰植, 1994, 「廣開土王陵碑文의 任那加羅와 '安羅人戍兵'」, 『韓國古代史論叢』 6, 駕洛國史蹟開發研究院, 서울, 46~60쪽. 다만 II-9-34의 글자를 '農'으로 판독한 것은 李亨求가 처음이다.

23) 『廣開土王陵碑文』 永樂十年庚子 "敎遣步騎五萬 往救新羅. 從男居城 至新羅城 倭滿其中. 官軍方至 倭賊退卻 乘背急追 至任那加羅從拔城. 城卽歸服 安羅人戍兵. 拔新羅□農城. 倭寇萎潰. 城夫十九 盡煞抑徙 安羅人戍兵. 師□□□□其□□□□□□□□言□□□□□□ □□□□□□□□□□□□□辭□□□□□□□□□□殘□潰□□城 安羅人戍兵. 昔新羅寐錦 未有身來服事. □□□□廣開土境好太王 □□□□寐錦□□僕勾 □□□□朝貢."

〈표 2〉 광개토왕릉비문 10년 경자 조 釋文 대조표

位置 ＼ 研究者	橫井忠直 1889	三宅米吉 1898b	榮禧 1903	羅振玉 1909	楊守敬 1909	今西龍 1915	前間恭作 1919	金毓黻 1934	水谷悌二郎 1959	末松保和 1959	박시형 1966	王健群 1984	이형구 1986	武田幸男 1988	노태돈 1992	白崎昭一郎 1993	耿鐵華 1994	김태식 1994	임기중 1995	손영종 2001	임세권 2002
II-9-8	□	□	追	□	□	□	□	□	追	□	自	□	□	□	自	自	卻	□	自	□	□
II-9-9	來	□	來	來	來	來	來	來	來	來	來	倭	來	侵	□	倭	倭	乘	侵	倭	□
II-9-30	拔	拔	拔	拔	拔	拔	拔	拔	拔	拔	拔	拔	□	□	□	拔	拔	拔	拔	拔	□
II-9-33	城	城	城	城	城	城	城	城	城	城	城	城	城	城	城	城	□	城	城	城	城
II-9-34	□	□	盡	□	晨	晨	□	長	□	□	□	□	鹽	農	□	塩	鹽	農	□	鹽	□
II-9-37	滿	滿	滿	滿	滿	滿	滿	滿	滿	滿	滿	寇	寇	□	寇	寇	滿	寇	□	寇	寇
II-9-38	□	倭	倭	倭	倭	倭	倭	倭	倭	倭	倭	大	□	倭	大	委	倭	萎	倭	大	大
II-9-39	□	潰	潰	潰	潰	潰	潰	潰	潰	潰	潰	潰	潰	潰	潰	潰	潰	潰	潰	潰	潰
II-9-40	□	城	城	城	城	城	城	城	城	城	城	城	城	城	城	城	城	城	城	城	城
II-9-41	□	大	大	犬	大	□	六	大	□	六	□	內	□	大	□	內	內	夫	內	內	□
II-10-17	□	□	十	□	卞	□	十	□	□	□	□	十	□	□	□	十	十	十	□	十	□
II-10-18	九	□	九	九	□	九	九	九	九	□	九	□	□	□	九	九	九	九	九	九	□
II-10-20	臣	臣	臣	□	巨	臣	臣	臣	更	臣	□	拒	□	更	□	拒	更	煞	拒	拒	□
II-10-21	有	□有	順	有	隋	有	□	隋	□	□	隨	隋	□	隨	□	抑	隋	隨	□	□	□
II-10-22	尖	尖	大	□	來	□	來	來	來	來	□	倭	□	□	□	倭	□	徙	□	倭	□
II-10-28	□	□	城	□	□	滿	滿	滿	滿	滿	□	新	□	滿	新	捕	滿	師	滿	□	新
II-10-29	□	□	復	□	□	□	□	□	後	□	羅	□	□	□	□	□	□	□	□	□	□
II-10-30	□	□	盡	□	□	□	□	□	盡	□	城	□	□	□	□	□	□	□	□	城	□
II-10-38	倭	□	燒	□	□	□	□	□	燒	□	□	□	□	□	□	□	□	□	□	□	□
II-10-39	潰	□	殼	□	□	□	□	□	殼	□	□	□	□	□	□	□	□	□	□	□	□
II-10-40	城	□	無	□	□	□	□	□	無	□	□	□	□	□	□	□	□	□	□	□	□
II-10-41	大	□	餘	□	□	□	□	□	餘	□	言	言	言	言	言	信	言	言	誓	言	言
III-1-3	□	□	移	□	□	□	□	□	移	□	且	□	□	□	且	□	□	□	□	□	□
III-1-5	□	□	百	□	□	□	□	□	百	□	□	□	倭	□	倭	□	□	倭	□	□	□
III-1-31	□	□	他	□	□	□	□	□	他	□	□	□	出	□	出	□	□	□	□	□	□
III-1-39	□	□	太	□	□	□	□	□	王	□	□	□	殘	殘	□	殘	□	殘	□	殘	□
III-1-40	□	□	王	□	□	□	□	□	太	□	□	□	倭	倭	□	倭	□	□	□	倭	□
III-1-41	潰	潰	率	潰	潰	潰	潰	率	潰	潰	潰	潰	潰	潰	潰	潰	潰	潰	潰	潰	潰
III-2-1	赤	赤	步	□	□	□	□	□	兵	□	□	□	逃	逃	□	亦	□	亦	□	逃	□
III-2-2	□	□	騎	□	□	□	□	□	騎	以	□	□	拔	拔	□	以	□	以	□	拔	□
III-2-3	□	□	還	□	□	□	□	□	還	隨	□	□	隨	羅	□	陌	□	□	□	□	□

III-2-4	□	□	國	□	□	□	國	□	□	□	城	城	□	□	□	城	城	□	城	□
III-2-19	□	朝	朝	朝	朝	朝	朝	□	朝	朝	論	論	論	論	論	朝	服	論	論	論
III-2-20	□	貢	貢	□	貢	□	貢	□	□	□	事	事	事	事	事	貢	事	事	事	事
III-2-21	□	□	感	□	□	感	□	□	□	□	□	□	□	□	□	□	□	和	□	至
III-2-22	□	□	國	□	□	國	□	□	□	國	國	國	□	□	□	□	國	國	國	
III-2-23	□	□	罷	□	□	岡	□	□	□	岡	罷	罷	□	□	□	□	罷	罷	罷	
III-2-24	□	□	上	□	□	上	□	□	□	上	上	上	□	□	□	□	上	上	上	
III-2-25	□	□	廣	□	□	廣	□	□	□	廣	廣	廣	廣	廣	廣	廣	廣	廣	廣	廣
III-2-36	率	□	羅	率	□	羅	寐	寐	□	寐	寐	寐	寐	寐	寐	寐	寐	寐	寐	寐
III-2-37	□	□	王	□	□	王	錦	錦	□	錦	錦	錦	錦	錦	錦	錦	錦	錦	錦	
III-2-39	□	□	自	□	□	自	□	□	家	□	□	□	家	家	□	家	家	□		
III-2-40	僕	僕	僕	僕	僕	□	僕	□	僕	僕	僕	僕	僕	□	僕	僕	僕	僕	僕	僕
III-2-41	□	□	勾	勾	勾	□	勾	滿	勾	勾	勾	請	勾	勾	勾	勾	勾	句	勾	勾

D-1의 기사는 영락 10년(400)에 광개토왕이 명령을 내려 보병과 기병이 섞인 5만 병력을 신라에 보내는 것으로 시작된다. 그런데 密計를 주고받은 직후가 아니라 그 다음 해에야 원정이 이루어지는 것으로 보아, 이는 신라의 급한 환난을 구원한다는 의미보다는 둘이 연합하여 어떤 지역을 대대적으로 토벌한다는 의미가 더욱 본질적이었다고 판단된다.

그러나 그 뒤의 부분에 대해서는 문장 해석상 두 가지 견해가 있다. 男居城으로부터 新羅城에 이르기까지 그 중간지대에 왜가 가득 차 있었다는 견해,[24] 男居城으로부터 新羅城에 이르니 그 곳(=신라성) 안에 왜가 가득 차 있었다는 견해가[25] 그것이다. 여기서 남거성의 위치는 알 수 없지만, 신라성은 신라 수도 경주라고 생각된다. 文面上으로는 두 성의 중간지대에 왜군이 있었다고 볼 수밖에 없다.

24) 菅政友, 앞의 논문, 49쪽.
　　王健群, 1984b, 앞의 책, 198쪽.
　　金哲埈·崔柄憲, 1986, 앞의 책, 82쪽.
　　高寬敏, 1990, 「永樂十年 高句麗廣開土王の新羅救援戰について」, 『朝鮮史硏究會論文集』 27, 163쪽.

D-2 기사의 앞 부분으로 보아 고구려군이 오자마자 왜군은 퇴각했으며, 그 즉시 고구려군은 뒤를 타고 급히 추격하였다.

뒤에 이어지는 기사에 대해서는, 任那加羅의 위치와 從拔城에 대한 해석의 문제가 있다. 임나가라에 대해서는 경상북도 고령으로 보는 견해[26]와 경상남도 김해로 보는 견해[27]가 있다. 여러 가지 사료들을 검토해 본 결과, 임

25) 末松保和, 1949, 『任那興亡史』, 大八洲出版 ; 1956, 再版, 吉川弘文館, 74쪽.
　　千寬宇, 앞의 책, 97쪽.
　　李亨求 · 朴魯姬, 앞의 책, 88쪽.
　　鈴木靖民, 1988, 앞의 논문, 55쪽.
　　盧泰敦, 1992, 「廣開土王陵碑文」, 『譯註韓國古代金石文』 1, 18쪽.
26) 菅政友, 1891, 「高麗好太王碑銘考」, 『史學雜誌』 24(2-11), 49~50쪽.
　　大原利武, 1934, 「任那加耶考」, 『小田先生頌壽記念朝鮮論集』.
　　鮎貝房之進, 1937, 「日本書紀朝鮮地名攷」, 『雜攷』 7 상권, 52~53쪽.
　　李丙燾, 1959, 『韓國史 · 古代篇』, 震檀學會, 412쪽 ; 1976, 『韓國古代史研究』, 博英社, 서울, 304쪽.
　　丁仲煥, 1962, 『加羅史草』, 144~145쪽.
　　千寬宇, 1977, 「復元加耶史」(中), 『文學과 知性』 29, 920쪽 ; 1991, 『加耶史研究』, 一潮閣, 서울, 27쪽.
　　金哲埈 · 崔柄憲, 1986, 『史料로 본 韓國文化史 (古代篇)』, 一志社, 서울, 82쪽.
　　李永植, 1993, 『加耶諸國と任那日本府』, 吉川弘文館, 東京, 171쪽.
　　金鉉球, 1993, 『任那日本府研究 -韓半島南部經營論批判-』, 一潮閣, 서울, 98쪽.
27) 那珂通世, 1896, 「朝鮮古史考(加羅考)」, 『史學雜誌』 7-3, 38쪽.
　　池內宏, 1947, 『日本上代史の一研究』 ; 1970, 再版, 中央公論美術出版, 75쪽.
　　末松保和, 1949, 『任那興亡史』, 大八洲出版 ; 1962, 再版, 吉川弘文館, 東京, 67쪽.
　　三品彰英, 1962, 『日本書紀朝鮮關係記事考證』 상권, 吉川弘文館, 東京, 7~8쪽.
　　朴時亨, 1966, 『광개토왕릉비』, 사회과학원출판사, 평양, 194쪽.
　　金廷鶴, 1977, 『任那と日本』, 小學館, 231쪽 ; 1990, 『韓國上古史研究』, 범우사, 서울, 343쪽.
　　王健群, 1984b, 앞의 책, 198쪽.
　　李亨求 · 朴魯姬, 1986, 앞의 책, 89쪽.
　　鈴木靖民, 1988, 「好太王碑の倭の記事と倭の實體」, 『好太王碑と集安の壁畫古墳』, 讀賣テレビ放送編, 木耳社, 東京, 57쪽.
　　山尾幸久, 1989, 『古代の日朝關係』, 塙書房, 東京, 78쪽.
　　高寬敏, 1990, 앞의 논문, 157쪽.
　　田中俊明, 1992, 『大加耶連盟の興亡と '任那' -加耶琴だけが殘った-』, 吉川弘文館, 東京, 32쪽.

나가라는 원래 任那(경남 창원)와 加羅(경남 김해)의 合稱이되, 광개토왕릉비의 '任那加羅'는 김해의 가야국을 중심한 가야연맹 전체를 지칭한 것이라고 판단된다.[28] 그 결정적인 근거는 이 전쟁이 일어난 직후인 5세기 초에 김해의 대성동 고분군은 급격히 몰락하고 고령의 지산동 고분군은 서서히 대두하기 시작한다는 점이다. 그러므로 고구려의 공격으로 인하여 몰락한 곳, 즉 임나가라는 김해 지방의 세력이었음이 분명하다.

한편 '從拔城'에 대해서는 이를 성의 이름으로 보는 견해,[29] 또는 '성을 공략함에 따라'라는 문구로 보는 견해[30]가 있다. 두 견해가 다 가능하나, 후자의 견해를 따르더라도 이 때 임나가라의 수도가 함락되었다고 볼 필요는 없다. 왜냐하면 비문에서 東夫餘의 수도를 '餘城'이라 하고 신라의 수도를 '新羅城'이라고 표기했다면, 임나가라의 중심지에 대해서도 '任那加羅'가 아닌 '任那加羅城'이라고 표기했다고 보아야 하기 때문이다. 그러므로 왜군은 임나가라의 종발성 또는 어떤 성으로 들어갔다가, 변변히 저항도 못하고 곧 항복한 것이다.

D-2 기사의 뒷부분에 '安羅人戍兵'이 나온다. 이에 대해서는 고유명사로 보는 견해와 문구로 보는 견해로 대별된다. 고유명사로 보는 견해는 이를 함안 안라국인으로 구성된 수비군으로 보는 것은 모두 일치하되, 그 성

---

28) 金泰植, 1994, 앞의 논문, 86쪽.

29) 那珂通世, 1893,「高麗古碑考」,『史學雜誌』49(4-12), 33쪽.
   김석형, 1966,『초기조일관계연구』, 평양 ; 1988,『고대한일관계사』, 한마당, 서울, 405쪽.
   千寬宇, 1979,「廣開土王陵碑文 再論」; 1991, 앞의 책, 130쪽.
   王健群, 1984b, 앞의 책, 198쪽.
   武田幸男, 1989, 앞의 책, 435쪽.
   高寬敏, 1990, 앞의 논문, 163쪽.
   盧泰敦, 1992, 앞의 논문, 19쪽.
   李鍾旭, 1992, 앞의 논문, 45쪽.

30) 末松保和, 앞의 책, 74쪽.
   金哲埈・崔柄憲, 1986, 앞의 책, 82쪽.
   安春培, 1992,「廣開土大王陵碑文 硏究(I) -碑文의 文段과 解釋을 中心으로-」,『考古歷史學誌』8, 東亞大學校博物館, 釜山, 315쪽.

격을 '임나일본부의 별동대'로 보는 견해와[31] '백제를 돕는 동맹군'으로 보는 견해로[32] 나뉜다. 문구로 보는 견해는 '신라인에게 수비시켰다'는 뜻의 句로 보는 견해와[33] '(고구려가) 邏人을 두어 수비케 하였다'는 뜻으로 보는 견해로[34] 나뉜다.

맨 뒤의 설에 입각해 볼 때, 고구려는 평정한 임나가라의 종발성에 순라병을 두어 지키게 하였다. 문자 표현상으로도 정규군의 대규모 주둔 또는 막부 설치에 의한 지배가 아니라 '羅人(=邏人)' 즉 순라병을 안치한 것이므로, 주변에서 벌어지는 전투마저 종결되어 현저한 적대 위협이 없어지면 철

31) 菅政友, 1891,「高麗好太王碑銘考」,『史學雜誌』24(2-11), 49~50쪽.
　　那珂通世, 1893,「高麗古碑考」,『史學雜誌』49(4-12), 33쪽.
　　末松保和, 앞의 책, 74쪽.
　　武田幸男, 1985,「四~五世紀の朝鮮諸國」,『シンポジウム好太王碑』; 1989, 앞의 책, 120쪽.
　　鈴木靖民, 1988, 앞의 논문, 54~58쪽.
　　田中俊明, 1992,『大加耶連盟の興亡と'任那'』, 吉川弘文館, 東京, 212쪽.
32) 김석형, 1966, 앞의 책; 1988, 한마당, 서울, 406쪽.
　　千寬宇, 1977,「復元加耶史」(中),『文學과 知性』29; 1991, 앞의 책, 27쪽.
　　李永植, 1985,「加耶諸國의 國家形成問題」,『白山學報』32; 1993,『加耶諸國と任那日本府』, 吉川弘文館, 東京, 171~172쪽.
　　李亨求・朴魯姬, 1986,『廣開土大王陵碑新研究』, 同和出版公社, 서울, 90쪽.
　　金哲埈・崔柄憲, 1986,『史料로 본 韓國文化史 古代篇』, 一志社, 서울, 82쪽.
　　延敏洙, 1987,「廣開土王碑文에 보이는 倭關係 記事의 檢討」,『東國史學』21, 東國大學校, 서울, 23쪽.
　　박진석, 1993,『호태왕비와 고대조일관계연구』, 연변대출판사, 81쪽.
　　金鉉球, 1993,『任那日本府研究』, 一潮閣, 서울, 99쪽.
33) 王健群, 1984b, 앞의 책, 199쪽.
　　鈴木英夫, 1987,「加耶・百濟と倭」,『朝鮮史研究會論文集』24, 70~71쪽.
　　李賢惠, 1988,「4세기 加耶社會의 交易體系의 變遷」,『韓國古代史研究』1, 한국고대사연구회, 177쪽.
　　安春培, 1992, 앞의 논문, 315쪽.
　　李鍾旭, 1992, 앞의 논문, 49쪽.
34) 高寬敏, 1990, 앞의 논문, 161쪽.
　　金泰植, 1994, 앞의 논문.

수할 정도의 부대였을 것이다.[35]

그에 이어지는 D-3의 기사로 보아, 고구려군은 新羅 □農城을 공략하였으며, 그에 따라 왜구는 위축되어 궤멸되었다. 신라 □농성의 위치는 알 수 없지만, 임나가라 종발성의 주변에 있는 신라의 성으로서 가야-왜 연합군에게 점령되었던 성이 아닐까 한다. 그 뒤에 '城夫十九 盡煞抑徙'[36] 즉 城의 남자들은 열에 아홉을 모두 죽이거나 강제로 徙民시켰다는 구절이 이어진다. 이는 아마도 신라 □농성의 주민들이 가야와 신라의 국경선에 가까이 있으면서 신라를 배신하고 가야-왜 연합군에게 쉽사리 결탁하여 투항한 데 대한 보복이었던 듯하다. 이 성에 대해서도 고구려는 순라병을 두어 지키게 하였다.

D-4의 첫 글자인 '師'는 종래 '滿'(水谷·武田釋文) 또는 '新'(王氏釋文)으로 읽히던 글자를 다시 판독한 것으로서, 고구려-신라의 군대를 가리킨다. 그 이후의 문장은 판독할 수 없는 글자가 너무 많아서 해석할 수 없으나, 결국 고구려-신라 연합군이 어떤 성을 평정하고 나서 거기에 순라병을 두어 지키게 한 것이다. 이런 과정을 거치면서, 김해의 임나가라를 중심으로 한 가야연맹 제국은 한동안 재기하기 어려울 정도로 큰 타격을 입었을 것이다.

전쟁이 종결된 후의 상황을 보이는 D-5 기사 앞부분의 '昔新羅寐錦 未有身來服事'에서 끝의 두 글자는, 종래 '朝貢'으로 보다가 水谷釋文에서는 未詳으로 처리하였고 王氏·武田釋文에서는 '論事'로 판독한 적이 있으나,[37] 여기서는 '服事'로 판독하였다. 이는 글자 그대로 '옛날에는 新羅 寐

---

35) 高寬敏은 이를 '戰局에 臨機應變으로 對應하는 遊兵의 뜻'이라고 하였다. 1990, 앞의 논문, 162쪽.

36) 이 구절에 대해서는 대부분의 釋文들이 해석을 포기하였고, 王健群만이 '城內十九 盡拒隨倭'라고 하여, 고구려군에 의하여 평정된 新羅城 내의 주민들이 거의 모두가 倭를 따르기를 거절했다는 식으로 해석하였으나[王健群, 1984b, 앞의 책, 161쪽], 역시 뜻이 통하지 않는다. 글자 판독이 잘못되었기 때문이다.

37) 武田幸男, 1989, 앞의 책, 116쪽.

錦이 몸소 와서 복종하여 섬긴 적이 없었다.' 는 뜻이다.

그 뒤에 이어지는 문구는 缺字가 많아서 완전한 뜻을 이해할 수 없으나, 이번 전쟁의 결과로 광개토왕 때에 이르러 처음으로 신라 마립간이 몸소 와서 조공을 바쳤다는 뜻이다. 그 결과 고구려가 신라의 정세에 깊숙이 관여할 수 있는 힘을 갖추게 된 것이 이번 원정의 또 하나의 목적이었다.

4. 영락 14년 갑진 조의 검토

이어서 비문에서 永樂 14년(404) 甲辰條의 번역문을 제시하면 다음과 같다.

> E. 14년 甲辰에 倭가 법도를 지키지 않고 帶方界를 침입하였다. (중략) 石城을 □하고, 배를 잇대어 □□□하였다. 왕께서 친히 군사를 이끌고 가서 토벌하여, 평양으로부터 □□하니 □鋒이 서로 마주쳤다. 왕의 군대가 적의 길을 도중에 끊고 휩쓸어버리니 倭寇가 궤멸하였다. 베어 죽인 것이 수없이 많았다.[38]

여기서 문제가 되는 것은 伏字에 百濟가 있는가 하는 것이다. 그리하여 일설에는 '帶方界' 뒤의 보이지 않는 글자들을 '和通殘兵'으로 읽기도 하였으나,[39] '而倭'는 원석 탁본들에서 비교적 분명히 보이고, '和通殘兵'은 그럴 만한 심증은 가나 碑面에서 확인하기는 어려운 상태이다.

그래서 이를 제외하고 보면, 대방계 즉 황해도 방면에 왜군이 침입하였다가 고구려 평양에서 출동한 광개토왕이 이끄는 군대에게 토벌되었다는 줄거리는 명백하다. 다만 이 비문만으로는 왜와 백제의 연계성이 불확실하기 때문에, 이 기사를 그저 왜군의 반격으로만 보기도 하고,[40] 백제와의 결

---

38) 『廣開土王陵碑文』 永樂十四年甲辰 "而倭不軌 侵入帶方界 □□□□□石城 □連船□□ □. 王躬率□□ 從平穰 □□□鋒相遇. 王幢要截盪刺 倭寇潰敗 斬煞無數."
39) 王健群 著, 林東錫 譯, 1985, 『廣開土王碑研究』, 역민사, 서울, 208~210쪽.
40) 末松保和, 1949, 『任那興亡史』, 75쪽.

탁에 의한 공동 작전으로 보기도 한다.[41]

王健群의 釋文을 확인하기는 어렵지만, 비문 영락 9년(399) 기해 조에 '百殘違誓 与倭和通'이라는 문구도 나오고, 『삼국사기』백제본기에도 아신왕 6년(397)의 '王與倭國結好'라는 기사가 나오므로, 비문 영락 14년 갑진 조의 기사는 백제와의 공동 작전으로 보는 것이 타당하다고 하겠다.

5. 비문 소재 왜군의 성격

광개토왕릉비문에는 위에서 본 바와 같이 몇 개의 倭 관련 기사가 나오고 있다. 그러면 한반도에서 활동했던 그 倭軍은 실제로 어떤 존재였을까? 비문에 보이는 행태로 보아, 왜군은 400년에 新羅城 주변에 있다가 쫓겨서 任那加羅의 從拔城으로 들어가 곧 항복하였으며, 404년에 배를 타고 帶方界에 침입하였다가 궤멸되었다.

400년에 왜군이 임나가라의 성으로 쫓겨 들어갔다는 것은 무엇을 의미하는가? 신라의 수도인 경주로부터 임나가라의 수도인 김해까지는 상당히 먼 거리에 달한다. 그 당시에 고구려군은 보병과 기병으로 구성되어 있었으므로 왜병이 배를 타고 임나가라로 퇴각한 것으로 보이지는 않는다. 왜군이 가까운 감포나 울산 또는 영일 등에서 배를 이용하여 퇴각하지 않고 이 곳까지 육로로 도망해 왔다는 것은, 무슨 이유가 있어야 할 것이다. 『삼국사기』신라본기를 통해서 볼 때, 배를 타고 오는 왜병이 신라 수도를 공격하려면 동해안 쪽에 배를 대놓고 들어오는 것이 통상적이었다.[42]

혹은 영락 10년 조에 보이는 왜군 인원 구성의 주력이 가야인이었을 가능성도 있다. 당시 倭側의 해상 수송 능력을 문제 삼아, 광개토왕릉비문의

41) 李丙燾, 1976, 『韓國古代史研究』, 博英社, 서울, 384쪽.
　　王健群, 1985, 앞의 책, 275쪽.
　　鈴木靖民, 1988, 앞의 논문, 63~64쪽.

倭는 대부분이 倭를 사칭하는 가야인이고 거기에 가야에 거주하는 倭인이 약간 섞여있을 뿐이었다는 井上秀雄의 견해도[43] 참고가 된다. 훗날 6세기 중엽 관산성 전투의 경우, 수만 명이 참가하는 백제-가야-倭 연합군에서 倭 군의 숫자는 1,000명 정도에 불과하였다. 그렇다면 비문의 倭賊이란 것도 실은 백제의 후원을 받는 가야-倭 연합군으로서, 인원상의 주축은 가야인으로 구성되어 있는데, 고구려는 服飾이 다른 倭를 과도하게 인식한 것이다.

또한 『삼국사기』 박제상 전에 그가 倭國에 도착했을 때(신라 눌지왕 2년, 418)의 기사에 의하면, 前에 백제인이 倭에 들어와 신라와 고구려가 倭 왕국을 침략하려 한다고 '讒言'하여, 倭가 병사를 보내 '신라 국경의 밖'에서 '邏戌'케 하였는데, 고구려가 쳐들어와 倭의 '邏人'을 모두 잡아 죽였으므로, 倭王이 백제인의 말을 참으로 믿었다고 한다.[44] 이에 대하여 여기서의 백제인은 백제 태자 腆支이고 그는 볼모가 아니라 倭國 군대의 출동을 유도하기 위해 간 사신이라는 견해[45]가 있는데, 이는 타당한 추론이다. 여기서 倭의 순라병이 신라 국경 밖 즉 가야 지역에 들어와서 주둔하고 있었음을 알 수 있는데, 그들은 정세를 탐지하기 위한 목적을 가진 순라병에 지나지 않았으므로, 倭병의 규모는 대군이 아니라 소규모의 것이었음을 알 수 있다. 여기서 이 倭군의 동원에 백제의 의도가 크게 작용하였다는 것을 짐

---

42) 倭인이 신라에 동쪽으로 침입해 들어왔음을 알리는 기록을 『삼국사기』 신라본기 1~3에서 찾아보면, 남해 차차웅 11년 조, 기마 이사금 10년 4월 조, 조분 이사금 3년 4월 및 4년 5월 조, 실성 이사금 6년 3월 조, 눌지 마립간 15년 4월조, 자비 마립간 2년 4월 및 19년 6월 조 등을 들 수 있다. 倭인의 침입 방향을 명확히 표시하지는 않았어도, 그들이 토함산 쪽으로 퇴각했다든가 하는 것을 통하여 동쪽임을 알 수 있는 것은 더욱 많다. 반면에 倭인이 남쪽에서 침입해 온 것은 극히 적고, 서쪽에서 육로로 침입해 왔음을 알리는 기록은 없다.

43) 井上秀雄, 1973, 『任那日本府と倭』, 寧樂社, 120~121쪽.

44) 『三國史記』 권45, 列傳5 朴堤上傳 "遂徑入倭國 若叛來者. 倭王疑之. 百濟人前入倭 讒言 新羅與高句麗謀侵王國. 倭遂遣兵邏戌新羅境外 會高句麗來侵 幷擒殺倭邏人. 倭王乃以百濟人言爲實."

45) 김석형, 1988, 「삼국사기를 통하여 본 4세기 말 5세기 초의 조일관계에 대하여」, 『력사과학』 88-2, 평양, 28쪽.

작할 수 있다. 백제는 가야와 왜 사이의 우호 관계를 이용하여 고구려 후방의 신라를 견제하고 유사시에는 왜군을 동원하려는 의도가 있었다고 하겠다.

그런데 가야 지역에서 벌어지는 일에 관하여, 가야인의 존재를 전연 배제하고 다른 외부 세력들 사이의 이해 관계만 생각한다는 것은 사리에 어긋난다. 그러므로 가야인의 의사를 염두에 두고 추정해 본다면, 임나가라라는 전통적 우호 관계에 따라 倭의 순라병을 받아들여 신라 쪽 변경의 城에 주둔시켰고, 그들에게 신라 및 고구려의 동향을 정찰케 하는 일을 맡겼을 가능성이 있다. 그렇다면 왜군은 임나가라로부터 상당한 대가를 받고 임무를 수행 중이었을 것이다. 그럴 경우에 임나가라와 왜의 관계는 대등한 계약에 의한 고용 관계라고 할 수 있다.

반면에 신라는 가야가 왜와 동맹하여 자기 영토 내에 출몰하면서 변경의 세력을 통합해 나가는 것을 혼자서 감당할 여력이 없었을 것이다. 그리하여 신라는 급격한 수단으로 고구려를 끌어들여 임나가라의 세력을 꺾어 놓으려고 왜군의 존재를 과도하게 부각시킨 것이 아닐까 한다. 이 전투는 고구려 측 비문의 記述에 따라 고구려군과 왜군이 치른 것처럼 되어 있으나, 실상은 해당 지역인 낙동강 유역을 둘러싼 양대 세력, 즉 신라와 가야 사이의 패권 다툼이었다고 보는 것이 정당하다. 그것은 이 전쟁의 결과 가야의 일부 소국들이 신라로 이탈하여 낙동강을 경계로 신라-가야 문화권이 본격적으로 분화되는 양상을[46] 통해 확인할 수 있다.

고구려의 步騎 5만 대군은 소수의 왜군을 겨냥한 군대가 아니라, 신라의 요청에 따라 그 배후의 가야연맹 핵심부를 치기 위해 동원된 것이라고 보아야 한다. 이 전쟁의 결과로 전기 가야연맹을 주도하는 김해의 가야국은 거의 멸망했다. 김해 대성동 고분군의 마지막 대형 고분인 대성동 1호분이 축조된 이후, 갑자기 큰 무덤 축조가 중단되는 것은 가야 왕실의 몰락을 반영하는 것이다. 고구려는 가야 정벌을 통하여 백제와 왜를 견제하는 효과뿐만

---

46) 金泰植, 2002, 『미완의 문명 7백년 가야사 1권』, 푸른역사, 서울, 157~165쪽.

아니라 신라로부터도 일정한 반대급부를 취하였을 것이다.

404년에는 왜군이 어째서 九州, 가야, 백제를 지나 帶方界에까지 나타나 고구려와 싸웠는가? 대방계는 당시에 고구려와 백제의 경계지역이었다.

여기서 생각해 볼 것은 그 왜군이 가야를 돕기 위한 군대인가, 또는 백제를 돕기 위한 군대인가 하는 점이다. 문헌 사료 상으로는 397년에 아신왕이 왜국과 우호를 맺었다거나,[47] 광개토왕이 399년에 백제와 왜가 和通한다는 것을 듣고 평양성으로 내려갔다는 것으로[48] 보아, 일단 백제의 援兵이었다고 생각된다. 404년에 대방계에 나타나 (殘兵과 화통하여?) 배를 이어 공격하다가 궤멸 당했다는 '倭寇'는 백제를 위해 동원된 것이라고 할 수 있다. 그 당시에 외국의 軍兵을 대대적으로 끌어들일 필요가 있었던 것은 광개토왕 즉위 이후 고구려에 비하여 군사적으로 열세에 처해 있던 백제였음이 틀림없다.

그러나 397년에 처음으로 국교를 맺은 백제의 태자 전지가 왜국에 가자마자 대규모의 왜병을 동원할 수 있었다고는 생각되지 않는다. 백제 태자가 아무리 고구려가 왜를 치러 올 것이라고 위기의식을 조장했다고 해도, 또 왜가 가야에 파견했던 소수의 순라병이 고구려군에게 패배했다고 해도, 그 이유만으로 왜군이 고구려와 백제 사이의 전선에 대거 투입되지는 않았을 것이다.

399년과 400년에 신라를 침입했다는 왜군은 행동반경으로 보아 가야를 위해 일하고 있었다. 그 동안의 고고학적 발굴 성과나 기록으로 보아서도, 왜군은 가야를 위한 군대였다고 보는 것이 타당하다. 당시의 일본열도에 가야의 문물은 많은 영향을 미쳤으나 백제의 문물이라고 볼 수 있는 것은 거의 나타나지 않고 있기 때문이다. 그렇다면 404년의 왜병은 백제가 위기의식을 조장하여 끌어들인 것이었다고 해도, 역시 가야를 매개로 하지 않고서

---

47) 『三國史記』권25, 百濟本紀3 阿莘王 6年條.
48) 『廣開土王陵碑』永樂 9년 己亥條.

는 불가능한 것이었다.

가야와 왜는 전통적으로 鐵을 통하여 밀접한 교류 관계를 맺고 있었다. 일본열도의 철 생산은 한반도 남부에 비해 500년 이상 늦어서, 일본에서 제철이 행해지지 않던 5세기 후반까지 왜는 교역을 통하여 가야로부터 철 소재를 입수해서 이를 가지고 단야 과정을 거쳐 철기를 생산하였다.[49]

그런데 김해의 가야국이 철을 왜에 수출하여 무엇을 주로 수입했는가는 분명치 않다. 혹자는 가야인들이 왜로부터 노동력을 수입했을 것으로 보고 있다. 즉 4세기 전반에 김해나 부산 등지에서 발견되는 北九州 및 山陰 지역의 하지키[土師器]들은 일본열도에서 노동력으로 제공된 왜인 1세대가 가져온 토기들이라는 것이다.[50]

『삼국지』 위서 왜인전의 기록으로 보아도, 2~3세기에 왜의 對중국 교역 상품은 지역 내에서 생산된 특정한 물건이라기보다 인적 자원인 男女生口, 즉 奴婢에 해당하는 노동력이 대표적인 것이었다.[51] 위의 유물 출토 상황으로 볼 때, 왜의 이러한 전통은 가야에서도 그대로 통용되었던 것을 확인할 수 있다.

앞으로 좀 더 면밀한 조사가 필요하겠으나, 하지키의 출토 지역 분포로

49) 藤尾愼一郞, 2002, 「彌生時代の鐵」, 『第5回 歷博國際シンポジウム 古代東アジアにおける倭と加耶の交流 發表要旨』, 國立歷史民俗博物館, 佐倉, 17~22쪽.
   東潮, 2002, 「弁辰と加耶の鐵」, 위의 책, 29~34쪽.
   穴澤義功, 2002, 「日本古代の鐵生産」, 위의 책, 58~63쪽.
   大澤正己, 2002, 「金屬學的分析からみた倭と加耶の鐵 -日韓の製鐵・鍛冶技術-」, 위의 책, 71~80쪽.
50) 申敬澈, 2000, 「금관가야의 성립과 연맹의 형성」, 『가야 각국사의 재구성』, 부산대학교 민족문화연구소 편, 혜안, 서울, 73~77쪽.
51) 『後漢書』 卷85, 東夷列傳 第75 倭傳 "安帝永初元年(107) 倭國王帥升等獻生口百六十人 願請見."
   『三國志』 卷30, 魏書30 烏丸鮮卑東夷傳第30 倭人傳 "景初二年(238)六月 倭女王遣大夫難升米等詣郡 求詣天子朝獻 (中略) 奉汝所獻男生口四人 女生口六人 班布二匹二丈 以到. (中略) 正始元年 (中略) 其四年(243) 倭王復遣使大夫伊聲耆掖邪狗等八人 上獻生口倭錦絳靑 縑衣帛布丹木猴短弓矢."

보아, 그 왜인들은 가야에서 苦役인 제철 과정에 동원되었을 가능성이 높다. 정황적으로 보더라도 鐵素材의 수요자인 왜가 그 철 소재를 생산하는데 필요한 노동력을 공급해 달라는 가야의 거래 조건을 거절할 수는 없기 때문이다. 국제적 교류가 기본적으로 경제적 교환의 성격을 띤다는 점은 부인할 수 없다.

그런데 4세기 후반에 가야국이 철 소재 공급의 대가로 왜국에 대하여 원하는 것이 바뀌었을 가능성이 있다. 왜냐하면 당시에 가야는, 고구려의 지원을 받으며 성장해가는 신라와 패권을 겨루고 있었고, 그런 과정에서 손쉽게 동원할 수 있는 왜의 군사력이 필요하였기 때문이다. 게다가 백제는 가야와의 교섭 과정에서 가야와 왜 사이의 인적 · 물적 자원 교역 전통을 확인하고, 이를 대대적으로 증폭하여 자신과 고구려 사이의 전쟁에 투입할 계획을 세웠던 듯하다. 그러한 필요성은 고구려와의 전쟁이 급박해지는 4세기 말의 단계에 고조되었을 것이다. 가야는 자신들이 생산한 鐵의 대가로 그런 교류가 이루어지는 것을 대내외적인 영향력 강화의 계기로 여기고 이에 응하였다고 보인다.

즉 김해의 가야국은 대내적으로 가야연맹 내에서의 주도권을 장악하고, 대외적으로 신라에 대항하고 백제와의 선진 문물 교류에 응하기 위하여 왜의 군사력을 동원한 것이다. 이에 따라 4세기 후반에 전통적인 왜의 교역 상품인 生口가 가야에서 원하는 다른 성격의 인적 자원인 군사력[52]으로 대체되었던 것이다. 그러므로 이는 고대 일본의 이른바 '남한 경영'이라는 차원이 아니라, 평상적인 가야와 왜 사이의 인적 · 물적 자원 교역 전통이 백제의 개입으로 증폭되어 고구려와의 전쟁에 투입된 것, 즉 백제의 이민족 동원 능력이라는 차원으로 이해해야 할 것이다.

『삼국사기』 신라본기에 나오는 신라를 침공한 倭人 · 倭兵은 시기적으

---

52) 鈴木靖民, 2002, 「倭國と東アジア」, 『倭國と東アジア』, 鈴木靖民編, 吉川弘文館, 東京, 15쪽.

〈표 3〉 광개토왕릉비문 釋文(김태식)

第一面 (right block)

11	10	9	8	7	6	5	4	3	2	1	行
利	首	由	羊	永	弔	二	龍	連	巡	惟	1
城	攻	來	不	樂	卅	九	葭	幸		昔	2
雜	取	朝	可	五	有	首	浮	南		始	3
珍	壹	貢	稱	年	九	登	龜	下		祖	4
城	八	而	數	歲	寔	祚	顧	路		鄒	5
奧	城	倭	於	在	駕	号	命	後		牟	6
利	白	以	是	乙	棄	永	爲	造	夫	王	7
城	模	辛	旋	未	國	樂	世	渡	餘	之	8
勾	盧	卯	駕	王	以	太	子	於	奄	創	9
牟	城	年	因	以	太	王	儒	利		基	10
城	各	來	過	甲	恩	王	留	大		也	11
古	模	渡	襄	寅	麗	以	流	水		出	12
模	盧	□	平	年	九	洽	忽	王		自	13
耶	城	破	道	□	月	于	本	臨		北	14
羅	幹	百	東	廿	皇	治	西	津		夫	15
城	氏	殘	來	九	天	大	城	言		餘	16
莫	利	□	躬	日	威	留	山	日		天	17
□	城	□	城	率	乙	武	上	我	之	帝	18
□	新	□	力	往	酉	振	而	是	皇	□	19
羅	□	討	北	過	就	四	紹	建	皇	□	20
城	以	閣	爲	豊	富	山	海	承	都	天	21
□	弥	□	五	山	陵	掃	基	河		河	22
□	弥	城	民	備	負	於	業	遝	伯		23
耶	城	牟	以	貂	山	是	□	樂	母		24
羅	盧	六	遊	至	立	□	河	女	郎		25
城	城	年	觀	鹽	碑	庶	寧		郎		26
璟	弥	丙	土	水	銘	其	世	遣			27
城	沙	申	境	上	其	勳	孫	黃			28
於	城	王	田	破	勳	業	國	龍			29
利	□	躬	獵	其	績	國	岡	來			30
城	舍	率	而	三	以	富	上	王	而		31
農	蔦	□	還	部	示	民	廣	而	有		32
□	城	軍	百	落	後	殷	開	迎	我		33
城	阿	討	殘	六	世	五	土	王	連		34
豆	旦	伐	新	七	詞	平	境	葭			35
奴	城	殘	羅	百	營	安	於	浮			36
城	古	國	舊	牛	詞	好	忽	龜			37
沸	利	軍	是	昊	牛	太	本	應			38
□	城	□	屬	天	昊	王	東	聲	卽		39
□	□	□	民	羣	馬		太	岡	卽	命	40
□	□	□		羣			不	王		駕	41

第二面 (left block)

10	9	8	7	6	5	4	3	2	1	行
特	通	息	迷	歸	城	城	利			1
遣	王	愻	之	穴	燕	城	弥			2
使	巡	土	谷	□	妻	城	鄒			3
還	下	谷	錄	便	□	城	城			4
告	平	因	其	圍	□	析				5
以	穰	便	後	城	支	也				6
密	而	抄	順	而	盧	利	利			7
卻	計	得	之	殘	城	城	城			8
乘	十	莫	誠	主	仇	嚴	大			9
背	年	□	於	困	天	門	山			10
急	庚	遣	是	逼	城	□	韓			11
追	子	使	羅	獻	□	城	城			12
至	教	白	城	五	□	□	掃			13
任	遣	王	加	十	男	城	加			14
那	步	云	太	八	女	□	城			15
加	騎	倭	羅	生	□	□	敦			16
十	五	人	滿	男	其	其	拔			17
九	萬	滿	其	女	一	國	城			18
盡	往	其	國	三	千	城	□			19
然	救	國	境	百	人	殘	□			20
抑	新	境	潰	餘	細	不	利			21
徙	羅	潰	城	人	布	服	城	婁		22
安	從	城	池	自	千	義	城	賣		23
羅	男	池	以	此	匹	敢	就	城		24
人	居	以	奴	大	跪	出	鄒	散		25
戍	城	奴	客	臣	王	迎	城	那		26
兵	至	客	爲	十	自	戰	□	城		27
師	新	爲	民	人	誓	王	拔	那		28
□	羅	民	歸	旋	從	威	城	那		29
□	城	歸	王	師	今	赫	古	旦		30
□	倭	王	請	九	以	怒	牟	城		31
其	滿	請	命	年	後	渡	婁	城		32
□	□	命	太	己	永	阿	城	細		33
農	中	太	王	亥	爲	利	閏	城		34
城	官	王	恩	百	奴	水	奴	婁		35
倭	軍	恩	慈	殘	客	遣	城	城		36
寇	方	慈	稱	違	太	刺	貫	婁		37
委	至	稱	其	誓	王	迫	奴	城		38
潰	倭	其	忠	与	偏	城	城	城		39
城	賊	忠	誠	倭	師	□	彡	蘇		40
言	退	誠		和	觀	先		穰	灰	41

第三面

14	13	12	11	10	9	8	7	6	5	4	3	2	1	
城	旲	看	家	人	民	鴨	□	□	□	□	□	□	□	1
四	古	烟	爲	國	四	盧	□	城	□	□	□	□	□	2
家	城	勾	看	烟	家	凡	王	廿	合	□	□	□	□	3
爲	國	牟	烟	一	盡	所	恩	年	戰	鋒	□	城	□	4
看	烟	客	南	看	爲	攻	普	庚	斬	相	朝	安	□	5
烟	一	頭	蘇	烟	看	破	覆	戌	煞	遇	貢	羅	□	6
各	看	二	城	卌	烟	城	於	東	蕩	王	十	人	□	7
模	烟	家	一	三	于	六	是	夫	盡	幢	四	戍	□	8
盧	三	爲	家	梁	城	十	旋	餘	所	要	年	兵	□	9
城	客	看	爲	谷	一	四	還	舊	穫	截	甲	昔	□	10
二	賢	烟	國	二	家	村	又	是	鎧	盪	辰	新	□	11
家	韓	求	烟	家	爲	一	其	鄒	鉀	刺	而	羅	□	12
爲	一	底	新	爲	看	千	慕	牟	一	倭	倭	寐	□	13
看	家	韓	來	看	烟	四	化	王	萬	寇	不	錦	□	14
烟	爲	一	韓	烟	碑	百	隨	屬	餘	潰	軌	未	□	15
牟	看	家	穢	梁	利	守	官	民	領	敗	侵	有	□	16
水	烟	爲	沙	城	城	墓	來	中	軍	斬	入	身	□	17
城	阿	看	水	二	二	人	者	叛	資	煞	帶	來	□	18
三	旦	烟	城	家	家	烟	味	不	器	無	方	服	□	19
家	城	舍	國	爲	爲	戶	仇	貢	械	數	界	事	□	20
爲	雜	蔦	烟	看	國	賣	婁	王	不	十	□	□	□	21
看	珍	城	一	烟	烟	勾	鴨	躬	可	七	□	□	□	22
烟	城	韓	看	安	平	余	盧	率	稱	年	□	□	□	23
幹	合	穢	烟	夫	穰	民	卑	往	數	丁	□	□	□	24
氐	十	國	一	連	城	國	斯	討	還	未	□	廣	□	25
利	家	烟	牟	廿	民	烟	麻	軍	破	教	石	開	□	26
城	爲	三	婁	二	國	二	鴨	到	沙	遣	城	土	辭	27
國	看	看	城	家	烟	看	盧	餘	溝	步	□	境	□	28
烟	烟	烟	二	爲	一	烟	椯	城	城	騎	連	好	□	29
一	巴	廿	家	看	看	三	社	而	婁	五	船	太	□	30
看	奴	一	爲	烟	烟	東	婁	餘	城	萬	□	王	□	31
烟	城	古	看	□	十	海	鴨	□	□	□	□	□	□	32
三	韓	模	烟	谷	呰	買	盧	國	住	□	□	□	□	33
弥	九	耶	豆	三	連	國	肅	駭	城	□	王	□	□	34
鄒	家	羅	比	家	二	烟	斯	□	□	□	躬	□	□	35
城	爲	城	鴨	爲	家	三	舍	□	□	□	率	寐	□	36
國	看	一	岑	看	爲	看	鴨	□	□	□	□	錦	□	37
烟	烟	家	韓	烟	看	烟	盧	□	□	□	□	□	□	38
一	臼	爲	五	新	烟	五	□	□	□	□	從	□	殘	39
看	模	看	家	城	俳	敦	□	□	□	□	平	僕	□	40
烟	盧	烟	爲	三	婁	城	□	□	那	師	穰	勾	潰	41

第四面

9	8	7	6	5	4	3	2	1	
又	不	其	若	家	城	城	殘		1
制	安	不	吾	爲	一	國	南		2
守	石	知	萬	看	家	烟	居		3
墓	碑	法	年	烟	爲	二	韓		4
人	致	則	之	國	國	看	國	七	5
自	使	復	後	岡	烟	烟	烟	也	6
今	守	取	安	上	那	八	一	利	7
以	墓	舊	守	廣	旦	瑑	看	城	8
後	人	民	墓	開	城	城	烟	三	9
不	烟	一	者	土	一	國	五	家	10
得	戶	百	但	境	家	烟	大	爲	11
更	差	十	取	好	爲	一	山	看	12
相	錯	家	吾	太	看	看	韓	烟	13
轉	唯	合	躬	王	烟	烟	城	豆	14
賣	國	新	巡	存	勾	八	六	奴	15
雖	岡	舊	所	時	牟	味	家	城	16
有	上	守	略	教	城	城	爲	國	17
富	廣	墓	來	言	一	六	看	烟	18
足	開	戶	韓	祖	家	家	烟	一	19
之	土	國	穢	王	爲	爲	農	看	20
者	境	烟	令	先	看	看	賣	烟	21
亦	好	卅	備	王	烟	烟	城	二	22
不	太	看	洒	但	於	就	國	奥	23
得	王	烟	掃	教	利	咨	烟	利	24
擅	盡	三	言	取	城	城	一	城	25
買	爲	百	教	遠	八	五	看	國	26
其	祖	都	如	近	家	家	烟	烟	27
有	先	合	此	舊	爲	爲	七	二	28
違	王	三	是	民	看	看	閏	看	29
令	墓	百	以	守	烟	烟	奴	烟	30
賣	上	卅	如	墓	比	彡	城	八	31
者	立	家	教	洒	利	穰	國	須	32
刑	碑	自	令	掃	城	城	烟	鄒	33
之	銘	上	取	吾	三	廿	二	城	34
買	其	祖	韓	慮	家	四	看	國	35
人	烟	先	穢	舊	爲	家	烟	烟	36
制	戶	王	二	民	看	爲	廿	二	37
令	不	以	百	轉	烟	看	二	看	38
守	令	來	廿	當	細	烟	古	烟	39
墓	差	墓	家	羸	城	散	牟	五	40
之	錯	上	慮	劣	三	那	婁	百	41

로 제한되어 있어서 사료 원전에 대하여 추구할 문제점을 가지고 있고, 그러면서도 대체로 계절적으로 약탈을 행하는 해적의 성격을 띤다고 보이나 [53] 그 중에 일부는 가야의 지원을 받은 왜군이 가야 영역에 들어와 있다가 신라를 공략하는 경우도 있었을 것이다. [54]

* 이 글의 원전 : 金泰植, 2005, 「4世紀의 韓日關係史 -廣開土王陵碑文의 倭軍問題를 中心으로-」, 『한일역사공동연구보고서 제1권』, 한일역사공동연구위원회, 30~48쪽(Ⅲ. 廣開土王陵碑文의 倭記事와 그 性格).

53) 旗田巍, 1975, 「三國史記新羅本紀にあらわれた倭」, 『日本文化と朝鮮』 2.
54) 『三國史記』 권3, 新羅本紀 第3 慈悲麻立干 6년(463) 조의 歃良城 침입 기사가 그런 것 중의 하나이나, 그 전에도 그런 성격의 것이 있을 수 있다.

4.
한국과 일본의 4세기 무장 체계 비교

1. 유적 개관

이미 고대국가 체제를 갖추고 있던 중국 동북부 및 한반도 북부의 고구려를 제외하고 볼 때, 4세기의 한반도 남부에는 각 지역별로 여러 가지 묘제들이 출현하여, 한강 유역에는 基壇式 돌무지무덤과 나무널 봉토분,[1] 호남 지역에는 독무덤,[2] 경상남·북도 동부지역에는 細長方形 平面의 慶州型 덧널무덤, 낙동강 유역에는 廣幅形 平面의 金海型 덧널무덤 등이 나타났다.[3] 이는 옛 고조선 지역에 들어와 수백 년간 지속된 한 군현의 작용으로 인하여 남한 지역의 정치적 통합이 한동안 지연되다가 낙랑군이 약화되는 2세기 후반 이후에 정치권력이 각 지역별로 분산되어 성장한 결과라고 하겠다.

1) 林永珍, 1995,『百濟漢城時代古墳硏究』, 서울대학교 대학원 박사학위논문.
   朴淳發, 2001,『漢城百濟의 誕生』, 서경문화사, 서울, 140~156쪽.
2) 성낙준, 1983,「영산강유역의 옹관묘 연구」,『百濟文化』15, 공주사대 백제문화연구소, 공주.
   이정호, 1999,「영산강유역의 고분 변천과정과 그 배경」,『榮山江流域의 古代社會』, 崔盛洛 編著, 學硏文化社, 서울, 106~108쪽.
3) 申敬澈, 1995,「金海大成洞·東萊福泉洞古墳群 點描」,『釜大史學』19, 釜山大學校, 부산.

그러나 『삼국지』 韓傳에 "그 풍속은 衣幘을 좋아하였으니, 下戶들이 郡에 이르러 朝謁하면 모두 衣幘을 주는데, 스스로 印綬와 衣幘을 만들어 착용한 사람도 1천여 인이나 되었다."[4]는 기록으로 보아, 2~3세기 이래 남한의 여러 단위 세력들은 선진 문물의 구입을 위하여 육지로 접해 있는 한 군현과 적극적으로 교섭한 것을 알 수 있다. 그 결과 그들은 생산 기술이나 생활양식을 비롯한 문화의 측면에서 높은 수준에 올라 있었다. 이러한 점은 4세기의 서울 석촌동 고분군, 경주 정래동 고분, 김해 대성동 고분군 등에 보이는 덩이쇠, 철제 갑옷과 투구, 쇠투겁창을 비롯한 무기류, 다양한 도질토기 등의 유물로 보아 확인된다. 그러므로 전국적 규모의 정치적 통합은 늦었다고 해도, 4세기 이후에 남한의 여러 개별 세력들은 높은 문화 수준을 바탕으로 하여 정치적인 통치 체제 수립 면에서도 급속한 발전을 이룰 수 있었다.

그리하여 백제는 이미 3세기 중엽 고이왕 때에 연방제의 성격을 지닌 초기 고대국가를 성립시키고, 4세기 후반 근초고왕 때에는 중앙 집권화에 성공하여 성숙한 고대국가로 발전하였다. 신라는 4세기 후반 나물왕 때에 대외적으로는 고구려의 지원을 받고 대내적으로는 왕호로 마립간을 사용하면서 연맹체 조직을 한 단계 강화하여, 대외적으로 고대국가처럼 기능하기 시작하였다. 가야는 4세기 후반에 대외적으로 백제 및 왜와 연결하면서 다시 하나로 통합되어 발전하였으며, 대내적으로 기록은 미비하나 김해 대성동 고분군과 경주 황남동 109호분의 비교로 보아 신라에 못지않은 권력 집중을 상정할 수 있다.[5]

반면에 4세기의 일본열도에는 기나이[畿內] 지역부터 북부 규슈[九州]까지 前方後圓墳이 확산되어 있었으며 이를 고훈시대[古墳時代] 前期라고 부른다. 그 시기의 시작에 대해서 기왕에는 3세기 말부터로 보아 왔으나 근래

---

4) 『三國志』 卷30, 魏書30 烏丸鮮卑東夷傳第30 韓 "其俗好衣幘 下戶詣郡朝謁 皆假衣幘 自服 印綬衣幘 千有餘人."
5) 金泰植, 2003, 「初期 古代國家論」, 『강좌 한국고대사』 제2권, 가락국사적개발연구원, 서울, 71~89쪽.

에는 이를 3세기 중엽으로 올려보는 견해가[6] 유력하다. 전기 고분의 존재 양상으로 보아 그 고분의 축조자들은 하나의 정치연합체를 구성하고 있었으며, 그 중핵은 기나이의 야마토 정권이었다.

일본열도에서 전국적 규모의 정치적 통합이 비교적 일찍 이루어진 원인은, 혼슈[本州]의 奧地에 있는 기나이[畿內] 수장 연합 세력이 한반도 남부와 교통하기 위해 세토 내해[瀬戸內海]와 규슈 북부까지의 통로를 개척한 것에 있다고 한다. 그 지역에서는 고대국가 권력의 성장에 필수적인 鐵이 거의 산출되지 않아 이를 외부로부터 획득해야 하고, 또한 大首長의 권위와 교역 능력을 주변의 다른 수장들에게 과시하기 위한 외래 위세품이 필요했기 때문이라는 것이다.[7] 『三國志』倭人傳에 女王國이 각국의 교역에 대하여 大倭를 시켜 감시하게 하고, 一大率을 伊都國에 설치하여 제국을 감찰함으로써 중국과 한국에 대한 원거리 교역을 감독케 했다는[8] 것과 같이, 문헌 자료를 통해서도 이미 3세기 전반에 일본열도에서 교역과 관련한 연맹장 권한이 발달하였음을 확인할 수 있다.

그리하여 일본의 한 고고학자는 이러한 기나이 왜 정권의 지리적 상황을 전제로 하여, 왜는 한반도 남부의 철을 안정되게 입수하는 물자 유통시스템을 장악하기 위하여 중앙 정권 차원에서 가야나 백제가 구한 동맹에 응하여 한반도 남부 사회에 정치적 또는 군사적으로 적극 개입하였다고 보았다.[9] 이는 문헌 사료의 분석에 의한 고전적 任那日本府說과는 표현 방식이 다르지만, '장악' 또는 '정치적 개입' 등의 용어를 통하여 적어도 가야에 대하여 왜가 우위에 선 군사적·정치적 관계를 상정하고 있다고 생각된다.

---

6) 白石太一郎, 1999, 『古墳とヤマト政權』, 文春新書 036.
7) 山尾幸久, 1983, 『日本古代王權形成史論』, 岩波書店, 東京, 73~74쪽.
8) 『三國志』卷30 魏書30, 烏丸鮮卑東夷傳第30 倭人 "國國有市 交易有無 使大倭監之. 自女王國以北 特置一大率 檢察諸國 諸國畏憚之. 常治伊都國 於國中有如刺史. 王遣使詣京都帶方郡諸韓國 及郡使倭國 皆臨津捜露 傳送文書賜遺之物詣女王 不得差錯."
9) 都出比呂志, 1998, 「總論 -彌生から古墳へ-」, 『古代國家はこうして生まれた』, 角川書店, 東京, 42~44쪽.

그러나 4세기, 즉 일본 고훈시대 전기의 전방후원분들에서 나온 유물들은 청동 거울, 碧玉製 가래모양 팔찌[鍬形石]와 바퀴모양 팔찌[車輪石] 등과 같이 司祭者的 성격을 띠는 부장품을 편년 기준으로 삼고 있다.[10] 이로 보아 4세기 일본열도의 지배 권력은 실질적인 무력에 기반을 둔 것이 아니라 의례적인 것이었다. 그러므로 그 통치 체제도 관료제에 기반을 둔 엄격한 것이 아니라, 각 지역 세력의 독립성이 온존한 채 서열화되어 있던 것에 지나지 않는다.[11] 그렇다면 실질적인 무력에 기반을 둔 권력이 아니라 4세기 일본열도 주민들의 고유한 정신세계나 사회 질서에서만 통하는 권력이 한반도에까지 미칠 수 있다는 것은 의심하지 않을 수 없다.

그런 관계를 한반도와 왜 두 지역 분묘의 부장품에서 확인할 수 있을까? 본고에서 논의의 핵심이 되는 것은 광개토왕릉비문에 나오는 왜군의 성격이므로, 고구려, 백제, 가야, 왜의 전쟁 수행 능력에 관련 있는 무기, 마구, 甲冑 등을 정리해 보자.

2. 고구려의 무장체계

발굴 유물을 통해 고구려의 무기를 살펴보면, 쏘는 병기[射兵]인 쇠화살촉[鐵鏃]과 긴 병기[長兵]인 쇠투겁창[鐵鉾]이 많고 그 다음으로 짧은 병기[短兵]인 고리자루큰칼[環頭大刀]과 鐵劍이 출토되고 있다.[12] 14기의 고구려 고분 벽화에 나오는 무기들을 정리해 볼 때, 4~5세기 고구려 무기의 비율은 쇠투겁창 46.85%, 활[弓] 16.78%, 고리자루큰칼 10.49%, 철검 2.99%, 단도

---

10) 增田精一, 2001, 『日本國の成立』, 學生社, 東京, 80쪽.
11) 4~6세기 일본열도의 사회 발전 단계에 대해서는 연방제 국가에 가까운 것으로 보는 初期 國家論(都出比呂志, 田中琢, 松木武彦)과 연맹체 사회에 가까운 것으로 보는 首長聯合論 (和田晴吾, 佐佐木憲一)이 있으나, 4세기의 사회 성격은 역시 연맹체에 가까운 것으로 보인다. 자세한 것은 제5장 제6절에서 후술함.
12) 魏存成, 1994, 『高句麗考古』, 吉林大學, 吉林.

1.39%로서, 쇠투겁창이 주종을 이루고 있다.[13] 이는 3세기 이전의 漢代와 같이 칼을 위주로 하였던 것에서 4~5세기에는 중장 기병을 중심으로 하는 새로운 병종의 성립을 바탕으로 투겁창[鉾] 중심의 무기 체계가 확립되어 칼은 보조 무기로 사용되었음을 반영한다.[14]

또한 4~5세기 고구려 고분 벽화에 묘사된 行列圖에서 군대 구성을 보면 보병 : 기병이 73명 : 59명으로서 보병의 비율이 약 10% 정도 높다.[15] 그런데 그 행렬도의 호위 행렬 구성은, 안악 3호분(서기 357년)이 7열 종대, 덕흥리 벽화고분(서기 408년)은 5열 종대, 약수리 벽화고분(5세기 전반)은 3열 종대를 이루되, 시기별로 중장 기병들의 위치에 변화가 있다. 여기서 중장 기병(重裝騎兵)이란, 철갑을 두른 말을 타고 쇠투겁창을 들고 미늘갑옷[札甲]과 투구[冑]를 착용한 병사들을 가리킨다. 안악 3호분 단계에는 안쪽의 보병 4열과 바깥쪽의 중장 기병 2열이 墓主를 호위하다가, 덕흥리 고분 단계에는 바깥쪽 중장 기병의 위치는 그대로이나 안쪽의 보병 4열이 사라지고 대신에 輕裝 기병 2列이 생겼으며, 약수리 고분 단계에서는 경장 기병 2열만이 호위를 맡고 중장 기병은 그 배후의 밀집대형 기병대로 변모해 갔다.[16]

이로 보아 고구려의 군대는 4세기 중엽에는 보병과 기병이 조화된 형태에 있다가 5세기로 넘어와서는 전체가 기병 위주로 운영된 것을 알 수 있다. 그러므로 400년 당시에 가야 지역에 원정 온 고구려 步騎 5만의 면모는 안악 3호분과 덕흥리·약수리 고분에 나오는 행렬도의 중간적인 모습, 즉 보병과 기병이 병존하되 중장 기병의 중요성이 상대적으로 강화된 상태였을 것이라고 추정된다.

13) 李仁哲, 2000,『고구려의 대외정복 연구』, 백산자료원, 서울, 261~262쪽.
14) 余昊奎, 1999,「高句麗 中期의 武器體系와 兵種構成」,『韓國軍事史研究』2호, 國防軍史研究所, 서울, 71~73쪽.
15) 위의 주석과 같음.
16) 李蘭暎·金斗喆, 1999,『韓國의 馬具』, 한국마사회 마사박물관, 과천, 226~229쪽.

3. 백제의 무장 체계

백제의 초기 마구는 최근에 한반도 중서부 지역을 중심으로 출토되고 있으나, 아직 3세기의 것은 없고, 4세기 이후 재갈[轡]과 발걸이[鐙] 위주로 출토되었다. 재갈은 봉모양 재갈멈추개가 달린 재갈[鑣轡]이 80%를 점하고, 발걸이도 초기부터 부분 보강한 목심철판장 발걸이[木心鐵板張鐙]와 같은 실용적 마구가 주류를 이루었다. 이들은 중국 동북 지역의 鮮卑系 마구에 기원을 두고 있으며, 4세기 전반에는 짧은 주걱자루 모양의 고삐이음쇠[引手]를 가진 재갈이 나오다가, 4세기 후반에는 긴 고삐이음쇠를 가진 재갈이 나왔다.[17]

백제의 무기 체계는 지금까지 출토된 유물이 대부분 경기도 남부 화성과 충남 천안, 청주, 공주, 대전, 익산, 서천 일대의 것이고 중앙인 서울 지방의 것이 없어서 일정한 한계성이 있다. 그런 상태나마 대체적인 변화 양상을 보면, 3세기의 것은 단면 렌즈형 쇠투겁창과 다양한 형식의 쇠화살촉이 중심을 이루면서 일부의 민고리자루큰칼[素環頭大刀]이 있어서 『삼국지』나 『晉書』의 기록과 대체로 부합된다.

그러나 3세기 말 내지 4세기 전반에 찌르는 기능 위주의 쇠투겁창이 출현하였고, 4세기 후반에 쇠투겁창은 대·소형으로 기능적 분화를 이루며 칼은 장식 큰칼[裝飾大刀]도 나타나지만 기마전을 위한 실전적인 나무자루칼[木柄刀]이 보조 무기로 보급되었다는 것이 특징이다. 그러므로 백제에서도 騎乘 마구의 확산에 따라 이전의 보병 중심에서 기병·보병의 兵種이 분화 편제되는데, 기병의 경우에 고구려와 같은 중장 기병보다는 경장 기병 위주였을 가능성이 높다.[18]

---

17) 成正鏞, 2003, 「百濟漢城期 騎乘馬具의 樣相と起源」, 『古代武器研究』 4, 古代武器研究會·滋賀縣立大學考古學研究室, 彦根, 28~29쪽.
18) 成正鏞, 2000, 「中西部地域 3~5世紀 鐵製武器의 變遷」, 『韓國考古學報』 42, 韓國考古學會, 137~138쪽.

4. 가야의 무장 체계

가야 지역의 경우에는 3세기 후반 이후 김해 대성동 고분군, 부산 복천동 고분군 등에서 기승용 실용 마구와 철제 갑주, 공격용 철제 무기 등이 발달하기 시작하였다. 4세기의 가야 마구는 대부분이 봉모양 재갈멈추개가 달린 재갈[鑣轡]로서 철봉을 꼬아서 만든 2연식의 재갈쇠[銜]와 긴 고삐이음쇠[引手]를 갖추고 있으며,[19] 이는 중장 기마전술에 적합하도록 만들어진 동북아시아의 여러 가지 마구 제작 기술을 결합하여 개량한 것이다.[20] 4세기 후반에는 목심철판피 발걸이[木心鐵板被輪鐙子]와 하트모양 말띠드리개[心葉形杏葉]도 출토되어 중장 기마전술의 구사가 가능하게 되었으며, 5세기 초에는 그것이 본격적으로 확산되었다.[21]

4세기 가야의 방어구에는 종장판 정결 판갑옷[縱長板釘結板甲], 복발형 투구[伏鉢形冑], 미늘갑옷[札甲] 등이 있으나 주류는 종장판 갑옷이다.[22] 이 중에서 복발형 투구와 미늘갑옷은 북방 유목민족의 갑주에 원류를 두고 있으나, 못으로 연결하는 종장판 정결 판갑옷은 영남 지역 특유의 갑옷 형식으로서, 이는 3세기 이전의 나무갑옷[木甲] 또는 가죽갑옷[皮甲]이 북방으로부터 새로이 유입된 철제 복발형 투구 및 미늘갑옷의 자극에 의해 철제로 전환된 것이다.[23] 그러므로 가야의 기마 무장은 3세기 말에 이 지역에 들어온 북방 주민들의 문화를 토대로 4세기에 이 지역에서 변형된 것으로 볼 수 있다.

가야의 무기는 3세기 후반부터 4세기 전반에 걸쳐 공격용 무기가 매우 발달하여, 쇠투겁창[鐵鉾]은 鉾身의 폭이 좁아지고 단면이 마름모꼴[稜形]로

---

19) 申敬澈, 1994, 「加耶 初期馬具에 대하여」, 『釜大史學』 18, 釜山大學校, 부산.
20) 金泰植·宋桂鉉, 2003, 『韓國의 騎馬民族論』, 한국마사회 마사박물관, 과천, 251~254쪽.
21) 위의 책, 258~262쪽.
22) 宋桂鉉, 2001, 「4~5세기 동아시아의 갑주」, 『4~5世紀 東亞細亞 社會와 加耶』, 김해시 발표요지, 27쪽.
23) 申敬澈, 1994, 「加耶 初期馬具에 대하여」, 『釜大史學』 18 ; 2000, 「금관가야의 성립과 연맹의 형성」, 『가야 각국사의 재구성』, 부산대학교 한국민족문화연구소 편, 혜안, 서울.

제작되었으며, 쇠화살촉[鐵鏃]도 촉의 무게를 증대시킨 목 긴 형식[長頸式]으로 개량됨으로써, 둘 다 人馬에 관통되었을 때의 살상력이 극대화되었다.[24] 이는 4세기에 들어 가야 지역 내부의 소국 사이, 또는 신라와 가야 사이의 전쟁이 치열하게 일어났고 이에 대응하여 지배층들도 전투 능력을 강화하기 위해서 치명적인 무기 개발에 주력했다는 사실을 보여준다.

가야에서 무력에 의한 권력 집중과 동시에 전문 戰士 집단이 나타나 기마전과 원거리 공격이 주요한 전술로서 자리잡게 되는 것은 5세기 이후였으나,[25] 이미 4세기 후반에는 소수의 전업적이고 특권적인 전사 집단이 무장을 통해서 지배 계층으로 등장했다.[26] 혹은 4세기의 김해 대성동 유적은 영남 지역에서 가장 이른 단계에 갑주와 마구를 갖추고 공격용 무기의 多種·複數 副葬을 통한 개인 집중화를 이루어 '무장의 최상급 유적이 등장'한 상태임을 보이고, 그 인근의 상급 및 중급 유적에서도 무장 보유자들, 즉 半전업적 상비군이 존재하여, 가야의 지배 세력은 이미 상당한 수준의 군사 동원 체제를 갖추고 있었다고도 한다.[27]

5. 왜의 무장 체계

백제나 가야에 비하여 일본열도에서는 4세기 대에 소급할 수 있는 금속제 마구가 한 점도 출토되지 않았으며, 5세기가 되어서야 가야로부터 개별적으로 수용되는 양상을 보여주었다.[28] 일본 고훈시대의 마구에 대한 연구로서

---

24) 金泰植·宋桂鉉, 앞의 책, 279쪽.
25) 宋桂鉉, 2001, 「전쟁의 양상과 사회의 변화」, 『고대의 전쟁과 무기』, 제5회 부산복천박물관 학술발표대회, 부산.
26) 李賢珠, 2002, 「福泉洞古墳群의 武器副葬樣相을 통해 본 軍事組織의 形態」, 『博物館研究論集』 9, 부산박물관, 부산.
27) 金斗喆, 2003, 「무기·무구 및 마구를 통해 본 가야의 전쟁」, 『가야고고학의 새로운 조명』, 한국민족문화연구소 편, 혜안, 서울, 145쪽.

小野山節은 일찍이 편년 작업을 하여, "오로지 수입품에 의존한 시기"를 제1기로 설정하고[29] 발걸이[鐙子] 형태의 차이를 가지고 제1기를 고식과 신식으로 나누어 보았다.[30] 이에 대하여 中村潤子는 5세기 전반의 제1차 도입기(고식)에 전해진 한반도 낙동강 하류역의 마구는 결국 일본에서 뿌리내리지 못하고 끝났으며, 5세기 후반의 제2차 도입기(신식)에 검릉형(劍菱形) 또는 편원검미형 말띠드리개[扁圓劍尾形杏葉]와 f자형 재갈멈추개[f字形鏡板]로 표상되는 합천 옥전 계통의 마구가 들어와 그것이 비로소 일본에서 계승 발전되었다고 하였다.[31] 즉 일본에 4세기 대의 기마 문화는 없었다고 해도 과언이 아니다.

갑주의 경우에, 橋本達也는 일본 고훈시대 초기에 나타나는 소찰 혁철 투구[小札革綴冑]는 중국 계보의 수입품이고, 전기 중엽 이후(4세기 후반)에 나타나는 수신판 혁철 판갑옷[竪矧板革綴短甲]과 방형판 혁철 판갑옷[方形板革綴短甲]은 한반도 남부의 종장판 정결 판갑옷[縱長板釘結板甲]의 영향을 받아 일본 내에서 만들어진 것으로 보았고, 고훈시대 중기 중엽(5세기 후반)에 나타나는 鋲留 기법의 판갑옷, 미늘갑옷[掛甲], 차양 달린 투구[眉庇付冑] 등은 한반도의 工人이 일본열도로 건너가서 새로운 체제에 의하여 생산하기 시작한 것이라고 하였다.[32] 다만 위에서 언급된 소찰 혁철 투구는 극소수 최고위층의 위세품이었을 뿐이고, 수신판 및 방형판 갑옷은 가야의 판갑옷을 제대로 구현하지 못하여 전체 구조나 제작 기법에 상당한 차이가 있

28) 金斗喆, 2002, 「馬具와 地域間交流」, 『고대동아시아에 있어서의 왜와 가야의 교류』, 第5回歷博國際심포지움, 日本國立歷史民俗博物館, 佐倉.

29) 小野山節, 1959, 「馬具と乘馬の風習」, 『世界考古學大系三 日本3 古墳時代』, 平凡社, 東京.

30) 小野山節, 1966, 「日本發見の初期の馬具」, 『考古學雜誌』 52-2, 日本考古學會.

31) 中村潤子, 1991, 「騎馬民族說の考古學」, 『考古學 その見方と解釋』, 筑摩書房; 森浩一 編, 1993, 『馬の文化叢書 第一卷 古代 -埋もれた馬文化-』, 馬事文化財團, 橫浜.

32) 橋本達也, 2002, 「古墳時代甲冑の系譜 -朝鮮半島との關係-」, 『第5回 歷博國際シンポジウム 古代東アジアにおける倭と加耶の交流 發表要旨』, 國立歷史民俗博物館 발표요지, 佐倉, 115~118쪽.

었다. 즉 일본열도의 4세기 갑주 문화는 미숙한 것이었다.

또한 왜는 4세기대에 단검, 단도, 두께가 얇은 양날창[鈹]과 쇠화살촉 등의 무기를 주로 사용하고, 5세기에 와서야 공격용 무기의 주류로서 긴 칼[長刀]을 채택할 정도였다.[33] 두께가 얇은 양날창[鈹]과 쇠화살촉은 어느 정도의 갑옷과 방패만 있으면 치명상을 입힐 수 없을 정도로 가벼웠다. 그러므로 왜의 무장은 일부 쏘는 병기[射兵]가 부가되어 있으나 개인의 능력을 중시하는 짧은 병기[短兵]가 주류이고, 실전적인 무기로서보다는 과시적인 威信財로서의 성격이 강하다고 보인다. 고구려, 백제, 가야에서 기마 무장과 관련하여 성행했던 주 무기인 銎部를 가진 쇠투겁창은 끝내 채용하지 못하고 있다.

4세기의 왜가 그런 정도의 무기밖에 갖추고 있지 못하다는 것은 여러 가지 원인이 있어서, 유효한 철 생산 기술의 無知, 철기 제작 기술의 낙후, 가야의 전략적 기술 및 무기에 대한 반출 통제 등도 작용하였음에 틀림없다. 그러나 근본적으로는 일본열도가 선진적인 외부 세력과의 치열한 전투 경험이 없고, 야요이시대 이래의 평화적이고 의례적인 사회 분위기 속에서 서로 신하로서 굴복하는 데 만족하는 '足相臣服'[34]의 전통이 아직 유지되고 있어서, 더 이상의 치명적인 무기 개발의 필요성을 느끼지 못했기 때문일 것이다.

4세기 말까지 고구려와 가야 및 왜의 마구, 갑주, 무기의 문화 양상을 이처럼 비교해 보았을 때, 고구려는 선비족의 국가인 前燕과의 실전을 거치면서 이미 중장 기병으로 대표되는 선진적 기마 무장이 조직적으로 운영되고 있던 단계였다. 가야도 이미 4세기에 일부의 상층부를 중심으로 마름모꼴 단면의 쇠투겁창[斷面稜形鐵鉾]과 못으로 연결하는 종장판 정결 판갑옷[縱

33) 松木武彦, 1999, 「古墳時代の武裝と戰鬪」, 『戰いのシステムと對外戰略』, 東洋書林, 東京.

34) 『三國志』 卷30, 魏書30 烏丸鮮卑東夷傳第30 倭人 "其俗 國大人皆四五婦 下戶或二三婦. 婦人不淫 不妬忌. 不盜竊 少諍訟. 其犯法 輕者沒其妻子 重者滅其門戶. 及宗族尊卑 各有差序 足相臣服."

長板釘結板甲] 위주의 선진 무장 체계를 마련하고 중장 기마전술을 활용하고 있었으나, 이를 이용하여 사회 전반에 걸쳐 조직적인 戰備 체계를 구축하거나 또는 효율적으로 운용하는 단계에는 미치지 못하였다.[35]

　반면에 왜는 내부적으로 2세기 후반에 장기간에 걸치는 大亂을 겪은 적이 있다고 해도 사회적인 분위기가 아직 평화적이고 주술적이었다. 4세기의 왜는 지역 세력 상호간의 질서를 존중하는 상태에 있었으며, 전반적인 무장 체계도 중장 기마전술을 전혀 이해하지 못하는 수준에 머물러 있었다.

　그러므로 4세기에 한반도 남부는 백제, 가야, 신라로 분열되어 있었고, 일본열도는 교역의 필요성 때문에 기나이 지역을 중심으로 일원적 권위가 조성되어 있었다고 해도, 그 권위 자체가 의례 위주의 한계성이 있는 것이고 전쟁에 직접적으로 영향을 미치는 마구, 갑주, 무기의 격차가 큰 상태에 있었으므로, 왜가 가야에 대하여 정치적이나 군사적으로 우위에 있었다고 말하기는 어렵다.

　게다가 가야에서는 이르면 기원전 1세기, 늦어도 기원후 2세기부터는 철을 양산하고 있었고, 일본열도에서는 5세기 후반까지 철을 거의 생산하지 못하고 있었다.[36] 이는 가야가 제철 기술을 일본열도로 전해 주지 않았으며, 한편으로는 일본의 기나이[畿內] 정권이 가야를 제압하지 못하고 있었다는 증거이기도 하다.

* 이 글의 원전 : 金泰植, 2005, 「4世紀의 韓日關係史 -廣開土王陵碑文의 倭軍問題를 中心으로-」, 『한일역사공동연구보고서 제1권』, 한일역사공동연구위원회, 49~57쪽(Ⅳ. 韓國과 日本의 4世紀 武裝體系 比較).

---

35) 金斗喆, 2003, 앞의 논문.
36) 제3장의 주석 49 참조.

5.
4세기 동아시아 정세와
한일관계

1. 중국의 정세

4세기는 동아시아에서 중국 漢族 중심의 국제 질서가 무너지고 동북아시아 여러 종족의 운동력이 확산되는 시기였다. 그 운동력이 균형을 이루어 안정되기까지 오랜 기간 동안 많은 혼란이 뒤따랐으며, 각국의 상호 관계는 국제적인 力學 구도에 따라 연쇄 반응을 일으켰다. 그러므로 이 절에서는 한, 중, 일 지역 각 세력들의 정세를 차례로 살펴보고 그에 기반을 두고 4세기의 한일관계를 개관해 보고자 한다.

중국에서는 291년 西晉의 洛陽에서 8왕의 난이 시작된 이후, 북방의 흉노와 선비가 여러 가지 계기로 인하여 장성 안으로 혼입되어 들어오고 關中의 氐族과 羌族의 독립이 잇따랐다. 그에 따라 서진은 지배력이 급격히 약화되다가 멸망하고, 317년에 그 일족인 司馬睿가 양자강 이남에 망명 정권 東晉을 세웠다. 화북에서는 흉노족 劉淵이 303년에 漢(후의 前趙)을 건국하면서 혼란스러운 오호십육국시대가 시작되었다. 그 후 羯族의 石勒이 319년에 後趙를 세우고 세력을 키우더니 329년에 前趙를 멸망시키고 화북 일대를 장악하였다.

요동에서는 慕容廆가 307년에 鮮卑大單于를 자칭하며 세력을 구축하여, 321년에는 襄平과 平郭을 거점으로 군사력을 증강하였고, 337년에는 燕王을 자칭할 정도로 강성해졌다. 그를 계승한 前燕의 慕容皝은 342년에 고구려 정벌에 성공한 후 중원으로 진출을 꾀하여 352년에는 後趙를 멸망시키고 화북 일대까지 장악하였다.[1]

한편 氐族의 苻健은 351년에 長安을 공략하여 前秦을 세운 후 前燕과 팽팽하게 대립하더니, 제3대 苻堅이 370년에 전연을 멸망시키고 곧바로 요동과 요서 일대도 점령하였다. 전진은 5호 16국의 국가 중에서 가장 안정된 치세를 유지하면서 양자강 이북을 모두 평정하였으나, 이어서 383년에 江南마저 평정하려고 동진을 공격하다가 肥水 전투에서 크게 패하여 멸망하였다. 그 후 화북은 後燕과 後秦을 비롯한 여러 소국가로 나뉘었으나, 선비족 拓跋珪가 386년에 北魏를 세우고 395년에 후연을 크게 격파하는 등 승전을 거듭하여 439년 北涼의 병합을 끝으로 이들을 모두 통합하였다.[2]

2. 고구려의 정세

중국 동북부 및 한반도 지역에서는 무질서하던 여러 나라가 상호 통합되어 고구려 · 백제 · 신라 · 가야의 4국이 정립되었다. 그 중에서도 가장 북쪽에 자리 잡고 있던 고구려는 3세기 후반 서천왕 때에 이르러 각 지역에 온존하던 固有名 部를 일소함으로써 연방제적인 초기 고대국가를 벗어나 왕과 중앙 귀족에 의한 중앙 집권적 통치 체제를 완비하였다.[3] 4세기 초의 고구려 미천왕은 북중국 방면에서 5호 16국이 발호하는 혼란기를 맞이하여 313년에 낙랑군을, 314년에 대방군을 멸망시키는 성과를 올렸다. 그러나 고구려

---

1) 여호규, 2000, 「4세기 동아시아 국제질서와 고구려 대외정책의 변화 -對前燕關係를 중심으로-」, 『역사와 현실』 36, 역사비평사, 서울.
2) 孔錫龜, 1988, 『高句麗 領域擴張史 研究』, 書景文化社, 서울, 41~53쪽.

의 팽창은 요동 지역에 세력을 구축하던 前燕과의 대결을 불러, 319년과 320년에 東夷校尉·平州刺史 崔毖와 鮮卑 段部·宇文部 등과 연합하여 전연을 공격하였으나 모두 실패하였다. 330년 이후로는 화북의 後趙와 화친을 맺고 전연을 견제하다가 342년에 慕容皝의 공격을 받아 환도성이 함락되고 王母 周氏와 남녀 5만이 포로로 잡혀가는 패배를 맛보았다.[4]

고구려 고국원왕은 343년에 평양 동황성으로 移居하고 거의 30년에 걸쳐 이 지역에 대한 지배 체제 정비에 힘을 쏟았으며, 그동안 전연은 중원 경영에 몰두하느라 고구려와 군사적 충돌 없이 소강상태를 유지하였다. 그러나 고구려는 곧이어 남쪽에서 강국으로 성장한 백제와 황해도 지역을 사이에 놓고 대결하게 되어, 369년에는 고국원왕이 군사 2만으로 백제를 정벌하다가 황해도 雉壤에서 패배하였고, 371년에는 백제 군사 3만을 이끈 근초고왕의 공격을 받아 평양성에서 전사하는 어려움을 겪었다.[5]

거듭되는 외환 속에 고구려는 주변 국가에 대한 거시적 외교와 안정된 지배 질서 창출의 필요성을 절실히 느꼈다. 그리하여 제17대 소수림왕은 前秦王 苻堅과 교류하여 불교를 받아들이고 태학을 세우고 373년에 율령을 반포함으로써 성숙한 고대국가 체제를 완성하였다. 그를 이은 고국양왕은 後燕과 대결하면서 한편으로는 신라에 사신을 보내 修好하였다. 이 때 고구려가 신라를 지원하면서 그 왕족 실성을 인질로 받은 것은,[6] 대대적인 백제 정벌을 앞두고 신라가 백제와 연결되는 것을 봉쇄하기 위한 외교 전략이었

3) 盧泰敦, 1999,『고구려사 연구』, 사계절, 서울, 167~168쪽.
余昊奎, 2000,「고구려 초기 정치체제의 성격과 성립기반」,『韓國古代史研究』17, 韓國古代史學會, 157쪽.
金泰植, 2003,「初期 古代國家論」,『강좌 한국고대사』제2권, 가락국사적개발연구원, 서울, 44~47쪽.
林起煥, 2004,『고구려 정치사 연구』, 한나래, 서울, 104~105쪽.
4)『三國史記』권18, 高句麗本紀6 故國原王 12년 조.
5) 위의 책, 故國原王 39년, 41년 조.
6) 위의 책, 故國壤王 8년 조.

다. 이러한 대내외적인 정비에 힘입어 고구려는 391년에 광개토왕이 왕위에 오르면서부터 후연 및 백제에게 공세를 취하였다. 그래서 남쪽으로는 396년까지 한강 이북 지역을 점령하였으며,[7] 서쪽으로는 402년까지 요동의 주요 거점을 취득하고 후연과 공방을 거듭하다가[8] 407년 馮跋의 쿠데타로 慕容王室이 무너짐으로써 요하 일대를 안정적으로 확보하게 되었다.

3. 백제의 정세

한강 유역 백제의 정세는 어떠하였을까?『삼국사기』백제본기에 의하면 고이왕 27년(260) 조에 6좌평 및 16관등제 등의 중앙 집권적 관료제를 완비했다고 나오나, 이는 후세 백제인들의 고이왕 중시 관념에 의하여 조작된 것이다.[9] 이 시기 백제의 발전 정도는 좀 더 낮추어 보아야 할 것이다. 유적 분포를 살펴보면, 3세기 후반에 백제의 王城인 서울 강동구의 몽촌 토성과 풍납 토성이 축조되었으며, 3세기 후반부터 4세기 전반의 시기에 백제 강역이 충남 이북까지 설정되고 그 지역의 일부 주요 세력들에게 백제의 위세품이 건네진 것을 알 수 있다.[10] 그렇다면 3세기 후반에 해당하는 고이왕 후기에 백제는 한 군현의 간섭과 마한 소국연맹체의 테두리를 벗어나 독자적으로 部體制를 시행하는 初期 古代國家로 성장했다고 보는 것이 옳다.[11]

그 후 백제는 286년에 고구려에 대항하여 대방을 구원하기도 하였으나, 전반적으로는 중국 군현과 적대 관계를 유지하다가 낙랑에 의하여 298년과

---

7) 위의 책, 廣開土王 원년, 2년, 3년, 4년 조 및 『廣開土王陵碑文』永樂 6년 조.
8) 『三國史記』권18, 高句麗本紀6 廣開土王 9년 2월, 11년, 13년, 14년, 15년 조.
9) 盧重國, 1988, 『百濟政治史研究』, 一潮閣, 서울, 217쪽.
10) 權五榮, 1988, 「4세기 百濟의 地方支配方式 一例」, 『韓國史論』18, 서울대 國史學科, 서울, 23~27쪽.
   朴淳發, 1997, 「漢城百濟의 中央과 地方」, 『백제의 중앙과 지방』, 忠南大學校 百濟研究所, 유성, 151쪽 ; 2001, 『漢城百濟의 誕生』, 서경문화사, 서울, 219~230쪽.

304년에 책계왕과 분서왕이 살해되기도 하였다. 백제는 그 후 한동안 외부 문제로 인한 王統의 혼란을 겪은 후,[12] 346년에 근초고왕이 왕위에 오르면서 폭발적인 성장을 하기 시작하였다. 이는 313년과 314년에 낙랑군과 대방군이 고구려에게 멸망되고 거기서 높은 문화를 지닌 유민들이 백제에 편입된 것과 관련이 있을 것이다.

근초고왕은 369년과 371년의 對고구려 전쟁을 승리로 이끌고 나서, 372년에는 東晉에 사신을 파견하여 鎭東將軍 領樂浪太守를 책봉 받고, 이를 전후하여 博士 高興에게 國史인 『書記』를 편찬케 하였다.[13] 얼마 후 침류왕 원년 및 2년(385)에 백제 왕실이 불교를 공인하였다는 것으로[14] 보아, 그를 전후한 시기에 고대국가 체제가 완비되었다고 볼 수 있다. 고고학적으로 4세기 후반부터 5세기 후반의 사이에 서울 석촌동 고분군이 정비되고 지방의 주요 고분군들이 사라지는 현상은,[15] 지방 세력가들이 몰락하고 중앙 집권화가 비약적으로 강화된 면모를 반영한다.

여기서 주목해야 할 것은 4세기 후반의 30여 년에 걸쳐 옛 대방 지역의 소유권을 둘러싸고 고구려와 백제 사이에 기나긴 쟁탈전이 벌어졌다는 점이다. 백제로 볼 때는 근초고왕, 근구수왕, 진사왕, 아신왕에 걸치는 기간이었고, 고구려로 볼 때는 고국원왕, 소수림왕, 고국양왕, 광개토왕에 걸치는

---

11) 盧泰敦, 1975, 「三國時代의 '部'에 關한 硏究 -成立과 構造를 中心으로-」, 『韓國史論』 2 , 서울대학교 국사학과, 서울, 14쪽.
    盧重國, 1988, 앞의 책, 98쪽.
    金泰植, 2003, 「初期 古代國家論」, 『강좌 한국고대사』 2, 가락국사적개발연구원, 서울, 50쪽.
12) 古爾系가 왕위에 나아간 이후, 적극적인 對郡縣 자세는 백제 내부의 갈등을 해소하고 백제의 국제적 위치를 고양시키는데 중요한 역할을 하였으나, 쇠퇴의 길을 걷고 있던 군현의 마지막 발악으로서의 對百濟 견제로 말미암아 逆으로 고이계의 쇠퇴를 촉진하였으며, 그 후 肖古系 비류왕과 고이계 계왕의 왕위 계승 분쟁이 있었다. 盧重國, 앞의 책, 123~129쪽.
13) 위의 책, 114쪽.
14) 『三國史記』 卷24, 百濟本紀2 枕流王 卽位年, 2年 2月條.
    盧重國, 앞의 책, 115쪽.
15) 朴淳發, 1997, 앞의 논문, 151쪽.

기간이었으며, 전투가 일어났던 주요 지역은 雉壤(황해도 연백군 백천읍), 浿河(예성강) 강변, 平壤城, 水谷城(황해도 신계군 다율면 삼미리), 都坤城, 石峴 등 10여 성, 關彌城, 靑木嶺 등이었다.[16] 즉 369년부터 399년까지의 30년간에 걸쳐, 황해도 및 경기 북부 지역에서는 대규모의 전쟁만 해도 10여 차례가 일어났던 것이다.

고구려와 백제 사이의 쟁탈전은 단순한 영역 다툼에 그치는 것이 아니라 고대국가 운영에 필요한 고급 문화에 대한 소유권 다툼이기도 하였다. 옛 낙랑군과 대방군 지역은 기원 상으로는 고조선의 유민들이 살고 있었다고 하나, 後漢 초기 이후 漢化가 급속히 진행되어 당대의 중원 문화를 시차 없이 수용해 왔던 귀족층이 광범위하게 존재하고 있었다.[17] 그래서 고구려는 이 지역을 무리하게 직접 통치하기보다 4세기 중엽부터 5세기 초에 걸쳐 平東將軍·樂浪相 冬壽, 帶方太守 張撫夷, 幽州刺史 鎭 등의 중국 망명객을 대표자로 내세워 그들의 막부 조직을 통해 간접 통치하였다.[18] 백제가 빼앗

---

16) 『삼국사기』 권24·25, 百濟本紀를 통해 볼 때, 근초고왕 24년(369)에 고구려 고국원왕이 2만군으로 雉壤에 내려오자 백제는 이를 격파하였으며, 同 26년(371)에 浿河 강변에서 백제가 고구려군을 급습하고, 더 나아가 정병 3만으로 平壤城까지 공격하여 고국원왕을 사망케 하고 돌아왔는데, 同 30년(375)에는 고구려가 水谷城을 공격하여 함락시켰다. 근구수왕 2년(376)에 고구려가 백제 북변을 침공하였고, 同 3년(377) 10월에 백제가 3만 군으로 평양성을 침공하였으며, 11월에는 고구려가 침략해 왔다. 진사왕 3년(387)에는 말갈과 關彌嶺에서 싸웠고, 同 5년(389)에는 고구려의 남변을 침공하였으며, 6년(390)에는 고구려 都坤城을 쳐서 함락시켰으나, 同 8년(392)에는 고구려 광개토왕이 4만 군으로 石峴 등 10여 성을 함락시켰고 關彌城도 함락시켰다. 아신왕 2년(393)에는 1만 군을 보내 관미성을 쳤으나 이기지 못하였고, 同 3년(394)에는 고구려와 수곡성에서 싸워 패하였으며, 4년(395)에 두 번에 걸쳐 浿水 강변과 靑木嶺까지 침공하였다가 실패하였으며, 同 7년 및 8년(399)에도 두 차례에 걸쳐 고구려 정벌을 도모하였으나 실행하지 못하였다. 또한 광개토왕릉비문에 의하면, 고구려가 영락 6년(396)에 백제를 쳐서 백제의 58城 700村을 빼앗고 백제왕의 동생과 대신 10인을 잡아 돌아왔다고 하였다.

17) 尹龍九, 1989, 「樂浪前期 郡縣支配勢力의 種族系統과 性格」, 『歷史學報』 126, 歷史學會, 서울, 140쪽.

18) 林起煥, 1995, 「4세기 고구려의 樂浪·帶方地域 경영」, 『歷史學報』 147, 歷史學會, 서울, 42쪽.

으려고 한 것도, 고구려가 막으려고 한 것도, 바로 그들의 선진 문화와 기술 인력이었다. 4세기 후반에 한반도를 둘러싼 국제적 교섭 및 전쟁의 이면에는 고구려와 백제 사이의 옛 대방 지역의 영역과 문화 인력에 대한 소유권 다툼이 기조를 이루고 있었던 것이다.

한편 그 당시 고대국가 백제의 남쪽 경역에 대해서 생각해 볼 수 있는 기사는『일본서기』神功 49년 조 기사밖에 없다. 앞의 제2장에서 살펴본 바와 같이, 여기서 왜군이 경남이나 전남 지역을 평정하여 백제에게 주었다는 것은, 왜와 백제가 그 지역 세력들의 중계 아래 교역을 시작했다는 것을 의미한다.[19] 다만 여기서 백제에게 항복하였다는 4읍은 실제로 백제의 영역에 포함된 것을 의미하며, 그 범위는 比利(전북 군산시 회현면), 辟中·辟支山(김제시), 古沙山(정읍시 고부면) 등의 지명으로 보아 전라북도 서쪽 방면까지 미쳤다.[20] 또한 백제는 枕彌多禮 또는 新彌國으로 나타나는 전남 해안의 해남·강진 방면 세력의 대외 교섭권을 박탈하고 이를 대신할 만한 교두보를 확보하였으며,[21] 해안에서 벗어난 영암군 시종면이나 나주군 반남면 등의 영산강 유역 세력에는 무력적인 제재나 개편 없이 공납 지배를 하는데 그쳤다.[22]

이처럼 백제는 4세기 후반 근초고왕 때 중앙 집권화에 성공하고 옛 대방

---

19) 金泰植, 1997,「百濟의 加耶地域 關係史: 交涉과 征服」,『백제의 중앙과 지방』, 忠南大學校 百濟研究所, 유성, 48~51쪽.
『삼국사기』에 369년 백제의 북방 고구려와의 전쟁에 대한 기록은 있어도 남방 정벌에 대한 기록이 없는데, 이는 백제가 남쪽에 대하여 역사적으로 특기할 만큼 본격적인 군사행동을 취한 것이 아니기 때문이라고 생각된다.

20) 위의 논문, 51쪽.

21) 權五榮, 1999,『복암리고분군』, 전남대박물관, 光州, 310쪽.

22) 문안식·이대석, 2004,『한국고대의 지방사회 -영산강유역의 역사와 문화를 중심으로-』, 혜안, 서울, 107쪽.
영산강 유역에서 규모가 매우 큰 甕棺墓의 경우 墳丘의 크기로 미루어 볼 때 被葬者의 권력집중도가 매우 크다고 보임에도 불구하고 부장품이 매우 빈약한 것은, 이 지역 생산물의 상당수가 貢物의 형태로 빠져나갔기 때문이라고 한다. 李賢惠, 2000,「4~5세기 영산강 유역 토착세력의 성격」,『歷史學報』166, 30쪽.

지역을 차지하였으나, 이를 안정적으로 제도화하지 못한 상황에서 고구려 광개토왕의 군대로부터 391년부터 396년 사이에 공격을 받아 한강 이북 지역을 상실하는 위기를 겪었다. 그리하여 백제는 397년에 태자 腆支를 왜에 볼모로 보냈으니, 이는 원군을 요청하기 위한 것이었으며, 여기에는 任那加羅의 협조가 필수적이었다. 백제가 4세기 말 고구려와의 전쟁에 임나가라와 왜를 끌어들인 조치는, 西晉이 3세기 말 4세기 초의 극심한 내란 중에 병력 보급을 위하여 五胡를 끌어들인 것과 마찬가지의 행위였다.

4. 신라의 정세

신라는 한반도 내에서 발전의 속도가 늦어 3세기까지 12국으로 구성된 진한 소국연맹체를 이루고 있었다. 그런데 경주 지방에서는 3세기 후반에 細長方形 平面의 慶州型 덧널무덤[23] 또는 돌무지덧널무덤이라고 부르는 새로운 형식의 묘제가 발생하여 경산, 울산, 포항 등의 경상 동부 지역으로 확산되어갔다.[24] 그 시기 경주 지방의 분묘 유적에서 대단한 富나 힘을 느낄 수는 없지만, 경상 동부 지역에서 경주 세력의 중심적 위치를 확인할 수는 있다.

『晉書』辰韓傳에 의하면 그 왕이 281년, 282년, 286년의 3차례에 걸쳐 西晉에 조공하였으며,[25] 『晉書』帝紀 해당년도의 기사에는 辰韓이라는 이름이 없이 東夷 10국, 20국, 5국, 11국 등으로 나타난다. 이 기록에 문제가 없다면[26] 당시의 진한왕은 신라왕일 것이나, 그 조공은 교역 루트도 불확실할

---

23) 申敬澈, 1995,「金海大成洞·東萊福泉洞古墳群 點描」,『釜大史學』19, 釜山大學校, 부산.
24) 崔秉鉉, 1992,『新羅古墳研究』, 一志社, 서울.
    金大煥, 2001,「嶺南地方 積石木槨墓의 時空的 變遷」,『嶺南考古學』29, 嶺南考古學會, 대구, 83~85쪽.
25) 『晉書』卷97, 列傳第67 辰韓條 "武帝太康元年 其王遣使獻方物. 二年復來朝貢. 七年又來."
26) 『晉書』辰韓傳은 『三國志』韓傳의 辰弁韓條를 간략하게 축약한 형태를 띠면서도 弁辰 12국이 모두 辰韓에 속했다고 하여, 사료상의 부정확한 문제를 남기고 있다.

뿐만 아니라 만일 사실이더라도 서진 동이교위의 노력에 의한 일시적인 것이었을 것이다. 그 직후에는 서진 8왕의 난으로 인하여 교역 자체가 이루어지기 어려웠을 것이기 때문이다.

4세기 초 고구려의 낙랑·대방 병합 이후에 신라가 대외적으로 어떤 상태에 있었는지는 확실치 않다. 4세기 전반 내지는 그 이전으로 편년되는 경주 정래동 고분과 월성로 29호분 출토 판갑옷이나, 월성로 5호분에서 출토된 고구려계 綠釉 도자기 등은 신라와 고구려 등의 북방 세력과의 교섭이 이른 시기부터 이루어졌을 가능성을 시사한다.[27] 그런 과정을 거치면서 신라는 서서히 힘의 축적을 이루었을 것이다.

그러나 고구려와 신라의 연결이 적극적으로 모색된 것은 4세기 후반이었고, 이는 백제와의 대결에서 패하여 남방 진출 또는 백제에의 보복을 모색하던 고구려의 의도에 따른 것이었다. 신라도 흘해 이사금을 끝으로 석씨 왕통이 단절되고 356년에 나물 이사금이 왕위에 오른 후 외교에 적극적인 면모를 보였다. 377년에 신라가 前秦에 사신을 파견할 때 고구려의 사신과 동행했다든가,[28] 381년에 신라가 고구려를 통해 衛頭를 전진에 파견했다든가,[29] 고구려와의 우호의 대가로 實聖을 볼모로 보냈다든가[30] 하는 것은 이를 반영한다. 이는 신라로서는 국가 발전에 대한 위기인 동시에 기회이기도 하였다.

그리하여 400년에 고구려의 南征이 있은 후, 신라는 卜好 등의 왕족을 고구려에 인질로 보내기도 하고,[31] 또는 고구려가 신라의 왕위 계승에 개입하고[32] 고구려군이 신라 영토 내에 주둔하기도 할 정도로 위태로웠다. 한편

---

27) 李賢惠, 1988, 「4세기 가야사회의 교역체계의 변천」, 『한국고대사연구』 1, 한국고대사연구회.
28) 『資治通鑑』 권104, 晉紀 太元 2년 조.
29) 『三國史記』 권3, 新羅本紀3 奈勿尼師今 26년(381) 조.
30) 위의 책, 奈勿尼師今 37년(392) 조.
31) 위의 책, 實聖尼師今 11년(412) 조.
32) 위의 책, 奈勿尼師今 46년(401) 조 및 訥祇麻立干 원년(406) 조.

신라는 그로부터 선진 문화를 받아들여 성장하기도 하고, 혹은 그 힘을 빌어 강적인 임나가라를 물리치고 낙동강 東岸의 유일한 覇者로 대두하기도 하였다. 결국 신라는 4세기 후반 나물 이사금 때 고구려의 지원을 받아 초기 고대국가를 이룩할 단서를 잡았으나 고구려의 간섭 속에 이루지 못하고, 5세기 전반 눌지 마립간 때에 와서 단위 정치체인 6부를 왕권에 종속적으로 연합하여 초기 고대국가를 형성하였다.[33]

5. 가야의 정세

가야도 신라와 마찬가지로 3세기까지 12국으로 구성된 변한 소국연맹체를 이루고 있었다. 변한의 입장에서 볼 때, 당시의 변진 12국은 명분상 辰王에 소속되었지만, 실제로는 狗邪國과 安邪國을 중심으로 통합되어 정치적으로 진한과 구분되면서, 마한, 예, 왜 및 낙랑군, 대방군과 교역하는 등 독자적인 행위를 하였다. 그래서 변한은 대외적으로 독립적인 존재로서, 삼국의 하나로 인정받고 있었다. 다만 2~4세기의 유물과 유적이 함안보다는 김해 지방에서 훨씬 더 풍부하게 출토된 점으로 보아, 안야국보다는 구야국이 더 우월하였다.[34]

그런데 3세기 후반에 김해 지방의 세력 중심은 대성동 고분군 축조 세력이었고, 廣幅形 平面의 金海型 덧널무덤[35]이라고 부르는 새로운 형식의 묘제가 발생하였으며, 여기서는 몇 가지 새로운 문물의 요소가 나타났다. 즉 ①厚葬 ②陶質土器 ③殉葬 ④金工品 ⑤銅鍑 ⑥墓制 분화 및 선행 분묘 파괴 ⑦鐵製甲冑와 騎乘用馬具의 등장 등 일곱 가지의 북방 문화 요소가 김해 대

---

33) 金泰植, 2003, 「初期 古代國家論」, 『강좌 한국고대사』 제2권, 가락국사적개발연구원, 서울, 62~63쪽.
34) 金泰植, 2002, 『미완의 문명 7백년 가야사 2권』, 푸른역사, 서울, 21쪽.
35) 申敬澈, 1995, 「金海大成洞·東萊福泉洞古墳群 點描」, 『釜大史學』 19, 釜山大學校, 부산.

성동 29호분으로 대표되는 시기에 김해 지방에 한꺼번에 나타났다.[36]

가야 지역에 일어난 큰 변화는 3세기 말, 4세기 초 동북아시아 세계에 전해진 외부 충격으로부터 기인한 것임에 틀림없다. 북방적 요소는 김해 지방의 가야국이 서북한 지역과 원활한 교역 활동을 하고 있던 2세기 후반부터 나타나기 시작하여 4세기에 들어 집중적으로 나타나게 된 것이다.[37]

『삼국사기』 신라본기의 초기 기록[38]에 나오는 것처럼, 3세기 무렵의 가야국은 낙동강 유역의 대표로서 신라와 전쟁을 벌였다.[39] 그 주체 세력의 분묘였다고 보이는 김해 대성동 고분군에서는 2세기 후반에서 6세기 전반까지의 여러 분묘가 발굴되었으나, 그 중심을 이루는 것은 3세기 후반부터 4세기 말에 이르는 덧널무덤[木槨墓]들이다. 그리고 거기서 출토되는 유물들은 기본적으로 양동리 고분군의 것과 동일하고, 2세기 후반부터 대성동에 유적이 있었다고 해도 3세기 후반 이후의 발전을 자체적인 것이었다고 볼 만한 증거는 나타나지 않았다.

그렇게 볼 때, 1세기 이래 김해 가야국의 중심인 양동리 집단이 2세기 후반 이후 신라와의 대결이나 김해만 해역의 감시 및 통제 등을 위하여 대성동 집단을 지원하다가, 3세기 후반의 시기에 정치권력이 크게 강화되어 광역의 방어 체제를 구축하고[40] 부산 복천동 집단을 종속적으로 연합시키고

---

36) 申敬澈, 2000, 「금관가야의 성립과 연맹의 형성」, 『가야 각국사의 재구성』, 부산대학교 민족문화연구소 편, 혜안, 서울, 59쪽.
37) 宋桂鉉, 2000, 「토론 요지 : 금관가야의 성립과 연맹의 형성」, 『가야 각국사의 재구성』, 부산대학교 민족문화연구소 편, 혜안, 서울, 85~87쪽.
38) 『三國史記』 卷1, 新羅本紀1 脫解尼師今 21년, 婆娑尼師今 6년, 15년, 17년, 18년, 27년, 祇摩尼師今 4년, 5년 조.
39) 金泰植, 2002, 『미완의 문명 7백년 가야사 1권』, 푸른역사, 서울, 129쪽.
40) 김해 퇴래리 고분군과 예안리 고분군 등이 3세기 후반부터 축조되기 시작한 것으로 보아, 김해만 해역의 읍락들뿐만 아니라 신라, 가야 각지로 통하는 육로 교통의 중간 지점이나 김해만의 배후 분지에 위치하는 세력들이 이 시기에 김해의 가야국 세력권 내로 새로이 편입되었다는 견해가 있다. 李賢惠, 1996, 「金海地域의 古代 聚落과 城」, 『韓國古代史論叢』 8, 駕洛國史蹟開發研究院, 서울, 180쪽.

그와의 협조를 보다 긴밀하게 하기 위하여 주력이 대성동 방면으로 이동한 것이라고 추정된다.[41] 이런 결단을 내릴 수 있었던 것은 물론 가야국의 주변 세력 통제를 통한 중앙 집권 능력 강화가 있었기 때문이다. 이로써 가야국이 낙동강 유역에서 가장 강한 지배자로 대두하였음을 확인할 수 있다.

그러나 얼마 안 있어 고구려가 4세기 초에 낙랑군과 대방군을 병합한 것은, 한반도 남부에서 낙랑·대방과의 원거리 교역을 통해 발전하던 김해 가야국의 영도력에 큰 지장을 초래하였다. 그리하여 가야연맹 내에 내분이 일어나 가야연맹은 함안 安羅國 중심의 서부 지역과 김해 加耶國 중심의 동부 지역으로 분열되었다.[42] 4세기의 古式 陶質 굽다리접시[無蓋高杯]가 분화하여, 원통모양 굽다리접시[筒形高杯]는 주로 마산 서쪽에서 진주까지 나타나고, 外反口緣의 투창 없는 굽다리접시[無透窓高杯]가 주로 창원 동쪽에서 김해·부산 지방까지 나타나는 것은 그 분열 양상을 반영한다.[43] 낙랑·대방을 통한 일방적인 문화 기준이 고구려의 팽창으로 인하여 사라지자, 한반도 남부 각지의 세력들은 이리저리 연합하여 자생적으로 통용되는 국지적인 문화권을 형성하게 되었고, 포상팔국 전쟁과 그로 인한 가야연맹의 동서 분열은 그 결과로 나타난 현상이었다.

김해 중심의 동부 가야는 대방-가야-왜의 교역로에서 대방이 사라진 상태에서 왜와의 교역에 더욱 몰두할 수밖에 없었다. 4세기 후반에 속하는 김해 대성동 2호분, 13호분, 23호분에서 일본계 위세품인 바람개비모양 방패꾸미개[巴形銅器]가 나오는 것은 이를 반영한다. 이러한 시기에 백제의 근초

---

41) 金泰植·宋桂鉉, 2003, 『韓國의 騎馬民族論』, 한국마사회 마사박물관, 과천, 192쪽.

42) 金泰植, 1994, 「咸安 安羅國의 成長과 變遷」, 『韓國史研究』 86, 한국사연구회, 60쪽.

43) 安在晧·宋桂鉉, 1986, 「古式 陶質土器에 관한 약간의 고찰 -義昌 大坪里出土品을 通하여-」, 『嶺南考古學』 1, 嶺南考古學會, 대구, 50~53쪽.
趙榮濟, 1986, 「西部慶南 爐形土器에 대한 一考察」, 『慶尙史學』 2, 慶尙大學校, 진주, 24쪽.
朴升圭, 1993, 「慶南 西南部地域 陶質土器에 대한 研究」, 『慶尙史學』 9, 慶尙大學校, 진주, 4~5쪽.
金泰植, 2002, 『미완의 문명 7백년 가야사 1권』, 푸른역사, 서울, 134~137쪽.

고왕이 가야와 교류를 시작하였으며,[44] 백제의 남방 통교는 369년부터 이어지는 고구려와의 전투를 위한 것이었다.

한편 앞의 제2장에서 논한 바와 같이 「神功紀」를 통해서 가야와 관련하여 4세기 후반의 사실로 인정할 수 있는 것은, 창원의 彌烏邪馬國(=卓淳國)을 중개 기지로 하여 백제와 왜가 연결되었다는 것뿐이다. 가야의 중계 능력은 富와 기술과 무력을 모두 갖춘 데서 나오는 것이지, 단순히 백제와 왜 사이의 교역을 위한 지리적 편의성에서만 나오는 것은 아니었다.

김해 가야국의 우월성은 철 생산과 철기 제작 기술과 무력의 측면에서도 확인할 수 있으니, 김해 대성동 2호분[45]에서 출토한 다량의 덩이쇠[鐵鋌]와 종장판 정결 판갑옷[縱長板釘結板甲] 등의 유물은 이를 보여준다. 당시에 김해, 부산 등의 가야 고분에서 기마 무장과 관련된 유물이 다량 나오는 것은 주의를 요한다. 일부 학자들은 이를 전형적인 기마 무장이 아니라고 부인하기도 하나, 중장 기병술이 조직적이며 체계화 되어 있지는 않으나 가야에 기병이 존재하고 가야의 일부 엘리트 계층이 중장 기마전술을 수용한 것은 인정해야 한다.[46] 이러한 점은 가야가 백제를 통하여 옛 대방 지역, 즉 황해도 방면과 교역할 수 있게 되고, 또 이어서 그 지역의 고구려-백제 간 전쟁의 여파로 발생한 유이민을 수용함으로써 가능했다고 상정할 수 있다.[47]

결국 가야연맹은 4세기 후반에 다시 김해 가야국을 중심으로 일원적으로 통합되어, 백제·왜 사이의 중계 기지로서 안정적인 교역 체계를 형성하게 되었다. 즉 광개토왕릉비문이나 『삼국사기』 强首傳에 보이는 '任那加羅(任那加良)'라는 명칭은, 김해 가야국을 중심으로 한 전기 가야연맹의 4세기 후반 당시의 이름이며 존재 방식이었고, 그 명칭의 기원은 창원의 任那

---

44) 『日本書紀』 卷10, 欽明天皇 2年 夏4月 "聖明王曰 昔我先祖速古王貴首王之世 安羅加羅卓淳旱岐等 初遣使相通 厚結親好 以爲子弟 冀可恒隆."
45) 慶星大學校博物館, 2000, 『金海大成洞古墳群Ⅰ』, 부산, 100~112쪽.
46) 李蘭暎·金斗喆, 1999, 『韓國의 馬具』, 한국마사회 마사박물관, 과천, 219~220쪽.
47) 金泰植·宋桂鉉, 2003, 『韓國의 騎馬民族論』, 한국마사회 마사박물관, 과천, 193~196쪽.

國과 김해의 加耶國의 合稱에 있었다.[48] 그 시기에 왜는 고대국가의 건설 과정에서 가야의 철을 필요로 하였고 가야는 낙동강 유역을 둘러싼 신라와의 쟁패 과정에서 왜의 인력, 특히 군대가 필요하였으므로, 이들 사이에는 한동안 긴밀한 상호 교류가 이루어질 수 있었다.

6. 왜국의 정세

4세기 일본열도의 정세는 어떠했을까? 일본열도는 266년부터 413년까지 중국 사서에 아무런 기록도 나타나지 않는 가운데 규슈[九州]부터 세토 내해[瀬戸内海]를 거쳐 기나이[畿內]까지 前方後圓墳이라는 묘제가 출현하였다. 앞서 분석한 「신공기」를 비롯한 『일본서기』는 사료로서 이용하기 어려우며, 문헌 사료로서 1급은 광개토왕릉비문 뿐이나, 그것도 시기가 4세기 말에 해당할 뿐만 아니라 일본열도 내의 형세를 직접적으로 말해주는 것이 아니다. 그러므로 4세기의 일본열도의 정세는 고고학 자료를 이용할 수밖에 없다.

고고학적 시대 구분에 의해서 볼 때, 3세기 후반부터 7세기 말까지를 고훈시대[古墳時代]라고 하며, 4세기는 대부분 고훈시대 前期에 해당한다. 근래의 정리된 견해에 따르면, 하시하카[箸墓] 고분은 최초의 전방후원분으로서 3세기 중엽 卑彌乎의 죽음 직후에 만들어진 것으로 추정되며, 그 후 일본열도 각지의 수장들은 그들이 구성하는 정치 연합의 구성원이 죽었을 때 공통적인 장송 의례를 행하고 함께 무덤을 만들었다고 보았다. 초기 전방후원분의 존재 양상으로 볼 때, 이러한 정치 연합은 기나이의 야마토 정권을 중핵으로 하고 세토 내해 연안 각지와 북부 규슈를 포함하였고, 이들은 덩이

---

48) 金泰植, 1994,「廣開土王陵碑文의 任那加羅와 ‘安羅人戌兵’」,『韓國古代史論叢』6, 駕洛國史蹟開發研究院, 서울, 86쪽.

쇠[鐵鋌]로 대표되는 한반도의 철 자원과 각종 선진 문물의 교역로를 확보하기 위해 결속된 것이라고 하였다.[49]

전방후원분이 전국적으로 성행했던 고훈시대의 사회 상태에 대해서는 初期國家로 보는 견해와 首長聯合 또는 首長同盟으로 보는 견해가 대표적이다.

初期國家論에서는 비슷한 유형의 전방후원분이 4세기 이래 일본열도 전역에 분포하는 것을 놓고, 일본 고훈시대의 성격을 chiefdom과 국가 사이의 과도적 단계로서 초기국가라고 논하며, 그 사회의 속성은 강제력을 가지는 중앙 정부의 존재와 공동체 안팎의 공납 관계 등으로 규정하였다.[50] 그러면서도 전방후원분 被葬者別로 체현하는 지역 권력과 畿內의 정치 센터가 병존하되, 그 신분제는 출신과 실력에 기초하여 상호 승인하는 관계였다고 보았다.[51] 혹은 4세기 후반의 분구와 하니와[埴輪]에서 보이는 분묘 제사와 계승의례는 혈연 관계를 떠난 세속 권력의 출현과 지역을 초월하는 국가의 성립을 보여주는 것으로 해석하였다.[52]

首長聯合(同盟)論에서는 5세기 고분의 묘제와 부장품 등에서 지역의 大首長墳은 야마토[大和]의 大王墳과 비슷하나, 그 외 소형 方墳에서는 재지적 색채만 있으므로, 이 시기 왜 왕권의 지방 지배는 기비[吉備], 이즈모[出雲], 쓰쿠시[筑紫]와 같은 지역의 최고 수장을 서열화하는 것에 머물고 각각의 하위 수장은 해당 지역의 大首長에 의해 지배되고 있었다고 보았다.[53] 즉 고훈시대에는 국가의 가장 중요한 속성이라고 할 수 있는 관료 기구가 발달되지 않았고 중앙 집권적인 정부를 인정할 수 없기 때문에 국가 단계로 볼 수 없으며, 그 시대의 수장들은 다양한 chiefdom 사회와 부족 사회의 단순한

49) 白石太一郎, 1999, 『古墳とヤマト政權』, 文春新書 036.
50) 都出比呂志, 1991, 「日本古代の國家形成論序說 -前方後圓墳體制の提唱-」, 『日本史硏究』
    343 ; 1996, 「國家形成の諸段階」, 『歷史評論』, 551쪽.
51) 都出比呂志, 1991, 위의 논문.
52) 田中琢, 1991, 「倭人爭亂」, 『日本の歷史』 2, 集英社, 東京.
53) 和田晴吾, 1992, 「群集墳と終末期古墳」, 『新版日本の古代』 5, 角川書店, 東京.

집합체로서 각 지역의 수장들은 동맹 관계를 유지하고 있었으나 거기 참여한 각 사회는 상당히 자율적이었다는 것이다.[54]

위의 견해들을 한국사와 비교해 볼 때, 초기국가는 소국 규모의 여러 단위 정치체들이 대외적인 小國名을 포기하고 대외 교섭 창구를 일원화하여, 대외적으로는 중앙 집권적 존재를 중심으로 하나의 국가로 기능하면서 대내적으로는 지역별 독립성이 인정되는 연방제 조직(部體制)을 갖추고 있는 初期 古代國家[55]와 거의 유사하다. 반면에 수장연합은 개별적인 국명을 가지고 있는 소국 규모의 여러 단위 정치체들이 세력 크기에 따라 서열화되어, 일상적인 교역과 같은 대외관계는 단독 소국별로 행하고, 특별한 대규모의 교역이나 전쟁과 같이 큰 규모로의 행동이 필요할 때에만 맹주국이 각 소국들의 양해를 얻어 통솔하는 小國聯盟體[56]를 가리킨다. 그런데 고훈시대가 3~7세기를 관통하는 긴 시간이라고 볼 때, 이를 모두 하나의 사회 성격으로 결정짓기는 어렵고, 그 사이에도 상당한 사회 성격의 변화가 있었을 것이라고 생각된다.

한편 문헌 사학의 首長制社會論에서는 倭王 武 상표문과 刀劍銘을 근거로 삼아 5세기 후반 雄略期를 고대국가 성립의 중요한 지표로 생각하였다. 즉 이나리야마[稻荷山] 고분 출토 철검의 금상감 명문과 에타 후나야마[江田船山] 고분 출토 쇠칼의 은상감 명문에 나오는 杖刀人과 典曹人은 간토[關東]와 규슈 북부의 지역 수장이었고 倭의 雄略은 이들의 上番奉事를 받는 최고 수장으로서, 雄略이 지방 세력을 제압하여 기나이 씨족 연합정권에서 군사 전제왕권으로 비약했다고 평가하였다.[57] 혹은 왜왕 武가 자칭했던 開府

54) 佐佐木憲一, 2000, 「日本考古學에 있어서 古代國家論 -理論硏究의 現狀-」, 『東亞細亞의 國家形成』(제10회 百濟硏究國際學術會議 발표요지), 忠南大學校 百濟硏究所, 유성.
55) 盧泰敦, 2000, 「초기 고대국가의 국가구조와 정치운영」, 『韓國古代史硏究』 17, 韓國古代史學會, 서울, 25~26쪽.
金泰植, 2003, 「初期 古代國家論」, 『강좌 한국고대사』 제2권, 가락국사적개발연구원, 서울, 29쪽.
56) 金泰植, 위의 논문, 29쪽.

儀同三司는 군사적 지배 체제의 확립을 위한 府官制의 실시 의지를 보여주는 것이라고 하고,[58] 또 이에 근거를 두고 5~6세기에는 統一首長國(Complex Chiefdom)이 형성되어 왜 왕권 중심의 서열 사회가 형성되었다고 하였다.[59]

위에서 사이타마현 이나리야마[稲荷山] 고분이나 구마모토현 에타 후나야마[江田船山] 고분에서 출토된 철검 명문의 존재와 연관하여 5세기 후반에는 기나이 지역의 세력이 규슈 지역에서도 인정되었던 것을 확인할 수 있으나, 그들은 아직 지방에서 대대로 권력을 자기 자손에게 세습하는 독립적 존재였다. 게다가 6세기 전반에는 규슈 지역에서 이와이[磐井]의 亂이라는 거대한 반란이 있었고, 중앙 정부에서 관리하고 중앙에 세금을 납부하는 미야케[屯倉]가 그 이후에야 각 지방에 하나씩 생기기 시작하였다. 이로 보아, 그보다 200년 앞선 4세기 시점에 야마토 정권의 존재는 그다지 크지 않았을 것이다.

이와 같이 볼 때, 일본 고훈시대를 크게 나누어, 그 전기와 중기 전반에 해당하는 3세기 후반부터 5세기 전반까지는 소국연맹체(首長聯合), 그 중기 후반과 후기에 해당하는 5세기 후반부터 7세기 말까지는 초기 고대국가(初期國家)로 보는 것이 타당하다. 즉 4세기의 일본열도는 소국연맹체의 사회구조를 이루고 있었다.

그런데 이 시기의 연맹체는 주도 세력이 하나로 고정되어 있던 것이 아니었다. 기원전 1세기부터 3세기까지는 주로 북부 규슈 세력이 철기 제작에 쓰이는 가야의 납작도끼[板狀鐵斧]를 독점하였으나,[60] 고훈시대 前期가 시작되는 3세기 후반에 기나이의 야마타이국[邪馬台國]이 기나이 각지와 세토

---

57) 井上光貞, 1980, 「雄略期における王權と東アジア」, 『日本古代史講座』 4, 學生社, 東京.

58) 鈴木靖民, 1988, 「武(雄略)の王權と東アジア」, 『雄略天皇とその時代』, 吉川弘文館, 東京.

59) 鈴木靖民, 1990, 「歷史學と民族學(文化人類學) -日本古代史における首長制社會論の試み-」, 『日本民俗研究大系』 10, 國學院大學, 東京.

60) 武末純一, 2002, 「日本の九州および近畿地域における韓國系遺物 -土器・鐵器生産關係を中心に-」, 『古代 東亞細亞와 三韓・三國의 交涉』, 복천박물관, 부산, 88쪽.

내해 연안 각지의 여러 세력을 결집하여 한반도 남부와 상호 작용의 주체로 대두되었으며,[61] 4세기 후반에는 가와치[河內]의 후루이치[古市]·모스[百舌鳥] 고분군을 축조한 신흥 세력이 가야의 철의 교역 체계를 장악하는 데 성공하여 철제 갑주를 공급하는 새로운 위세품 체제를 구축하여 정권을 잡았다.[62]

그러므로 4세기의 일본열도는 한반도의 철 자원 교역로를 확보하기 위하여 기나이의 야마토 정권을 중심으로 전국적인 조직을 갖추고 있었으나, 그 시기의 연맹체는 필수 물자를 일본열도 바깥에 의존할 수밖에 없었기 때문에, 어느 세력이 그 교역로를 유지하는가가 중요하여 한반도 정세의 변동 및 그 필수 물자 생산 세력과의 우호 관계 여부에 따라 그 내부의 주체가 바뀌었다. 이는 기나이 세력의 중앙 집권 정도가 약하고 왕실이 불안정하여 내부적으로도 연합적 성격을 가지고 있었기 때문이다.

또한 5세기 전반의 분구 길이 360m의 기비[吉備] 쓰쿠리야마[造山] 고분이 기나이의 가미이시즈[上石津] 미산자이 고분과 함께 同時代 최대의 고분이었다는 점이나,[63] 5세기 후반 내지 6세기 초의 규슈 구마모토현 에타 후나야마[江田船山] 고분 피장자가 기나이 뿐만 아니라 대가야나 백제와도 긴밀하게 교역하고 있었다든가, 6세기 초의 규슈 후쿠오카현 이와토야마[岩戸山] 고분이 기나이와 다른 독자적인 설계를 보여주는 점 등으로 보아, 기비나 규슈는 그때까지 야마토 정권에 종속적으로 연합된 部와 같은 성격보다는 서열이 상대적으로 하위에 있는 동맹자 관계에 있었다고 보는 것이 타당하다.

61) 白石太一郎, 2002, 「倭と加耶の交流の歷史的意義」, 『古代東アジアにおける倭と加耶の交流』(第五回國立歷史民俗博物館國際シンポジウム), 佐倉, 265~270쪽.
62) 田中晋作, 1990, 「百舌鳥·古市古墳群の被葬者の性格について」, 『古代學硏究』122, 古代學協會 ; 2000, 「巴形銅器について」, 『古代學硏究』151.
63) 白石太一郎, 앞의 책.

7. 4세기의 한일관계

위와 같이 볼 때, 4세기의 한일관계는 철과 선진 문물의 수출을 매개로 하여 일본열도와 전통적으로 밀접하게 교류하던 김해 가야국 중심의 前期 가야 소국연맹체와, 철을 수입하기 위하여 한반도 남부의 가야와 독점적 우호 관계를 원했던 기나이 야마토국[大和國] 중심 소국연맹체와의 교류 관계가 중심을 이룬다고 하겠다. 그러나 철은 가야 지역에서 생산된다고 해도, 상당수의 선진 문물은 중국 방면에서 생산되는 것을 가야가 대방 또는 백제를 통하여 중개하는 것이므로, 그 교역 관계는 동아시아 전반의 형세에 따라 연동되어 움직이는 측면이 컸다.

4세기 전반에는 중국 西晉의 혼란으로 인한 東部都尉의 몰락, 중국 동북부 및 한반도 북부 고구려의 낙랑·대방군 병합, 이에 따른 가야연맹의 동서 분열 등으로 말미암아, 일원적인 문화의 흐름이 이어지지 않았다. 따라서 그 시기에는 3세기에 성립했던 기나이 야마토 중심의 연맹체도 그다지 큰 기능을 발휘하지 못하고 각자 한반도 남부의 여러 세력들과 개별적인 교섭을 하였다.

철제 판갑옷의 분포로 보아 4세기 전반의 국제 교역 체계는 고구려-신라-가야(부산·김해)-왜로 이어지는 것이었다고도 하고,[64] 또 당시에 함안 안라국 양식의 돗자리무늬 두 귀 항아리의 유례가 쓰시마[對馬]의 아사히야마[朝日山] 고분, 시마네현 가미나가하마[上長浜] 패총, 오사카부 시죠[四條] 유적 등에서 발견되었다고 한다.[65] 이는 동서로 구분된 전기 가야연맹이 각기 다른 경로로 일본열도와 교류하는 면모를 보인다고 할 수 있으나, 그 조류는 오래가지 못하였다.

64) 李賢惠, 1988, 앞의 논문, 175쪽.
65) 朴天秀, 2002, 「考古資料를 통해 본 古代 韓半島와 日本列島의 相互作用」, 『韓國古代史研究』 27, 韓國古代史學會, 59쪽.

4세기 중엽에 고구려가 前燕의 공격으로 큰 타격을 입고 주춤하는 사이
에 근초고왕 대의 백제가 대두하여, 한편으로는 중국 남조의 東晉과의 무역
로를 개척하고 한편으로는 가야와 연결되자, 가야연맹 제국은 김해 가야국
을 중심으로 다시 통합되어 왜와의 교역을 주도하였다. 지금까지 발굴된 4
세기 후반 가야 지역의 유적 · 유물 중에 김해 대성동 13호분과 2호분의 것
은 상대적으로 그 규모와 수준이 가장 우월한 것이며, 거기서 출토된 일부
의 왜계 유물들은 왜와의 교류를 입증하고 있다.[66]

여기서 주목되는 견해가 김해 대성동 고분군과 일본 가와치 지방 고분군
의 외래 유물에 대한 새로운 해석이다. 바람개비모양 방패꾸미개[巴形銅器]
는 일본열도제로서 신흥 세력인 가와치 세력과 가야국 중심 세력 간의 제휴
를 나타내는 유물이며,[67] 원통모양 창끝꾸미개[筒形銅器]는 가야국의 위세
품 중 하나로서 가야국과 가와치 세력의 교섭 관계를 나타내는 유물이라는
것이다.[68] 그리고 일본의 신흥 세력이 4세기 후반에 한반도와의 교섭을 적
극적으로 전개한 목적은 한반도의 철 소재를 대량으로 입수하는 물량 작전

---

66) 金泰植, 2002, 앞의 책 1권, 137~144쪽.
67) 福永伸哉, 1998,「對半島交涉から見た古墳時代倭政權の性格 -4~5世紀における日韓交涉
    の考古學的再檢討 -」,『青丘學術論集』12, 財 韓國文化研究振興財團.
    井上主稅, 2003,「김해 및 부산지역 古墳 출토 倭系遺物에 대하여」,『韓國考古學報』51,
    韓國考古學會, 대구, 128쪽.
68) 申敬澈, 1992,「金官加耶의 成立과 對外關係」,『伽耶와 東아시아』, 金海市 加耶史國際學
    術會議 發表要旨, 김해, 53쪽 ; 1993,「加耶成立前後의 諸問題」,『伽耶と古代東アジア』, 新
    人物往來社, 東京, 144쪽 ; 2004,「筒形銅器論」,『福岡大學考古學論集 -小田富士雄先生退
    官記念-』, 小田富士雄先生退職記念事業會, 福岡, 699~700쪽.
    田中晋作, 1998,「筒形銅器について」,『古代學研究』151.
    鄭澄元 · 洪潽植, 2000,「筒形銅器研究」,『福岡大學綜合研究所報』第240號 (綜合科學編
    第3號), 福岡.
    井上主稅, 위의 논문, 121~122쪽.
    但, 아래에 제시한 논문들과 같이 筒形銅器의 제작지를 일본열도로 보는 견해도 있다.
    福永伸哉, 위의 논문.
    山田良三, 2000,「筒形銅器의 再考察」,『橿原考古學研究所紀要 考古學論集』第23冊, 奈良.
    柳本照男, 2001,「金海大成洞古墳群出土의 倭系遺物について」,『久保和士君追悼考古論集』.

에 의해 기나이 중앙 정권 안에서 주도권을 획득하기 위한 것이었다고 한다.[69]

즉 한일 양국에서 발견되는 바람개비모양 방패꾸미개와 원통모양 창끝 꾸미개의 분포 상태로 보아, 일본에서 새로이 등장한 위세품 공급 체계는 김해를 중심으로 한 加耶圈과의 사이에 맺어진 것이고 이를 주도한 왜의 집단은 나라[奈良] 분지 동남부에 기반을 둔 세력이 아니라 새롭게 대두한 가와치 세력이었다. 당시에 가야는 왜에게 물적 자원인 덩이쇠와 선진 문물을 공급하였으며, 왜는 가야에게 그 대가로 인적 자원인 노동력[70] 또는 군사력[71]을 공급하였다. 이러한 상호 교류를 주도하며 김해의 가야국과 가와치 세력은 각자 가야연맹 또는 일본 서부연맹의 맹주국으로서 위치를 굳혀갔다.

이와 같이 가야와 왜 사이의 긴밀한 우호 관계에 바탕을 둔 문화 교류는 4세기 말에 더욱 강화되었다. 이는 신라를 견제하기 위해 가야를 지원하고 교류하던 백제가, 4세기 말에 옛 대방 지역을 둘러싼 고구려와의 30년 전쟁에서 결정적으로 패하게 되자, 가야와 왜 사이의 교역 형태를 주목하고 왜병을 대거 동원하였던 데서 비롯되었다. 가야는 백제로부터 선진 문물을 제공받는 입장에 있었고, 교역을 중시하는 가야연맹의 정치적 통합은 그에 의존하는 바가 컸기 때문에, 이를 지속적으로 연장시키기 위해서 가야는 백제의 요구를 들어줄 수밖에 없었다.

다만 前述한 바와 같이, 당시에 왜군의 무장 체계는 중장 기병 위주의 고구려군[72]은 물론이고 마름모꼴 단면의 쇠투겁창[斷面稜形鐵鉾]과 못으로 연결하는 종장판 정결 판갑옷[縱長板釘結板甲] 위주의 가야군 무장 체계[73]

---

69) 福永伸哉, 앞의 논문.

70) 申敬澈, 2000, 「금관가야의 성립과 연맹의 형성」, 『가야 각국사의 재구성』, 부산대학교 한국민족문화연구소 편, 혜안, 서울, 73~77쪽.

71) 鈴木靖民, 2002, 「倭國と東アジア」, 『倭國と東アジア』, 鈴木靖民編, 吉川弘文館, 東京, 15쪽.

72) 余昊奎, 1999, 「高句麗 中期의 武器體系와 兵種構成」, 『韓國軍事史研究』 2호, 國防軍史研究所, 서울, 71~73쪽.

73) 金斗喆, 2003, 「무기·무구 및 마구를 통해 본 가야의 전쟁」, 『가야고고학의 새로운 조명』, 부산대학교 한국민족문화연구소 편, 혜안, 서울, 145쪽.

에도 훨씬 못 미치는 단검과 두께가 얇은 쇠화살촉 위주의 것이었다.[74] 그 결과 가야를 매개로 하여 동원된 왜군들은 무장 수준의 차이로 인하여 한반도 내에서 독자적인 행위를 하기 보다는 가야 또는 백제 군대의 하급 단위로 편제되어 활용되었을 것이다.

그리하여 가야는 왜군이 유효한 기능을 발휘하게 하기 위하여, 즉 자신들을 도울 왜군의 무력 강화를 위하여, 때로는 가야의 도질토기와 철기 및 갑주 관련 工人들을 왜국에 원조해 줄 필요가 있었다고 생각된다. 이미 4세기 후반에 중장 기마전술까지 구사할 수 있었던 가야의 군사 장비 제조 기반은 왜국에 비교 우위를 가지고 있었다. 이를 바탕으로 하여, 가야는 왜의 군사력을 손쉽게 이용하려는 목적 아래 왜국에 공인을 파견하여 그 곳을 가야의 전쟁 배후 기지로 개발한 것이고, 일본 가와치 지역의 신흥 세력은 가야의 경제적, 기술적 지원을 좋은 기회로 여겨 군사 역량 강화 및 군대 파견에 힘을 썼다.

이처럼 광개토왕릉비에 나오는 왜군은, 고구려와 백제 사이의 패권 쟁탈전 가운데 백제가 치명적인 수세에 몰리고, 그에 따라 각각의 동맹 세력인 신라와 가야 사이의 대립도 격화되어 한반도 전체가 전쟁에 휩싸이는 4세기 말 5세기 초에, 백제 및 가야에 의하여 백제 및 가야를 돕기 위하여 동원된 원군이었다. 즉 고구려와 백제 사이의 전쟁이 심화된 가운데, 고구려와 신라가 동맹 관계를 맺었고, 백제와 가야가 동맹 관계를 맺었으며, 왜군은 가야와의 동맹 관계를 유지하기 위하여 가야 및 백제를 지원하게 된 것이다. 게다가 고구려에게 크게 패배한 백제가 태자 腆支를 일본열도로 파견하여 왜국과의 좀 더 긴밀한 동맹 관계를 추구한 397년 이후로, 백제-가야-왜의 군사적 협력은 더욱 강화되었다.

당시에 백제가 가야나 왜를 지원한 유물 증거는 잘 드러나지 않는다. 이는 백제와 가야-왜의 관계가 전통적으로 오랫동안 지속된 것이 아니라 정치

---

74) 松木武彦, 1999, 「古墳時代の武裝と戰鬪」, 『戰いのシステムと對外戰略』, 東洋書林, 東京.

적으로 단기간에 이루어진 때문이 아닐까 한다. 반면에 백제의 동맹 세력인 가야는 그 대가로 왜국의 가와치 정권을 지원하였고 그런 흔적은 유물에도 어느 정도 반영되어 나타나나, 가야의 지원은 핵심 기술을 제외한 부분적인 것이었다.[75] 왜국은 철 소재를 외부에 의존해야 했던 근본적 한계성을 가지고 있었고 대군을 일시에 동원할 만한 정치 체제도 갖추지 못하고 있었기 때문에, 가야와 왜의 협력이 단기간에 큰 효과를 낼 수는 없었다. 뿐만 아니라 가야 자체의 전반적인 軍備나 문화 능력은 신라에 비하여 크게 손색이 없었으나, 그를 구원한다는 명목으로 남하해 온 고구려의 대군에 비하면 역시 열세였던 것이다.

광개토왕릉비문 영락 10년(400) 조에 나오는 고구려의 倭賊 및 任那加羅 정벌, 영락 14년(404)조에 나오는 帶方界의 倭寇 토벌은 그런 관계로 인하여 나타난 사건이다. 여기서 승리한 고구려는 미지의 세계에서 온 왜군 토벌에 대하여 과장되게 기록하였다. 그러나 그 결과는 왜보다 가야에게 치명적인 것이었다.

그리하여 김해 가야국을 중심으로 한 전기 가야연맹은 큰 타격을 입고 해체되었으나,[76] 오히려 그 주변 일대와 일본열도에는 긍정적인 파급 효과를 미쳤다. 즉 낙동강 하류 유역의 김해 가야국이 몰락하자, 가야의 전통적인 물자 교역로를 따라 낙동강 상류의 영남 내륙지방과 對馬島를 경유하는 일본열도 등으로 수많은 기술자들의 이민이 이어졌다. 특히 이는 스에키[須

---

75) 松木武彦의 연구에 의하면, 일본 고훈시대 武裝의 III期(4세기 말~5세기 전엽)에는 攻擊具는 長刀나 長劍이 증가하여 短劍·短刀나 청[鉾]을 능가하고, 한반도계의 有頸 철촉이 단숨에 보급하고 逆刺를 만드는 기법도 구사되며, 철제 갑주의 型式이 一新하여 革綴의 帶金式 갑주가 등장하여, 刀劍·鏃·甲冑라고 하는 공격구·방어구의 전반에 걸쳐서 실용 무장이 혁신된다. 그러나 공격력이 높은 長頸式 쇠화살촉의 급속한 보급, 갑주 제작의 釘結技法, 마구 등은 5세기 후반이 되어서야 나타나며, 마름모꼴 단면의 쇠투겁창은 끝내 보급되지 않았다. 松木武彦, 1999, 「古墳時代の武裝と戰鬪」, 『戰いのシステムと對外戰略』, 東洋書林, 東京.
76) 金泰植, 2002, 『미완의 문명 7백년 가야사 1권』, 푸른역사, 서울, 151~152쪽.

惠器], 철제 갑주, 마구 제작을 비롯한 일본열도의 문화 발전에 하나의 큰 계기를 이루었다.[77] 5세기 후반에 고령을 중심으로 한 후기 가야연맹이 대두하고 雄略期로 대표되는 일본의 연방제的 고대국가 체제가 성립되는 것은 그에 힘입은 바 크다.

* 이 글의 원전 : 金泰植, 2005, 「4世紀의 韓日關係史 -廣開土王陵碑文의 倭軍問題를 中心으로-」, 『한일역사공동연구보고서 제1권』, 한일역사공동연구위원회, 57~74쪽(V. 4 世紀 東아시아 情勢와 韓日關係).

77) 申敬澈, 2000, 앞의 논문, 78쪽.

6.

4세기의 가야와 왜

4세기의 한일관계사를 어떻게 보아야 할 것인가? 이를 알기 위해서는 4세기 동아시아의 전반적 정세에 대한 이해가 필요하고, 그 이해는 여러 문헌 사료에 대한 실증적 이해와 고고학적 유물 자료에 대한 종합적 분석 위에 이루어져야 할 것이다.

지난날 이 문제에 대해서는 任那日本府說에 입각하여 4세기부터 한반도 남부는 일본열도의 왜국으로부터 직접 또는 간접 지배를 받고 있었다는 가설이 있었고, 이는 『日本書紀』神功皇后 관련 기사와 廣開土王陵碑文의 倭軍 관련 기사에 대한 피상적 이해로부터 비롯되었다. 근래에는 문헌 및 유물에 대한 이해의 심화에 힘입어 그처럼 극단적인 논의는 거의 이루어지지 않고 있다.

그러나 아직도 가야 지역에 대해서만은 왜국의 강력한 영향력 아래 있었다는 인식이 이어지고 있다. 이는 가야사 및 가야 문화에 대한 이해가 부족한 데서 오는 것이라고 하겠다. 그래서 이 논문에서는 한국과 일본에서 이루어진 최근의 연구 동향을 종합하여, 잘못된 선입견을 제거하고 좀 더 합리적으로 4세기의 한일관계를 설명하고자 하였다.

왜의 임나 정벌을 기록하고 있는 『일본서기』 신공황후 관련 기사에 대하여, 근래의 학자들은 그 기사 및 사실을 모두 부정하거나, 또는 그 주어를 백제로 바꾸어 이해하는 자세를 보이고 있다. 신공기 49년 조 기사에는 한반도 남부의 상황을 이해할 수 있는 여러 사실들이 언급되고 있으나, 그 사료의 신빙성이 근본적으로 의심받고 있음에도 불구하고 이를 섣불리 긍정하거나 주어를 바꾸어 편의적으로 이용하는 것은 위험하다. 그러므로 이 자료를 이용해서 369년에 왜 또는 백제가 군사 정벌을 단행하여 가야 지역을 정복했다고 볼 수는 없다.

광개토왕릉비문에는 한반도 남부 및 중부 지방에서 왜군이 활동한 흔적이 기록되어 있으나, 그 성격이 무엇인지에 대해서는 언급되어 있지 않다. 신묘년 기사와 같이 교란된 글자를 포함해 아직도 실증 문제가 남은 조항도 있으나, 그를 제외하고 보아도 광개토왕릉비문에는 고구려에 인접한 다른 나라들에 비하여 멀리 떨어진 곳에서 온 왜군의 활동이 많이 나오고 또한 과장되어 있다. 그렇다면 그들은 어떤 관계로 인하여 나타난 어떤 성격의 존재들이었을까?

4세기 후반의 동아시아 정세에서 東晉과 前秦의 갈등도 있었으나, 한반도 관련 국제 정세의 기본은 고구려와 백제 兩大强國의 대결 구도였다. 그들은 4세기 후반에 帶方故地를 사이에 놓고 30여 년간 격렬한 전쟁을 치렀다. 그에 비하면 한반도 남부의 신라와 가야는 그에 부수적으로 연동되어 움직이는 측면이 강하였다.

한편 가야와 왜는 2~3세기 이래 4세기까지 전통적으로 가야의 물적 자원과 왜의 인적 자원을 교환하는 긴밀한 교역 관계를 가지고 있었다. 그 관계는 4세기 후반에 양 지역의 정세 변동, 즉 김해의 加耶國을 중심으로 한 가야연맹의 재통합과 일본열도 기나이의 가와치 지역을 중심으로 한 신흥 세력의 출현으로 인하여 더욱 강화되었다. 양자의 교류 관계는 전통적인 철 소재와 위세품 교역에 더하여, 가야의 군수물자 수출 및 왜의 군사력 동원 문제가 중요시되었다.

4세기 후반에 백제는 고구려와의 대결을 치르는 과정에서 신라를 견제하기 위하여 가야를 지원하고, 가야를 매개로 하여 왜와 연결되었다. 그런 중에 백제가 고구려와의 전쟁에서 열세에 밀리자, 백제는 가야와 왜 사이의 전통적인 인적·물적 자원 교역의 관행을 이용하여 왜군을 끌어들였다. 그 결과 倭는 兩者 間의 필요에 의하여 동맹을 맺고 있었던 가야를 위해 고구려와 백제 사이의 전쟁에 동원되어 인명 손실의 큰 대가를 치르고 문화적 이득을 취한 것이다.

그 시기를 전후하여 일본열도에서는 급격한 변화가 일게 되었다. 413년에 倭王이 東晉에 사신을 보낸 것을[1] 계기로 중국 사서에 일본 관련 기록이 나타나기 시작하며, 그 후 5세기 후반까지 왜의 5왕이 南朝와의 조공 관계를 유지하였다. 5세기 들어 일본의 가와치 지역에서 거대 정권이 대두한 것은 한반도에서 유입된 집단들이 통합된 것과 관련이 있으나, 그 통합의 계기나 과정은 분명치 않다.

그런데 많은 연구자들은 4세기 말 5세기 초에 가야 지역으로부터 일본열도로 많은 인구가 유입되었다는 것을 말하고 있다.[2] 이들은 모두 한결같이 4세기 말 또는 5세기 초에 김해 등의 낙동강 하류지역, 즉 金官加耶로부터 일본열도 각지로 마구류와 금속 가공술, 도질토기 등이 이민과 함께 전해졌는데, 금속 가공술과 도질토기의 경우에는 그 당시에 工人이나 제작 기법까지 전해졌다고 하였다.

---

1) 『晉書』 권10, 帝紀 10 安帝 義熙 9년(413) 是歲條.
2) 江上波夫, 1984, 「日本における國家の形成 -倭人の國から大和朝廷へ-」, 『東洋研究』 72쪽 ; 1992, 『江上波夫の日本古代史 -騎馬民族說四十五年-』, 大巧社, 東京, 256~257쪽.
   崔秉鉉, 1992, 「考古學的으로 본 加耶와 日本의 관계」, 『韓國史市民講座』 11, 一潮閣, 서울, 111~117쪽.
   中村潤子, 1991, 「騎馬民族說の考古學」, 『考古學その見方と解釋』, 筑摩書房 ; 森浩一 編, 1993, 『馬の文化叢書 第一卷 古代 -埋もれた馬文化』, 馬事文化財團, 橫浜, 483쪽.
   崔鍾圭, 1990, 「美術上으로 본 韓日關係 -陶質土器와 須惠器-」, 『古代韓日文化交流研究』, 韓國精神文化研究院, 성남, 164~171쪽.
   酒井淸治, 2001, 「倭における初期須惠器の系譜と渡來人」, 『4~5世紀 東亞細亞 社會와 加耶』, 제7회 加耶史 국제학술회의 발표요지, 김해, 99~101쪽.
   申敬澈, 2000, 「금관가야의 성립과 연맹의 형성」, 『가야 각국사의 재구성』, 부산대학교 한국민족문화연구소 편, 혜안, 서울, 78쪽.

    김해 및 부산 등과 같은 낙동강 하류지역은 전기 가야연맹의 중심 지역으로서 백제 및 왜와 연결하여 국제 관계에 휘말리면서 적극적으로 고구려 및 신라와 대립하고 있었기 때문에, 그 패배 직후인 5세기 초에는 이민자들도 많이 발생하였을 것이다. 그 시기는 김해 중심의 전기 가야와 고령 중심의 후기 가야 사이의 전환기에 해당한다. 가야의 유망민들은 경상남·북도 내륙 산간지역으로 도피하기도 하였으나, 가까이 교류하던 일본열도로도 상당수 도피하였던 것이다.

    이를 한일 간의 단순한 교역, 또는 일본에서의 주체적 문물 수용, 심지어 任那 經營의 결과에 따른 한국·중국계 주민(渡來人, 歸化人)의 이동이라고 보는 견해도 있으나, 만일 그렇다면 기마민족의 정복이라고까지 불릴 정도로 급격한 4~5세기 일본열도 내 遺物相의 변화를 합리적으로 설명할 수 없다. 그러므로 5세기 이후 일본 고대 문화의 폭발적인 발전은 일본열도 주민들의 노력 및 그 문화의 내적 성장에 따른 것이었다고 해도, 그 촉발은 본질적으로 고구려 對 백제의 대결이라는 한반도 정세에 연동되어 이루어진 가야의 지원과 가야 지역의 상황 변동에 맞물려 이루어졌다고 보아야 한다.

* 이 글의 원전 : 金泰植, 2005, 「4世紀의 韓日關係史 -廣開土王陵碑文의 倭軍問題를 中心으로-」, 『한일역사공동연구보고서 제1권』, 한일역사공동연구위원회, 74~77쪽(Ⅵ. 맺음말).

III부

고대 왕권의 성장과 한일관계

1. 4~6세기 한일관계사의 반성

4~6세기는 한반도와 일본열도를 포함한 동북아시아 역사에서 매우 활발한 성장의 시대였다. 이 시기에 중국은 오호십육국시대를 거쳐 남북조시대로 정비되어, 만리장성 안에서 중국인 漢族과 이방인 胡族이 함께 공존하면서 민족적, 문화적 융합을 이루었다. 북쪽에서는 새로운 통치자로 대두한 胡族이 한족의 체제와 문화를 수용하면서 중국화 되었고, 남쪽에서는 북쪽에서 이동한 중국계 僑民들이 새로운 지역으로 중원 문화의 확산을 도모하였다.[1]

그 시기에 北魏는 남쪽으로 南朝 국가들과 대결하고 북쪽으로 유목제국인 柔然과 대립하는 과정에서 동방의 강국인 고구려의 독자적 세력권을 확인해주고 상호 교역을 통한 공존을 모색하였고, 남조의 東晉·宋·濟·梁 등은 북위와의 대결을 치르면서 백제와 활발하게 교역하며 때로는 고구려와의 교섭도 마다하지 않았다. 고구려와 백제는 이러한 국제 환경을 최대한 이용하여 성장하였으며, 그 외곽의 신라·가야·왜는 다시 고구려와 백제

---

1) 朴漢濟, 1988, 『中國中世胡漢體制硏究』, 一潮閣.

의 대결 과정에서 그들로부터 문화를 전수받으며 국가적 성장을 이루었다.

이 시기에는 한반도에 고구려·백제·가야·신라라는 4개의 문화 중심이 자리 잡고 있었고, 한반도처럼 분명하지는 않지만 일본열도에도 다원적인 문화 중심들이 성립하여 있었기 때문에, '한일관계'라는 단순한 용어 아래 그들 사이의 국제 관계를 설명하기란 쉽지 않다. 특히 한국사 연구자들은 평소에 일본열도를 염두에 둔 연구 전통이 거의 없어서, 4~6세기의 한일관계사를 체계적으로 서술하는 것은 불가능에 가까운 일이 아닐 수 없다.

반면에 일본사 연구자들의 경우에는 상황이 조금 다른 듯하다. 일본 고대사를 서술한다는 것은 중국 사서의 倭人傳이나 『삼국사기』에 보이는 왜인들의 활동을 연구하는 것이었기 때문에, 일본 고대사학계에서는 한일 또는 중일관계사에 대한 연구 전통이 깊다. 또한 사료적 신빙성의 문제는 있다고 하더라도 『일본서기』의 해당 시기 기사들은 상당수가 한반도 제국과의 관계를 기준으로 삼고 있기 때문에, 이에 관한 연구도 풍부하다. 즉 일본의 고대사 연구는 그 자체가 한일관계사에 바탕을 둔 것이었다고 할 수 있다.

그러나 일본에서의 고대 한일관계사 연구가 아무리 두텁다고 해도 이는 다분히 自國民들만을 위한 설명 체계였고, 그것이 상대국인 他國民까지 설득할 수 있는 객관적인 것인지는 의문의 여지가 있다. 그 중에서 과거 일부의 연구는 한반도 남부 지역을 지배 또는 경영의 대상으로 삼아 고대로부터 일본의 우월성을 선양하기도 하였다.[2] 근래에 들어 일본 고대사는 고고학적 발굴과 금석문·목간 연구 등의 증거 자료를 통하여 점진적으로 객관성을 높여가고 있지만, 과거의 편린은 아직도 일본의 여러 개설서와 교과서에 남아 있다.

그에 비해 한국에서의 고대 한일관계사 연구는 분량도 절대적으로 부족할 뿐만 아니라 체계적이지 못하다. 얼마간의 연구가 있다고 하더라도, 이

---

2) 末松保和, 1949, 『任那興亡史』, 大八洲出版 ; 1956, 再版, 吉川弘文館.

른바 '任那日本府說'의 설명 체계를 극복하기 위하여 무조건적인 부정을 반복하거나, 혹은 『일본서기』 기사의 주어를 대부분 왜왕이 아닌 백제왕으로 바꾸어 보아야 한다든가,[3] 거기 나오는 백제·신라·가야 등은 한반도가 아닌 일본열도에 있던 分國으로 보아야 한다는 것과[4] 같은 극단적인 전제 조건을 내세우는 경우가 많았다.

특히 고대 한일관계사에서 가장 문제가 되는 것은 4~6세기의 가야에 대한 선입견이다. 이제 한일 양국의 고대사 연구자들 사이에는 임나일본부설을 인정한다고 公言하는 사람은 극히 드물다.[5] 임나일본부설은 20세기 전반기를 거치면서 『일본서기』, 『宋書』 倭人傳, 광개토왕릉비문 등의 검토를 통하여 뒷받침된 학문적 성과인 것처럼 보이지만, 동시에 그것은 일본의 조선 침략 및 식민지주의를 긍정하는 데에 기여하려는 목적이 있었으므로,[6] 그것이 21세기인 지금에 와서 설득력을 잃는 것은 당연한 일이다.

그런데 자세히 살펴보면, 모든 이의 의견이 합일되어 부정하는 것은, 4세기 후반에 왜군이 가야 지역을 군대로 정벌한 후에 이를 지배하였고 그 통치 기관으로서 임나일본부가 있었다는 논리일 뿐이다. 그 가설을 부정한다고 공언해도, 그와 비슷한 기조를 바탕으로 가야를 바라보는 시각, 즉 가야를 경시하는 논리들이 아직도 많이 존재하고 있다.[7]

그리하여 최근의 연구에서도 왜군이 4세기 후반에 가야를 정벌하지는 않았지만 6세기 전반에 가야는 백제와 신라 등에게 위협을 받고 있어서 왜국

---

3) 千寬宇, 千寬宇, 1977·1978, 「復元加耶史」上·中·下, 『문학과 지성』 28·29·31 ; 1991, 『加耶史硏究』, 一潮閣.
4) 金錫亨, 1966, 『초기조일관계연구』, 사회과학출판사 ; 1988, 『초기조일관계사 (하)』, 사회과학출판사.
5) 구체적인 연구사에 대해서는, 본고 제4장 제3절 참고.
6) 山崎雅稔, 2002, 「廣開土王時代の高句麗の南進と倭王權の展開」, 『廣開土太王과 高句麗南進政策』, 高句麗硏究會 編, 學硏文化社, 97쪽.
7) 金泰植, 2004, 「加耶史輕視論への批判」, 『國立歷史民俗博物館硏究報告』 第110集, 佐倉: 國立歷史民俗博物館, 566쪽.

에 구원 요청을 하였으므로 그 후로 가야는 왜의 강한 영향력 아래 놓이게 되었다거나,[8] 혹은 그 이전에도 가야 지역은 그런 논리의 연장으로 어느 정도 왜의 영향력 아래 있었다고 보는 견해가 있다.[9] 이런 인식들을 정리해 본다면, 가야는 鐵 자원을 생산하고 있었으나, 소국들로 분립되어 있어서 힘이 약했고, 그래서 일본 야마토 정권에 대하여 의존 관계를 맺고 있었다는 것이다.

이처럼 이제 가야 지배 기구로서의 임나일본부의 존재를 인정하는 연구자는 거의 없으나, 그럼에도 불구하고 왜 왕권이 가야에게 강한 영향력을 미치고 있었다고 한다. 사람들은 누구나 자기중심으로 세상을 바라보는 눈을 가지고 있으므로 이를 탓할 수 없다. 사료가 부족한 고대사의 특성상, 주변의 어떤 지역을 희생양으로 삼으면 역사의 전개 상황을 설명하기가 용이하다. 그러나 그것이 역사적 사실에 위배된다면 곤란하다.[10]

어떤 사람들은 가야는 소국들이 분립하고 중앙 집권 체제를 완성하지 못해 힘이 약하였고 하나의 국가로 취급할 수 없다고 한다. 그러면 서양 중세의 봉건국가들은 중앙 집권화를 이루지 못하였으니 그 시대의 역사를 인정하지 않을 것인가? 또는 그리스가 소국으로 분립되어 있었기 때문에 그 주변 세력들의 강한 영향력 또는 지배 아래 들어가 있었을 것이라고 당연시할 것인가? 보다 중요한 것은 그 세력의 실체와 여건 및 기능이다.

늦어도 3세기 이후로 가야연맹은 고구려·백제·신라와 관계를 맺을 때 대외적으로 하나의 정치체로서 역할을 하였으며, 장기간에 걸친 문화적 축적을 토대로 삼아 대외적으로 고대국가와 같은 면모를 보여 479년에 중국 南齊로부터 책봉을 받기도 하였고, 후술하듯이 510년대의 대가야는 북부 가야 지역을 포괄하는 초기 고대국가를 형성했다. 가야연맹이 아무리 중앙 집권적인 고대국가 체제를 완성하지 못했다고 하더라도 한반도에서 이들의

---

8) 大山誠一, 1980, 「所謂 '任那日本府' の成立について」 上·中·下, 『古代文化』 32-9·11·
   12, 京都 : 古代學協會 ; 1999, 『日本古代の外交と地方行政』, 東京 : 吉川弘文館.
9) 鈴木英夫, 1996, 『古代倭國と朝鮮諸國』, 靑木書店.
10) 金泰植, 2004, 앞의 논문, 566~567쪽.

존재를 제외하고는 적어도 4세기부터 6세기까지 300년간의 역사를 제대로 구성할 수 없다.

실로 고대사 분야에서는 加耶史를 둘러싼 한일관계사의 상호 반성 및 연구 진작을 위하여 한일역사공동연구위원회가 성립된 것이 아닐까 한다. 제1기 3년간의 연구는 매우 활발하고 진지한 것이었다. 그리하여 서로 상대방 연구자의 존재를 의식하면서, 4~6세기의 한일관계에 대하여 학설사를 정리하고 그 문제점을 논하는 장편의 연구들이 발표되었다.[11] 고대사를 담당한 제1분과의 제1기 연구가 부족한 점이 많았다고 하더라도, 기존의 한일관계에 대한 편견을 일부 불식시키고 약간의 진전을 이루었음은 분명하다. 즉 4~6세기에 왜군의 가야 정복이나 지배는 없었으며 근래에 전문 연구자로서 임나일본부설을 주장하거나 믿는 사람은 없다는 점에 다시 동의하였다.[12]

그러나 그 연구들은 너무나 전문적이고 복잡한 것이었기 때문에, 교과서나 개설서 집필자들을 위한 지침이 되지 못한 듯하다. 이런 반성에 바탕을 두고 제1분과의 제2기 연구위원들은 좀 더 넓은 시기에 걸쳐 개설적인 서술에 바탕을 둔 한일관계사를 쓰려고 노력하였다. 그러면서도 양국의 연구 상황을 충실하게 반영하는 전문성도 잃지 말고, 집필자 자신의 판단은 분명하게 제시할 필요가 있다. 본고는 그러한 취지 아래 작성되었다.

이는 참으로 어려운 과제가 아닐 수 없다. 한국 고대사에서 4~6세기는 고구려·백제·신라·가야 4국의 왕권이 상호 갈등 속에서 단계적으로 성장하는 역동적인 시대였으며, 그러한 점은 왜의 왕권도 다르지 않았다고 보인다. 이 시기에는 지배층들의 고분에 부장품을 많이 묻는 시기였기 때문에, 각 지역에서 출토되는 유물들도 너무 많다. 게다가 이 시기에는 국경을

---

11) 한일역사공동연구위원회, 2005, 『한일역사공동연구보고서 제1권』, 서울 : 한일역사공동연구위원회 ; 日韓歷史共同研究委員會, 2005, 『日韓歷史共同研究報告書 第1分科篇』, 東京 : 韓歷史共同研究委員會.
12) 위의 책, 437~443쪽 ; 日本語版, 311~313쪽.

넘어 왕래하거나 주거지를 옮기는 移民者들도 적지 않았다고 판단된다. 온전한 한일관계사라면 이 모든 것을 종합하여 정리해야 할 것이나, 이것은 너무나 방대한 작업이고 또 필자의 능력에는 그런 여력도 없다. 따라서 본고에서는 4~6세기 한반도와 일본열도 각 정치세력 사이의 관계를 왕권 성장과 관련하여 개관하는 것을 주요 임무로 삼고자 하였다. 그리고 4~6세기 한일관계에서 주요 쟁점을 이루고 있던 任那問題는 사료상의 문제점뿐만 아니라 학설의 연구 동향까지 포함하려고 한다.

본고의 제2장에서는 4세기의 한일관계를 정리한다. 이 시기는 중국을 제외한 동북아시아에서 성장이 가장 앞섰던 고구려와 백제가 왕권 강화에 따른 중앙 집권 체제를 완성하면서 그 둘이 4세기 후반에 패권을 다투고, 그에 따라 신라, 가야, 왜 등의 주변 세력이 휘말리는 상황을 검토해 보고자 한다. 그에 더하여 임나 문제와 관련하여 『일본서기』 神功 49년 조 기사 및 광개토왕릉비문의 해석에 대한 연구 성과를 포함할 것이다.

그에 이어 제3장에서는 대체로 5세기의 한일관계를 정리한다. 이 시기에는 고구려가 동북아시아의 절대 강자로 군림하면서 남하 정책을 추진하고, 이에 따라 백제 · 가야 · 신라가 연합하여 이에 대항하는 국제관계를 살펴보고자 한다. 고구려 남하의 위기 속에서 백제가 한 차례 좌절의 위기를 겪고 신라와 가야가 그 와중에 왕권 강화를 이룩하는 과정도 검토해야 한다. 이 당시의 왜는 가야의 여러 세력들과 교역하기도 하고 한반도 남부로부터의 유망민을 수용하면서 고대국가 형성을 위한 물적 토대를 마련하였으며 일단의 왕권 강화도 이룩하였다. 왜 5왕이 중국 宋에 요구한 諸軍事號와 왜왕 武 상표문에 대한 이해 문제도 여기에 포함된다.

마지막으로 제4장에서는 6세기의 한일관계를 정리해 보고자 한다. 이 시기에는 백제가 부흥하여 주변 지역에 대한 외교를 주도하고, 신라가 그동안의 문화적 축적을 바탕으로 중앙 집권 체제를 마련하여 본격적으로 팽창하는 것이 역사 전개의 핵이었다고 보인다. 그에 따라 가야 제국이 일시적인 제도 정비를 이루었다가 결국은 몰락하고, 왜는 고급 정신문화를 수용하여 국가 체제를 정비해나가는 과정을 살펴볼 것이다. 이 시기의 『일본서기』

欽明朝 기록에 나오는 이른바 '任那日本府'의 성격에 대한 논란은 부정적 한일관계사라고 할 수 있는 임나 문제의 가장 중요한 쟁점이다.[13]

* 이 글의 원전 : 金泰植, 2010, 「古代 王權의 成長과 韓日關係 -任那問題를 包含하여-」, 『제2기 한일역사공동연구보고서 제1권(제1분과 편)』, 서울 : 한일역사공동연구위원회, 127~131쪽(序言).

---

13) 본고의 서론을 제외한 제2장부터 결론까지의 내용은 2007년 6월부터 2009년 11월까지 진행된 제2기 한일역사공동연구위원회에서 발표되었던 내용들을 종합한 것이다. 제2장은 同 위원회 제1분과 제6차 합동회의(宮崎 : 2008. 1. 26.)와 제7차 합동회의(全州 : 2008. 3. 15.)에서 발표되었고, 제3장은 제14차 합동회의(濟州 : 2009. 5. 16.)에서 발표되었으며, 제4장은 제12차 합동회의(岡山 : 2009. 1. 31.)에서 발표되었다. 그리고 마지막 結論은 전체 위원이 모인 심포지엄(東京 : 2008. 12. 29.)에서 발표되었던 要旨이다. 물론 이 보고서에 실린 내용은 分科會議에서의 질의·토론과 追後 연구를 거쳐 문장을 일부 수정한 것이다.

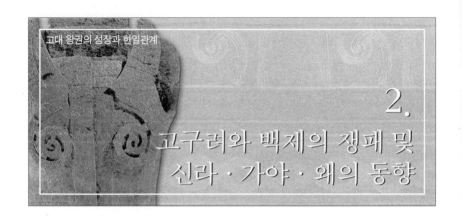

1. 고구려 · 백제의 발전과 가야 · 왜의 교류

(1) 고구려의 왕권 성장과 낙랑 병합

4세기는 동아시아에서 중국 漢族 중심의 국제 질서가 무너지고 동북아시아 여러 종족의 운동력이 확산되는 시기였다. 중국에서는 291년 西晉의 洛陽에서 8王의 亂이 시작된 이후, 북방의 匈奴와 鮮卑가 여러 가지 계기로 인하여 長城 안으로 혼입되어 들어오고 關中의 氐族과 羌族의 독립이 잇따랐다. 그에 따라 서진은 지배력이 급격히 약화되다가 멸망하고, 317년에 그 일족인 司馬睿가 양자강 이남에 망명정권 東晉을 세웠다.

華北에서는 흉노족 劉淵이 303년에 漢(후의 前趙)을 건국하면서 혼란스러운 오호십육국시대가 시작되었다. 그 후 羯族의 石勒이 319년에 後趙를 세우고 세력을 키우더니 329년에 前趙를 멸망시키고 화북 일대를 장악하였다. 요동에서는 慕容廆가 307년에 鮮卑大單于를 자칭하며 세력을 구축하여, 321년에는 襄平과 平郭을 거점으로 군사력을 증강하였고, 337년에는 燕王을 자칭할 정도로 강성해졌다.[1]

고구려는 3세기 후반에 서진의 혼란을 틈타 동옥저 및 동예 지역을 다시

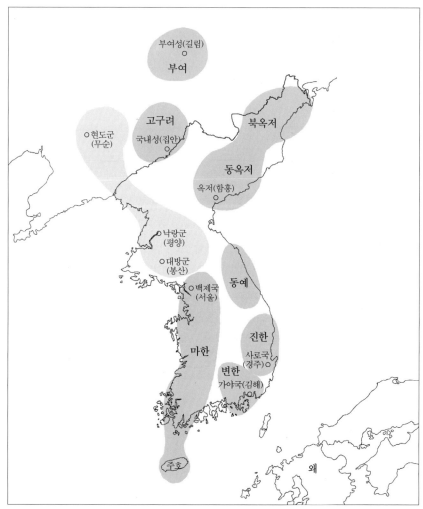

부여성(길림)
부여

현도군
(무순)

고구려
국내성(집안)

북옥저

동옥저
옥저(함흥)

낙랑군
(평양)

대방군
(봉산)

백제국
(서울)

동예

마한

진한
사로국
(경주)

변한
가야국(김해)

주호

왜

⟨지도 1⟩ 3세기의 한반도 정세

1) 余昊奎, 2000, 「4세기 동아시아 국제질서와 고구려 대외정책의 변화 -對前燕關係를 중심으로-」, 『역사와 현실』 36, 서울 : 역사비평사.

회복하고,[2] 서천왕 때에는 각 지역에 온존하던 那部 지배세력을 수도인 왕도로 집결시켜 중앙 행정단위인 方位部로의 편제를 완료함으로써[3] 5部體制를 질적으로 전환하여 연방제적인 초기 고대국가를 벗어나 왕과 중앙귀족에 의한 중앙 집권적 통치 체제를 마련하였다(지도 1). 이러한 왕권의 성장을 토대로 삼아, 고구려 미천왕은 313년에 낙랑군을, 314년에 대방군을 멸망시키는 성과를 올렸다. 이로써 400여 년 동안 한반도 서북부를 차지하고 있던 중국 군현 세력은 일소되었다.

그러나 고구려의 팽창은 요동 지역에 세력을 구축하던 선비족과의 대결을 불가피하게 하였다. 그리하여 319년과 320년에 東夷校尉 · 平州刺史 崔毖와 鮮卑 段部 · 宇文部 등과 연합하여 前燕을 공격하였으나 모두 실패하였다. 330년 이후로는 華北의 後趙와 화친을 맺고 전연을 견제하다가 342년에 慕容皝의 공격을 받아 丸都城이 함락되고 王母 周氏와 남녀 5만이 포로로 잡혀가는 패배를 맛보았다.[4] 그 후 고구려 고국원왕은 343년에 평양 東黃城으로 옮겨 거의 30년에 걸쳐 이 지역에 대한 지배 체제 정비에 힘을 쏟았으며, 그동안 전연은 352년에 後趙를 멸망시키고 화북 일대까지 장악하는 등 중원 경영에 몰두하느라 고구려와 군사적 충돌 없이 소강상태를 유지하였다.

2) 林起煥, 2004, 「고구려와 낙랑의 관계」, 『韓國古代史硏究』 34, 156쪽.
3) 林起煥, 1995, 「高句麗 集權體制 成立過程의 硏究」, 경희대학교 대학원 박사학위논문, 57쪽 ; 2004, 『고구려 정치사 연구』, 서울 : 한나래, 104~105쪽.
　余昊奎, 1995, 「3세기 고구려의 사회변동과 통치체제의 변화」 ; 『역사와 현실』 15, 한국역사연구회.
　윤성용, 1997, 「고구려 귀족회의의 성립과정과 그 성격」, 『한국고대사연구』 11, 한국고대사연구회.
　盧泰敦, 1999, 『고구려사 연구』, 서울 : 사계절, 167~168쪽.
4) 『三國史記』 卷18, 高句麗本紀6 故國原王 12년 "十一月 皝自將勁兵四萬 出南道 以慕容翰 · 慕容霸爲前鋒 別遣長史王寓等 將兵萬五千 出北道以來侵. (中略) 諸軍乘勝 遂入丸都 王單騎走入斷熊谷. 將軍慕輿埿 追獲王母周氏 及王妃而歸. 會王寓等 戰於北道 皆敗沒. 由是 皝不復窮追 遣使招王 王不出. (中略) 皝從之 發美川王墓 載其尸 收其府庫累世之寶 虜男女五萬餘口 燒其宮室 毀丸都城而還."

(2) 전기 가야와 왜의 교류

한반도 남부의 낙동강 유역에서는 3세기 말 이후 경상남도 김해 지방을 중심으로 하여 가야 소국연맹체가 독점적으로 영도되기 시작하였다(지도 2). 이 때 가야국의 중심은 김해시 서쪽의 주촌면 일대에 있다가 현재의 김해 시내 쪽으로 옮겨졌으며, 그 최초의 고분은 김해시 대성동 29호분[5]이다. 이

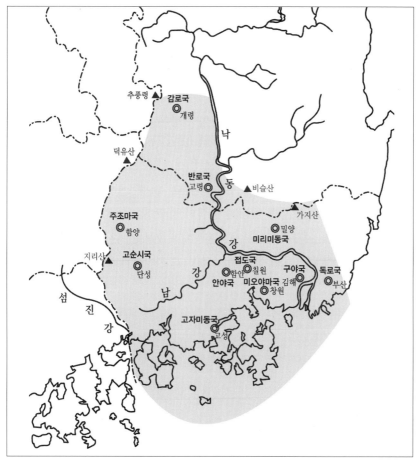

〈지도 2〉 전기 가야연맹 소국들의 위치

고분은 대형 덧널무덤[木槨墳]으로서 단단한 도질토기를 다량 부장하고 순장을 하였으며 오르도스 청동솥[銅鍑], 철제 갑주, 기승용 마구 등의 북방 문화 요소를 부장하여, 강하고 부유한 지배자의 면모를 보여주었다.[6] 북방 문화 요소는 김해 지방의 가야국이 한반도 서북 지역과 원활한 교역 활동을 하고 있던 2세기 후반부터 나타나기 시작하였으나, 3세기 말 4세기 초 중국 북부를 중심으로 하여 동북아시아 세계에 전해진 외부 충격으로 인하여 집중적으로 나타난 것이다.[7] 즉 4세기의 가야는 북방 유목민족의 기마 무장을 일부 받아들이는 한편, 그들의 철제 미늘갑옷에 자극을 받아 긴 철판들을 가죽이나 못으로 연결한 판갑옷과 투구를 개발하였다.[8] 일부 학자들은 이를 전형적인 기마 무장이 아니라고 부인하기도 하나, 비록 重裝騎兵이 조직적이며 체계화 되어 있지는 않아도 가야에 기병이 존재하고 가야의 일부 엘리트 계층이 중장 기마전술을 수용했다는 점은 인정해야 한다.[9]

그러나 고구려에 의한 낙랑-대방군의 멸망은 한반도 동남부에서 그들과의 원거리 교역을 통해 발전하던 김해 가야국의 영도력에 큰 지장을 초래하였다. 그리하여 마산 서쪽의 고성, 사천 등에 있는 浦上八國이 맹주국인 김해 가야국을 공격하는 등 난조를 드러내었고, 그 후 가야연맹은 함안 安羅國 중심의 서부 지역과 김해 加耶國 중심의 동부 지역으로 분열되었다.[10] 4세기의 고식 도질 굽다리접시가 분화하여, 원통모양 굽다리접시[筒形高杯]는 주로 마산 서쪽에서 진주까지 나타나고, 外反口緣의 투창 없는 굽다리접

5) 慶星大學校博物館, 2000, 『金海大成洞古墳群 I』, 부산 : 경성대학교박물관, 141~153쪽.
6) 申敬澈, 2000, 「金官加耶의 성립과 연맹의 형성」, 『加耶 各國史의 재구성』, 부산대학교 한국민족문화연구소 편, 서울 : 혜안, 45~72쪽.
7) 宋桂鉉, 2000, 「토론 요지 : 金官加耶의 성립과 연맹의 형성」, 『加耶 各國史의 재구성』, 부산대학교 민족문화연구소 편, 서울 : 혜안, 85~87쪽.
8) 申敬澈, 1994, 「加耶 초기마구에 대하여」, 『釜大史學』 18 ; 2000, 「金官加耶의 성립과 연맹의 형성」, 『加耶 各國史의 재구성』.
9) 李蘭暎 · 金斗喆, 1999, 『韓國의 馬具』, 과천 : 韓國馬事會 馬事博物館, 219~220쪽.
10) 金泰植, 1994, 「咸安 安羅國의 成長과 變遷」, 『韓國史研究』 86, 서울 : 한국사연구회, 60쪽.

시[無透窓高杯]가 주로 창원 동쪽에서 김해·부산 지방까지 나타나는 것은 그 분열 양상을 반영한다.[11]

한편 4세기의 일본열도는 소국연맹체의 사회 구조를 이루고 있었다. 이 시기의 연맹체는 주도 세력이 하나로 고정되어 있던 것이 아니었다. 기원전 1세기부터 3세기까지는 주로 북부 규슈[九州] 세력이 철기 제작에 쓰이는 가야의 납작도끼[板狀鐵斧]를 독점하였으나,[12] 고훈시대 前期가 시작되는 3세기 후반에 기나이[畿內]의 야마타이국[邪馬台國]이 긴키[近畿] 각지와 세토내해[瀨戶內海] 연안 각지의 여러 세력을 결집하여 한반도 남부, 특히 弁辰 즉 가야와 철 자원을 둘러싼 상호 작용의 주체로 대두되었다.[13] 그러나 철은 가야 지역에서 생산된다고 해도, 상당수의 선진 문물은 중국 방면에서 생산되는 것을 가야가 한반도 서북 지역을 통하여 중계하는 것이므로, 그 교역 관계는 동아시아 전반의 형세에 따라 연동되어 움직이는 측면이 컸다.

4세기 전반에는 중국 西晉의 혼란으로 인한 東部都尉의 몰락, 중국 동북부 및 한반도 북부 고구려의 낙랑·대방군 병합, 이에 따른 가야연맹의 동서 분열 등으로 말미암아, 일원적인 문화의 흐름이 이어지지 않았다. 따라서 그 시기에는 3세기에 성립했던 기나이 야마토[大和] 중심의 연맹체도 그다지 큰 기능을 발휘하지 못하고 각자 한반도 남부의 여러 세력들과 개별적인 교섭을 하였다.

---

11) 安在晧·宋桂鉉, 1986, 「古式陶質土器에 관한 약간의 고찰 -義昌 大坪里出土品을 通하여-」, 『嶺南考古學』 1, 대구 : 嶺南考古學會, 50~53쪽.
趙榮濟, 1986, 「西部慶南 爐形土器에 대한 一考察」, 『慶尙史學』 2, 진주 : 慶尙大學校, 24쪽.
朴升圭, 1993, 「慶南 西南部地域 陶質土器에 대한 硏究」, 『慶尙史學』 9, 진주 : 慶尙大學校, 4~5쪽.
金泰植, 2002, 『미완의 문명 7백년 가야사 1권』, 서울 : 푸른역사, 134~137쪽.
12) 武末純一, 2002, 「日本の九州および近畿地域における韓國系遺物 -土器·鐵器生産關係を中心に-」, 『古代 東亞細亞와 三韓·三國의 交涉』, 부산 : 福泉博物館, 88쪽.
13) 白石太一郎, 2000, 『古墳と古墳群の硏究』, 塙書房 ; 2002, 「倭國誕生」, 『倭國誕生』(日本の時代史1), 吉川弘文館 ; 2006, 「倭國の形成と展開」, 『古代史の流れ』(列島の古代史8), 岩波書店, 29쪽.

철제 판갑옷의 분포로 보아 4세기 전반의 국제 교역 체계는 고구려-신라-가야(부산·김해)-왜로 이어지는 것이었다고도 하고,[14] 또 당시에 함안 안라국 양식의 돗자리무늬 두 귀 항아리[繩蓆文打捺兩耳附壺]의 유례가 쓰시마[對馬]의 아사히야마[朝日山] 고분, 후쿠오카현 히가시시모다[東下田] 유적, 니시신마치[西新町] 유적, 시마네현 가미나가하마[上長浜] 패총, 돗토리현 아오키이나바[青木稻場] 유적 등에서 발견되었으며,[15] 금관가야 양식의 토기는 일본열도에서 주로 오사카를 중심으로 한 긴키 지역과 도카이[東海] 지역에서 주로 출토되었다고 한다.[16] 이는 동서로 구분된 전기 가야연맹이 각기 다른 경로로 일본열도와 교류하는 면모를 보인 것이라고 할 수 있다. 한편 4세기 전반의 일본열도 긴키 지역에서는 기존의 문화 축적을 토대로 하여 나라[奈良] 남부 중심의 세력이 청동 거울, 벽옥제 가래모양 팔찌[鍬形石]와 바퀴모양 팔찌[車輪石] 등과 같은 종교적 성격의 위세품 분급 체계를 갖추고 있었다.

(3) 백제의 왕권 성장과 중앙 집권 체제 정비

백제는 3세기 후반에 해당하는 고이왕 후기에 중국 군현의 간섭과 마한 소국연맹체의 테두리를 벗어나 독자적으로 部體制를 시행하는 초기 고대국가로 성장하였다.[17] 고이왕 이후의 백제는 낙랑과 지속적으로 적대 관계를 유지하여, 298년과 304년에는 책계왕과 분서왕이 낙랑과의 대결 과정에서 살

---

14) 李賢惠, 1988, 「4세기 加耶社會의 交易體系의 變遷」, 『韓國古代史硏究』 1, 韓國古代史硏究會, 175쪽.

15) 朴天秀, 2002, 「考古資料를 통해 본 古代 韓半島와 日本列島의 相互作用」, 『韓國古代史硏究』 27, 韓國古代史學會, 59쪽 ; 2007, 『새로 쓰는 고대한일교섭사』, 서울 : 사회평론, 51쪽.

16) 朴天秀, 2007, 『새로 쓰는 고대 한일교섭사』, 서울 : 사회평론, 78쪽.

17) 盧泰敦, 1975, 「三國時代의 '部'에 關한 硏究 -成立과 構造를 中心으로-」, 『韓國史論』 2, 서울 : 서울대학교 국사학과, 14쪽.
　　盧重國, 1988, 『百濟政治史硏究』, 서울 : 一潮閣, 98쪽.
　　金泰植, 2003, 「初期 古代國家論」, 『강좌 한국고대사』 제2권, 駕洛國史蹟開發硏究院, 50쪽.

해되기도 하였다.[18] 그러나 백제는 4세기 전반에 肖古系의 비류왕이 40여 년간 재위하면서 왕권을 다진 이후, 4세기 중후반 근초고왕 때에 이르러서 는 중앙 집권화를 완비하고 대외적인 팽창을 시작할 수 있었다. 백제 왕실 의 고분군인 서울 석촌동 고분군에서는 4세기 후반에 기단식 돌무지무덤[積 石塚]이 새로이 나타났고 그 중에 최초의 것이면서 최대(한 변 길이 50m)의 것인 석촌동 3호분은 근초고왕릉으로 추정된다.[19]

한강 하류 유역에서 출토된 4세기 東晉의 유물로는 청동 자루솥[鐎斗], 晉式 금동 허리띠[銙帶] 金具 등이 있어서, 백제와 동진 사이의 교섭을 확인 할 수 있다. 그에 더하여 동진의 청자는 백제 지역에 속하는 서울의 풍납 토 성, 몽촌 토성, 석촌동 고분군을 비롯하여 경기도 포천 자작리, 강원도 원주 법천리, 충남 천안 화성리 고분 등지에서 다수 출토되었다. 이는 고구려나 신라, 가야, 왜 등과 달리, 백제에는 낙랑군과 대방군의 축출 이후 중국계 이 주민들이 다수 그 영역으로 들어와 지배 계급의 일부를 구성하며 동진 청자 와 같은 중국 본토 문화의 수요층으로 작용하였기 때문이라고 추정된다.[20] 그 결과 마한 지역 내에서 한강 유역을 점유한 백제의 우위는 크게 두드러 지기 시작하였다.

그리하여 백제 근초고왕은 366년과 368년에 걸쳐 신라에 사신을 보내 우호를 다짐으로써 남방을 안정시키고, 369년에는 雉壤(황해도 연백군 은 천면)에서 고구려 2만 병을 맞이하여 5천여 명을 살획하였으며, 371년에는 군사 3만을 거느리고 고구려 평양성을 공격하여 고국원왕을 살해하였다.[21]

---

18)『三國史記』卷24, 百濟本紀2 古爾王 13년 8월 "魏幽州刺史毌丘儉與樂浪太守劉茂・朔方 太守王遵 伐高句麗. 王乘虛遣左將眞忠 襲取樂浪邊民. 茂聞之怒. 王恐見侵討 還其民口." 責稽王 13년 9월 "漢與貊人來侵 王出禦爲敵兵所害薨." 汾西王 7년 "春二月 潛師襲取樂浪西縣. 冬十月 王爲樂浪太守所遣刺客賊害薨."

19) 金元龍・李熙濬, 1987, 「서울 石村洞 3호분의 연대」, 『斗溪 李丙燾博士 九旬記念 한국사 학논총』.

20) 權五榮, 2003, 「백제의 對中交涉의 진전과 문화변동」, 『강좌 한국고대사』 제4권, 駕洛國 史蹟開發硏究院, 6~11쪽.

369년과 371년의 전투는 백제의 對고구려 전쟁에서 절정을 이루는 승리였으며, 377년에도 백제 3만 군이 평양성을 치는 등 우세는 한동안 지속되었다.[22]

이러한 승세를 바탕으로 백제 근초고왕(餘句)은 372년에 동진에 사신을 파견하여 '鎭東將軍 領樂浪太守'를 책봉 받고,[23] 그 후로도 동진과의 교류를 지속하였으며,[24] 이를 전후하여 博士 高興에게 國史인 『書記』를 편찬케 하였다.[25] 얼마 후 침류왕이 384년과 385년에 걸쳐 불교를 공인하였다는 것으로[26] 보아, 이 당시에 백제의 중앙 집권적 고대국가 체제가 완비되었다고 볼 수 있다. 4세기 후반부터 5세기 후반의 사이에 서울 석촌동 고분군이 정비되고 지방의 주요 고분군들이 사라지는 현상은,[27] 지방 세력가들이 몰락하고 중앙 집권화가 비약적으로 강화된 면모를 반영한다.

백제는 이러한 성장을 배경으로 삼아, 한편으로는 남쪽으로 마한 잔여

---

21) 『三國史記』卷24, 百濟本紀2 近肖古王 21년 3월 "遣使聘新羅."
   같은 王 23년 3월 "遣使新羅 送良馬二匹."
   같은 王 24년 9월 "高句麗王斯由帥步騎二萬 來屯雉壤 分兵侵奪民戶. 王遣太子以兵徑至 雉壤 急擊破之 獲五千餘級 其虜獲分賜將士."
   같은 왕 26년 "高句麗擧兵來 王聞之 伏兵於浿河上 俟其至急擊之 高句麗兵敗北. 冬 王與太子帥精兵三萬 侵高句麗 攻平壤城. 麗王斯由力戰拒之 中流矢死. 王引軍退 移都漢山."

22) 위의 책, 近仇首王 3년 10월 "王將兵三萬 侵高句麗平壤城."

23) 위의 책, 近肖古王 27년 정월 "遣使入晉朝貢."
   『晉書』卷9, 帝紀9 簡文帝 咸安2年 "春正月辛丑 百濟·林邑王各遣使貢方物. (中略) 六月 遣使拜百濟王餘句爲鎭東將軍領樂浪太守."

24) 『三國史記』卷24, 百濟本紀2 近肖古王 28년 2월 "遣使入晉朝貢."
   近仇首王 5년 3월 "遣使朝晉 其使海上遇惡風 不達而還."
   枕流王 원년 7월 "遣使入晉朝貢."

25) 위의 책, 近肖古王 30년 "冬十一月 王薨. 古記云『百濟開國已來 未有以文字記事 至是得博士高興 始有書記』然高興未嘗顯於他書 不知其何許人也."

26) 위의 책, 枕流王 元年 9월 "胡僧摩羅難陁自晉至 王迎之致宮內 禮敬焉 佛法始於此."
   같은 왕 2년 2월 "創佛寺於漢山 度僧十人."
   盧重國, 앞의 책, 115쪽.

27) 朴淳發, 1997, 「漢城百濟의 中央과 地方」, 『백제의 중앙과 지방』, 忠南大學校 百濟研究所, 151쪽.

세력을 억압하여 영역 확대에 나서고, 한편으로는 동진으로부터 수입한 선진 문물을 토대로 하여 가야 및 왜로 연결되는 교역로를 개척하였다.[28] 그 당시에 백제의 공세로 인하여 영역에 포함된 범위는 전라북도 서쪽 방면까지 미쳤다.[29] 또한 백제는 전남 해안의 해남·강진 방면 세력의 대외 교섭권을 박탈하여 세력 확장을 위한 교두보를 마련하였으며,[30] 해안에서 벗어난 영암이나 나주 등의 영산강 유역 세력에는 무력적인 제재 없이 공납적지배를 하였다.[31]

(4) 神功紀 49년 조의 해석과 칠지도

임나일본부설과 관련하여 4세기 한일관계사의 쟁점은 일본 제14대 仲哀王의 왕비인 神功이 '신라'를 정벌했는가의 여부에 있다. 그 근거가 되는 사료는 『古事記』 중권과 『日本書紀』 神功 즉위전기에 나온다.

그 기사들에 따르면 神功王后가 탄 배를 물고기들이 업고 날랐다거나,[32] 그 배를 받치고 있던 파도가 멀리 신라 땅의 절반을 잠기게 하였다거나,[33] 이를 보고 신라왕이 두려워서 즉시 항복하여 스스로 말 사육하는 곳이 되어 공물을 바치겠다고 맹세했다는[34] 점이 공통적으로 나오고 있다. 그

---

28) 金泰植, 1997, 「百濟의 加耶地域 關係史 : 交涉과 征服」, 『백제의 중앙과 지방』, 忠南大學校 百濟研究所, 48~51쪽.
29) 위의 논문, 51쪽.
30) 權五榮, 1999, 『복암리고분군』, 전남대박물관, 310쪽.
31) 李賢惠, 2000, 「4~5세기 영산강 유역 토착세력의 성격」, 『歷史學報』 166, 30쪽.
    文安植·이대석, 2004, 『한국고대의 지방사회 -영산강유역의 역사와 문화를 중심으로-』, 혜안, 107쪽.
32) 『古事記』 中卷, 仲哀天皇 "故 備如敎覺 整軍雙船 度幸之時 海原之魚 不問大小 悉負御船 而渡."
    『日本書紀』 卷9, 神功皇后 卽位前紀 仲哀九年 冬十月 己亥朔 辛丑 "從和珥津發之. 時飛廉起風, 陽侯擧浪, 海中大魚, 悉浮扶船."
33) 『古事記』 中卷, 仲哀天皇 "爾 順風大起 御船從浪 故 其御船之浪瀾 押騰新羅之國 旣到半國."
    『日本書紀』 卷第九, 神功皇后 卽位前紀 仲哀九年 冬十月 己亥朔 辛丑 "則大風順吹 帆舶隨波 不勞櫓楫 便到新羅. 時隨船湖浪 遠逮國中 卽知 天神地祇悉助歟."

결과『고사기』에서는 신라국을 '御馬甘'으로 삼고 백제국을 '渡屯家'로 정하였다고 하고,[35]『일본서기』에서는 신라를 '飼部'로 삼고 高麗·百濟 두 나라를 '內官家屯倉'으로 정하고 이를 '三韓'이라고 불렀다고 하여[36] 약간 차이가 난다.

이른바 '신공황후의 신라 정토' 또는 '신공황후의 삼한 정벌'이라고도 불리는 이 기사는 위와 같이 사실성이 희박하고 설화의 면모를 보이고 있다. 이 관념은 663년에 백제 부흥군을 돕던 왜군이 白江口 전투에서 신라군에게 패배한 후에 실제로 이를 주도했던 여왕인 齊明을 모델로 삼아 조작되어[37] 712년에 편찬된『고사기』와 720년에 편찬된『일본서기』에 기록된 것으로 추정된다. 이는 그 설화가 신라에 대한 강한 복수심을 표현하고 있고, 고구려·백제·신라를 '삼한'으로 부르는 7세기 후반 이후의 용어[38]를 답습하고 있음을 보아 알 수 있다.

신공왕후의 신라 정벌 및 임나 지배라는 것은 이미 에도시대의『고사기』및『일본서기』에 대한 국학 연구 때부터 기정사실로 인정되어 있는 상태였다. 에도시대의 한 연구에 의하면, 崇神王 말년에 任那王에게 비단을 주었는데 신라가 이를 가로챘기 때문에, 결국 신공왕후가 임나를 위하여 신라를 정벌하여 韓地에 일본부를 두고 宰에게 맡겨 다스렸는데, 신라가 일본의 은

---

34)『古事記』中卷, 仲哀天皇 "於是其國王畏惶奏言 自今以後 隨天皇命而爲御馬甘 每年雙船 不乾船腹 不乾柂楫 共與天地 無退仕奉."
  『日本書紀』卷9, 神功皇后 卽位前紀 仲哀九年 冬十月 己亥朔 辛丑 "新羅王 於是 戰戰慄 慄厝身無所. (中略) 因以叩頭之曰 從今以後 長與乾坤 伏爲飼部. 其不乾船柂 而春秋獻馬 梳及馬鞭. 復不煩海遠 以每年貢男女之調."
35)『古事記』中卷, 仲哀天皇 "故是以新羅國者 定御馬甘 百濟國者 定渡屯家."
36)『日本書紀』卷9, 神功皇后 卽位前紀 仲哀九年 冬十月 己亥朔 辛丑 "乃解其縛爲飼部 遂入 其國中 封重寶府庫 收圖籍文書. (中略) 於是 高麗·百濟二國王 聞新羅收圖籍 降於日本 國 密令伺其軍勢 則知不可勝 自來于營外 叩頭而款曰 從今以後 永稱西蕃 不絶朝貢. 故因 以 定內官家屯倉. 是所謂之三韓也. 皇后從新羅還之."
37) 直木孝次郞, 1988,「神功皇后傳說の成立」,『古代日本と朝鮮·中國』, 講談社學術文庫.
38) 盧泰敦, 1982,「三韓에 대한 認識의 變遷」,『韓國史硏究』38. 韓國史硏究會.

혜를 위배하고 欽明王 23년에 임나를 침략하여 멸망시켰으니, 신공왕후 이
래 593년 동안 임나가 존속했다는 것이었다.[39] 에도시대의 연구는 『일본서
기』의 편년을 그대로 인정하면서, 崇神 말년(B.C. 30)부터 欽明 23년(562)
까지를 임나 지배 기간으로 설정하였다.

그러나 일본 근대 사학에서는 좀 더 합리적인 자세를 취하여, 崇神紀와
垂仁紀의 임나 관계기사는 '임나 조공의 전설'로서 史實의 기재가 아니나,
神功紀 끝 무렵부터는 사실의 기재이되 연대는 깎아내려야 한다고 보았
다.[40] 신공기 즉위전기와 달리 그 후반부에는 신공왕후가 직접 출정한 것이
아니라 장군들을 보내 신라를 정벌했다고 나오는데, 그의 이러한 주장 이후
로 『일본서기』 신공 49년(369) 조 기사가 임나 지배 개시의 '史實'로 주목
받기 시작하였다.

그 사료의 줄거리는 신공 49년에 왜가 장군들을 파견하여 신라를 친 결
과 比自炑(경남 창녕), 南加羅(경남 김해), 喙國(경남 창녕군 영산면), 安羅
(경남 함안), 多羅(경남 합천), 卓淳(경남 창원), 加羅(경북 고령) 등의 일곱
나라[41]를 평정하였고, 서쪽으로 돌아 南蠻 忱彌多禮(전남 해남)를 잡아 백
제에게 주었으며, 이에 그 왕 肖古와 왕자 貴須도 군사를 거느리고 와서 모
이니 比利(전북 군산), 辟中(전북 김제), 布彌支(전남 담양), 半古(전남 나주
시 반남면) 등의 네 읍이 저절로 항복하였다는 것이다.[42](지도 3)

그리하여 『일본서기』를 다른 사료들과 비교하면서 합리적으로 설명하
려고 한 연구자들은 이 기사의 연대를 백제의 근초고왕 때와 비교하여 369

---

39) 松下見林, 1688, 『異稱日本傳』 卷下, 東國通鑑卷之一 新羅始祖八年條 註釋 "仍齎赤絹一
百疋 賜任那王 然新羅人遮之於道而奪焉 其二國之怨 始起於此際矣 終至神功皇后得征之
蓋爲任那征之也 (中略) 於是 韓地置日本府 任宰以治之 新羅當親戴我與天地不變 而時逆
天昔孟 違我恩義 數侵任那 至欽明天皇二十三年 新羅遂滅任那 自神功皇后以來五百九十
三年 任那之存如此永久也 此非神功皇后之大神餘烈乎."
40) 末松保和, 1949, 『任那興亡史』 大八洲出版 ; 1956, 再版, 吉川弘文館, 21~22쪽.
41) '比自炑 등의 일곱 나라'는 그 위치가 모두 加耶聯盟에 속한 소국들이므로 이후로는 '加
耶 7國'이라고 칭함.

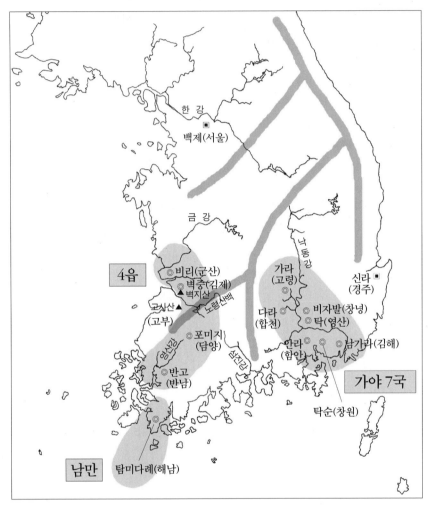

한 강

백제(서울)

금 강

낙 동 강

4읍

비리(군산)
벽중(김제)
▲벽지산
노령산백
고사산▲
(고부)

가라
(고령)
신라
(경주)
다라
(합천)
비자발(창녕)
탁(영산)
포미지
(담양)
안라
(함안)
남가라(김해)
반고
(반남)
탁순(창원)

가야 7국

남만

탐미다례(해남)

〈지도 3〉 神功紀 49년 조의 한반도 관련 지명

---

42) 『日本書紀』卷9, 神功皇后攝政 49년 3월 "以荒田別鹿我別爲將軍 則與久氐等 共勒兵而度
之 至卓淳國 將襲新羅. 時或曰 兵衆少之 不可破新羅. 更復奉上沙白蓋盧 請增軍士. 卽命
木羅斤資沙沙奴跪[是二人 不知何姓人也. 但木羅斤資者 百濟將也.] 領精兵 與沙白蓋盧共
遣之. 俱集于卓淳 擊新羅而破之. 因以平定比自㶱南加羅喙國安羅多羅卓淳加羅七國. 仍
移兵 西廻至古奚津 屠南蠻忱彌多禮 以賜百濟. 於是 其王肖古及王子貴須 亦領軍來會. 時
比利辟中布彌支半古四邑 自然降服."

년으로 확정하고, 4세기 후반 왜의 임나 정벌을 사실로 인식하였다.[43] 이는 칠지도와 광개토왕릉비의 명문 연구를 통하여 일본 학계에서 널리 사실로 인정받고 일본 고대사 서술의 기준으로 자리 잡게 되었다.

그러나 현대 일본 사학의 발전에 따라 1970년대 이후로는 일본에서도 그 기사 및 사실 모두를 부정하는 방향으로 전환되었다.[44] 즉 『일본서기』에서는 6세기의 사실을 말하는 繼體紀 및 欽明紀 이후의 사료가 되어야 사실성을 인정할 수 있고, 그 이전의 사료는 인정하기 어렵다는 논지이다.

한편 위의 신공기 49년 조 기사에 나오는 백제장군 木羅斤資가 『삼국사기』 백제본기 개로왕 말년(475) 조에 나오는 木刕滿致의 부친이므로, 목라근자의 생존 연대와 관련지어 이 기사의 일부가 서기 429년의 것이라는 3周甲引下論[45]이 제기되어 주목을 끌었다. 그러나 그의 주장이나, 그에 바탕을 둔 記事分解論[46]도 木氏 문제만 제외하고는 가야 7국 평정에 대하여 부정 일변도이다.

한국의 연구자들은 신공기 49년 조 기사가 '왜의 가야 정벌'을 나타낸다고 인정한 경우가 거의 없고, 이를 4세기 후반 백제의 마한 잔여 세력 정벌로만 보려는 견해가 있다가,[47] 1980년대 이후로는 각기 다른 시각을 보이게 되었다. 즉 그 기사의 주석에 목라근자가 '百濟將也'로 나오는 것을 계기로

43) 末松保和, 1949, 앞의 책, 58~63쪽.
　　三品彰英, 1962, 『日本書紀 朝鮮關係記事 考證』 上卷, 東京: 吉川弘文館.
44) 井上秀雄, 1973, 『任那日本府と倭』, 東出版.
　　請田正幸, 1974, 「六世紀前期の日朝關係 -任那 '日本府'を中心として-」, 『朝鮮史硏究會論文集』 11.
　　大山誠一, 1980, 「所謂 '任那日本府'の成立について」 上・中・下, 『古代文化』 32-9・11・12, 京都: 古代學協會.
　　鈴木英夫, 1987, 「加耶・百濟と倭 - '任那日本府'論-」, 『朝鮮史硏究會論文集』 24.
45) 山尾幸久, 1983, 『日本古代王權形成史論』, 岩波書店.
46) 田中俊明, 1992, 『大加耶連盟の興亡と '任那'』, 吉川弘文館.
47) 李丙燾, 1937, 「三韓問題의 新考察」(六), 『震檀學報』 7 ; 1976, 『韓國古代史硏究』, 서울: 博英社.

삼아 가야 7국 평정의 주체를 왜에서 백제로 교체하여 이를 369년 백제에 의한 가야 정벌로 보는 견해가 나왔고,[48] 혹은 그 연대를 429년으로 늦추어야 하나 그 역시 木羅氏 家系傳承의 그릇된 주장일 뿐이라고 보는 견해도 있으며,[49] 기사 전체를 후대 사실의 반영이라고 하여 전면 부정하기도 하였다.[50]

한편 『일본서기』에서 그 존재 사실이 분명한 6세기 전반 欽明紀 2년 (541) 조 기사에 나오는 백제 성왕의 언급에 의하면, '조상인 速古王과 貴首王 때에 安羅, 加羅, 卓淳 旱岐 등이 사신을 보내 서로 친하게 지냈다'[51]고 하였다. 사료 상으로 보아 이 기록이 4세기 후반 백제와 가야의 관계를 보여주는 더욱 중요한 것이라고 하겠다.

그러므로 신공기 49년 조 기사와 흠명기 2년 조의 기사를 연결해 보면, 4세기 후반에 백제나 왜가 가야에 군대를 보내 평정하고 지배한 것이 아니라, 백제가 가야와 처음으로 친교를 트고, 이를 토대로 가야와 밀접한 교역을 이루고 있던 왜와 연결된 것임을 알 수 있다.[52] 지금까지 알려진 고고학

---

48) 千寬宇, 1977·1978, 「復元加耶史」上·中·下, 『문학과 지성』 28·29·31 ; 1991, 『加耶史研究』, 一潮閣.
　　金鉉球, 1985, 『大和政權의 對外關係研究』, 吉川弘文館 ; 1993, 『任那日本府研究』, 一潮閣.
　　朱甫暾, 1995, 「序說 -加耶史의 새로운 정립을 위하여」, 『加耶史研究』, 경상북도.
　　盧重國, 1995, 「大加耶의 정치·사회구조」, 『加耶史研究』, 경상북도.
49) 李根雨, 1994, 「日本書紀에 인용된 百濟三書에 관한 연구」, 한국정신문화연구원 한국학대학원 문학박사 학위논문.
50) 李永植, 1995, 「百濟의 加耶진출과정」, 『韓國古代史論叢』 7, 駕洛國史蹟開發研究院.
　　延敏洙, 1998, 『고대한일관계사』, 혜안.
51) 『日本書紀』 卷19, 欽明天皇 2년 4월 "聖明王曰 昔我先祖速古王貴首王之世 安羅加羅卓淳旱岐等 初遣使相通 厚結親好 以爲子弟 冀可恒隆."
52) 金泰植, 1994, 「廣開土王陵碑文의 任那加羅와 '安羅人戍兵'」, 『韓國古代史論叢』 6, 駕洛國史蹟開發研究院.
　　李鎔賢, 1999, 「加耶と東アジア諸國」, 國學院大學 大學院 博士論文.
　　南在祐, 2003, 『안라국사』, 혜안.
　　白承玉, 2003, 『가야 각국사 연구』, 혜안.
　　白承忠, 2005, 「日本書紀 神功紀 소재 한일관계 기사의 성격」, 『광개토대왕비와 한일관계』, 한일관계사연구논집 편찬위원회편, 경인문화사.

적인 유적, 유물의 존재 상태로 보아도 이런 상정이 적합하다. 그러므로 신공기 49년 조 기사는 이른바 '任那日本府'라는 용어는 물론이고 그 성립과도 전혀 관계없는 기사이다.

한편 위의 가야 7국 평정 기사 뒤를 이어 신공기 52년 조에는 왜국이 바다 서쪽[海西]을 잘라 백제에게 준 보답으로 백제가 왜국에 사신 보내 七枝刀와 七子鏡을 주었다는[53] 기사가 나오고 있다. 그런데 1874년에 일본 奈良縣 天理市 布留町에 있는 이소노카미 신궁[石上神宮]의 宮司(菅政友)에 의하여 칠지도가 발견되고, 이어서 이것이 곧 『일본서기』 神功紀에 나오는 '七枝刀'라는 연구 결과가 발표되었다.[54]

칠지도 명문[55]과 관련하여 가장 중요한 문제는 제작 연대이다. 제작 연대를 밝히는 데 중요한 열쇠인 연호의 첫 번째 글자에 대하여 칠지도 발견 초기의 연구자들[56]은 대개 '泰初'로 판독하여, 칠지도 제작 연도를 西晉 泰始 4년(268)으로 보았다. 그러나 신공기의 기년을 2주갑 내리는 것이 타당하다는 수정론[57]이 널리 퍼지고, 이를 '泰和'로 판독하여 칠지도 제작 연도를 東晉 太和 4년(369)으로 보는 연구 결과[58]가 나온 이후에는 대부분의 연구자들[59]이 이를 따르고 있다.

---

53) 『日本書紀』卷9, 神功皇后 52년 9월 정묘삭 병자 "久氏等從千熊長彦詣之 則獻七枝刀一口七子鏡一面 及種種重寶. 仍啓曰 臣國以西有水 源出自谷那鐵山. 其邈七日行之不及. 當飮是水 便取是山鐵 以永奉聖朝. 乃謂孫枕流王曰 今我所通 海東貴國 是天所啓. 是以垂天恩 割海西而賜我. 由是 國基永固. 汝當善脩和好 聚斂土物 奉貢不絶 雖死何恨. 自是後 每年相續朝貢焉."

54) 星野恒, 1892, 「七枝刀考」, 『史學雜誌』37, 東京.

55) [前面] 泰□四年五月十六日丙午正陽造百練(鍊)七支刀(出)辟百兵宜供供侯王□□□□(祥) [後面] 先世以來未有此刀百濟王世(子)奇生聖音故爲倭王旨造傳示後世

56) 菅政友, 1907, 「大和國石上神宮寶庫所藏七支刀」, 『菅政友全集』雜稿 1.
高橋健自, 1914, 「京畿旅行談」, 『考古學雜誌』5-3.
喜田貞吉, 1918, 「石上神宮の神寶七枝刀」, 『民族と歷史』1-1.
大場磐雄, 1929, 『石上神宮寶物誌』, 吉川弘文館.
末永雅雄, 1941, 「象嵌銘文を有する鉾 - 七支刀」, 『日本上代の武器』, 弘文堂.

57) 末松保和, 1949, 『任那興亡史』, 大八洲出版 ; 1956, 再版, 吉川弘文館.

반면 한국 쪽에서는 이를 백제 고유의 연호로 보는 것이 일반적이다. 거기서는 '泰和'를 백제 근초고왕의 연호로서 서기 372년일 것으로 보기도 하고,[60] 백제 연호가 失傳되어 구체적인 연대는 알 수 없으나 5세기 무렵일 것으로 추정하기도 하였다.[61] 혹은 날짜 간지를 중시하여 태화 4년을 전지왕 때인 408년으로 보기도 하고,[62] 혹은 좀 더 면밀하게 고찰하여 백제 고유 연호인 '奉□'로 보고 무령왕 4년인 504년으로 보기도 하였다.[63] 일본

---

58) 福山敏男, 1951, 「石上神宮の七支刀」, 『美術研究』 158 ; 1951, 「石上神宮の七支刀 補考」, 『美術研究』 162 ; 1952, 「石上神宮の七支刀 再補」, 『美術研究』 165 ; 1969, 『日本建築史研究』 재수록 ; 1971, 『論集日本文化の起源』 第二卷, 平凡社 재수록.

59) 榧本杜人, 1952, 「石上神宮の七支刀と其銘文」, 『朝鮮學報』 3, 天理: 朝鮮學會.
西田長男, 1956, 「石上神宮の七支刀の銘文」, 『日本古典の史的研究』, 理想社.
三品彰英, 1962, 「石上神宮の七支刀」, 『日本書紀朝鮮關係記事考證』 上, 吉川弘文館.
藤間生大, 1968, 「七支刀」, 『倭の五王』, 岩波新書.
栗原朋信, 1970, 「七支刀の銘文よりみた日本と百濟 東晋の關係」, 『歷史教育』 18-4.
上田正昭, 1971, 「石上神宮と七支刀」, 『日本なかの朝鮮文化』 9.
古田武彦, 1973, 『失われた九州王朝』, 朝日新聞社.
佐伯有淸, 1977, 『七支刀と廣開土王碑』, 吉川弘文館.
坂元義種, 1978, 「古代東アジアの日本と朝鮮 -大王の成立をめぐって-」, 『古代東アジアの日本と朝鮮』, 吉川弘文館.
神保公子, 1981, 「七支刀銘文の解釋をめぐって」, 『東アジア世界における日本古代史講座』 3.
鈴木靖民, 1983, 「石上神宮七支刀銘についての一試論」, 『坂本太郎頌壽記念日本史學論集』 上.
木村誠, 2000, 「百濟史料としての七支刀銘文」, 『人文學報』 第306號, 東京都立大學 人文學部.
濱田耕策, 2005, 「4세기의 일한관계」, 『한일역사공동연구보고서』 제1권, 한일역사공동연구위원회.

60) 李丙燾, 1974, 「百濟七支刀考」, 『震檀學報』 38, 서울 : 진단학회 ; 1976, 『韓國古代史研究』, 博英社, 재수록.

61) 金錫亨, 1963, 「삼한 삼국의 일본열도 내 분국에 대하여」, 『력사과학』 1963-1 ; 1966, 『초기조일관계연구』, 사회과학출판사.

62) 손영종, 1983, 「백제 7지도의 명문해석에서 제기되는 몇 가지 문제」 (1), 『력사과학』 1983-4.

63) 延敏洙, 1994, 「七支刀銘文の再檢討 -年號の問題と製作年代を中心に-」, 『年報 朝鮮學』 第4號.

에서도 중국사의 관점에서 이 문제를 검토하여 동진 태화 4년 설을 부정하고 南宋 泰始 4년(468) 설이 나온 바 있다.[64]

또한 고고학적으로 보아 칠지도는 철제 三叉鉾, 철제 蛇行劍, 미늘쇠(=有刺利器) 등과 형태적으로 유사하고 그 유물들은 6세기 전반에 성행하였다는 것을 밝힌 논고[65]도 있고, 『일본서기』에 백제 사신이 칠지도와 함께 가져갔다고 나오는 칠자경은 백제 무령왕릉 출토 거울과 일본 출토의 七獸帶鏡을 말한다는 견해[66]도 있다. 그렇다면 칠지도는 무령왕릉의 축조 시기인 525년 무렵 또는 그보다 앞서는 가까운 시기에 만들어진 것으로 보아야 하므로, 칠지도의 존재가 신공기의 사료적 가치를 보증해 줄 수 없게 된다.

2. 고구려와 백제의 쟁패 및 그 결과

(1) 고구려의 중앙 집권 체제 정비 및 신라와의 연결

고구려는 371년에 고국원왕이 백제의 공격을 받아 평양성에서 전사하는 어려움을 겪고,[67] 거듭되는 외환 속에 주변 국가에 대한 거시적 외교와 안정된 지배 질서 창출의 필요성을 절실히 느꼈다. 그리하여 소수림왕은 前秦王 苻堅과 교류하여 불교를 받아들이고 태학을 세우고 373년에 율령을 반포함으로써 성숙한 고대국가 체제를 완성하였다. 그를 이은 고국양왕은 後燕과

---

64) 宮崎市定, 1982,「七支刀銘文試釋」,『東方學』 64 ; 1983,『謎の七支刀 -五世紀の東アジアと日本-』, 中央公論社 ; 1992,『謎の七支刀』(文庫版), 中央公論社.
  李進熙, 1987,「日本にある百濟の金石史料」,『馬韓百濟文化硏究の成果と課題』(第九回馬韓百濟文化國際學術會議), 圓光大學校 馬韓百濟文化硏究所.
65) 村上英之助, 1978,「考古學から見た七支刀の製作年代」,『考古學硏究』 25-3.
66) 樋口隆康, 1972,「武寧王陵出土鏡と七子鏡」,『史林』 55-4.
67)『三國史記』卷18, 高句麗本紀6 故國原王 39년 "秋九月 王以兵二萬 南伐百濟 戰於雉壤 敗績."
  같은 왕 41년 "冬十月 百濟王率兵三萬 來攻平壤城. 王出師拒之 爲流矢所中. 是月二十三日 薨. 葬于故國之原."

대결하면서 한편으로는 한반도 동남부의 신라에 사신을 보내 수호하였다. 이 때 고구려가 신라를 지원하면서 왕족 實聖을 인질로 받은 것은,[68] 대대적인 백제 정벌을 앞두고 신라가 백제와 연결되는 것을 봉쇄하기 위한 외교전략이었다.

이러한 대내외적인 정비에 힘입어 고구려는 391년에 광개토왕이 왕위에 오르면서부터 거란과 후연 및 백제에게 공세를 취하였다. 그래서 남쪽으로는 즉위 첫 해부터 백제를 공격하기 시작하여 10성을 빼앗고 關彌城(경기도 파주시 탄현면?)[69]을 함락시키더니, 396년에는 백제 58城 700村을 빼앗고 백제왕의 동생과 大臣 10인을 잡아 돌아옴으로써, 한강 이북 지역을 모두 점령하였다.[70] 또한 서북쪽으로는 402년까지 요동의 주요 거점을 취득하고 후연과 공방을 거듭하다가[71] 407년 馮跋의 쿠데타로 慕容王室이 무너짐으로써 요하 일대를 안정적으로 확보하게 되었다.

---

68) 위의 책, 故國壤王 8년 "春 遣使新羅修好 新羅王遣姪實聖爲質."

69) 尹日寧, 1990, 「關彌城位置考 -廣開土王碑文 · 三國史記 · 大東地志를 바탕으로-」, 『北岳史論』 2, 국민대 사학과, 103~164쪽.

70) 『三國史記』 卷18, 高句麗 本紀6 廣開土王 원년 "秋七月 南伐百濟 拔十城."
같은 왕 2년 "秋八月 百濟侵南邊 命將拒之."
같은 왕 3년 "秋七月 百濟來侵 王率精騎五千 逆擊敗之 餘寇夜走. 八月 築國南七城 以備百濟之寇."
같은 왕 4년 "秋八月 王與百濟戰於浿水之上 大敗之 虜獲八千餘級."
『廣開土王陵碑文』 永樂 6년 "丙申 王躬率水軍 討伐殘國. (中略) 於是 得五十八城 村七百 將殘主弟幷大臣十人 旋師還都."

71) 『三國史記』 卷18, 高句麗本紀6 廣開土王 원년 "九月 北伐契丹 虜男女五百口 又招諭本國陷沒民口一萬而歸."
같은 왕 9년 2월 "燕王盛 以我王禮慢 自將兵三萬襲之 以驃騎大將軍慕容熙爲前鋒 拔新城 · 南蘇二城 拓地七百餘里 徙五千餘戶而還."
같은 왕 11년 "王遣兵攻宿軍 燕平州刺史慕容歸 棄城走."
같은 왕 13년 "冬十一月 出師侵燕."
같은 왕 14년 "春正月 燕王熙來攻遼東城 且陷 熙命將士 毋得先登 俟剗平其城 朕與皇后乘轝而入. 由是 城中得嚴備 卒不克而還."
같은 왕 15년 "冬十二月 燕王熙襲契丹 至陘北 畏契丹之衆 欲還. 遂棄輜重 輕兵襲我. 燕軍行三千餘里 士馬疲凍 死者屬路 攻我木底城 不克而還."

신라는 흘해 이사금을 끝으로 昔氏 王統이 단절되고 356년에 나물 이사금이 왕위에 오른 후 외교에 적극적인 면모를 보였다. 377년에 신라가 前秦에 사신을 파견할 때 고구려의 사신과 동행했다든가,[72] 381년(혹은 382년)에 신라가 고구려를 통해 사신 衛頭를 전진에 파견했다든가,[73] 392년에 고구려와 우호의 대가로 實聖을 볼모로 보냈다든가[74] 하는 것은 이를 반영한다. 이는 신라로서는 국가 발전에 대한 위기인 동시에 기회이기도 하였다.

여기서 주목해야 할 것은 4세기 후반의 30여 년에 걸쳐 옛 대방 지역의 소유권을 둘러싸고 고구려와 백제 사이에 기나긴 쟁탈전이 벌어졌다는 점이다. 백제로 볼 때는 근초고왕, 근구수왕, 진사왕, 아신왕에 걸치는 기간이었고, 고구려로 볼 때는 고국원왕, 소수림왕, 고국양왕, 광개토왕에 걸치는 기간이었다. 전투가 일어났던 주요 지역은 雉壤(황해도 연백군 은천면), 浿河(예성강) 강변, 平壤城(평양시), 水谷城(황해도 신계군 다율면), 都坤城, 石峴等 10여 성, 關彌城, 靑木嶺(경기도 개성 부근) 등이었다.[75] 즉 369년부

---

72) 『資治通鑑』卷104, 晉紀26 太元 2년 "春 高句麗新羅西南夷 皆遣使入貢于秦."
73) 『三國史記』卷3, 新羅本紀3 奈勿尼師今 26년(381) "遣衛頭入苻秦 貢方物. 苻堅問衛頭曰 卿言海東之事與古不同 何耶. 答曰 亦猶中國 時代變革 名號改易 今焉得同."
    『太平御覽』卷781, 東夷新羅條에 인용된 『秦書』에는 같은 내용의 기사가 苻堅建元18年(382) 조에 나오고 있다.
74) 『三國史記』卷3, 新羅本紀3 奈勿尼師今 37년 "春正月 高句麗遣使. 王以高句麗强盛 送伊湌大西知子實聖爲質."
75) 『三國史記』卷24, 百濟本紀2 近肖古王 24년(369) "秋九月 高句麗王斯由帥步騎二萬 來屯雉壤 分兵侵奪民戶 王遣太子以兵徑至雉壤 急擊破之 獲五千餘級 其虜獲分賜將士."
    같은 왕 26년(371) "高句麗擧兵來. 王聞之 伏兵於浿河上 俟其至急擊之 高句麗兵敗北. 冬 王與太子帥精兵三萬 侵高句麗 攻平壤城. 麗王斯由力戰拒之 中流矢死. 王引軍退 移都漢山."
    같은 왕 30년(375) "秋七月 高句麗來攻北鄙水谷城陷之. 王遣將拒之 不克 王又將大擧兵報之."
    近仇首王 2년(376) "冬十一月 高句麗來侵北鄙."
    같은 왕 3년(377) "冬十月 王將兵三萬 侵高句麗平壤城. 十一月 高句麗來侵."
    『三國史記』卷25, 百濟本紀3 辰斯王 3년(387) "秋九月 與靺鞨戰關彌嶺不捷."
    같은 왕 5년(389) "秋九月 王遣兵侵掠高句麗南鄙."
    같은 왕 6년(390) "九月 王命達率眞嘉謨 伐高句麗 拔都坤城 虜得二百人."

터 399년까지의 30년간에 걸쳐, 황해도 및 경기 북부지역에서는 10여 차례의 전쟁이 일어났던 것이다. 초기에는 백제가 황해도 남부 및 예성강 유역을 차지하고 있는 상태에서 황해도 북부 및 평양성까지 넘보곤 하였으나, 392년 이후로는 전세가 역전되어 고구려가 예성강 유역까지 차지하고 한강 이남까지 넘보는 상태였다.

고구려와 백제 사이의 쟁패는 단순한 영역 다툼에 그치는 것이 아니라 고대국가 운영에 필요한 고급 문화에 대한 소유권 다툼이기도 하였다. 옛 낙랑군과 대방군 지역은 起源 상으로는 고조선의 유민들이 살고 있었다고 하나, 後漢 초기 이후 중국화가 급속히 진행되어 당대의 중원 문화를 시차 없이 수용해 왔던 귀족층이 광범위하게 존재하고 있었다.[76] 그래서 고구려는 이 지역을 무리하게 직접 통치하기보다 4세기 중엽부터 5세기 초에 걸쳐 平東將軍·樂浪相 冬壽, 帶方太守 張撫夷, 幽州刺史 鎭 등의 중국 망명객을 대표자로 내세워 그들의 막부 조직을 통해 간접 통치하였다.[77] 백제가 빼앗으려고 한 것도, 고구려가 막으려고 한 것도, 바로 그들의 선진 문화와 기술 인력이었다.

●━━━━━━━

같은 왕 8년(392) "秋七月 高句麗王談德 帥兵四萬 來攻北鄙 陷石峴等十餘城. 王聞談德能用兵 不得出拒. 漢水北諸部落多沒焉. 冬十月 高句麗攻拔關彌城."

阿莘王 2년(393) "秋八月 王謂武曰 關彌城者 我北鄙之襟要也. 今爲高句麗所有 此寡人之所痛惜 而卿之所宜用心而雪恥也. 遂謀將兵一萬 伐高句麗南鄙. 武身先士卒 以冒矢石 意復石峴等五城 先圍關彌城. 麗人嬰城固守 武以糧道不繼 引而歸."

같은 왕 3년(394) "秋七月 與高句麗戰於水谷城下 敗績."

같은 왕 4년(395) "秋八月 王命左將眞武等 伐高句麗. 麗王談德 親帥兵七千 陣於浿水之上 拒戰. 我軍大敗 死者八千人. 冬十一月 王欲報浿水之役 親帥兵七千人 過漢水 次於靑木嶺下 會大雪 士卒多凍死 廻軍至漢山城 勞軍士."

같은 왕 7년(398) "秋八月 王將伐高句麗 出師至漢山北柵. 其夜 大星落營中有聲. 王深惡之 乃止."

같은 왕 8년(399) "秋八月 王欲侵高句麗 大徵兵馬. 民苦於役 多奔新羅 戶口衰減."

76) 尹龍九, 1989, 「樂浪前期 郡縣支配勢力의 種族系統과 性格」, 『歷史學報』 126, 歷史學會, 140쪽.

77) 林起煥, 1995, 「4세기 고구려의 樂浪·帶方地域 경영」, 『歷史學報』 147, 歷史學會, 42쪽.

4세기 후반에 한반도를 둘러싼 국제적 교섭 및 전쟁의 이면에는 고구려와 백제 사이의 옛 대방 지역의 영역과 문화 인력에 대한 소유권 다툼이 기조를 이루고 있었던 것이다. 이처럼 4세기 후반 한반도 관련 국제 정세의 기본은 고구려와 백제 양대 강국의 대결 구도였다. 그에 비하면 한반도 남부의 신라와 가야는 그에 부수적으로 연동되어 움직이는 측면이 강하였다.

(2) 광개토왕릉비에 나오는 왜군의 성격

4세기 후반 김해 중심의 東部 加耶는 대방-가야-왜의 교역로에서 대방이 사라진 상태에서 왜와의 교역에 더욱 몰두할 수밖에 없었다. 4세기 후반에 속하는 김해 대성동 2호분, 13호분, 23호분에서 일본계 위세품인 바람개비모양 방패꾸미개[巴形銅器]가 나오는 것은 이를 반영한다. 이러한 시기에 백제의 근초고왕이 가야와 교류를 원하자 가야 제국은 이를 좋은 기회로 여겨 낙랑-대방을 대신하여 백제와 교역을 시작하였다.[78]

여기서 가야의 중계 능력은 富와 기술과 무력을 모두 갖춘 데서 나오는 것이지, 단순히 백제와 왜 사이의 교역을 위한 지리적 편의성에서만 나오는 것은 아니었다. 김해의 가야국의 우월성은 철 생산과 철기 제작 기술과 무력의 측면에서도 확인할 수 있으니, 김해 대성동 고분군에서 출토한 다량의 덩이쇠[鐵鋌]와 철제 종장판 釘結 판갑옷 및 기마 무장 관련 유물 등은 이를 보여준다. 이는 가야가 백제를 통하여 옛 대방 지역, 즉 황해도 방면과 교역할 수 있게 되고, 또 이어서 그 지역의 고구려-백제간 전쟁의 여파로 발생한 유이민을 수용함으로써 가능했다.[79]

그에 더하여 백제와의 교역이 시작되자, 동서로 분열되었던 가야연맹은 4세기 후반에 다시 김해의 가야국을 중심으로 일원적으로 통합되어, 백제와

---

78) 『日本書紀』 卷19, 欽明天皇 2年 4月條 "聖明王曰 昔我先祖速古王貴首王之世 安羅加羅卓淳旱岐等 初遣使相通 厚結親好 以爲子弟 冀可恒隆."
79) 金泰植·宋桂鉉, 2003, 『韓國의 騎馬民族論』, 과천 : 韓國馬事會·馬事博物館, 193~196쪽.

왜 사이의 중계 기지로서 안정적인 교역 체계를 형성하게 되었다. 광개토왕
릉비문이나 『삼국사기』强首傳에 보이는 '任那加羅(任那加良)'라는 명칭
은, 김해의 가야국을 중심으로 한 전기 가야연맹의 4세기 후반 당시의 이름
이며 존재 방식이었고, 그 명칭의 기원은 창원의 任那國과 김해의 加耶國의
합칭에 있었다.[80]

한편 일본열도에서 4세기 중엽부터 후반까지 거대 고분의 조영 상황을
보면, 최대 고분들의 중심지가 기존의 나라[奈良] 분지 동남부에서 북부의
사키[佐紀] 고분군으로 옮겨지나, 그 외의 지역에서도 분구 길이 200m를 넘
는 거대한 前方後圓墳이 각지에 출현하고 있는 점이 주목된다.[81] 그리고 그
때까지도 고분 부장품은 4세기 전반과 마찬가지로 주술적 · 종교적 농경의
례 물품이 주류를 이루고 있을 뿐, 새로운 발전의 기운은 나타나지 않았다.
이 사실은 한반도와의 교류가 부진한 상태가 지속되면서 왜국 수장연합 맹
주의 통합력이 극히 불안정해진 것을 보이고 있다.

그러나 4세기 말엽에서 5세기 초의 일본열도에서는 가와치[河內] 하비키
노시[羽曳野市] · 후지이데라시[藤井寺市]의 후루이치[古市] 고분군과 사카
이시[堺市] 모스[百舌鳥] 고분군을 축조한 신흥 세력이 갑자기 대두하였다.
이들은 교역이나 대외 교섭을 중시하며 가야의 철의 교역 체계를 장악하여
철제 갑주를 공급하는 새로운 위세품 체제를 구축함으로써 정권을 장악했
다고[82] 한다. 다만 같은 시기의 고분 규모로 보아, 당시의 기비[吉備] 지역
도 그와 유사한 움직임을 보이며 경쟁적으로 대외 교역과 세력 확대에 열중

80) 金泰植, 1994, 「廣開土王陵碑文의 任那加羅와 '安羅人戍兵'」, 『韓國古代史論叢』6, 서울
: 駕洛國史蹟開發研究院, 86쪽.
81) 白石太一郎, 2006, 「倭國の形成と展開」, 『古代史の流れ』(列島の古代史8), 岩波書店, 50
쪽. 즉, 그 시기에 奈良盆地 서남부의 葛城地方에는 廣陵町 스야마[巢山] 고분이나 川西町
시마노야마[島の山] 고분, 南河內의 古市 고분군에도 쓰도우시로야마[津堂城山] 고분이
만들어지고 있다.
82) 田中晋作, 1990, 「百舌鳥 · 古市古墳群の被葬者の性格について」, 『古代學研究』122, 古代
學協會 ; 2000, 「巴形銅器について」, 『古代學研究』151.

하였다고 보이므로, 기나이[畿內] 세력의 '장악' 이라는 표현은 좀 더 후대의
사실로 미루어야 한다. 일본열도의 두 지역에 이러한 새로운 기운이 나타난
것은 일본열도의 사정보다는 한반도의 사정에 의하여 촉발되었을 개연성이
더욱 높다.

　전통적으로 가야와 왜는 物的 자원인 철 소재와 선진 문물 및 人的 자원
인 노동력[83]을 교환하는 긴밀한 교역 관계를 가지고 있었고, 4세기 이후로
는 선진 문물 공급의 부진으로 인하여 양자의 교류가 소강상태를 유지하였
으나, 4세기 말엽이 되자 한반도의 상황이 긴박해지면서 양자의 교류 관계
는 가야의 군수물자 수출 및 工人 지원[84]과 왜의 군사력 동원[85] 문제가 중
요시되었다. 그 시기에 가와치 지역을 중심으로 한 왜 왕권은 기비 지역을
비롯한 주변 지역 수장들과의 주도권 경쟁을 위하여 가야의 철과 기술을 필
요로 하였고, 김해의 가야국을 중심으로 한 임나가라 왕권은 낙동강 유역을
둘러싼 신라와의 쟁패 및 백제와의 교류 과정에서 왜의 인력, 특히 군대가
필요하였기 때문이다.

　서기 391년에 고구려 광개토왕이 왕위에 오르자, 백제 중심으로 재편되
어가던 한반도 정세는 큰 변화를 일으켜, 백제 아신왕은 396년에 고구려군
의 도성 포위로부터 벗어나기 위해 영원히 '奴客' 이 되겠다는 맹세까지 하
였다.[86] 이에 아신왕은 397년 왜국과 우호를 맺으려고 태자 腆支를 보냈으
니, 여기에는 任那加羅, 즉 금관가야의 협조가 필수적이었다. 이에 백제는
가야를 매개로 하여 왜군을 끌어들였던 것이다.[87] 백제가 4세기 말 고구려
와의 전쟁에 임나가라와 왜를 끌어들인 조치는, 중국의 西晉이 3세기 말 4

83) 신경철, 2000, 앞의 논문, 73~77쪽.
84) 4세기 말엽 이후 일본열도의 새로운 무기와 마구는 낙동강 하류 금관가야의 것이 도입되
　　거나 또는 그 영향 아래 만들어진 것이다. 이에 대해서는 田中晋作, 橋本達也, 宋桂鉉, 小
　　林謙一, 金斗喆, 千賀久 등의 연구가 있으며, 그에 대한 연구사 정리는 金泰植・宋桂鉉,
　　2003, 『韓國의 騎馬民族論』, 韓國馬事會・馬事博物館, 161~164쪽 참조.
85) 鈴木靖民, 2002, 「倭國と東アジア」, 『日本の時代史2 倭國と東アジア』, 東京 : 吉川弘文
　　館, 15쪽.

세기 초의 극심한 내란 중에 병력 보급을 위하여 五胡를 끌어들인 것과 마찬가지의 행위였다.

광개토왕은 신라의 구원 요청을 받고 400년(영락 10년 庚子)에 步騎 5만을 신라에 보냈다. 신라에 들어와 있던 왜군은 고구려군을 보고 물러갔다.[88] 여기서 왜군이 경주로부터 멀리 떨어진 김해 방면까지 도망해 갔다는 것은, 그 왜군이 원래부터 임나가라의 지원에 의존하는 세력이었음을 보인다.

광개토왕릉비에 나오는 왜군의 성격에 대해서, 임나일본부설에서는 南韓(任那)에 地盤을 두고 고구려의 남침에 반격하는 日本軍이라고 보고 있으나,[89] 최근의 학자들은 그 왜군은 당시 각국의 대등한 국제 관계 속에서 들어온 것이고 규모도 그리 크지 않았는데, 광개토왕의 업적을 강조하려는 고구려에 의하여 왜군의 활동이 과장되었다고 보고 있다. 다만 이를 주도한 것이 왜였는가,[90] 백제였는가,[91] 가야였는가[92]에 대해서는 관점이 갈리고 있다.

---

86) 『廣開土王陵碑文』 永樂六年丙申 "王躬率水軍 討伐殘國. 軍□□首 攻取壹八城 臼模盧城 各模盧城 幹氐利城 □□城 閣彌城 牟盧城 弥沙城 □舍蔿城 阿旦城 古利城 □利城 雜珍城 奧利城 勾牟城 古模耶羅城 莫□□□□城 □而耶羅城 瑑城 於利城 農□城 豆奴城 沸□□ 利城 弥鄒城 也利城 大山韓城 掃加城 敦拔城 □□□城 婁賣城 散那城 那旦城 細城 牟婁 城 于婁城 蘇灰城 燕婁城 析支利城 巖門□城 □城 □□□□□□□利城 就鄒城 □拔城 古 牟婁城 閏奴城 貫奴城 彡穰城 曾□城 □□盧城 仇天城 □□□□□其國城. 殘不服義 敢出 迎戰. 王威赫怒 渡阿利水 遣刺迫城 □□歸穴 □便圍城. 而殘主困逼 獻□男女生□一千人 細布千匹 跪王自誓 從今以後 永爲奴客. 太王恩赦先迷之愆 錄其後順之誠. 於是 得五十八 城 村七百 將殘主弟幷大臣十人 旋師還都."

87) 金泰植, 2005, 「4世紀의 韓日關係史 -廣開土王陵碑文의 倭軍問題를 中心으로-」, 『한일역 사공동연구보고서』 제1권, 한일역사공동연구위원회, 70~74쪽.

88) 『廣開土王陵碑文』 永樂十年庚子 "敎遣步騎五萬 往救新羅. 從男居城 至新羅城 倭滿其中. 官軍方至 倭賊退卻 乘背急追 至任那加羅從拔城 城卽歸服 安羅人戍兵. 拔新羅□農城 倭 寇萎潰 城夫十九 盡煞抑徙 安羅人戍兵. 師□□□□其□□□□□□言□□□□□□□□ □□□□□□□□□□□□□□□□□□辭□□□出□□□□□□□殘□潰□□城 安羅人戍兵. 昔新羅寐錦 未有身來服事 □□□□廣開土境好太王□□□□寐錦□□僕勾 □□□□朝貢."

89) 末松保和, 1949, 앞의 책, 71~78쪽.

광개토왕릉비문의 '倭賊'이란 것은 실은 백제의 후원을 받는 가야-왜 연합군인데, 고구려는 그 연합군 중에 복식이 다른 왜를 과도하게 인식하고 또 왜인들이 일부 섞여 있는 군대를 경멸하는 의식 아래 그렇게 지칭한 것이다.[93] 이는『南齊書』百濟傳에서 북위와 친하게 지내고 있던 고구려의 군대를 '魏虜'라고 칭한 것과[94] 마찬가지의 어법이다.

『삼국사기』朴堤上傳에 그가 왜국에 도착했을 때(신라 눌지왕 2년, 418)의 기사에 의하면, 前에 백제인이 왜에 들어와 신라와 고구려가 왜 왕국을 침략하려 한다고 '讒言'하여, 왜가 병사를 보내 '新羅 國境의 밖'에서 '邏戍'케 하였는데, 고구려가 쳐들어와 왜의 '邏人'을 모두 잡아 죽였으므로, 왜왕이 백제인의 말을 참으로 믿었다고 한다.[95]

여기서 백제인의 유도로 왜의 순라병이 신라 국경의 밖, 즉 가야 지역에 들어와서 주둔하게 되었음을 알 수 있다. 이로 보아 왜병의 규모는 대군이 아니라 정세를 탐지하기 위한 소규모의 순라병에 지나지 않았고, 이 왜군의 동원에 백제의 의도와 가야의 협력이 작용하였다는 것을 확인할 수 있다.

당시에 고구려의 무장 체계는 쇠투겁창 중심의 重裝 騎兵과 步兵이 조화를 이루는 단계에서 밀집대형 騎兵隊로 넘어가는 과도기의 것이었다.[96] 가

90) 武田幸男, 1985,「四~五世紀の朝鮮諸國」,『シンポジウム好太王碑』, 三上次男外, 東京 : 東方書店.
濱田耕策, 2005,「4세기의 일한관계」,『한일역사공동연구보고서』제1권, 한일역사공동연구위원회.
91) 千寬宇, 1977 · 1978,「復元加耶史」上 · 中 · 下,『문학과 지성』28 · 29 · 31 ; 1991,『加耶史研究』, 一潮閣 ; 金鉉球, 1993,『任那日本府研究』, 一潮閣.
92) 김태식, 2005,「4세기의 한일관계사 -광개토왕릉비문의 왜군문제를 중심으로-」,『한일역사공동연구보고서』제1권, 한일역사공동연구위원회.
93) 위의 논문, 45쪽.
94)『南齊書』卷58, 列傳39 百濟國 "是歲(490) 魏虜又發騎數十萬攻百濟 入其界. 车大遣將沙法名 · 贊首流 · 解禮昆 · 木干那 率衆襲擊虜軍 大破之."
95)『三國史記』卷45, 列傳5 朴堤上傳 "遂徑入倭國 若叛來者. 倭王疑之. 百濟人前入倭 讒言新羅與高句麗謀侵王國. 倭遂遣兵邏戍新羅境外 會高句麗來侵 幷擒殺倭邏人. 倭王乃以百濟人言爲實."

야의 무장 체계는 살상력이 극대화된 단면 마름모꼴 쇠투겁창과 긴 목 달린 쇠화살촉으로 개량되어 있었고, 防護具도 이에 대응하여 못으로 연결하는철제 종장판 정결 판갑옷으로 전환되었으며, 목심철판피 발걸이와 하트모양 말띠드리개도 보유하여 중장 기마전술의 구사가 가능한 수준의 것이었다.[97]

반면에 왜의 무장 체계는 단검, 단도, 두께가 얇은 양날창[鉇]과 쇠화살촉 등으로 이루어졌으며, 그 무기들은 어느 정도의 갑옷과 방패만 있으면 치명상을 입힐 수 없을 정도로 가벼워서, 실전적인 무기로서보다는 과시적인 위세품으로서의 성격이 강하였다.[98] 또한 4세기 후반에 일부 나타나는 일본 열도의 수신판 혁철 판갑옷[竪矧板革綴短甲]과 방형판 혁철 판갑옷[方形板革綴短甲]은 한반도 남부의 종장판 정결 판갑옷[縱長板釘結板甲]의 영향을 받아 만들어진 것이나, 가야의 판갑옷을 제대로 구현하지 못하여 전체 구조나 제작 기법에 상당한 차이가 있는 미숙한 것이었다.[99]

그 결과 가야를 매개로 하여 동원된 왜군들은 위와 같은 무장 수준의 차이로 인하여 한반도 내에서 독자적인 행위를 하기 보다는 가야 군대의 하급 단위로 편제되어 활용되었을 것이다.[100] 그들은 가야의 의도에 따라 對신라 전선에 투입되기도 하고 백제와 가야의 교섭에 따라 고구려와의 전쟁에 투입되기도 하였으니, 실상 광개토왕릉비에 나오는 '倭敵' 또는 '倭寇'는, 가야군을 주력으로 삼고 있으면서 왜의 원군이 일부 가세된 가야-왜 연합군

96) 余昊奎, 1999, 「高句麗 中期의 武器體系와 兵種構成」, 『韓國軍事史硏究』 2호, 서울 : 國防 軍史硏究所, 71~73쪽.
97) 金斗喆, 2003, 「武器·武具 및 馬具를 通해 본 加耶의 戰爭」, 『加耶考古學의 새로운 照 明』, 韓國民族文化硏究所編, 서울 : 혜안, 145쪽.
98) 松木武彦, 1999, 「古墳時代の武裝と戰鬪」, 『戰いのシステムと對外戰略』, 東京 : 東洋書林.
99) 橋本達也, 2002, 「古墳時代甲冑の系譜 -朝鮮半島との關係-」, 『第5回 歷博國際シンポジウ ム 古代東アジアにおける倭と加耶の交流 發表要旨』, 國立歷史民俗博物館 발표요지, 佐 倉, 115~118쪽.
100) 金斗喆, 2005, 「4세기 후반~5세기 초 고구려·가야·왜의 무기·무장체계 비교」, 『광개 토대왕비와 한일관계』, 한일관계사연구논집편찬위원회 편, 景仁文化社.
金泰植, 2005, 앞의 논문, 73쪽.

이었다.

(3) 백제의 대패 및 전기 가야연맹의 해체

400년, 즉 庚子年의 전투는 고구려 측 비문의 기술에 따라 고구려군과 왜군이 치른 것처럼 되어 있으나, 실상은 해당 지역인 낙동강 유역을 둘러싼 양대 세력, 즉 신라와 가야 사이의 패권 경쟁이었다고 보는 것이 정당하다. 고구려의 步騎 5만 대군은 소수의 왜군을 겨냥한 군대가 아니라, 신라의 요청에 따라 그 배후의 가야연맹 핵심부를 치기 위해 동원된 것이라고 보아야한다. 고구려는 가야 정벌을 통하여 백제와 왜를 견제하는 효과를 얻었을뿐만 아니라 신라로부터도 일정한 반대급부를 취하였을 것이다.

임나가라에서 합쳐진 가야-왜 연합군은, 추격해 온 고구려-신라 연합군이 城에 이르자 곧 항복하였다. 가야 자체의 전반적인 군비나 전투 능력은신라에 비하여 손색이 없었으나, 그를 구원한다는 명목으로 남하해 온 고구려의 대군에 비하면 열세였기 때문이다. 그 직후에 고구려는 평정한 임나가라의 몇몇 성에 '羅人', 즉 순라병을 두어 지키게 하였다. 물론 여기서의'安羅人戍兵'이라는 구절을 함안 안라국의 수비대를 가리키는 명사로 보는견해도 있으나, 그렇게 되면 문맥이 닿지 않는다. 다만 고구려가 순라병을두었다고 해도, 이 지역은 고구려에 인접한 곳이 아니었기 때문에 고구려가신라군을 배제하고 이를 독자적으로 유지할 수는 없었을 것이다.[101]

그런데 광개토왕릉비문에 의하면 영락 14년 甲辰條에도 '倭'가 나온다.거기서 왜군이 帶方界, 즉 황해도 방면에 침입하였다가 고구려 평양에서 출동한 광개토왕이 이끄는 군대에게 토벌되었다는 줄거리는 명백하다.[102] 다만 이 비문만으로는 왜와 백제의 연계성이 불확실하기 때문에, 이 기사를

---

101) 金泰植, 1994, 「廣開土王陵碑文의 任那加羅와 '安羅人戍兵'」, 『韓國古代史論叢』 6,
99~100쪽.
102) 『廣開土王陵碑文』 永樂十四年甲辰條 "而倭不軌 侵入帶方界 □□□□□石城 □連船□
□□. 王躬率□□ 從平穰 □□□鋒相遇. 王幢要截盪刺 倭寇潰敗 斬煞無數."

그저 왜군의 반격으로만 보기도 하고,[103] 백제와의 결탁에 의한 공동 작전으로 보기도 한다.[104] 404년에는 왜군이 어째서 규슈, 가야, 백제를 지나 帶方界에까지 나타나 고구려와 싸웠는가? 대방계는 당시에 고구려와 백제의 경계 지역이었다.

여기서 생각해 볼 것은 그 왜군이 가야를 돕기 위한 군대인가, 또는 백제를 돕기 위한 군대인가 하는 점이다. 397년에 아신왕이 왜국과 우호를 맺었다거나,[105] 광개토왕이 399년에 백제와 왜가 화통한다는 것을 듣고 평양성으로 내려갔다는 것으로[106] 보아, 일단 백제의 원병이었다고 생각된다. 404년에 대방계에 나타나 (殘兵과 화통하여?) 배를 이어 공격하다가 궤멸 당했다는 '倭寇', 즉 가야-왜 연합군은 백제를 위해 동원된 것이라고 할 수 있다 (지도 4).

그러나 399년과 400년에 신라를 침입했다는 왜군은 행동반경으로 보아 가야를 위해 일하고 있었다. 그 동안의 고고학적 발굴 성과나 기록으로 보아서도, 왜군은 가야를 위한 군대였다고 보는 것이 타당하다. 당시의 일본 열도에 가야의 문물은 많은 영향을 미쳤으나 백제의 문물이라고 볼 수 있는 것은 거의 나타나지 않고[107] 있기 때문이다. 그렇다면 404년의 왜병도 백제

---

103) 末松保和, 1949, 『任那興亡史』, 75쪽.
104) 李丙燾, 1976, 『韓國古代史研究』, 博英社, 384쪽.
　　王健群, 1984, 『好太王碑研究』, 吉林出版社 ; 王健群 著, 林東錫 譯, 1985, 『廣開土王碑研究』, 역민사, 서울, 275쪽.
　　鈴木靖民, 1988, 「好太王碑の倭の記事と倭の實體」, 『好太王碑と集安の壁畵古墳』, 讀賣テレビ放送編, 東京 : 木耳社, 63~64쪽.
105) 『三國史記』 卷25, 百濟本紀3 阿莘王 6年 "夏五月 王與倭國結好 以太子腆支爲質."
106) 『廣開土王陵碑』, 永樂九年己亥 "百殘違誓 与倭和通. 王巡下平穰, 而新羅遣使白王云 倭人滿其國境 潰破城池 以奴客爲民 歸王請命. 太王恩慈 矜其忠誠 特遣使還 告以密計."
107) 일본열도 소재 4세기의 백제 계통 문물로는 兵庫縣 데아이[出合] 유적의 窯와 독, 시루, 無文 內拍子 등의 軟質土器에 불과하고, 長野縣 아사가와바타[淺川端] 유적 출토 말모양 띠고리도 백제 중앙보다는 천안을 포함한 아산만 일대로부터 이입된 것으로 보인다. 이 유적의 말모양 띠고리는 같은 長野縣의 네쯔카 유적에서 김해시 양동리 고분군 출토품과 같은 계통의 고사리무늬장식 철검이 출토되고 있어 역시 가야의 중계로 반입되었을 가능성이 높다. 朴天秀, 2007, 『새로 쓰는 고대한일관계사』, 서울 : 사회평론, 78~79쪽.

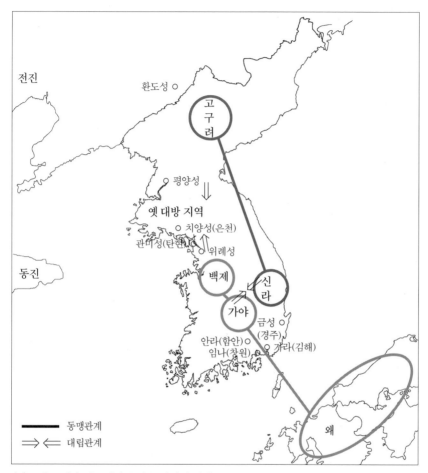

전진

환도성 ○

고구려

평양성 ○

옛 대방 지역
○ 치양성(은천)
관미성(탄현)
○ 위례성

동진

백제

신라

가야

금성
(경주)

안라(함안) ○
임나(창원)
가라(김해)

왜

━━━ 동맹관계
⟹⟸ 대립관계

〈지도 4〉 4세기 말 5세기 초의 동아시아 정세

가 위기의식을 조장하여 끌어들인 것이었으나, 역시 가야를 매개로 하지 않고서는 불가능한 것이었다.

즉 김해의 가야국은 대내적으로 가야연맹 내에서의 주도권을 장악하고, 대외적으로 신라에 대항하고 백제와의 선진 문물 교류에 응하기 위하여 왜의 군사력을 동원한 것이다. 그러므로 이는 고대 일본의 이른바 '南韓經營'이라는 차원이 아니라, 평상적인 가야와 왜 사이의 인적 · 물적 자원 교역 전통이 백제의 개입으로 증폭되어 고구려와의 전쟁에 투입된 것, 즉 백제의 이민족 동원 능력이라는 차원으로 이해해야 할 것이다.

『삼국사기』 신라본기에 나오는 신라를 침공한 倭人·倭兵은 시기적으로 제한되어 있어서 사료 原典에 대하여 추구할 문제점을 가지고 있으면서도, 대체로 계절적으로 약탈을 행하는 해적의 성격을 띤다고 보이나[108] 그 중에 일부는 가야의 지원을 받은 왜군이 가야 영역에 들어와 있다가 신라를 공략하는 경우도 있었을 것이다.[109]

결국 고구려-신라 연합군의 임나가라 정복지에 대한 순라병 설치를 비롯한 일련의 전투로 인하여, 4세기 이후 본격화된 영남 지역의 패권 경쟁에서, 고구려의 무력을 앞세운 신라는 결정적으로 가야보다 앞설 수 있게 되었으며, 백제는 옛 대방 지역의 영토와 함께 가야 지역을 중계 기지로 하는 대왜 교역망을 상실하게 되었다.[110] 이 사건의 여파로 백제의 우익이면서 김해의 加耶國을 대표로 하는 전기 가야연맹은 막을 내렸다. 고구려군의 南征은 전기 가야연맹을 해체시키면서 한반도 사국의 세력 판도를 백제 위주로부터 고구려 위주로 바꾸어 놓았으며, 그 중에서 가장 큰 희생의 제물은 가야였다.

* 이 글의 원전 : 金泰植, 2010, 「古代 王權의 成長과 韓日關係 -任那問題를 包含하여-」, 『제2기 한일역사공동연구보고서 제1권(제1분과 편)』, 서울 : 한일역사공동연구위원회, 131~155쪽(第1章 高句麗와 百濟의 爭霸 및 新羅·加耶·倭의 動向).

---

108) 旗田巍, 1975, 「三國史記新羅本紀にあらわれた倭」, 『日本文化と朝鮮』 2.
109) 『三國史記』 卷3, 新羅本紀3 慈悲麻立干 6년(463) 조("春二月 倭人侵歃良城 不克而去. 王命伐智·德智 領兵伏候於路 要擊大敗之. 王以倭人屢侵疆場 緣邊築二城.")의 삽량성 침입 기사가 그런 것 중의 하나이나, 그 전에도 그런 성격의 것이 있을 수 있다.
110) 金泰植, 2005, 「4世紀의 韓日關係史 -廣開土王陵碑文의 倭軍問題를 中心으로-」, 『한일역사공동연구보고서』 제1권, 한일역사공동연구위원회.

3.
고구려의 남진과
백제 · 가야 · 신라 · 왜의 저항

1. 5세기 전반의 한반도와 일본열도

(1) 고구려와 백제의 국제 교류망 구축

고구려는 4세기 말 5세기 초의 광개토왕 재위 기간 중에 광대한 영토를 획득하였다. 서쪽으로는 요하까지 닿았고, 서북으로 거란을 쳐서 일부를 귀속시키고, 북으로 북부여를 점령하여 말갈족의 대부분을 복속시키고, 동으로 동부여를 병탄하였으며, 남으로 백제를 쳐서 한강 이북을 차지하였다. 장수왕은 이를 바탕으로 427년에 평양으로 천도하여[1] 안정을 도모하였으며, 436년에는 北燕 왕 馮弘의 무리를 받아들이면서[2] 北魏와 긴장 관계를 맺기도 하였다.

그러나 고구려는 대체로 중국의 東晉, 宋 및 北魏와 조공 관계를 맺고 우

---

1) 『三國史記』卷18, 高句麗本紀6 長壽王 15년 "移都平壤."
2) 위의 책, 長壽王 24년 "夏四月 魏攻燕白狼城 克之. 王遣將葛盧孟光 將衆數萬 隨陽伊至和龍 迎燕王."

호적인 교역을 이루었다. 5세기의 각종 기록들을 통관해 볼 때,[3] 5세기 당시 동북아시아 동북부의 중추적 중계 교역자였던 고구려의 위치를 알 수 있다. 즉 고구려는 挹婁, 南室韋, 夫餘, 涉羅 등의 주변 민족에게 철기 생활도구 등을 공급하고 그 대가로 담비를 비롯한 동물 가죽이나 천연 보석류를 받아 중국 남북조에 중계 교역하고, 자신들이 생산하는 銀이나 말을 중국에 보내고 그 대가로 중국 문물을 수입하였다. 고구려의 성장 동력은 동북아 일대의 광범위한 영역에 걸쳐 성장하던 서로 다른 민족들의 문화적 차이를 알고 이를 총괄하는 대표자가 되어 중국과 중계 교역하던 능력에 있었던 것이다.[4]

반면에 397년에 왜국에 갔다가 405년에 귀국하여 왕이 된 백제 전지왕은[5] 409년과 418년에 왜국과의 공식적 교섭을 이루었고,[6] 이런 성향은 비유왕 즉위 직후인 428년까지 이어졌다.[7] 그러나 비유왕은 얼마 후 왜국 일변도의 교섭에서 벗어나 고구려에 대항하는 중국 남조 및 한반도 남방 제국의 동맹 네트워크를 구성하려고 노력하였다. 그가 429년, 430년, 440년, 450

---

3) 『宋書』卷97, 列傳57 夷蠻 東夷高句驪國 "高句驪王高璉 晉安帝義熙九年(413) 遣長史高翼 奉表獻赭白馬. (中略) 璉每歲遣使 十六年(439) 太祖欲北討 詔璉送馬, 璉獻馬八百匹. (中略) 大明三年(459) 又獻肅愼氏楛矢石砮."
   『北史』卷94, 列傳82 室韋國(南室韋) "多猪牛. (中略) 其國無鐵 取給於高麗. 多貂."
   『建康實錄』南齊 高麗傳 "其官位加長史司馬參軍之屬. 拜則申一脚 坐則跪 行則走 以爲恭敬. 國有銀山 採爲貨 並人參貂皮. 重中國綵緞 丈夫衣之. 亦重虎皮."
   『魏書』卷100, 列傳88 高句麗 "後貢使相尋 歲致黃金二百斤 白銀四百斤."
4) 金昌錫, 2004, 「高句麗 초・중기의 對中 교섭과 교역」, 『新羅文化』24, 東國大學校 新羅文化研究所, 24쪽.
   金泰植, 2006, 「韓國 古代諸國의 對外交易 -加耶를 中心으로-」, 『震檀學報』101, 6쪽.
5) 『三國史記』卷25, 百濟本紀3 腆支王 卽位年 "阿莘在位第三年 立爲太子. 六年 出質於倭國. 十四年 王薨 王仲弟訓解攝政 以待太子還國. 季弟碟禮殺訓解 自立爲王. 腆支在倭聞訃 哭泣請歸. 倭王以兵士百人衛送. 旣至國界 漢城人解忠來告曰 大王棄世 王弟碟禮殺兄自王 願太子無輕入. 腆支留倭人自衛 依海島以待之. 國人殺碟禮 迎腆支卽位."
6) 위의 책, 腆支王 5년 "倭國遣使 送夜明珠 王優禮待之."
   같은 왕 14년 "夏 遣使倭國 送白綿十匹."
7) 위의 책, 毗有王 2년 "倭國使至 從者五十人."

년에 걸쳐 중국 남조의 宋나라에 사신을 보내고,[8] 한반도 남부 쪽으로도 433년 및 434년에 신라에 사신을 파견하여 좋은 말과 흰 매를 보내[9] 우호 관계를 튼 것은 이를 말해준다.

또한 이를 전후해서 백제는 영산강 유역에 대해서도 적극적인 교섭 의지를 보였다. 5세기 중반 이후 나주 반남 고분군의 성장은 백제의 이러한 조치에 영향을 받았던 것이다. 5세기 중후반의 것으로 추정되는 나주 반남면 신촌리 9호분의 대형 독무덤에서 백제 계통의 금동관과 금동장식 신발 등의 복식 유물과 백제 계통의 은상감 단봉문 고리자루큰칼[銀象嵌單鳳文環頭大刀]이 출토된 것은 주목할 만하다.[10] 백제계 유물의 새로운 등장은 백제와의 보다 직접적인 교섭에 의한 것이 틀림없다. 독무덤[甕棺]이라는 묘제는 그대로 유지되고 있음으로 보아 아직 이 지역의 토착 세력이 완전히 해체되지는 않은 듯하나, 5세기 중반에는 그 首長이 백제의 벼슬을 받고 대외적으로 '백제의 영토'라고 칭해졌을 가능성도 있다.

한편 5세기 전반의 백제가 왜와 교류를 하기 위해서는 여전히 가야 세력의 중계가 필요하였을 것이다. 그런데 『일본서기』神功紀와 應神紀의 기록에는 서기 262년에 백제 장군인 木羅斤資가 왜왕의 명령을 받아 加羅의 사직을 복구해 주었다거나,[11] 294년에 그의 아들인 木滿致가 아버지의 공으로 任那를 오로지하고 백제와 왜국을 왕래하면서 백제 조정에서 높은 권세를 누렸다는[12] 등의 기록이 나온다. 이 기사들을 문장 그대로 믿을 수는 없

---

8)『宋書』卷97, 列傳57 夷蠻傳 百濟國 "(元嘉)七年 百濟王餘毗 復修貢職 以映爵號授之. 二十七年 毗上書獻方物 私假臺使馮野夫西河太守 表求易林式占腰弩 太祖並與之."
『三國史記』卷25, 百濟本紀3 毗有王 3년 "秋 遣使入宋朝貢."
같은 왕 4년 "夏四月 宋文皇帝 以王復修職貢 降使冊授先王映爵號."
같은 왕 14년 "冬十月 遣使入宋朝貢."
9)『三國史記』卷25, 百濟本紀3 毗有王 7년 "遣使入新羅請和."
같은 왕 8년 "春二月 遣使新羅 送良馬二匹 秋九月 又送白鷹."
10) 이정호, 1999, 「영산강유역의 고분 변천과정과 그 배경」, 『榮山江流域의 古代社會』, 崔盛洛 編著, 學硏文化社, 114쪽.

지만, 『삼국사기』 백제본기 개로왕 21년(475) 조의 木劦滿致와 관련하여 그 편년을 3갑자 내려서 보고[13] 제한적인 사실성을 인정한다면 그 시기를 442년 및 474년으로 결정하게 되어, 5세기 중엽 이후로 '加羅' 즉 고령의 伴跛國을 중심으로 한 백제-왜 교류 관계가 존재했던 것을 추정해 볼 수 있다. 이는 백제 귀족인 목씨의 활동을 매개로 하여[14] 고령의 반파국이 백제의 대왜 교통에 협조한 것을 가리키는 것이 아닐까 한다.[15] 多沙城을 백제의 '往還路驛'으로 주었다는 神功紀 50년 조의 기사로 보아,[16] 430년 이래 백제와 반파에 의하여 경남 하동 방면이 대왜 교역의 중간 기착지로 이용된 것을 짐작할 수 있다. 백제가 가야 지역 중에서도 내륙 깊은 곳에 있던 고령의 반파국에 주목하지 않을 수 없었던 이유는, 그들의 제철 산업 기반과 대왜 교역 능력 때문이라고 할 수 있다.

---

11) 『日本書紀』卷9, 神功皇后 攝政 62년(262) "新羅不朝. 卽年 遣襲津彦擊新羅.[百濟記云 壬午年 新羅不奉貴國. 貴國遣沙至比跪 令討之. 新羅人莊飾美女二人 迎誘於津. 沙至比跪受其美女 反伐加羅國. 加羅國王己本旱岐 及兒百久至阿首至國沙利伊羅麻酒爾汶至等 將其人民 來奔百濟. 百濟厚遇之. 加羅國王妹旣殿至 向大倭啓云 天皇遣沙至比跪 以討新羅. 而納新羅美女 捨而不討 反滅我國. 兄弟人民 皆爲流沈. 不任憂思 故以來啓. 天皇大怒 卽遣木羅斤資 領兵衆來集加羅 復其社稷. (下略)]"

12) 『日本書紀』卷10, 應神天皇 25년(294) "百濟直支王薨. 卽子久爾辛立爲王. 王年幼. 木滿致執國政 與王母相婬 多行無禮. 天皇聞而召之. [百濟記云 木滿致者 是木羅斤資討新羅時 娶其國婦而所生也. 以其父功 專於任那. 來入我國 往還貴國. 承制天朝 執我國政 權重當世. 然天朝聞其暴 召之.]"

13) 山尾幸久, 1978, 「任那に關する一試論 -史料の檢討を中心に-」, 『古代東アジア史論集』下卷 (末松保和博士古稀記念會編), 吉川弘文館, 198~202쪽.

14) 李道學, 1995, 『백제 고대국가 연구』, 一志社, 195~197쪽.

15) 『宋書』卷97, 夷蠻傳 百濟國條의 기록으로 보아, 개로왕 4년(458)에 왕의 추천으로 송나라로부터 관작을 받은 11인 중에 8인이 백제의 왕족인 餘氏인데 그들과 어깨를 나란히 하여 木羅斤資로 추정되는 沐衿이 龍驤將軍의 작호를 받은 것은, 개로왕이 그의 이러한 공로를 크게 인정한 덕분이라고 보인다. 金琪燮, 2000, 『백제와 근초고왕』, 學硏文化社, 166쪽.

16) 『日本書紀』卷9, 神功皇后 攝政 50년(250) "夏五月 千熊長彦久氏等 至自百濟. 於是 皇太后歡之 問久氏曰 海西諸韓 旣賜汝國 今何事以頻復來也. 久氏等奏曰 天朝鴻澤 遠及弊邑. 吾王歡喜踊躍 不任于心. 故因還使 以致至誠. 雖逮萬世 何年非朝. 皇太后勅云 善哉汝言. 是朕懷也. 增賜多沙城 爲往還路驛."

백제 계통의 금·은상감 고리자루큰칼이 5세기 2/4분기로 편년되는 고령 지산동 32NE-1호분과 남원 월산리 M1-A호분에서 출토된 것은, 백제 귀족인 목씨의 활동 결과를 반영한다고 보인다.[17] 다만 고령 지산동 고분군의 해당 시기 유물에 백제계 문물의 요소는 고리자루큰칼과 같은 일부 위세품에 지나지 않고, 토기를 비롯한 대부분의 생활 유물은 재지 기반의 독자적인 것이었다는 점으로 보아, 이 당시에 목씨의 매개를 통해 고령 지방에 미친 백제의 영향력은 강압적인 것이 아니라 고령 세력의 선택에 의한 상호 동맹적인 성격의 것이었음을 알 수 있다.

(2) 신라의 6부체제 형성과 대외관계

신라는 4세기 말 5세기 초에 고구려 군대의 도움을 받아 가야-왜 연합군을 물리치고 낙동강 동쪽의 가야 세력을 대부분 복속시키면서 크게 성장하였다. 신라의 초기 왕릉인 돌무지덧널무덤[積石木槨墳]의 출토품에 青銅壺杅, 銀盒을 비롯한 각종 고구려 계통 漢式 청동용기 뿐만 아니라 중앙아시아의 페르시아, 흑해 연안, 카자흐스탄, 스키타이, 중국 북방의 흉노를 비롯한 胡族의 물품들이 출토된 것으로 보아[18] 신라는 고구려를 매개로 한 교역을 통해 활발한 문화 변혁을 이루어나갔음을 알 수 있다.[19] 그 대가로 신라는 한동안 고구려의 정치적 영향력에 시달려야 했다.

392년에 고구려에 볼모로 갔던 實聖이 401년에 돌아온 후[20] 그 이듬해에 나물왕이 죽고 실성이 왕위에 올랐다든가, 417년에 실성왕은 고구려군을

---

17) 청주 신봉동 고분군의 출토 유물을 기반으로 하여 백제 귀족 木氏의 세력 근거지로 청주 지역을 손꼽는 견해가 있다. 朴淳發, 2000,「百濟의 南遷과 榮山江流域 政治體의 再編」,『韓國의 前方後圓墳』, 충남대학교출판부, 130쪽.
18) 崔秉鉉, 1992,『新羅古墳研究』, 一志社, 347~351쪽.
19) 金泰植, 2006,「韓國 古代諸國의 對外交易 -加耶를 中心으로-」,『震檀學報』101.
20)『三國史記』卷3, 新羅本紀3 奈勿麻立干 37년 "春正月 高句麗遣使. 王以高句麗强盛 送伊湌大西知子實聖爲質."
같은 왕 46년 "秋七月 高句麗質子實聖還."

이용하여 訥祗를 죽이려 하였으나 눌지가 이를 역이용하여 실성을 죽이고 왕위에 올랐다든가[21] 하는 것은 이를 보여주고 있다. 그러나 신라는 한편으로는 고구려의 영향력을 배경으로 삼고 한편으로는 스스로를 지역 통합의 주체로 부각시킴으로써 커다란 국가적 성장을 이루어 초기 고대국가로 발돋움했다. 이는 신라가 언제 部體制를 성립시켰는가와 같다고 할 수 있다. 여기서 部는 외교권과 무역권은 박탈당하였으나 자치권을 유지하고 있는 단위정치체였다가,[22] 고대국가 완성 단계 이후로는 수도 내의 행정구역으로 전환되는 존재를 가리킨다.[23]

　　신라의 경우에는 고분 유물 상으로 보아 위세품을 주변의 部로 추정되는 親新羅系 지방 세력들에게 賜與하는 현상이 전형적으로 나타나는 시기가 5세기이다. 5세기 초부터 6세기 초에 걸쳐 강원도 삼척, 경상북도 순흥, 안동,

---

21) 위의 책, 訥祗麻立干 卽位年 "奈勿王三十七年 以實聖質於高句麗. 及實聖還爲王 怨奈勿 質己於外國 欲害其子以報怨 遣人招在高句麗時相知人 因密告 見訥祗則殺之. 遂令訥祗往 逆於中路. 麗人見訥祗 形神爽雅 有君子之風 遂告曰 爾國王使我害君 今見君 不忍賊害 乃 歸. 訥祗怨之 反弑王自立."
『三國遺事』第十八實聖王條 "王忌憚前王太子訥祗有德望 將害之 請高麗兵而詐迎訥祗. 高麗人見訥祗有賢行 乃倒戈而殺王 乃立訥祗爲王而去."

22) 盧泰敦, 2000, 「초기 고대국가의 국가구조와 정치운영」, 『韓國古代史硏究』17, 26쪽.

23) 기존 설의 추이를 살펴보면 초기에는 신라의 六部 성립 시기를 5세기 후반 이후로 보았으나(末松保和, 1936, 「新羅六部考」; 1954, 『新羅史의 諸問題』, 재수록; 李丙燾, 1937, 「三韓問題의 新考察(六)」, 『震檀學報』7 ; 金哲埈, 1952, 「新羅 上代社會의 Dual Organization」, 『歷史學報』1·2), 部體制라는 이름으로 심화시킨 연구에서는 5세기 전반 눌지 마립간 대를 주목하다가, 최근으로 올수록 그 시기를 점점 올려 잡아 3세기 중엽까지 올라갔으며 (全德在, 1992, 「新羅 6部體制의 變動過程 硏究」, 『韓國史硏究』77 ; 1996, 『新羅六部體制 硏究』, 一潮閣), 그 중에는 1세기 초로 올려 잡은 견해도 있다(李鍾旭, 1980, 「新羅上古時代의 六村과 六部」, 『震檀學報』49 ; 李文基, 1981, 「金石文資料를 통하여 본 新羅의 六部」, 『歷史敎育論集』2 ; 崔在錫, 1987, 「新羅의 六村·六部」, 『韓國古代社會史硏究』, 一志社 ; 朱甫暾, 1992, 「三國時代의 貴族과 身分制」, 『韓國社會發展史論』, 一潮閣). 연구 초기에는 都城의 행정구역을 6부로 구분하고 그 위에 6部貴族制가 운영된 시기를 6部制라고 칭했기 때문에, 그 성립 시기를 5세기 후반 이후로 잡는 것이 당연하다. 그러나 部體制에 대한 새로운 개념이 도입된 단계에 와서는, 연맹 소속국들의 외교권이 왕권에 의하여 통제되어 대외관계의 창구가 단일화되는 시기를 중시하였다.

의성, 선산, 성주, 칠곡, 대구, 경산, 영일, 경상남도 창녕, 양산, 부산 등에서 신라 계통의 금동관, 귀걸이, 허리띠 장식 등이 출토되었다.[24] 거기서 출토된 신라 冠의 양식적 齊一性은 마립간 시기에 着裝形 위세품의 분여를 매개로 중앙과 지방 정치체 사이에 형성된 간접 지배 양상에 기반을 두고 있다.[25]

이러한 신라의 위세품들이 출토된 지방은 아직 그 지역 지배층의 통치 기반이 신라에 의해 완전히 해체되지는 않았다고 하더라도, 이미 신라의 영역 내에 포함되어 신라 왕권에게 일정한 규제를 받고 있었다고 판단된다.[26] 뿐만 아니라, 그 지역의 고분들은 5세기 전반 이후 신라계 유물들이 유입되면서 규모도 커지고 부장품도 많아지는 특징이 있다. 이는 그들이 신라 왕권의 지원을 받으며 발전하고 있음을 보여주고 있다.[27] 그러므로 신라의 6부체제는 5세기 전반에 성립되었으며, 그 결과 선산, 대구, 경산, 창녕, 양산, 부산 등지를 아우르는 초기 고대국가를 성립시켰다고 보아야 한다, 『삼국사기』에서 눌지왕이 位號를 尼師今에서 麻立干으로 고친 첫 왕으로 기록되고 있음은 이런 연유에서이다.

눌지 마립간은 고구려 군대의 도움을 받아 417년에 왕위에 올랐으나, 그 후 418년에 水酒村干(경북 예천), 一利村干(고령군 성산면), 利伊村干(영주) 등을 불러 의논하여 歃良州干(경남 양산) 堤上을 보내 고구려와 왜에 볼모로 보낸 동생들을 귀환시키고,[28] 433년과 434년에 이어진 백제의 화친 요청을 수락함으로써[29] 고구려의 영향력을 배제하려고 노력하였다.

다만 고구려 계통 청동용기의 출토가 5세기 후반까지 이어지는 것으로

24) 李漢祥, 1995, 「5~6세기 新羅의 邊境支配方式」, 『韓國史論』 33, 서울대학교 국사학과, 63쪽.
25) 咸舜燮, 2002, 「신라와 가야의 冠에 대한 序說」, 『大加耶와 周邊諸國』, 高靈郡·韓國上古史學會, 146쪽.
26) 金泰植, 1985, 「5세기 후반 大加耶의 발전에 대한 研究」, 『韓國史論』 12, 47~49쪽 ; 2002, 『미완의 문명 7백년 가야사 1권』, 푸른역사, 162~163쪽.
27) 李熙濬, 2007, 『신라고고학연구』, 사회평론, 243~244쪽.

보아, 신라는 아직 고구려와의 단절을 추진할 수는 없었다. 그럼에도 불구하고 신라 내에서 反 고구려의 분위기는 무르익어 450년에 신라 何瑟羅城 (강원 강릉) 성주가 悉直(삼척) 들에 들어와 사냥하던 고구려 변방의 장수를 죽이는 사건이 일어나기도 하였다.[30] 그러나 고구려가 사신과 군사를 내어 이에 항의하자 신라 왕이 겸손한 말로 사과했다는 것으로 보아,[31] 신라는 아직 고구려를 무시할 수 없었던 것이다.

(3) 가야 지역의 세력 구도 변화

전기 가야연맹의 소멸과 함께 일시적으로 약화되었던 가야 지역은 멸망하지 않고 지속적으로 존속하고 있었으나, 그들이 국제 관계 속에서 어떤 위치에 있었는지는 문헌상으로 확인되지 않는다. 고고학적인 유적 상황을 토대로 5세기 이후 가야 지역 내부의 정세를 정리해 보면, 낙동강 동쪽 지역은 신라 문화권으로 이탈해 들어가고, 낙동강 서쪽의 후기 가야 문화권은 그 내부에서 고령권, 함안권, 고성-진주권, 김해권 등의 4개 권역으로 구분된다.

첫째, 신라에 자발적으로 투항하였다고 보이는 성주, 창녕, 양산, 부산 지역은 5세기 내내 크게 발전하여 고분 규모가 커지고 경주 계통의 유물이 풍부하게 나타난다. 이 지역은 원래 가야연맹 소속이었으나, 신라에 복속하

---

28) 『三國史記』卷45, 列傳5 朴堤上傳 "及訥祗王卽位 思得辯士 往迎之 聞水酒村干伐寶靺一利村干仇里酒利伊村干波老三人有賢智 召問曰 吾弟二人 質於倭麗二國 多年不還 兄弟之故 思念不能自止 願使生還 若之何而可. 三人同對曰 臣等聞歃良州干堤上 剛勇而有謀 可得以解殿下之憂. 於是 徵堤上使前 告三臣之言而請行. 堤上對曰 臣雖愚不肖 敢不唯命祗承.(下略)"
『三國史記』卷3, 新羅本紀3 訥祗麻立干 2년 "春正月 親謁始祖廟 王弟卜好 自高句麗 與堤上奈麻還來. 秋 王弟未斯欣 自倭國逃還."

29) 『三國史記』卷3, 新羅本紀3 訥祗麻立干 18년 "春二月 百濟王送良馬二匹. 秋九月 又送白鷹. 冬十月 王以黃金明珠 報聘百濟."

30) 위의 책, 訥祗麻立干 34년 "秋七月 高句麗邊將 獵於悉直之原 何瑟羅城主三直 出兵掩殺之."

31) 위와 같은 조 "麗王聞之怒 使來告曰 孤與大王 修好至歡也 今出兵殺我邊將 是何義耶. 乃興師侵我西邊 王卑辭謝之 乃歸."

는 대가로 독립적인 지역 지배권을 신라로부터 인정받고 그 후원을 받으면서 발전하고 있었던 것이다.[32] 이들은 김해의 맹주국이 약화된 것을 계기로 대왜 교역을 주도하면서 신라 문물을 중계하기도 하고, 가야 제국의 팽창을 견제하는 역할을 담당하였다.

둘째, 조개무지[貝塚] 및 대형 덧널무덤[木槨墓] 등이 다량 출토되던 김해를 중심으로 한 낙동강 하구 유역의 해안 지대에서는 5세기에 들어오면서 갑자기 고분 유적의 수효가 줄어들고 규모도 소형 돌덧널무덤[石槨墓] 정도로 축소되고, 일부 신라 계통 유물이 복합되는 현상이 나타났다. 이러한 현상은 그 지역에서 번성하였던 전기 가야연맹의 소멸을 직접적으로 반영하는 것이다.[33]

셋째, 함안에는 의령, 칠원, 마산, 진북, 군북을 포함한 일대에 소형 군집분과 중소형 봉토분으로 조합된 하위 고분군 그룹들을 거느린 도항리 고분군이 비약적인 발전을 보이는 것이 특징적이다. 그러나 함안 양식 토기 문화권은 다른 지역으로 문화권이 넓혀지지도 못하였고, 다른 문화권의 침범을 거의 허용하지도 않아서[34] 고립적이고 자급자족적 특성을 보여주었다.

넷째로, 고성, 사천, 진주 지방에 걸친 고성 양식 토기의 존재 범위는 매우 넓게 나타나서, 그에 인접한 거창, 함양, 아영 지방의 세력권이나 함안, 의령, 칠원 지방의 세력권과 활발하게 교류하는 면모를 띠었다.[35] 그러나 이 토기권은 그들 사이에 토기 양식이 유사하다는 것을 알 수는 있어도 발전의 주체를 찾을 수 없는 특이한 존재 양상을 보이고 있다. 이는 연맹 전체

---

32) 金泰植, 2002, 『미완의 문명 7백년 가야사 1권』, 푸른역사, 168쪽.

33) 위의 책, 169쪽.

34) 李盛周, 1999, 「考古學을 통해 본 阿羅加耶」, 『考古學을 통해 본 加耶』(제23회 한국고고학 전국대회 발표요지), 韓國考古學會.

35) 安在晧, 1997, 「鐵鎌의 변화와 劃期」, 『加耶考古學論叢』 2, 서울 : 駕洛國史蹟開發研究院, 79~88쪽.
박天秀, 1999, 「器臺를 통하여 본 加耶勢力의 動向」, 『加耶의 그릇받침』, 國立金海博物館, 98쪽.

의 발전을 선도할 수 있는 강대한 힘과 경제력을 갖춘 존재가 배출될 수 없는 한계성이 있었다는 것을 반영한다.[36]

다섯째로, 전기 가야시대에 후진 지역이었던 고령, 합천, 거창, 함양 등의 내륙 산간 지역은 5세기 전반 이래로 가야의 기존 문화 내용이 축적되어 5세기 중엽 이후에는 대형 분구묘를 축조하면서 발전하는 면모를 보였다. 묘제나 유물의 성격 면에서 그들은 4세기 이전 진·변한 공통 문화 기반을 계승하면서, 전반적인 경제력 및 지배 권력이 점진적으로 성장하였다.[37]

이로 보아 5세기 전반 가야 지역에서 국제 교역 입지 조건이 가장 좋은 김해, 창원 일대의 세력은 극도로 쇠락한 채 어느 정도 신라의 영향력 아래 들어 있었다. 나머지 경남 서남부 지역이나 경상 내륙 산간 지역의 소국들은 독립성을 유지하고 있었으나, 서로 분산된 상태로 존재하고 있어서 국제 관계에서 이전보다 위축된 모습을 보였다(지도 5).

(4) 일본열도의 문화 변동과 그 성격

4세기에서 5세기로 넘어가면서 한반도 남부와 일본열도 사이의 대외 교류에는 큰 변화가 일어났다. 즉, 5세기 전반에는 김해의 가야국이 크게 약화됨으로써 일본열도에 철이나 선진 문물을 수출할 수 있는 주도 세력이 사라졌기 때문에, 그 주변의 가야 소국과 옛 가야 소국들이 각자의 노력으로 소규모로 왜와 교섭하였다.

오사카부[大阪府] 오바테라[大庭寺] 유적의 TG232폐기장에서 출토된 사발모양 그릇받침[鉢形器臺]의 문양 구성은 부산 복천동 21-22호분과 거의 일치하며, 그에 이어 복천동 10-11호분 계통의 문양도 나타난다.[38] 부산 복천동 고분군 축조 세력, 즉 독로국은 4세기에는 가야 계통에 속한 세력이었

36) 金泰植, 2002,『미완의 문명 7백년 가야사 2권』, 푸른역사, 179~182쪽.
37) 金泰植, 1993,『加耶聯盟史』, 一潮閣, 88~90쪽 ; 2002,『미완의 문명 7백년 가야사 1권』, 푸른역사, 170~171쪽.
38) 朴天秀, 2007,『새로 쓰는 古代 韓日交涉史』, 서울 : 社會評論, 50쪽.

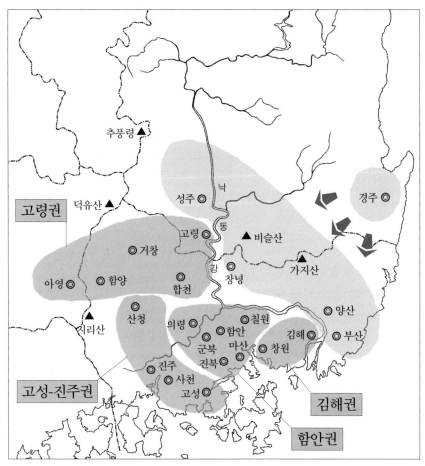

〈지도 5〉 5세기 전반 가야 문화권 고고 유적 변동

으나 5세기 초에 신라 계통의 문물을 출토하기 시작하였으므로, 이들은 김
해의 가야국이 약화된 시기에 그를 대신하여 한동안 일본열도 긴키 지역과
의 교섭을 주도하였다고 판단된다.

　반면에 함안 양식의 돗자리무늬 항아리[繩蓆文打捺壺]가 나가사키현 다
이쇼군야마[大將軍山] 고분이나 후쿠오카현 히가시시모다[東下田] 유적에서
출토된 것으로 보아,[39] 함안의 안라국은 3~4세기 단계에 이어 5세기에 일

본열도와의 독자적인 교류를 좀 더 강화시켰다고 보인다. 원통모양 굽다리접시[筒形高杯]를 중심으로 하는 초기 스에키는 일본 시코쿠 지역의 가가와현 미야야마요[宮山窯]와 미타니사부로이케요[三谷三郎池窯] 및 에히메현의 고분군 등에서 출토되고 있어서, 이 지역에는 함안의 안라국 계통의 工人이 파견되어 활약하였음을 알 수 있다.[40] 한편 고성 양식의 삼각형투창 굽다리접시와 水平口緣 항아리 등으로 보아, 후쿠오카현 아사쿠라요[朝倉窯]와 인근 고테라[古寺] 고분군 및 이케노우에[池の上] 고분군의 스에키는 고성 고자국과의 교류를 통하여 工人을 받아들인 것이라고 보인다.[41]

이렇게 볼 때 5세기 전반의 일본열도는 긴키의 왜 왕권과 부산 독로국과의 관계가 주류를 이룬다고 하더라도, 시코쿠 호족, 규슈 호족 세력들도 각기 가야연맹의 유력 소국들인 안라국 및 고자국과 별개의 관계를 맺으면서 독자적인 교섭 활동을 이루고 있었음을 알 수 있다.

한일 간의 철과 기마 문물 교류에 관해서는 근래에 들어 기초적인 자료 면에서 대체적인 공통점에 도달하였다. 즉 일본에서 제철이 행해지지 않던 5세기까지는 교역을 통하여 가야로부터 철 소재를 입수해서 이를 가지고 鍛冶 과정을 거쳐 철기를 생산하였으며, 6세기 이후 왜의 단야와 제철 개시도 가야 또는 백제 남부 지방에서 건너간 사람들에 의하여 전개되었다는 것이다.[42] 뿐만 아니라 4세기 내지 5세기 전반 일본열도의 기마 관련 무기와 마구는 낙동강 하류 유역 금관가야의 것이 도입되거나 또는 그 영향 아래 만들어진 것이며, 5세기 후반의 일본 마구는 대가야의 것을 수용하여 재지화

39) 위의 책, 51쪽.
40) 위의 책, 216~217쪽.
41) 위의 책, 222쪽.
42) 藤尾愼一郎, 2004,「彌生時代の鐵」,『國立歷史民俗博物館研究報告』110, 佐倉.
   東潮, 2004,「弁辰と加耶の鐵」,『國立歷史民俗博物館研究報告』110, 佐倉.
   穴澤義功, 2004,「日本古代の鐵生産」,『國立歷史民俗博物館研究報告』110, 佐倉.
   大澤正己, 2004,「金屬組織學からみた日本列島と朝鮮半島の鐵」,『國立歷史民俗博物館研究報告』110, 佐倉.

시킨 것이라고 한다.[43]

또한 그 중 일부는 좀 더 구체적으로, 일본 기나이 신흥 세력의 무기와 갑주 및 마구는 김해 금관가야에서 건너간 공인에 의하여 도입된 것이며, 5세기 후반의 일본 갑주와 무기, 마구 등은 한반도의 대가야 또는 백제에서 건너간 공인에 의하여 새로운 생산 체제가 만들어져 곧 재지화하였다고 보았다.[44] 4~5세기에 일본열도로 건너간 한반도계 이주민들은 주로 항만 등에 거주하면서 교역에 종사하거나, 또는 지방 수장이나 왜 왕권 등에 의하여 工房에 배치되어 철기 제작, 토기 제작 등에 종사했다고 한다. 이들 교역 종사자와 각종 기술을 갖춘 공인들은 일종의 가치 높은 상품으로서 대체로 한반도 쪽 정권의 원조 아래 교역되었다고 보고 있다.[45]

기술자 파견, 또는 증여는 4세기 말 이후부터 시작되어 6세기 전반까지의 시기에 한정된 가야-왜 사이의 교역 방식이었다고 할 수 있다. 그 援助工人의 기술 수준이나 규모 등의 범위는 가야와 왜의 여러 세력의 협의 아래 결정되었을 것이다. 이처럼 5세기 일본열도의 물질문화 발전에는 援助工人이 중요한 역할을 행하였지만, 그것만을 원인으로 보기에는 그 변혁의 속도

---

43) 田中晋作, 2004,「古墳時代の軍事組織について」,『國立歷史民俗博物館研究報告』110, 佐倉.
宋桂鉉, 2004,「加耶古墳の甲冑の變化と韓日關係」,『國立歷史民俗博物館研究報告』110, 佐倉.
橋本達也, 2002,「古墳時代甲冑の系譜 -朝鮮半島との關係-」,『第5回 歷博國際シンポジウム 古代東アジアにおける倭と加耶の交流 發表要旨』, 國立歷史民俗博物館, 佐倉.
金斗喆, 2004,「加耶と倭の馬具」,『國立歷史民俗博物館研究報告』110, 佐倉.
千賀久, 2004,「日本出土の'非新羅系'馬裝具の系譜 -大加耶圈の馬具との比較を中心に-」,『國立歷史民俗博物館研究報告』110, 佐倉.
44) 田中晋作, 위의 논문.
千賀久, 위의 논문.
金泰植・宋桂鉉, 2003,『韓國의 騎馬民族論』, 韓國馬事會・馬事博物館, 165쪽.
45) 그들이 한반도에서 전해준 교역 대상이었다면, 왜 왕권은 때에 따라 달라지는 상대방 정권, 즉 금관가야, 대가야, 또는 백제에게 무엇을 지불하였는가? 그 가장 주요한 것은 군사 병력 또는 노동 인원이었던 듯하다. 그리고 이들도 한반도에 왔다가 일이 끝난 후에 돌아가는 것이 아니라 대개 상대방 측의 처분에 맡겨서 영구 거주하게 되는 경우가 대부분이었다. 金泰植・宋桂鉉, 2003. 앞의 책, 172쪽.

가 너무 급격한 것으로 보이는데 문제가 있다.

한일 간의 소규모 교류로 인한 직접적 결과로는 믿을 수 없을 만큼, 일본 열도의 고분 문화는 4세기까지와 5세기 이후의 사이에 극히 큰 차이를 보인다. 매장시설에 대해서는, 그때까지의 움식[竪穴系] 매장시설과는 별도로, 새로이 한반도의 영향을 받아 굴식[橫穴系] 매장시설이 4세기 말엽의 규슈 지역에서 생겨나서 西日本, 東日本 각지로 확산된다. 부장 유물에서는 그때까지 전혀 보이지 않았던 마구가 부장되게 되고, 무기·무구 등도, 劍이 차츰 刀로 바뀌고, 弓矢에서도 살상력이 뛰어난 細身의 쇠화살촉이 주류를 이루게 된다. 더욱이 갑옷과 투구에도 새로이 못으로 연결하는 기술로 제작된 강고한 판갑옷이나 小札을 꿰매 맞춘 활동적인 미늘갑옷이 출현한다. 또한 그때까지는 그다지 보이지 않았던 금동제의 장신구류 등도 많아진다. 사람들의 생활에서도, 종래의 수혈식 주거에 화덕이 부설되게 되고, 또한 하지키[土師器]에 더하여 새로이 한반도의 도질토기의 영향을 받은 스에키[須惠器] 생산이 시작되어 널리 쓰이게 된다.[46]

그리하여 4세기 말에서 5세기 초에 일본열도에 갑자기 나타난 각종 선진 문물 제작 기술은 평상적인 한일 간 문화 교류의 결과라기보다 다수의 이민과 함께 전해진 것으로 보는 견해가 많다.[47] 4~5세기에 해당한다고 볼 수 있는 『일본서기』 武烈紀 이전 시기의 일본 대외관계 기사에서도 한반도에

---

46) 白石太一郎, 2006, 「倭國の形成と展開」, 『古代史の流れ : 列島の古代史8』, 岩波書店, 45쪽.

47) 江上波夫, 1984, 「日本における國家の形成 -倭人の國から大和朝廷へ-」, 『東洋研究』 72 ; 1992, 『江上波夫の日本古代史 -騎馬民族說四十五年-』, 大巧社, 東京, 256~257쪽.
崔秉鉉, 1992, 「考古學的으로 본 加耶와 日本의 관계」, 『韓國史市民講座』 11, 一潮閣, 서울, 111~117쪽.
中村潤子, 1991, 「騎馬民族說の考古學」, 『考古學その見方と解釋』, 筑摩書房 ; 森浩一 編, 1993, 『馬の文化叢書 第一卷 古代 -埋もれた馬文化』, 馬事文化財團, 橫浜, 483쪽.
酒井淸治, 2001, 「倭における初期須惠器の系譜と渡來人」, 『4~5世紀 東亞細亞 社會와 加耶』, 제7회 加耶史 국제학술회의 발표요지, 김해, 99~101쪽.
申敬澈, 2000, 「금관가야의 성립과 연맹의 형성」, 『가야 각국사의 재구성』, 부산대학교 한국민족문화연구소편, 혜안, 78쪽.

서 일본열도로의 대량 이민을 전하고 있다. 그 이주민들을 이주 원인별로 분류하면, 자발적으로 왜국으로 건너갔다는 경우로서 都怒我阿羅斯等의 童女, 天日槍과 그 從人, 弓月君과 120縣, 阿知使主·都加使主와 17縣, 貴信, 紀生磐宿禰 등이 있다. 다음으로 한반도 삼국이 왜국의 요구에 따르거나 조공으로 보냈다는 사례로서 眞毛津, 阿直岐, 王仁, 木滿致, 能匠, 新齊都媛과 7婦女, 池津媛=適稽女郎, 今來才伎, 須流枳·奴流枳, 斯我君 등이 있다. 또한 전쟁을 통해 포로로 잡혀갔다는 경우로서 草羅城 俘人, 4邑 人民, 韓奴 6口 등이 있다.[48]

그 이민의 성격에 대한 기존 설을 보면, 渡來人의 공급을 안정화시키기 위해 한반도 제국을 蕃國으로 예속시킨 결과,[49] 또는 임나 경영의 결과에 따른 한국·중국계 주민의 이동이라고 보는 견해[50]도 있으나, 기마민족의 정복이라고 보는 견해,[51] 금관가야의 해체에 따른 피난민 행렬,[52] 또는 금관가야 왕권과의 교섭에 따라 기나이[畿內] 왜 왕권에 원조된 加耶工人과 전기 가야연맹의 해체에 따른 流亡民, 즉 가야계 이주민에 의하여 이루어졌다고 보는 견해[53] 등이 있다.

48) 金泰植, 1998, 「日本書紀에 나타난 韓國古代史像」, 『韓國古代史硏究』 14집, 韓國古代史學會.

49) 石母田正, 1973, 『日本古代國家論』, 岩波書店 ; 1989, 『石母田正著作集』 4.
吉村武彦, 2006, 「ヤマト王權と律令制國家の形成」, 『列島の古代史8 古代史の流れ』, 岩波書店, 94쪽.

50) 末松保和, 1949, 『任那興亡史』, 264쪽.
關晃, 1956, 『歸化人』, 至文堂 ; 1996, 『古代の歸化人』(關晃著作集 第三卷), 吉川弘文館, 10~11쪽.
上田正昭, 1965, 『歸化人 -古代國家の成立をめぐって-』, 東京 : 中央公論社.
다만 우에다의 渡來人說은 가야 지역에 일본 야마토 정권의 세력이 4세기부터 6세기까지 존재했다는 것은 인정하면서도, 한반도에서 일본으로 주민들이 건너와 일본 고대문화 건설에 기여한 것을 '歸化'라는 말로 일률적으로 표현할 수는 없고, 그 도래인의 구성에는 중국계보다 한국계가 훨씬 더 중요한 비중을 차지하고 있었다고 강조한 점에 의미가 있다.

51) 江上波夫, 1992, 앞의 책, 256~257쪽.

52) 申敬澈, 2000, 앞의 논문, 78쪽.

53) 金泰植·宋桂鉉, 2003, 『韓國의 騎馬民族論』, 과천 : 韓國馬事會·馬事博物館, 215~219쪽.

여기서 자발적 이민자들의 모국은 한반도의 고구려 · 백제 · 신라 · 가야의 4국에 골고루 분포한다고 하였으나, 실제로는 대다수가 고구려와 백제의 접경지대인 옛 낙랑 · 대방군 지역과 신라와 가야의 접경지대인 낙동강 연안에 거주하였던 것으로 추정된다. 이 시기의 한반도에서 전쟁의 승자는 고구려와 신라였고 패자는 백제와 가야였다. 그러므로 전쟁에 시달리거나 패배한 대방계 백제인들과 낙동강 유역의 가야인들 상당수가 일본열도로 피난한 것으로 볼 수 있다. 특히 그 시기는 김해 중심의 전기 가야와 고령 중심의 후기 가야 사이의 전환기에 해당한다. 가야의 유망민들은 경상남북도 내륙 산간 지역으로 도피하기도 하였으나, 가까이 교류하던 일본열도로도 상당수 도피하였던 것이다.

2. 고구려의 팽창과 한반도 남부의 동향

(1) 고구려의 남진과 백제의 남천

5세기 후반에 고구려는 동북아시아 동북부의 중추적 중계 교역자로 성장하여, 중국 남북조와의 안정적인 국제 관계를 바탕으로 주변 지역에 대한 영토 확장을 도모하였다. 그리하여 고구려는 479년에는 외몽고 지역의 柔然과 모의하여 흥안령산맥 일대의 거란족 일파인 地豆于의 분할 점령을 시도하였고,[54] 남쪽으로는 한강 이남에 대한 남진 정책을 추진하였다.『삼국사기』의 기록으로 보아, 고구려는 450년, 454년, 468년, 481년에 걸쳐 신라를 공격하였고,[55] 455년과 475년에는 백제를 침공하였다.[56] 그 당시 한반도 남부 3국, 즉 백제 · 신라 · 가야의 성장 및 공동 대응으로 인하여 고구려의 한강 이남 공략은 쉽지 않았다. 그러나 고구려 장수왕은 결국 475년 백제 수

---

54)『魏書』契丹國傳 太和 3년(479) "高句麗竊與蠕蠕謀 欲取地豆于以分之. 契丹懼其侵軼 其莫弗賀勿于率其部車三千乘 · 衆萬餘口 驅徙雜畜 求入內附 止於白狼水東."

도 慰禮城(서울 송파구)을 함락하고 개로왕을 전사시켰으니, 이는 한반도 정세의 판도를 뒤흔드는 큰 사건이었다.

백제 개로왕은 비유왕을 이어 적극적인 외교 정책을 추진하여 457년, 458년, 471년에 중국 남조의 宋에 사신을 보내 조공하고,[57] 472년에는 북위에 국서를 보냈으며,[58] 461년에는 왜국에 동생 昆支를 보내 우호를 닦았다.[59] 또한 늦어도 5세기에 백제는 지방 지배의 거점이 되는 일부 성읍에 자제·종족 등의 지방관을 파견하여 통치하는 檐魯制를 실시하고 있었다고 추정되며,[60] 5세기 중반 이후로 나주 반남 고분군 축조 세력 등에 문물 지원을 지속하면서 영향력을 강화해나갔다. 그러나 백제 내부에서는 급속한 중앙 집권력 강화 과정에서 사회적 내분과 민심 이반 현상이 나타나, 결국

55) 『三國史記』 卷18, 高句麗本紀6 長壽王 38년(450) "新羅人襲殺邊將 王怒 將擧兵討之 羅王遣使謝罪 乃止."
같은 왕 42년(454) "秋七月 遣兵侵新羅北邊."
같은 왕 56년(468) "春二月 王以靺鞨兵一萬 攻取新羅悉直州城."
『三國史記』 卷3, 新羅本紀3 炤知麻立干 3년(481) "三月 高句麗與靺鞨入北邊 取狐鳴等七城 又進軍於彌秩夫 我軍與百濟·加耶援兵 分道禦之 賊敗退 追擊破之泥河西 斬首千餘級."

56) 『三國史記』 卷3, 新羅本紀3 訥祇痲立干 39년(455) "冬十月 高句麗侵百濟 王遣兵救之."
같은 책, 慈悲麻立干 17년(474) "秋七月 高句麗王巨連 親率兵攻百濟. 百濟王慶 遣子文周求援. 王出兵救之 未至百濟已陷 慶亦被害."
다만 신라본기의 慈悲麻立干 17년 조 기사는 고구려본기 및 백제본기와 비교해 보았을 때 기년이 1년 틀린 것이다.

57) 『宋書』 卷97, 列傳57 百濟國 "毗死 子慶代立 世祖大明元年 遣使求除授 詔許. 二年 慶遣使上表曰「臣國累葉 偏受殊恩 文武良輔 世蒙朝爵. 行冠軍將軍右賢王餘紀等十一人 忠勤宜在顯進 伏願垂愍 並聽賜除.」仍以行冠軍將軍右賢王餘紀 爲冠軍將軍. 以行征虜將軍左賢王餘昆行征虜將軍餘暈 並爲征虜將軍. 以行輔國將軍餘都餘乂 並爲輔國將軍. 以行龍驤將軍沐衿餘爵 並爲龍驤將軍. 以行寧朔將軍餘流麋貴 並爲寧朔將軍. 以行建武將軍于西餘婁並爲建武將軍. 太宗泰始七年 又遣使貢獻."

58) 『魏書』 卷100, 列傳88 百濟國 "延興二年 其王餘慶始遣使上表曰(下略)."

59) 『日本書紀』 卷14, 雄略天皇 5년 "夏四月 百濟加須利君[盖鹵王也] 飛聞池津媛之所燔殺[適稽女郎也] 而籌議曰 昔貢女人爲采女 而旣無禮 失我國名 自今以後不合貢女. 乃告其弟軍君[昆支也]曰 汝宜往日本以事天皇. 軍君對曰 上君之命不可奉違 願賜君婦而後奉遣. 加須利君則以孕婦 旣嫁與軍君曰 我之孕婦旣當產月 若於路產 冀載一船 隨至何處速令送國. 遂與辭訣 奉遣於朝."

475년에 고구려의 침공을 막지 못하고 수도 위례성이 함락되었다. 이에 문주왕이 熊津(충남 공주)으로 천도하여 수습을 도모하였으나, 477년에 병관좌평 解仇의 반란이 일어나고[61] 문주왕과 삼근왕이 재위 3년 만에 죽는[62] 등의 혼란을 겪었다.

여기서 문제가 되는 것은 고구려와 백제 사이의 국경선이다. 왜냐하면 475년의 漢城(위례성) 함락에도 불구하고, 『삼국사기』에서는 그 후의 기사에서도 마치 고구려와 백제 사이의 국경선이 황해도 방면이었던 것처럼 기술하고 있기 때문이다. 그래서 그 이후에도 백제가 계속해서 한강 유역의 漢城을 영유하였다는 것을 긍정하는 견해,[63] 부정하는 견해,[64] 일시 회복하였었다는 견해[65] 등으로 나뉘어 있고, 최근에는 한강 이남 금강 유역인 대전 월평동 유적[66]과 청원 남성곡 유적[67]에서 고구려 유적과 유물들이 확인되고 있어서 연구가 새로운 국면으로 접어들고 있다. 최근에 나온 종합적

60) 盧重國, 1988, 『百濟政治史研究』, 一潮閣; 1991, 「百濟의 檐魯制 實施와 編制基準」, 『啓明史學』2.
　　金英心, 1990, 「5~6세기 百濟의 地方統治體制」, 『韓國史論』22.
　　盧重國은 檐魯制 실시의 기원을 4세기 후반 近肖古王 대에 두고 있고, 金英心은 5세기 중후반 蓋鹵王 대에 두고 있다.
61) 『三國史記』卷26, 百濟本紀4 文周王 3년 "秋八月 兵官佐平解仇 擅權亂法 有無君之心 王不能制. 九月 王出獵 宿於外 解仇使盜害之 遂薨."
62) 위의 책, 三斤王 3년 "冬十一月 王薨."
63) 千寬宇, 1976, 「三韓의 국가형성」, 『韓國學報』3, 一志社, 115쪽.
　　김영관, 2000, 「백제의 웅진천도의 배경과 한성경영」, 『忠北史學』11, 12합, 75~91쪽.
　　김병남, 2002, 「백제 웅진시대의 북방 영역」, 『白山學報』64, 131~156쪽 ; 2004, 「백제 웅진 천도 초기의 북방영역 관련 지명 분석」, 『韓國上古史學報』52, 5~23쪽.
64) 李基白, 1978, 「웅진시대 백제의 귀족세력」, 『백제연구』9, 충남대 백제연구소, 7쪽.
　　盧重國, 2006, 「5~6세기 고구려와 백제의 관계」, 『北方史論叢』11, 高句麗歷史財團, 19~22쪽.
65) 朴燦圭, 1991, 「백제 웅진초기 북경문제」, 『史學志』24.
　　梁起錫, 2005, 「5~6세기 백제의 북계 -475~551 백제의 한강유역 영유문제를 중심으로-」, 『博物館紀要』20, 단국대학교 昔宙善기념박물관, 48쪽.
66) 국립공주박물관・충남대학교박물관, 1999, 『大田 月坪洞遺蹟』.
67) 忠北大學校博物館, 2004, 『淸源 南城谷 高句麗遺蹟』.

견해로서는, 고구려의 최대 남한계선을 예산읍에서 천안을 거쳐 청원을 지나 대전을 거쳐 괴산에 이르는 일대까지로 보는 견해와,[68] 대체로 경기도와 충청남도의 경계선에 따라 나뉘나 충청북도 일대는 대부분 고구려의 영역에 속한 것으로 보는 견해[69] 등이 있다.

(2) 대가야의 대두와 대왜 교류

가야 지역은 5세기 중엽 이후 경북 고령 지방을 중심으로 하여 재기하게 된다. 그 기반은 첫 번째로 이 지역의 농업 생산성이 매우 높았다는 점을 들 수 있고, 두 번째로 이 지역은 전쟁의 피해를 입지 않아서 고령의 伴跛國이 전기 가야의 선진 기술자들을 받아들여 가야산 기슭의 철광산을 개발하여 독자적인 제철 능력을 갖추게 되었다는 점이며,[70] 세 번째는 이들이 백제 및 왜와 대외 교류를 활발히 하여 가야 지역 전체의 교류 중심으로 부상되었다는 점을 들 수 있다.[71]

고령 지방에 전하는 대가야 伊珍阿豉王 신화로 보아,[72] 5세기 중엽에 고령의 반파국은 大加耶로 국명을 바꾸면서 후기 가야연맹을 형성하였다. 『宋書』 倭人傳에 나오는 왜 5왕 중 왜왕 濟가 451년에 '使持節都督倭新羅任那加羅秦韓慕韓六國諸軍事安東將軍倭國王'이라는 작호를 받은 것으로 보아 고령 반파국이 加羅國으로 국호를 바꾼 것은 5세기 중엽 이전으로 올려보아야 한다.[73] 또한 대가야는 5세기 중엽부터 거창, 함양, 아영, 운봉을 거쳐 섬

---

68) 盧重國, 2006. 앞의 논문, 30쪽.

69) 金泰植 외 6인, 2008, 『韓國 古代 四國의 國境線』, 書景文化社, 31~32쪽, 89쪽.

70) 金泰植, 1986, 「後期加耶諸國의 성장기반 고찰」, 『釜山史學』 11, 부산사학회 ; 1993, 『加耶聯盟史』, 一潮閣, 91~95쪽.

71) 金泰植, 2007, 「加耶와의 관계」, 『百濟文化史大系 제9권: 百濟의 對外交涉』, 公州 : 忠淸南道歷史文化硏究院.

72) 『新增東國輿地勝覽』 卷29, 高靈縣 建置沿革 "按崔致遠釋利貞傳云 伽倻山神正見母主 乃爲天神夷訶訶之所感 生大伽倻王惱窒朱日金官國王惱窒靑裔二人 則惱窒朱日爲夷珍阿豉王之別稱 靑裔爲首露王之別稱."

진강 하류로 통하는 반월형 교역로를 개척하여,[74] 소백산맥을 서쪽으로 넘어 전북 남원, 임실, 전남 여수, 순천, 광양 등지의 세력들을 연합하면서 영역을 확장하였다. 그러한 개척에 힘입어 加羅王 荷知는 479년에 중국 남제에 조공하여 '輔國將軍 本國王'의 작호를 받았다.[75] 그에 이어 대가야는 481년에는 신라에 군대를 보내 고구려의 남진을 물리치는데 협조하기도 하고,[76] 496년에는 신라에 흰 꿩을 보내 우호를 닦았다.[77] 후기 가야연맹이 가장 번성하였던 5세기 후반 및 6세기 초에 대가야는 호남 지역 6개 소국과 영남 지역 16개 소국을 합하여 모두 22개 소국을 아우르고 있었다.[78](지도 6)

이는 고고학적 조사에 의한 움식 돌덧널무덤[竪穴式石槨墳] 및 가야 토기의 분포권과도 일치한다. 고령 지산동 고분군을 비롯하여, 경남 합천 옥전 고분군, 산청 중촌리 고분군, 함양 백천리 고분군, 전북 남원 월산리 고분군, 전남 순천 운평리 고분군 등에서 출토된 유물들의 유사성은 그런 상황을 반영하는 것이다. 그 중에서 고령 지산동 고분군의 유물은 다른 지역들의 것에 비해 질과 양의 측면에서 우월성을 유지하였다.

5세기 후반부터 6세기 전반까지에 걸쳐 발전한 가야 왕권의 성격에 대해서는 여러 견해가 있다. 5~6세기 후기 가야 문화권은 고령권, 함안권, 고성-진주권, 김해권의 4개 권역으로 나뉘고, 각 권역은 상호간에 서로 다른 특징과 발전 과정을 보인다. 그리하여 후기 가야 문화권의 정치 상황에 대해서는 분립적인 것으로 보는 견해들이 많이 나오고 있다. 그에 대한 견해로는

73) 李鎔賢, 1999, 『加耶と東アジア諸國』, 日本 國學院大學 大學院 博士學位論文.
74) 朴天秀, 1997, 「政治體의 相互關係로 본 大伽耶王權」, 『加耶諸國의 王權』, 仁濟大 加耶文化研究所編, 新書苑, 186쪽.
75) 『南齊書』 卷58, 列傳39 東南夷傳 東夷 "加羅國 三韓種也. 建元元年 國王荷知使來獻. 詔曰 量廣始登 遠夷洽化. 加羅王荷知 款關海外 奉贄東遐. 可授輔國將軍本國王.
76) 『三國史記』 卷3, 新羅本紀3 炤知麻立干 3年 "三月 高句麗與靺鞨入北邊 取狐鳴等七城 又進軍於彌秩夫. 我軍與百濟加耶援兵 分道禦之. 賊敗退. 追擊破之泥河西 斬首千餘級."
77) 위의 책, 炤知麻立干 18年 "春二月 加耶國送白雉 尾長五尺."
78) 金泰植, 2002, 『미완의 문명 7백년 가야사 1권』, 182~183쪽 ; 같은 책 2권, 205~207쪽.

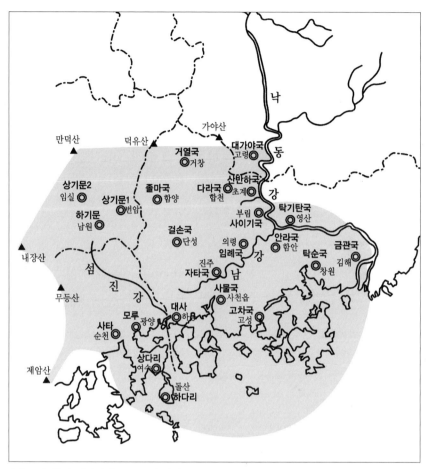

<지도 6> 후기 가야연맹 소국들의 위치

①가야 단일 연맹체론,[79] ②가야 소국 분립론,[80] ③대가야 연맹론,[81] ④가야 지역 연맹체론[82] 등이 있다. 이러한 학설 상황으로 보아, 가야 지역은 독립적인 여러 소국들이 합쳐진 하나의 연맹체로 인정할 수 있되, 그 소국들은 연맹체에 특유한 分節體系의 존재 양상을 띠어 3~4개의 小地域聯盟體로 나뉘어 있었다고 할 수 있다.

또한 많은 학자들은 5세기 후반을 대가야의 고대국가 형성 시기로 논하고 있다.[83] 그런데 部體制가 형성되는 시기를 초기 고대국가로 인정한다면, 적어도 왕이 각 부의 무력을 통제할 수 있을 것과 왕 우위의 관등 서열화가 이루어졌을 것 등의 기준이 갖추어졌어야 한다.[84] 그러나 남제에 사신을 보내 작호를 받았다는 정도만으로는 증거가 부족하여 연맹체의 강화로 보아야 할지 초기 고대국가로 보아야 할지 판단하기 어렵다.

5세기 중엽에 가야 지역이 고령의 대가야를 중심으로 재통합되자, 그 이후로는 대가야가 왜와의 교역을 주도하였다. 대가야는 야마토[大和]를 비롯한 일본열도 각지의 작은 세력과도 교류하며 덩이쇠[鐵鋌]와 더불어 장신구, 마구 등의 물품들을 수출하고, 왜로부터 왜인 병력을 들여다 활용하였다. 대가야 계통 유물은 5세기 중엽에 에히메현 키노모토[樹之本] 고분에서 고령 양식의 목항아리[長頸壺]가 출토된 이후 일본 전역으로 확대되어, 후쿠이현 니혼마쓰야마[二本松山] 고분, 사이타마현 이나리야마[稲荷山] 고분, 와카야마현 오타니[大谷] 고분, 구마모토현 에타 후나야마[江田船山] 고분 등

79) 李丙燾, 1976, 「加羅諸國의 聯盟體」, 『韓國古代史硏究』, 博英社.
  金廷鶴, 1982, 「古代國家의 發達(伽耶)」, 『韓國考古學報』 12, 한국고고학회 ; 1987, 「加耶의 國家形成段階」, 『精神文化硏究』 32.
  金泰植, 1993, 『加耶聯盟史』, 一潮閣 ; 2002, 『미완의 문명 7백년 가야사 1~3권』, 푸른역사.
80) 李永植, 1985, 「加耶諸國의 國家形成問題 -加耶聯盟說의 再檢討와 戰爭記事分析을 중심으로-」, 『白山學報』 32 ; 1993, 『加耶諸國と任那日本府』, 吉川弘文館, 東京.
  白承玉, 2003, 『加耶 各國史 硏究』, 혜안.
  南在祐, 2003, 『安羅國史』, 혜안.
81) 田中俊明, 1992, 『大加耶連盟の興亡と任那』, 吉川弘文館, 158~159쪽.
82) 權鶴洙, 1994, 「가야 제국의 상관관계와 연맹구조」, 『한국고고학보』 31.
  白承忠, 1995, 「가야의 지역연맹사 연구」, 부산대학교 박사학위논문.
  金世基, 盧重國, 朴天秀, 李明植, 李熙濬, 朱甫暾 編, 1998, 『가야문화도록』, 경상북도.
  李炯基, 2009, 『大加耶의 形成과 發展 硏究』, 景仁文化社.
83) 李熙濬, 1995, 「토기로 본 대가야의 권역과 그 변천」, 『가야사연구』, 경상북도.
  朴天秀, 1996, 「大伽耶의 古代國家 形成」, 『碩晤尹容鎭敎授停年退任紀念論叢』.
  金世基, 1995, 「대가야 묘제의 변천」, 『가야사연구』, 경상북도 ; 1997, 「加耶의 殉葬과 王權」, 『加耶諸國의 王權』, 新書苑 ; 2003, 『고분 자료로 본 대가야 연구』, 學硏文化社.
84) 金泰植, 2003, 「初期 古代國家論」, 『강좌 한국고대사』 2, 가락국사적개발연구원, 23~30쪽.

에서 고령 양식 토기와 대가야의 금동관, 귀걸이를 비롯한 위세품들이 나타났다.[85] 또한 고령, 합천, 함양, 남원, 임실 등의 대가야 권역에서 출토되는 따비형, 호미형, 도끼형, 낫형 등의 축소모형 철제 농기구가[86] 6세기 초엽까지 일본열도에서 성행하고 있었다는 사실은,[87] 고령 지방의 반파국이 왜와 교류한 것을 반영한다.

한편 가야에 의하여 왜의 무력 강화를 위한 원조로서 5세기 중반부터 후반의 일본열도에 말을 사육하는 馬飼集團의 집중적인 이주가 이루어졌으나, 대가야의 상황에 비하면 왜의 중장 기마군단은 성립되지 않았다고 보이며, 6세기에 들어가서는 武裝보다 장식 마구의 생산이 성행하게 되었다.[88] 또한 5세기 말엽에는 일본열도에서 자체적으로 철 생산도 이루어지기 시작하였는데, 철 생산 기술은 대가야가 아닌 다른 가야 소국, 또는 영산강 유역의 백제 계통 소국들로부터 전해졌을 것으로 보는 견해도 있다.[89]

(3) 고구려에 대한 신라의 대응

신라는 5세기 전반에 고구려의 보호 및 지원을 받으며 성장하였으나, 위기 상황을 극복하고 안정을 되찾음에 따라 그 내부에서 고구려의 영향력을 배제하려는 사회적 요구가 높아지게 되었다. 그런데 이와 관련하여 『日本書

85) 朴天秀, 1995, 「渡來系文物에서 본 加耶와 倭에서의 政治的 變動」, 『待兼山論叢』(史學編 29), 大阪: 大阪大學文學部; 1996, 「日本 속의 加耶文化」, 『加耶史의 새로운 理解』(發表 要旨), 韓國古代史研究會.
86) 金在弘, 2006, 「大加耶地域의 鐵製農器具 -小形鐵製農器具와 살포를 중심으로-」, 『大加耶의 成長과 發展』, 고령군·한국고대사학회.
87) 都出比呂志, 1967, 「農具鐵製化의 二つの劃期」, 『考古學研究』 13卷 3號.
88) 千賀久, 2002, 「加耶と倭の馬文化」, 『第5回 歷博國際シンポジウム 古代東アジアにおける倭と加耶の交流 發表要旨』, 佐倉, 國立歷史民俗博物館, 171~174쪽; 2004, 「日本出土의 '非新羅系' 馬裝具の系譜」, 『國立歷史民俗博物館研究報告 110 -第五回歷博國際シンポジウム: 古代東アジアにおける倭と加耶の交流-』, 佐倉: 國立歷史民俗博物館, 283~307쪽.
89) 東潮, 2004, 「弁辰と加耶の鐵」, 『國立歷史民俗博物館研究報告 110 -第五回歷博國際シンポジウム: 古代東アジアにおける倭と加耶の交流-』, 佐倉: 國立歷史民俗博物館, 31~54쪽.

紀』雄略 8년(464) 조에 신라 땅에서 고구려군과 任那王이 보낸 왜군이 대
적한다는 기사가 있어서,[90] 그 의미에 대한 해석이 문제가 된다. 여기서
'고구려가 군사 100인을 신라에 주둔시켰다' 든가, '신라가 고구려군을 닭
의 수컷에 비유하며 살해했다' 든가, 또는 '고구려가 신라의 筑足流城을 쳐
들어왔다' 든가 하는 등의 사실을 드러내고 있어서, 여기에는 신라 측의 原
典에 바탕을 둔 상당한 구체성이 보인다.[91]

다만 雄略紀 8년 조에 나오는 '日本府' 관련 구절은 신라왕이 임나왕에
게 사람을 보내 日本府의 行軍元帥 등에게 구원을 청했다는 내용을 보여서
주목된다. '日本府'라는 이름은 『일본서기』에서도 이 대목에서 처음으로
나타난 것이다. 그러나 여기서 주석의 밑줄 친 부분[92]은 고유명사를 제외하
고는 모두 『漢書』高帝紀와 『三國志』魏書 武帝紀의 문장을 거의 그대로 수
록한 것이다.[93] 그 전투 장면이나 신라왕의 발언 내용도 『일본서기』 편찬자
의 모방 작문이다. 이를 제외하고 남는 것은 '신라왕이 임나왕에게 日本府

90) 『日本書紀』 卷14, 雄略天皇 8년 "春二月 遣身狹村主靑檜限民使博德 使於吳國. 自天皇卽
位 至于是歲 新羅國背誕 苞苴不入 於今八年. 而大懼中國之心 脩好於高麗. 由是 高麗王遣
精兵一百人 守新羅. 有頃 高麗軍士一人 取假歸國. 時以新羅人爲典馬[典馬 此云于麻柯比]
而顧謂之曰 汝國爲吾國所破 非久矣.[一本云 汝國果成吾土 非久矣.] 其典馬聞之 陽患其腹
退而在後. 遂逃入國 說其所語. 於是 新羅王乃知高麗僞守 遣使馳告國人曰 人殺家內所養
鷄之雄者. 國人知之 盡殺國內所有高麗人. 惟有遺高麗一人 乘間得脫 逃入其國 皆具爲說
之. 高麗王卽發軍兵 屯聚筑足流城[或本云 都久斯岐城] 遂歌儛興樂. (中略) 二國之怨 自此
而生.[言二國者 高麗新羅也.] 膳臣等謂新羅曰 汝以至弱 當至强. 官軍不救 必爲所乘 將成
人地 殆於此役. 自今以後 豈背天朝也."(밑줄 필자)
91) 高寬敏, 1996, 「五世紀, 新羅の北邊」 『三國史記の原典的硏究』, 雄山閣出版 ; 1997, 『古代
朝鮮諸國と倭國』, 雄山閣出版, 146쪽.
92) 『日本書紀』 卷14, 雄略天皇 8년 2월 "於是 新羅王 夜聞高麗軍四面歌儛 知賊盡入新羅地.
乃使人於任那王曰 高麗王征伐我國. 當此之時 若綴旒然. 國之危殆 過於累卵. 命之脩短
太所不計. 伏請救於日本府行軍元帥. 由是 任那王勸膳臣斑鳩[斑鳩 此云伊柯屢俄]吉備
臣小梨難波吉士赤目子 往救新羅. 膳臣等 未至營止. 高麗諸將 未與膳臣等相戰 皆怖. 膳
臣等乃自力勞軍 令軍中 促爲攻具 急進攻之. 與高麗相守十餘日 乃夜鑿險 爲地道 悉過輜
重 設奇兵. 會明 高麗爲膳臣等爲遁也 悉率來追. 乃縱奇兵 步騎夾攻 大破之."
93) 小島憲之, 1962, 『上代日本文學と中國文學』 上, 塙書房, 325쪽.

行軍元帥의 구원을 요청했다'는 사실과 가시하데노 오미 이카루가[膳臣斑鳩] 등 3인의 일본인명 뿐이다.

그러므로 이는 『일본서기』 편찬자의 의도에 의하여 몇몇 일본인명과 그들의 활약 내용이 추가되면서 원전이 크게 변형된 것이라고 볼 수밖에 없다. 그 당시 가야 군대 안에 왜인 병력이 어느 정도 포함되어 있었을 가능성은 있으나, 사태의 주역이 아니었던 왜인들의 家傳에 전하는 모호한 서술을 토대로 하여 『일본서기』 편찬자가 조작을 감행한 것이다.[94] 따라서 이를 이른바 '任那日本府' 관련 자료로 이용할 수는 없다.

이를 제외하고 생각하면 신라가 任那王 즉 가야에게 구원을 요청했다는 사실이 남는다. 이는 『삼국사기』에 481년 고구려가 신라의 狐鳴城(경북 영덕군 영덕읍) 등 일곱 성을 빼앗고 彌秩夫(경북 포항시 흥해읍)에 진군하였는데, 신라군이 백제와 가야의 구원병과 함께 이를 막았다는 기록[95]과 상당히 일치한다. 그렇다면 신라가 가야에 구원을 요청하였다는 기사가 전혀 근거 없는 것이라고 말하기는 어렵다.

또한 고구려와 신라가 처음으로 간격이 벌어지는 상황으로는 『삼국사기』에서 450년에 고구려의 변방 장수가 悉直(강원 삼척시)의 들에서 사냥하는 것을 何瑟羅城主 三直이 군사를 내어 죽이자 고구려가 신라의 서쪽 변경을 침입하였다는 기사,[96] 그에 이어 454년에 고구려가 신라의 북쪽 변경을 침범하였다는 기사,[97] 468년에 고구려가 말갈과 함께 북쪽 변경 悉直城을 습격하였다는 기사[98] 등을 보아 알 수 있다. 고구려군이 침범했다는 筑足流

---

94) 金泰植, 2006, 「5~6세기 高句麗와 加耶의 관계」, 『북방사논총』 11호, 고구려역사재단, 124~127쪽.

95) 『三國史記』 卷3, 新羅本紀3 炤知麻立干 3年 "三月 高句麗與靺鞨入北邊 取狐鳴等七城 又進軍於彌秩夫. 我軍與百濟加耶援兵 分道禦之 賊敗退 追擊破之泥河西 斬首千餘級."

96) 위의 책, 訥祇麻立干 34년 "秋七月 高句麗邊將 獵於悉直之原. 何瑟羅城主三直 出兵掩殺之. 麗王聞之怒 使來告曰 孤與大王 修好至歡也 今出兵殺我邊將 是何義耶. 乃興師侵我西邊. 王卑辭謝之. 乃歸."

97) 위의 책, 訥祇麻立干 38년 "八月 高句麗侵北邊."

城이라는 지명에 대해서는 음운상의 비교를 통해 達句伐城, 즉 지금의 대구로 보는 견해가 있다.[99] 그러나 '축족류'는 '달구벌'보다는 '실직'과 비슷한 어감을 주며, 실직(강원 삼척)은 450년과 468년에 신라와 고구려 사이에 분쟁이 일어난 곳이었다.

그러므로 웅략기 8년 조의 한반도 관련 기사는 464년의 1년에 그치는 편년 기사로 다룰 수 있는 것이 아니라, 450년에 신라와 고구려 사이에 분쟁이 벌어지고 그에 이은 일련의 사건 결과 481년에 신라가 가야에 구원을 요청하여 가야군이 그에 가담한 것을 모두 가리킨다고 하겠다. 그 당시에 왜군이 가야군의 일원으로 참여했었는가의 여부는 확실치 않으나, 전통적으로 가야와 왜 사이에 이루어지던 물적·인적 자원 교역 형태로 말미암아[100] 가야 군대 안에 왜인 병력이 어느 정도 포함되어 있었을 가능성은 높다.

이로 보아 고구려는 백제뿐만 아니라 신라 쪽으로도 영토 확장을 도모하여, 450년 이후 悉直州城(강원 삼척)을 치기 시작하여 468년에 빼앗고, 481년에는 彌秩夫(경북 포항시 흥해읍)까지 쳐내려갔다. 이에 대하여 백제 동성왕은 대내적으로 국력을 회복하는 한편, 대외적으로는 481년에 신라를 구원하여 고구려군의 남진을 물리치고 493년에 신라에게 청혼하여 결혼 동맹을 맺음으로써[101] 안정을 도모하였다. 또한 가야도 481년에 신라를 구원하고 496년에 신라에 흰 꿩을 보냈다는[102] 것으로 보아 그들의 우호 관계는 상당 기간 지속되었다. 이로 보아 5세기 후반의 한반도 정세는 고구려의 남진에 대처하여 백제-신라-가야가 군사 동맹을 맺어 방어하는 형국이라고 할 수 있다. 이 당시 사료에 보이는 왜군은 고구려의 남진을 막는 주력이 아니

---

98) 위의 책, 慈悲麻立干 11년 "春 高句麗與靺鞨 襲北邊悉直城."
99) 末松保和, 1949, 『任那興亡史』(初版), 大八洲出版 ; 1956. 再版, 吉川弘文館, 86쪽.
100) 金泰植, 2005, 「4世紀의 韓日關係史 -廣開土王陵碑文의 倭軍問題를 中心으로-」, 『韓日歷史共同研究報告書 제1권』, 韓日歷史共同研究委員會, 72쪽.
101) 『三國史記』 卷26, 百濟本紀4 東城王 15년 "春三月 王遣使新羅請婚 羅王以伊湌比智女歸之."
102) 『三國史記』 卷3, 新羅本紀3 炤知麻立干 18년 "春二月 加耶國送白雉 尾長五尺."

<지도 7> 482년 한반도 사국의 국경선[103]

103) 金泰植 外6人,『한국 고대 사국의 국경선』, 서경문화사, 45쪽.

라 가야군에 소속된 부수적인 존재였을 뿐이다.

　이처럼 신라는 5세기 후반에 백제 및 가야와의 협력을 토대로 고구려의 남진을 저지하여 소백산맥 이북과 하슬라성(강원 강릉) 일대까지 영토를 보존하였으니,[104] 이를 바탕으로 하여 자비 마립간은 469년에 수도의 坊里名을 정하고,[105] 소지 마립간은 487년에 神宮을 짓고 사방에 郵便驛을 설치하고 官道를 수리하는 등[106] 중앙 통치 기반을 닦았다. 특히 신라가 470년부터 474년 사이에 소백산맥 추풍령 방면의 안팎으로 삼년산성(충북 보은), 모로성(경북 군위군 효령면), 일모성(충북 청원군 문의면), 사시성(충북 옥천군 이원면), 답달성(경북 상주시 화서면), 구례성(충북 옥천군 옥천읍), 좌라성(충북 영동군 황간면) 등을 축성하고,[107] 486년에 삼년성(충북 보은)과 굴산성(충북 옥천)을 개축했다는 것은[108] 인상적이다. 이런 일련의 조치들은, 당시의 신라가 바깥으로 국경선을 정비하고 안으로 수도를 정비하면서 그로 통하는 통신망을 구축하는 모습을 반영한다.(지도 7)

(4) 현종기 3년 조의 해석

『일본서기』 顯宗 3년(487) 조에 고구려와 백제 및 가야의 관계를 추정케 하는 기사가 나오고 있다. 문제도 많고 해독도 어려운 그 기사를 인용하면 다음과 같다.

---

104) 姜鍾薰, 2008, 「5세기 후반 고구려와 신라의 국경선」, 『韓國 古代 四國의 國境線』, 書景文化社, 119~121쪽.

105) 『三國史記』卷3, 新羅本紀3 慈悲麻立干 12년 "春正月 定京都坊里名."

106) 위의 책, 炤知麻立干 9년 "春二月 置神宮於奈乙 奈乙始祖初生之處也. 三月 始置四方郵驛 命所司修理官道."

107) 위의 책, 慈悲麻立干 13년 "築三年山城."
　　같은 왕 14년 "春二月 築芼老城."
　　같은 왕 17년 "築一牟沙尸廣石沓達仇禮坐羅等城."

108) 위의 책, 炤知麻立干 8년 "春正月 拜伊湌實竹爲將軍 徵一善界丁夫三千 改築三年屈山二城."

이 해에 기노 오히하노 스쿠네[紀生磐宿禰]는 任那에 머물러 있으면서 고구려[高麗]에 교통하고, 서쪽에서 三韓의 왕이 되려고 하여 官府를 정비하고 스스로 신성하다고 칭했다. 任那 左魯 那奇他甲背 등의 계책을 사용하여 백제의 適莫爾解를 爾林〈이림은 고구려의 땅이다.〉에서 죽였으며, 帶山城을 쌓고 동쪽 길[東道]을 막아 지켜서 양곡 운반하는 나루를 차단하여 군사들을 굶어 지치게 하였다. 백제왕은 크게 노하여 領軍 古爾解와 內頭 莫古解 등을 파견하여 무리를 이끌고 帶山에 모여 공격하였다. 이에 오히하노 스쿠네는 군대를 내보내 맞받아 쳤는데, 담기가 더욱더 왕성해져서 향하는 곳마다 모두 격파하고 한 사람이 백 사람을 당해냈다. 그러나 시간이 지나자 병사가 다하고 힘이 지쳐서 일이 성취되지 못함을 알고 임나로부터 돌아왔다. 그리하여 백제국은 佐魯 那奇他甲背 등 300여 명을 죽였다.[109]

임나일본부설에서는 이를 왜의 호족인 紀生磐宿禰에 의한 임나 지배가 백제의 남진으로 쇠퇴하기 시작했다는 관점에서 해석한다.[110] 그러나 이 기사에서 紀生磐宿禰는 木氏 계통 백제 귀족 중의 하나로서 이 당시에 왜국으로 망명한 사람이며, 那奇陀甲背는 가야 재지의 小君長으로서 백제와 협력해온 武官으로 보아야 한다.[111]

여기서 중요한 것은 사건이 발생한 지역인데, 그 장소인 爾林에 대해서는 이설이 많아, 이를 전북 임실군으로 보는 견해,[112] 전북 김제군 청하면(옛 지명 乃利阿)으로 보는 견해,[113] 경기도 임진(옛 지명 津臨城)으로 보는 견해,[114] 충북 음성(옛 지명 仍忽縣) 또는 괴산(옛 지명 仍斤內郡)으로 보는

109)『日本書紀』卷15, 顯宗天皇 3년 "是歲 紀生磐宿禰 跨據任那 交通高麗. 將西王三韓 整脩官府 自稱神聖. 用任那左魯那奇他甲背等計 殺百濟適莫爾解於爾林.[爾林 高麗地也] 築帶山城 距守東道 斷運粮津 令軍飢困. 百濟王大怒 遣領軍古爾解‧內頭莫古解等 率衆趣于帶山攻. 於是 生磐宿禰 進軍逆擊 膽氣益壯 所向皆破 以一當百 俄而兵盡力竭 知事不濟 自任那歸. 由是 百濟國殺佐魯那奇他甲背等三百餘人."

110) 末松保和, 1949, 앞의 책.

111) 金泰植, 1993,『加耶聯盟史』, 서울 : 一潮閣, 244~249쪽.
李鎔賢, 1997,「五世紀末における加耶の高句麗接近と挫折」,『東アジアの古代文化』90 ; 1999,『加耶と東アジア諸國』, 日本 國學院大學 大學院 博士學位論文, 42~43쪽.

견해[115] 등이 있다. 그러나 면밀하게 조사해 보면, 이림은 충북 음성으로 한정되며, 帶山城은 괴산군 도안면의 道薩城과 동일시할 수 있다.[116] 그렇다면 일단 5세기 후반에 고구려의 영역이 충북 일대까지 깊숙이 내려와 있었다는 것을 『삼국사기』 외의 다른 자료로 확인할 수 있다는 점에 의의가 있다.

이를 토대로 기사를 재해석하면, 487년에 백제가 고구려 영토였던 이림(충북 음성)을 공격하는 과정에서, 백제군의 일원으로 참가했던 목씨 세력 紀生磐 및 가야의 那奇陀甲背 일행이 고구려와 내통하여 백제의 適莫爾解를 죽였다는 것이다. 게다가 그들은 대산성(충북 괴산군 도안면)을 쌓아 백제군의 보급로를 차단함으로써 백제에 대한 적대 행위를 하였다. 그러나 백제군의 반격에 의하여 가야의 那奇陀甲背 등 300여 명이 죽임을 당했고, 나기타 집단의 일부는 가야 남부의 안라로 망명하게 되었으며 紀生磐은 왜국으로 망명했다고 추정된다.

그러므로 顯宗紀 3년 조의 기사는 紀氏家傳에 근거를 둔 것으로서, 왜인 호족의 임나에서의 군사 활동을 보이는 것처럼 되어 있으나, 실은 백제 귀족 목씨의 배반 및 왜국으로의 망명 과정을 왜곡 기술한 것이라고 하겠다. 이로 보아 5세기 후반에 백제는 가야 세력과 협력 관계를 맺고 있었으나, 웅

---

112) 鮎貝房之進, 1937, 「日本書紀朝鮮地名考」, 『雜攷』 7 下卷, 25~27쪽.
　　延敏洙, 1990, 「六世紀前半 加耶諸國을 둘러싼 百濟‧新羅의 動向 -소위 '任那日本府' 說의 究明을 위한 序章-」, 『新羅文化』 7, 東國大學校 新羅文化研究所, 106~112쪽.
　　李永植, 1995, 「百濟의 加耶進出過程」, 『韓國古代史論叢』 7, 한국고대사회연구소 편, 서울: 가락국사적개발연구원, 207쪽.
　　南在祐, 2003, 『安羅國史』, 서울 : 혜안, 211~212쪽.
113) 末松保和, 1956, 앞의 책, 76~77쪽.
114) 山尾幸久, 1978, 「任那に關する一試論 -史料の檢討を中心に-」, 『古代東アジア史論集』 下卷 (末松保和博士古稀記念會編), 吉川弘文館, 218쪽.
　　白承忠, 1995, 『加耶 地域聯盟史 研究』, 부산대 박사학위논문, 262~263쪽.
115) 李鎔賢, 1997, 「五世紀末における加耶の高句麗接近と挫折」, 『東アジアの古代文化』 90 ; 1999, 『加耶と東アジア諸國』, 日本 國學院大學 大學院 博士學位論文, 46~47쪽.
116) 金泰植, 2006, 「5~6세기 高句麗와 加耶의 관계」, 『北方史論叢』 11호, 高句麗歷史財團, 136~140쪽.

고구려

475년
⬇
위례성(서울)

하슬라(강릉)

468년 ⬇ ⬆ 481년
축족류성=실직(삼척)

475년
이림(음성)
대산성(도안)
남성곡
월평동
(고령)
반파=대가야

481년

⬆
481년

⬇
호명성(영덕)

미질부(흥해)

487년
웅진
(공주)

백
제

무진주
(광주)

남원

순천
반남

탐라

함양

달구벌
(대구)
안라(함양)

486년

금성(경주)

신
라

가
야

왜

⬇ 고구려의 남진
⋮ 백제의 북진
⬆ 신라의 북진

〈지도 8〉 5세기 후반 사국 및 한일관계 지명도

진 천도 이후 그 권위가 흔들려 귀족 내부에서도 반란 행위가 일어나고 있었고 거기서 발생한 유망민은 또 가야나 왜로 흘러가고 있었다. 또한 가야군은 경우에 따라 신라를 지원하기도 하고 백제를 지원하기도 하면서 간접적으로 고구려와 적대적인 입장에 섰으나, 이는 모두 자국의 이익을 취하기 위한 행동이었음을 알 수 있다. 그리하여 백제를 지원하여 무엇인가 대가를 취하기도 하고, 경우에 따라서는 고구려군과 내통하여 백제군을 배반하기도 하였던 것이다.(지도 8)

3. 왜 5왕의 작호와 백제의 호남 서부지역 경략

(1) 고구려왕 · 백제왕 · 왜왕의 장군호

『宋書』倭國傳에는 왜의 5왕, 즉 讚 · 珍 · 濟 · 興 · 武가 宋에 조공하여 작호를 취득한 사정이 전하고 있다. 그 기사로 보아, 421년과 425년에 倭讚의 조공이 있었고, 438년에는 倭王 珍이 '使持節 都督倭百濟新羅任那秦韓慕韓六國諸軍事 安東大將軍 倭國王'을 자칭하였으나 송은 '安東將軍 倭國王'만 승인하였다. 443년에는 왜왕 濟가 조공하여 '安東將軍 倭國王'을 제수받았고, 451년에는 '使持節 都督倭新羅任那加羅秦韓慕韓六國諸軍事'를 加號하고 安東將軍은 그대로 두었다. 462년에는 世子 興이 조공하여 '安東將軍 倭國王'을 제수받았고, 479년에는 왜왕 武가 조공하여 '使持節 都督倭百濟新羅任那加羅秦韓慕韓七國諸軍事 安東大將軍 倭國王'를 자칭하였으나 '百濟'를 제외하고 '使持節 都督倭新羅任那加羅秦韓慕韓六國諸軍事 安東大將軍 倭王'으로 임명되었다.[117]

여기서 왜 5왕이 자칭하거나 제수받은 爵號는 都督諸軍事號, 將軍號, 王號로 이루어져 있고, 각국의 왕이 제수받은 장군호에는 각각 차등이 있다고 보인다. 『宋書』百官志에 의하면 征東, 鎭東, 安東의 3將軍號는 모두 제3품에 해당하며 정원은 1명이다. 각국의 왕들이 중국 남조로부터 받은 장군호를 비교하면 다음과 같다.

〈표1〉 4~5세기 각국왕의 將軍號

국명	고구려왕	백제왕	왜왕	가라왕
장군호	征東將軍(413, 高璉)	鎭東將軍(372, 餘句)	安東將軍(438, 珍)	
	征東大將軍(420, 高璉)	鎭東將軍(416, 餘映)	安東將軍(443, 濟)	
	征東大將軍(422, 高璉)	鎭東大將軍(420)	安東將軍(451, 濟)	輔國將軍
	車騎大將軍(463, 高璉)	鎭東大將軍(430, 餘毗)	安東大將軍(478, 武)	(479, 荷知)
	驃騎大將軍(479, 高璉)	鎭東大將軍(?, 牟大)	鎭東大將軍(479, 武)	
	征東大將軍(493, 高雲)			

　〈표 1〉에서 5세기에 중국 남조로부터 받은 장군호를 다른 나라들과 비교해 보았을 때, 고구려왕은 征東(大)將軍 또는 車騎大將軍을 제수받고 백제왕은 鎭東(大)將軍을 제수받았으며, 왜국왕은 安東(大)將軍을 제수받았다. 그런데 이들은 모두 정2품('大' 자가 붙었을 경우) 또는 정3품 上位의 벼슬들이나, 그 사이에는 정동(대)장군이 제일 높고 그 다음이 진동(대)장군이며, 그 다음이 안동(대)장군이라는 서열이 있다.[118] 가라왕은 479년에 처음 조공하여 비교적 낮은 정3품 하위의 輔國將軍을 제수받았다. 그렇다면 왜 5왕이 자신보다 서열이 높은 장군호를 보유한 백제를 포함시켜 한반도 남부 지역의 諸軍事號를 자칭했다는 것은 무리하다.

---

117) 『宋書』 卷97, 列傳 第57 夷蠻傳 東夷 "倭國 在高驪東南大海中 世修貢職. 高祖永初二年 詔曰 倭讚萬里修貢 遠誠宜甄 可賜除授. 太祖元嘉二年 讚又遣司馬曹達 奉表獻方物. 讚死 弟珍立 遣使貢獻. 自稱使持節都督倭百濟新羅任那秦韓慕韓六國諸軍事安東大將軍倭國王. 表求除正. 詔除安東將軍倭國王. 珍又求除正倭隋等十三人平西征虜冠軍輔國將軍號. 詔並聽. 二十年 倭國王濟 遣使奉獻. 復以爲安東將軍倭國王. 二十八年 加使持節都督倭新羅任那加羅秦韓慕韓六國諸軍事 安東將軍如故. 幷除所上二十三人軍號. 濟死 世子興 遣使貢獻. 世祖大明六年 詔曰 倭王世子興 奕世載忠 作藩外海 稟化寧境 恭修貢職. 新嗣邊業 宜授爵號 可除安東將軍倭國王. 興死 弟武立. 自稱使持節都督倭百濟新羅任那加羅秦韓慕韓七國諸軍事安東大將軍倭國王. (中略) 詔除武使持節都督倭新羅任那加羅秦韓慕韓六國諸軍事安東大將軍倭王."

118) 坂元義種, 1978, 『古代東アジアの日本と朝鮮』, 吉川弘文館.
　　盧重國, 2005, 「5세기 한일관계사 -"宋書" 倭國傳의 검토-」, 『한일역사공동연구보고서』 제1권, 한일역사공동연구위원회.

다만 고구려왕, 백제왕, 왜왕의 장군호들은 서열 차이가 아니라 조공 순서에 따른 차이이고 계급 상으로는 서로 대등하다는 반론이 나오기도 하였다.[119] 그러나 승진 사례를 살펴 볼 때 그 사이에 서열은 정동장군, 진동장군, 안동장군의 순서였다. 479년의 南齊 성립 직후에 고구려왕이 車騎大將軍에서 驃騎大將軍으로 승진하고,[120] 왜왕이 안동대장군에서 진동대장군으로 승진한 것[121]은 이를 확인시켜 준다. 그러므로 정동장군 고구려왕이 제일 높았고, 그 다음이 진동장군 백제왕이었으며, 안동장군 왜국왕이 가장 하위에 위치하고 있었다. 그러한 장군호는 5세기 당시의 중국이 매긴 각국의 실력을 반영한다고 볼 수 있다.

(2) 왜 5왕 제군사호의 실효성 여부

5세기 한일관계사의 쟁점은 『송서』 왜국전에 나오는 왜왕 武 등의 5왕이 자칭하거나 받은 작호 중에서 장군호보다도 都督諸軍事號였다. 여기서의 도독제군사호는 '都督'과 '諸軍事' 사이에 들어간 지역에 대하여 군사적 지배권을 가진다는 의미이다. 그런데 왜 5왕이 중국 남조와 교섭을 하는 과정에서 그 지역에 왜 뿐만 아니라 한반도 남부의 여러 국가를 포함하여 요구한 점이 문제이다.

한반도 남부와 관련된 제군사호만을 다시 정리하면, 왜는 438년에 百濟 新羅 任那 秦韓 慕韓의 군사적 지배권을 송에 요구하였다가 하나도 인정받지 못하였고, 451년에 백제를 빼고 가라가 추가된 新羅 任那 加羅 秦韓 慕韓의 군사권을 인정받았으며, 479년에 百濟 新羅 任那 加羅 秦韓 慕韓의 군사

---

119) 石井正敏, 2005, 「5世紀의 日韓關係 -倭의 五王과 高句麗 · 百濟-」, 『한일역사공동연구보고서』 제1권, 한일역사공동연구위원회.

120) 『南齊書』 卷58, 列傳39 高麗國 "宋末 高麗王樂浪公高璉爲使持節散騎常侍都督營平二州諸軍事車騎大將軍開府儀同三司. 太祖建元元年 進號驃騎大將軍."

121) 『南齊書』 卷58, 列傳39 倭國 "建元元年 進新除使持節都督倭新羅任那加羅秦韓(慕韓)六國諸軍事安東大將軍倭王武 號爲鎭東大將軍."

권을 송에 요구하였다가 백제를 뺀 나머지를 인정받다. 그렇다면 실제로 5세기 당시의 왜국은 거기에 거명된 여러 국가들에 대한 군사권을 가지고 있었고 이를 국제적으로 공인받았던 것일까? 그 성격은 무엇인가 하는 것이다.

여기서의 논쟁점은 위의 '제군사호'가 각국의 군사적 지배권에 대한 (1) 실제를 반영하는가, (2) 단순한 왜왕의 의도를 반영하는가, (3) 단지 일본열도의 대내용 거짓 작호인가, (4) 혹은 일본열도 내의 여러 종족(이른바 '渡來人')에 대한 통수권인가 하는 점들에 있다.

(1)번의 주장에서는, 왜군이 실제로 한반도 남부에 진출하였으므로 한반도 남부의 군사권 소유와 안동대장군호의 획득을 송에 요구한 것이라고 함으로써, 이를 임나일본부설의 주요 근거로 삼고 있다.[122] 혹은 왜왕이 백제를 추가하는 것은 인가받지 못하였지만 실제로 신라나 임나·가라 등은 모두 왜의 군사 영역에 편입되었다가, 479년에 加羅王 荷知가 輔國將軍에 제수되었을 때 任那 이하가 자칭호에서 제외된 것이라고도 하였다.[123]

(2)번의 주장들을 살펴보면, 남조가 자기 지배 외의 지역에 대해서는 현지 실력자의 주장을 될 수 있는 한 그대로 인정하려는 방침을 가지고 있었기 때문에 동일 지역의 군사권이나 행정권을 동시에 복수의 여러 외국의 왕에게 주었으며, 따라서 이와 같은 칭호는 현실적으로 지배권을 확립하지 않았어도 자칭할 수 있었고 임명받기도 했다고 하였다.[124] 그렇기 때문에 중국 황제의 책봉이나 관작이 당시의 국제 관계 위에서 어느 정도의 효력을 가지고 있었는지는 의문이라는 것이다.[125]

---

122) 末松保和, 1949, 앞의 책.
　　　藤間生大, 1968, 『倭の五王』, 岩波新書.
　　　吉村武彦, 2006, 「ヤマト王權と律令制國家の形成」, 『列島の古代史8 古代史の流れ』, 岩波書店.
123) 平野邦雄, 1980, 「金石文の史實と倭五王の通交」, 『岩波講座 日本歷史』1(原始·古代1), 岩波書店.
124) 坂元義種, 1978, 『古代東アジアの日本と朝鮮』, 吉川弘文館.
125) 江畑武, 1968, 「四~六世紀の朝鮮三國と日本 -中國との冊封をめぐつて-」, 『朝鮮史研究會論文集』4.

혹은 왜왕의 도독제군사호에 포함되어 있는 한반도의 지명은 실제로 현지의 왕 혹은 수장을 통해 軍丁·軍資의 징발이 가능한 유력한 나라이므로 왜왕은 한반도 남부에서의 잠재적 군사 행동권을 요구한 것이라고 하였다.[126] 혹은 왜왕 武의 祖禰의 시기에 왜가 한반도의 95국을 평정했다는 것은 과거에 왜왕의 한반도에서의 군사 활동을 시사하는 것이나 武의 시대에 한반도 남부의 都督號를 자칭하고 있어도 왜왕의 현실적 지배를 반영하고 있다고는 말하기 어렵다고도 하였다.[127]

또는 좀 더 분명하게, 왜왕은 고구려의 영역을 제외한 한반도 대부분 지역에 대한 군정권 승인을 宋 왕조에 요청하였으나 이는 왜국이 실제로 이 지역을 지배하였다는 것을 의미하는 것은 아니며, 이 시기의 백제나 신라는 분명 독립국이었으며, 가야 소국들도 결코 왜의 지배 아래 있었던 것이 아니므로, 왜왕의 관작을 통해 왜왕이 한반도 남부를 군사 지배하였다고 보는 것은 경솔한 생각이라고 말하였다.[128] 또한 이를 인정하여, 도독제군사호는 기본적으로 해당 지역에 대한 군사적 지배권을 의미하는 것으로 이해해도 좋을 것이나, 이 칭호를 얻었다고 하여 그 영역에 대해 실질적 지배를 하였다는 것을 의미하지는 않는다고 본 견해도 있다.[129]

그러나 이들의 주장은 왜왕의 한반도 '支配'는 아니라고 해도 왜왕의 상대적 '優位'는 인정하고 있다. 예를 들어 5세기에 왜는 신라와 백제로부터 복종의 증거로 인질[質]을 취하였으므로 왜국과 신라·백제와의 관계는 상하·복속 관계에 있었으며 그 활동의 場은 한반도 남부 일대에 미쳤다고 생각되므로 왜왕의 제군사호는 실질을 동반하지 않은 허공의 것이 아니라는 것이다.[130] 혹은 4세기 후반 이후 왜국과 한반도 제국의 관계는 기본적으로

126) 山尾幸久, 1989, 『古代の日朝關係』, 塙書房.
127) 鈴木英夫, 1996, 『古代の倭國と朝鮮諸國』, 靑木書店.
128) 熊谷公男, 2001, 『日本の歷史03 大王から天皇へ』, 講談社.
129) 石井正敏, 2005, 「5세기의 일한관계 -왜의 오왕과 고구려·백제-」, 『한일역사공동연구보고서』 제1권, 한일역사공동연구위원회.
130) 坂元義種, 앞의 책.

대등한 관계였으나, 가야 제국은 소국이었기 때문에 왜국과의 사이에 어느 정도 의존·보호 관계가 형성되어 있었고, 왜는 백제·신라에 대해서도 상황에 따라 군사력 제공에 대한 대가로 왕족 출신의 인질을 요구하고 정치적 개입도 하였으므로, 왜왕이 고구려를 제외한 한반도 전역의 軍政權을 송에게 요청한 것은 왜왕이야말로 反고구려 세력의 맹주임을 나타내는 것이고 그러한 지위를 국제적으로 확립하고자 한 것이었다고 하였다.[131] 즉 이는 왜왕의 한반도 남부 제국에 대한 실질적 지배까지는 상정할 수 없어도 왜왕은 이를 의도하고 있었으며, 한반도 남부 지역에서의 왜군의 군사적 활동, 정치적 개입 등의 사례로 보아 왜왕의 주장에는 상당한 근거가 있다는 것이다.

(2)번을 주장하는 이 가운데 한국 쪽 견해들을 보면, 왜왕이 송에 요구한 장군호가 백제가 받은 진동대장군보다 낮다는 것은 왜왕 스스로가 백제왕보다 하위라는 것을 인정한 셈이므로, 백제가 포함된 도독제군사호를 근거로 삼아 왜가 한반도를 군사적으로 지배했다고 보는 것은 의문이라고 하였다.[132] 또한 중국 쪽의 견해에서는, 왜왕 珍·濟·武가 한반도 남부 제국에 대한 군사 지배권을 요구한 것은 역사상 처음이지만 이는 개인적인 요구에 불과하며, 백제 신라 가라 등을 포함한 自稱號를 반복해서 요청한 사실 자체가 왜가 한반도 남부를 통치한 사실이 없었음을 보여주는 것이라고 하였다.[133]

(3)번의 주장에서는, 한반도 제국이 포함된 왜왕의 자칭호는 대외적으로는 백제가 중심이 된 백제-신라-가야-왜 연합이라고 하는 對고구려 외교망에 참여한 왜가 연합 세력의 주축을 놓고 백제와 경쟁하기 위해 의도적으로 칭한 것이며, 대내적으로 일본열도의 통합을 추진하면서 한반도 제국과의 교역권을 장악하자 이를 여러 호족들에게 보여주기 위한 방편으로 칭함으

---

131) 熊谷公男, 앞의 책.
132) 延敏洙, 1998, 『고대한일관계사』, 혜안.
133) 王健群, 1992, 「임나일본부와 왜의 오왕」, 『가야문화』 5집.

로써 송으로부터 인정받아 신뢰성을 부가하려고 한 것이므로, 이는 왜가 한반도 제국을 지배한 사실을 보여주는 것이 아니라고 하였다.[134]

(4)번의 주장에서는, 당시의 일본열도 내에 한반도 계통의 소국이나 이주민들이 많이 실재한 것을 근거로 하여 왜왕이 일본열도 내의 여러 세력을 총괄하기 위해서 해당 소국이나 이주민들의 본거지를 나열한 것에 지나지 않는다고 하였다. 즉 6국 내지 7국 중의 첫 자리에 놓인 '倭'는 기나이[畿內] 지방의 야마토국이고 그 나머지는 일본 야마토 지방 부근의 한반도 계통 소국들에 지나지 않는다거나,[135] 혹은 중국 남조나 백제에서 이주민 계열의 인물들에게 자신의 통치가 미치지 않는 지역의 작호를 주거나 인정받았던 것과 마찬가지로 왜도 한반도 남부로부터의 이주민('渡來人')들에게 그 본거지의 작호를 주고 왜왕은 이를 통괄하는 권위를 획득하려고 한 것이라고 하였다.[136]

이로 보아 일본 학자들은 대개 (1), (2)번을 주장하고 있고, 한국 학자들은 (3), (4)번을 주장하고 있다. 그 중에 (1)번과 (4)번은 약간 지나친 주장이고, 문제의 해답은 (2)번과 (3)번 사이에 있을 것으로 보인다. 그렇다면 왜왕의 '제군사호'는 한반도 남부 각국의 군사적 지배에 대한 실제를 반영하거나 혹은 일본열도 내의 여러 종족에 대한 통수권을 가리키는 것이 아니라, 단순한 왜왕의 희망 사항을 반영하거나 혹은 일본열도 통치를 위한 대내용 작호에 지나지 않는 것이다.

그러므로 왜 5왕이 중국 황제로부터 한반도 남부지역의 지명이 포함된 제군사호를 인정받은 것과 왜왕이 실제로 한반도 남부지역에서 군사권을 발휘할 수 있었던가는 전혀 별개의 문제였으며, 한반도 남부의 문헌 사료나

134) 盧重國, 2005, 「5세기 한일관계사 -"송서" 왜국전의 검토-」, 『한일역사공동연구보고서』 제1권, 한일역사공동연구위원회.
135) 金錫亨, 1966, 『초기조일관계연구』, 사회과학출판사.
136) 李永植, 1988, 「5세기 倭王 稱號의 해석을 둘러싼 一視角」, 『史叢』 34, 서울 ; 1993, 『加耶 諸國と任那日本府』, 吉川弘文館.

고고학 자료로 볼 때 그런 증빙은 없다. 혹시 이 사실을 언급하지 않고 단지 『송서』에 나오는 왜왕의 제군사호 인정 기사만 강조하면, 역사 기술로서 틀린 것은 아니라고 해도, 역사적 사실을 오도할 우려가 있어서 곤란하다. 왜냐하면 그럴 경우에 전문적 지식이 없는 사람들은 왜가 실제로 한반도 남부의 군사권을 장악하고 있었다고 오해할 가능성이 있기 때문이다. 왜 5왕의 제군사호는 일종의 외교 행위에 지나지 않았고 한반도 남부의 상황에 영향을 미칠 수 없는 것, 즉 실효성이 없는 것이었다.

(3) 왜왕 武 상표문과 수장통합체 형성

중국 남조 송나라 順帝 昇明 2년(478)에 왜왕 武가 보낸 상표문 중에 다음과 같은 구절이 나온다.

> 본국[왜]은 멀리 떨어져 있으면서 책봉을 받아 해외의 제후국이 되었습니다. 옛날 할아버지와 아버지[祖禰] 때부터 몸소 갑옷과 투구를 입고 산을 넘고 내를 건너느라고 편안하게 쉴 새가 없었습니다. 동쪽으로는 毛人 55國을 정복하고, 서쪽으로는 衆夷 66국을 복속시켰으며, 바다 북쪽의 95국을 건너가 평정하였습니다.[137]

위의 기록에서 왜왕 武의 祖禰가 평정하였다는 바다 북쪽의 95국이 어느 곳인가 하는 점이 문제이다. 여기서의 논쟁점은 바다 북쪽의 95국이 (1) 한반도 남부이고 실제로 평정했다고 보는가,[138] (2) 한반도 남부이나 실제보다 과장된 표현으로서 왜왕의 희망 사항을 나타낸 것인가,[139] (3) 한반도와

---

137) 『宋書』 卷97, 列傳 第五十七 夷蠻傳 東夷 "順帝昇明二年 遣使上表曰 封國偏遠 作藩于外. 自昔祖禰 躬擐甲冑 跋涉山川 不遑寧處. 東征毛人五十五國 西服衆夷六十六國 渡平海北九十五國."
138) 末松保和, 1949, 앞의 책.
    平野邦雄, 1980, 앞의 논문.
    鬼頭淸明, 1994, 『大和朝廷と東アジア』, 吉川弘文館.

관계없는 규슈 지방일 뿐인가[140) 하는 몇 가지 점으로 나뉘고 있다.

山尾幸久의 연구에 의하면, 이 상표문은 문장 수식이 매우 심하므로 '征', '服', '平' 등의 문자를 글자 뜻 그대로 객관시하는 것은 가능하지 않다고 한다. 당시 야마토 정권이 일본열도나 한반도에서 무엇인가의 직접적 접촉을 가지고 있던 지역 집단을 '잠재적 군사 행동권'과 관련시켜 의미 붙인 것이며, 이와 같은 의미를 가진 '平'字에 의하여 과거 야마토 정권의 임나 지배를 객관시 또는 실체시하는 이유로는 될 수 없다고 하였다.[141)

이제 왜왕 무의 상표문과 관련하여 (1)번처럼 실제로 왜가 한반도 남부 지역을 정벌하고 지배했다고 보는 사람은 찾기 어렵다. (2)번의 주장처럼 왜왕의 의도된 계산이든, 아니면 (3)번의 주장처럼 후세 학자들의 지명 고증 착오이든, 5세기의 왜왕이 한반도 남부를 군사적으로 통솔하고 있다는 것을 중국으로부터 인정받고자 했던 점은 사실일 수도 있으나, 가장 중요한 것은 그것이 실효성이 없었다는 점이다. 적어도 근래의 한일 학계는 이런 정도로 공통된 인식을 가지고 있다.

그 상표문에서 더욱 중시되어야 할 것은 왜왕 武의 자부심으로서, 일본열도의 각 지역 수장을 통합한 최고 권력자라는 사실의 언명이라고 해야 할 것이다. 사이타마현과 구마모토현에서 출토된 철검 명문을 통해서 獲加多支鹵大王, 즉 왜왕 武(雄略)의 통치 범위가 간토[關東]부터 규슈[九州]에 이르는 지역이었음을 확인할 수 있다. 다만 이 단계에서 지방의 수장층은 직접 기나이[畿內]의 大王에게 봉사하는 것이 아니고, 대왕의 아래에서 특정의 職掌을 분담하는 중앙 귀족과 그 직장을 통하여 연결되어 있었고, 그 지방 수장의 독립성은 공고하게 유지되었던 듯하다.

139) 山尾幸久, 1989, 앞의 책.
　　　鈴木英夫, 1996, 앞의 책.
　　　熊谷公男, 2001, 앞의 논문.
　　　石井正敏, 2005, 앞의 논문.
140) 盧重國, 2005, 앞의 논문.
141) 山尾幸久, 1989, 『古代の日朝關係』, 塙書房, 226쪽.

⑷ 호남 서부지역의 전방후원분 문제

5세기의 한일관계를 둘러싸고 근래에 새로운 문제가 제기되었는데, 그것은 전남 영산강 유역에서 발견된 10여 기의 '前方後圓墳'이다. 이를 나열해 보면, 전북 고창군 공음면 칠암리 고분, 전남 영광군 법성면 월산리 월계 1·2호분, 함평군 월야면 예덕리 신덕 1호분, 함평읍 장년리 장고산 고분, 영암군 시종면 태간리 자라봉 고분, 해남군 북일면 방산리 장고봉 고분, 용두리 고분, 광주광역시 광산구 월계동 1·2호분 등을 들 수 있다.

일본열도의 전방후원분과 유사한 성격을 띠는 고분들이 전남 해안 및 영산강 유역에서 출토된 사실을 놓고, 그 축조 세력의 성격에 대해서 이들을 (1) 在地首長으로 보는 견해와 (2) 倭人으로 보는 견해로 크게 나뉜다. 그 안에서 (1)군에 속하는 견해로는 ① 영산강 유역의 재지 수장들의 대왜 친연성 주장에 의한 것으로 보는 獨立的 在地首長說[142]과 ② 백제 왕권과 연계하에 재지 수장이 전방후원분을 묘제로 채택한 것으로 보는 百濟連繫 在地

---

142) 岡內三眞, 1996,「前方後圓形墳の築造モデル」,『韓國の前方後圓墳』, 雄山閣.

土生田純之, 2000,「韓·日 前方後圓墳의 比較檢討」,『韓國의 前方後圓墳』, 충남대출판부 ; 2006,『古墳時代の政治と社會』, 吉川弘文館.

申敬澈, 2000,「고대의 낙동강, 영산강, 그리고 왜」,『한국의 전방후원분』, 충남대출판부.

朴淳發, 2000,「백제의 남천과 영산강유역 정치체의 재편」,『한국의 전방후원분』, 충남대출판부 ; 2001,「榮山江流域における前方後圓墳の意義」,『朝鮮學報』179 ; 2002, 재수록,『前方後圓墳と古代日朝關係』, 朝鮮學會編, 同成社 ; 2003,「百濟の南遷と倭」,『檢証古代日本と百濟』, 大巧社.

申大坤, 2001,「榮山江流域의 前方後圓墳」,『飛鳥の王權と加賀の渡來人』, 金澤 : 石川縣立歷史博物館.

田中俊明, 2001,「韓國の前方後圓形古墳の被葬者·造墓集團に對する私見」,『朝鮮學報』179 ; 2002, 재수록,『前方後圓墳と古代日朝關係』, 朝鮮學會編, 同成社.

柳澤一男, 2002,「全南地方の榮山江型石室の系譜と前方後圓墳」,『前方後圓墳と古代日朝關係』, 朝鮮學會編, 同成社.

李暎澈, 2006,「前方後圓形古墳と墳周土器」,『海を渡った日本文化』, 鑛脈社.

辻秀人, 2006,「榮山江流域의 前方後圓墳과 倭國 周緣地域의 前方後圓墳」,『百濟研究』44, 大田 : 忠南大學校 百濟研究所 ; 2007,「榮山江流域の前方後圓墳と倭國周緣域の前方後圓墳」,『歷史と文化』42, 東北學院大學.

首長說[143]이 있다. (2)군에 속하는 견해는 좀 더 복잡하여 ① 철의 교역을 위해 규슈 또는 왜 왕권에서 영산강 유역으로 들여보낸 집단 이주민으로 보는 移住倭人說(=慕韓說),[144] ② 영산강 유역에서 在地人化하고 있던 왜인으로 보는 在地化倭人說,[145] ③ 백제가 남방 개척을 위해 왜인을 받아들여 정착시킨 것으로 보는 倭系 百濟官僚說,[146] ④ 한반도에서 일본열도로 건너갔던 이주민이 전방후원분 축조 기술을 가지고 돌아와서 만들었다는 歸鄕倭人說,[147] ⑤ 나주 반남 지역에 있던 독자적 정권이 백제에 대항하기 위

143) 禹在柄, 2004,「榮山江流域 前方後圓墳의 出現과 그 背景」,『湖西考古學』10, 湖西考古學會.
144) 東潮, 1995,「榮山江流域と慕韓」,『展望考古學』, 考古學硏究會40周年紀念論叢 ; 2001,「倭と榮山江流域 -倭韓の前方後圓墳をめぐって-」,『朝鮮學報』179, 天理 : 朝鮮學會 ; 2002,「倭と榮山江流域」,『前方後圓墳と古代日朝關係』, 朝鮮學會編, 同成社.
柳澤一男, 2008,「韓國の前方後圓墳と九州」,『古代日本の異文化交流』, 勉誠出版.
李鎔賢, 2008,「韓國古代における全羅道と百濟・加耶・倭」,『古代日本の異文化交流』, 勉誠出版.
鈴木英夫, 2008,「韓國の前方後圓墳と倭の史的動向」,『古代日本の異文化交流』, 勉誠出版.
145) 土生田純之, 2008,「前方後圓墳をめぐる韓と倭」,『古代日本の異文化交流』, 勉誠出版.
146) 朱甫暾, 2000,「백제의 영산강유역 지배방식과 전방후원분 피장자의 성격」,『한국의 전방후원분』, 충남대출판부.
山尾幸久, 2001,「五,六世紀の日朝關係 -韓國の前方後圓墳の一解釋-」,『朝鮮學報』179, 朝鮮學會.
西谷正, 2002,「韓國の前方後圓墳をめぐる諸問題」,『前方後圓墳と古代日朝關係』, 朝鮮學會編, 同成社.
朴天秀, 2002,「고고자료를 통해 본 고대 한반도와 일본열도의 상호작용」,『한국고대사연구』27, 한국고대사학회 ; 2002,「榮山江流域における前方後圓墳の被葬者の出自とその性格」,『考古學硏究』49-2, 岡山 : 考古學硏究會 ; 2003,「榮山江流域と加耶地域における倭系古墳の出現過程とその背景」,『熊本古墳硏究』1, 熊本 : 熊本古墳硏究會 ; 2003,「榮山江流域における前方後圓墳の出現の歷史的背景」,『東アジアの古代文化』117, 東京 : 大和書房 ; 2004,「榮山江流域における前方後圓墳が提起する諸問題」,『歷史と地理』577, 東京: 山川出版社 ; 2007,『加耶と倭 韓半島と日本列島の考古學』, 講談社 ; 2007,『새로 쓰는 고대 한일교섭사』, 서울 : 서울평론 ; 2008,「榮山江流域における前方後圓墳からみた古代の韓半島と日本列島」,『古代日本の異文化交流』, 勉誠出版.
147) 林永珍, 1997,「湖南地域 石室墳과 백제의 관계」,『湖南考古學의 제문제』, 제21회 한국고고학회 발표요지, 한국고고학회.

해 왜인을 받아들인 것으로 보는 倭系 潘南官僚說[148] 등으로 나뉘어 다양한 이설을 표출하며 대립하고 있다.

어느 쪽으로 보든 간에 전남 영산강 유역이 5세기 후반 내지 6세기 전반에 일본열도와 깊은 관계를 가졌던 것은 부인하기 어렵다. 이 문제에 대한 논쟁은 한창 진행 중이며, 아직 어떤 설도 우위를 차지하지 못하고 있다. 다만 이를 『일본서기』의 문헌 기록에 나오는 '임나' 문제와 직접 관련짓는 견해는 없는 실정이다.

주장하는 사람들의 숫자로 보아 초기에는 (1)-①의 독립적 재지 수장설이 가장 많은 지지를 받았다. 이는 전남 지역 전방후원분의 축조 방식이나 출토 유물이 일본열도의 것과 다른 점이 많다고 하는 점에서 주장되었다. 인용 및 논문 게재 숫자로 보아서는 (2)-③의 왜계 백제 관료설도 만만치 않은 관심을 끌고 있다. 영산강 유역 전방후원분이 주변의 재지 수장 계열과 전혀 관계없이 돌연 출현하였고, 그들이 의도적으로 분산 배치되었으며, 그 중 일부에 백제의 위신재가 부장된 점 등은 왜계 백제 관료설의 큰 장점이라고 할 수 있다.

(2)-① · ②의 이주 왜인설은 초기에는 미약하였으나 최근 들어 갑자기 대두하고 있으며, 특히 土生田純之와 柳澤一男은 (1)-①을 주장하다가 이것으로 바꾸었다는 점에서 주목된다. 이런 연구 동향으로 보아, 전방후원분의 축조 주체를 전남 지역의 재지 수장으로 보는 견해보다 왜인으로 보는 견해가 좀 더 강해지는 추세라고 할 수 있다. 다만 백제의 영향력을 중시하는 왜계 백제 관료설에서는 그 축조 시기를 6세기 전반으로 보고, 일본열도의 선택을 중시하는 이주 왜인설에서는 이를 5세기 후반으로 보고 있어서, 편년의 문제도 남아있는 상태이다.

다만 『南齊書』 百濟國傳 永明 8년(490) 조[149]와 建武 2년(495) 조[150]에

---

148) 林永珍, 2000, 「영산강유역 석실봉토분의 성격」, 『영산강유역 고대사회의 새로운 조명』, 목포 : 역사문화학회 · 목포대박물관 ; 2003, 「百濟の成長と馬韓勢力, そして倭」, 『檢証 古代日本と百濟』, 大巧社.

나오는 기록으로 보아, 백제의 지방관에 대한 王·侯 작호 책봉은 전국적으로 설정된 것이 아니라 5세기 후반부터 말기에 걸쳐 전남 서부 일대가 백제의 직할 영역으로 편입되면서 나타난 과도기적 현상이고, 王·侯號 보유자는 이 지역에 분봉된 항구적 지배자가 아니라 5년 안에 교체되곤 하는 지방관으로서의 성격을 띠고 있다. 그렇다면 적어도 5세기 말 당시에 영산강 유역 전방후원분 피장자는 王侯制와 관련된 지방관 본인이 아니라 오히려 그 지방관에게 복종하고 있던 자들이라고 볼 수밖에 없다.[151] 어느 설을 취하든 간에 이 점은 중시되어야 할 것이다.

　백제 동성왕은 자신이 중국이나 한반도 및 왜에서 국제적으로 인정받는 세력임을 입증하기 위해서 외교적으로 여러 가지 노력을 하였다. 전남 지역에 대해서는 통치 가능한 곳에 지방관을 파견하고 이를 중국으로부터 인정받으려고 했다. 동성왕의 484·486년[152]과 490·495년의 네 차례에 걸친 南齊 조공과 그 중 490년대 두 차례의 王·侯 작호 가칭은 이와 밀접한 관련이 있다. 또한 일본 규슈의 구마모토현 에타 후나야마[江田船山] 고분의 백제 계통 금동관이나 금동장식 신발 및 고리자루큰칼 같은 부장품에 보이듯

---

149) 『南齊書』 卷58, 列傳39 百濟國 "報功勞勤 實存名烈. 假行寧朔將軍臣姐瑾等四人 振竭忠効 攘除國難 志勇果毅 等威名將 可謂扞城 固蕃社稷 論功料勤 宜在甄顯. 今依例輒假行職. 伏願恩愍 聽除所假. 寧朔將軍面中王姐瑾 歷贊時務 武功並列 今假行冠軍將軍都將軍都漢王. 建威將軍八中侯餘古 弱冠輔佐 忠效夙著 今假行寧朔將軍阿錯王. 建威將軍餘歷 忠款有素 文武列顯 今假行龍驤將軍邁盧王. 廣武將軍餘固 忠効時務 光宣國政 今假行建威將軍弗斯侯."

150) 위의 책, 建武 2년 "车大遣使上表曰 (中略) 今假沙法名行征虜將軍邁羅王 贊首流爲行安國將軍辟中王 解禮昆爲行武威將軍弗中侯 木干那 前有軍功 又拔臺舫 爲行廣威將軍面中侯. 伏願天恩特愍聽除. (中略) 詔可 並賜軍號."

151) 金泰植, 2008, 「고대 한일관계사의 새로운 지평 -朴天秀, 2007. 11 "새로 쓰는 고대 한일교섭사"」, 사회평론-」, 『한국고대사연구』 50, 한국고대사학회.

152) 『三國史記』 卷26, 百濟本紀4 東城王 6년 "春二月 王聞南齊祖道成 册高句麗巨璉爲驃騎大將軍 遣使上表請內屬 許之. 秋七月 遣內法佐平沙若思 如南齊朝貢 若思至西海中 遇高句麗兵 不進."
같은 왕 8년 "三月 遣使南齊朝貢."

이, 백제는 일본열도 각지에도 백제의 선진 문물을 파급시켜 자신과의 연계 필요성을 입증해 보이기도 했다. 동성왕이 481년에 가야와 함께 신라에 원병을 보내 고구려군을 물리치고, 485년에 신라에 사신을 보내 예방한 것이나,[153] 493년에 신라에 혼인을 청하여 결혼 동맹을 맺은 것도[154] 그러한 외교의 일환이었다. 한편으로는 498년에 耽羅를 빌미로 삼아 武珍州(지금 광주광역시)까지 진격하여 무력시위를 하기도 했던 것이다.[155] 백제의 이러한 노력들의 결과, 호남 서부의 영산강 유역은 대부분 6세기 초까지는 백제의 직접적인 지배 영역으로 편입되었다고 볼 수 있다.

* 이 글의 원전 : 金泰植, 2010, 「古代 王權의 成長과 韓日關係 -任那問題를 包含하여-」, 『제2기 한일역사공동연구보고서 제1권(제1분과 편)』, 서울 : 한일역사공동연구위원회, 155~190쪽(第2章 高句麗의 南進과 百濟 · 加耶 · 新羅 · 倭의 抵抗).

---

153) 위의 책, 東城王 7년 "夏五月 遣使聘新羅."
154) 위의 책, 東城王 15년 "春三月 王遣使新羅請婚 羅王以伊湌比智女 歸之."
155) 위의 책, 東城王 20년 "八月 王以耽羅不修貢賦 親征至武珍州. 耽羅聞之 遣使乞罪 乃止.[耽羅 卽耽牟羅.]"

4.
백제 · 왜의 연결과
신라의 가야 병합

1. 가야를 둘러싼 백제와 신라의 경쟁

(1) 백제의 부흥과 호남 동부지역 병합

5세기 말 이후 6세기에 들어서도 고구려는 계속해서 백제와의 전쟁을 치르고 있었다. 『삼국사기』 고구려본기의 기록으로 보아,[1] 495년부터 512년 사이의 전쟁터는 북으로 水谷城(황해 신계군 다율면)이나 高木城(경기 연천군 연천읍)으로부터 남으로 漢城(서울 송파구) 또는 圓山城(충북 음성)에 이르기까지 변화하고 있으며, 이것이 사실이라면 당시 양국의 공방이 매우 치열하고 영토 소유의 변화가 심하였음을 알 수 있다.

---

1) 『三國史記』卷19, 高句麗本紀7 文咨明王 4년(495) "八月 遣兵圍百濟雉壤城. 百濟請救於新羅. 羅王命將軍德智 率兵來援 我軍退還."
   같은 왕 12년(503) "冬十一月 百濟遣達率優永 率兵五千 來侵水谷城."
   같은 왕 15년(506) "冬十一月 遣將伐百濟 大雪 士卒凍皸而還."
   같은 왕 16년(507) "冬十月 遣使入魏朝貢. 王遣將高老 與靺鞨謀 欲攻百濟漢城 進屯於橫岳下. 百濟出師逆戰 乃退."
   같은 왕 21년(512) "秋九月 侵百濟 陷加弗 · 圓山二城 虜獲男女一千餘口."

그러나 475년의 위례성 함락 이후 한강과 금강 사이의 영토, 즉 충북 청원 남성곡 유적과 대전 월평동 유적 및 서울시 송파구 몽촌 토성 등에 대한 고구려의 점유 기간이 그리 길지 않았다고 추정되고, 반면에 고구려가 영위한 한강 이북 아차산 제4보루의 토기류는 제작 기법이나 형태상의 특징으로 보아 그 중심 연대가 6세기경으로 추정된다.[2] 그렇다면 6세기 초에는 백제의 반격이 이루어져 고구려군이 물러감에 따라 양국의 전선이 한강 하류에 근접한 것이라고 하겠다. 521년에 백제 무령왕이 중국 梁나라에 사신을 보내 "거듭 고구려를 격파하고 이제 비로소 더불어 通好하게 되었다."고 한 것은[3] 이를 말해준다. 게다가 앞 절에서 언급했듯이 백제는 6세기 초까지 호남 서부의 영산강 유역을 대부분 영역에 편입시켰다.

이러한 성공적 분위기 속에서 백제 무령왕은 왜와의 직접적인 교역을 위해서는 좋은 항구가 필요하다는 점을 명분으로 내세워,[4] 가야 세력권에 있던 호남 동부를 관통하는 섬진강 유역 및 그 하구를 잠식해 들어갔다, 『일본서기』 繼體 6년(512) 조부터 10년(516) 조까지 나오는 백제의 任那 4縣 및 己汶・帶沙 공략은 이를 나타낸다.

거기서 임나 4현과 기문 등을 왜왕이 6세기 초에 백제왕에게 '割讓' 했다고 하여, 기존 설에서는 그 곳이 원래 왜왕이 지배하는 임나에 속했다고 보았다.[5] 이 지역에 대한 지명 비정은, 이마니시 류가 己汶을 경북 개령으로 보았다가[6] 전북 남원으로 수정하고,[7] 아유가이 후사노신이 임나 4현을 고

---

2) 金泰植, 2006, 「5~6세기 高句麗와 加耶의 관계」, 『북방사논총』 11호, 고구려역사재단, 141~142쪽.

3) 『梁書』 卷54, 列傳48 諸夷 百濟傳 "普通二年(521) 王餘隆始復遣使奉表稱 累破句驪 今始與通好 而百濟更爲强國."

4) 『日本書紀』 卷17, 繼體天皇 23년 3월 "百濟王謂下哆唎國守穗積押山臣曰 夫朝貢使者 恒避嶋曲[謂海中嶋曲гаキ岸也. 俗云美佐祁.] 每苦風波. 因玆 濕所齎 全壞无色. 請 以加羅多沙津 爲臣朝貢津路. 是以 押山臣爲請聞奏."

5) 末松保和, 1949, 『任那興亡史』, 大八洲出版 ; 1956, 再版, 吉川弘文館, 120~123쪽.

6) 今西龍, 1919, 「加羅疆域考」, 『史林』 4・4 ; 1970, 『朝鮮古史の硏究』, 國書刊行會. 재수록.

7) 今西龍, 1922, 「己汶伴跛考」, 『史林』 7-4 ; 1970, 『朝鮮古史の硏究』, 國書刊行會, 재수록.

Ⅲ부 고대 왕권의 성장과 한일관계 … 4. 백제・왜의 연결과 신라의 가야 병합 **295**

산, 진산, 상주, 용담으로 각각 비정한 것을[8] 스에마쓰 야스카즈가 전북 고창과 전남 서부의 영광, 함평, 무안(여기까지 牟婁), 광주, 영암 등지(여기까지 哆唎) 및 전남 동부의 구례(娑陀) 등으로 수정한[9] 후, 일본에서는 지금도 대개 이것을 토대로 역사지도가 그려지고 있다.

그러나 임나 4현 및 기문을 상다리=여수, 하다리=돌산, 사타=순천, 모루=광양, 기문=남원으로 비정하는 설[10]이 나온 이후 한국학계는 대개 이를 지지하고 있으며,[11] 그 성격에 대해서도 왜왕의 임나 할양이라는 측면이 아닌 백제와 대가야의 분쟁에 따른 가야연맹 영토 축소라는 관점에서 다루고 있다.[12] 그 전제의 하나는 대가야 악사인 우륵의 12곡 이름 중에 上奇物, 下奇物, 達已, 勿慧가 나오는데, 이는 임나 4현 중의 上 · 下多唎, 牟婁 및 己汶과 발음이 비슷하므로 이 지역 소국들은 후기 가야연맹에 속한다는 것이다.[13](지도 9)

또한 2006년에 전라남도 순천시 서면 운평리 1호분에서 5세기 말 내지 6세기 초엽의 고령 양식의 뚜껑목항아리[有蓋長頸壺]와 그릇받침[器臺]이 출토된 것은[14] 이를 뒷받침하는 고고학적 증거이다. 이로써 5세기 후반부터 6세기 초까지의 후기 가야연맹 최대 범위에 호남 동부지역의 6~7국, 즉 上己汶(전북 장수 번암 혹은 임실), 下己汶(전북 남원), 娑陀(전남 순천), 牟婁

8) 鮎貝房之進, 1937, 『雜攷』 7, 下卷, 32~44쪽.
9) 末松保和, 1956, 앞의 책, 120~123쪽.
10) 全榮來, 1985, 「百濟南方境域의 變遷」, 『千寬宇先生還曆紀念 韓國史學論叢』, 146쪽.
11) 順天大學校 博物館, 韓國上古史學會, 2008, 『전남동부지역의 가야문화』, 제36회 한국상고사학회 학술발표대회, 2008년 11월 14일, 순천대학교 70주년 기념관 2층 대회의실.
   이날 발표자 중에 金泰植, 李東熙, 朴天秀, 權五榮은 6세기 초까지 임나 4현으로 추정되는 전남 동부지역이 가야의 영역이었다는 관점에 동의하여 글을 발표하였으며, 田中俊明만은 末松說을 일부 수정하여 임나 4현을 호남 서부의 영산강 유역으로 비정하였다.
12) 金泰植, 2002, 『미완의 문명 7백년 가야사 1권』, 푸른역사, 182~183쪽 ; 같은 책 2권, 187쪽.
13) 金泰植, 1997, 「百濟의 加耶地域 關係史: 交涉과 征服」, 『百濟의 中央과 地方』, 충남대학교 백제연구소, 58~60쪽.
14) 李東熙, 2006, 『순천 운평리 고분 발굴조사 자문위원회 자료』, 전라남도 · 순천시 · 순천대학교박물관.

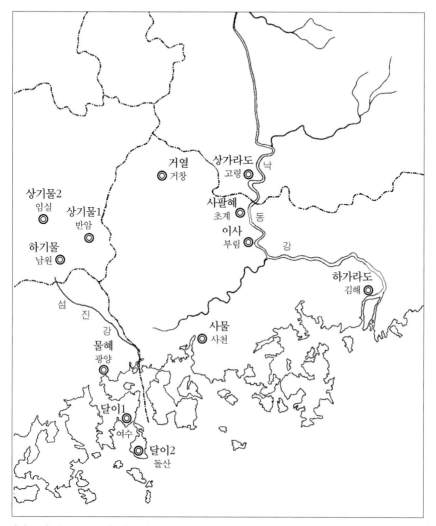

〈지도 9〉 우륵 12곡 내 가야 제국의 위치

(전남 광양), 上哆唎(전남 여수), 下哆唎(돌산) 등이 있었다는 가설은 중요한
근거를 획득하였다.[15](지도 10)

　　繼體紀 6년 조 기사에 의하면, 512년 12월에 백제가 왜에 조공하면서 任

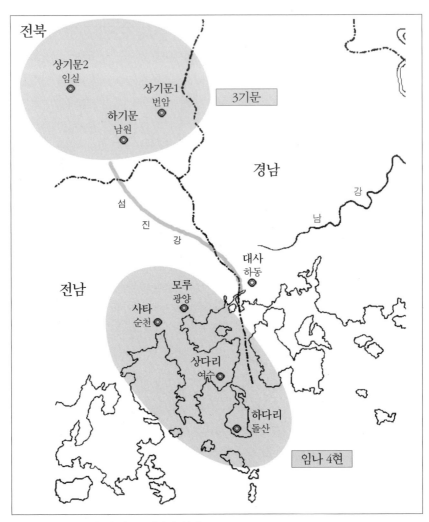

전북

상기문2
임실

상기문1
번암

하기문
남원

3기문

경남

섬

진

강

강

남

대사
하동

전남

모루
광양

사타
순천

상다리
여수

하다리
돌산

임나 4현

〈지도 10〉 임나 4현 및 기문·대사의 위치

15) 金泰植, 2002, 『미완의 문명 7백년 가야사 1권』, 푸른역사, 182~183쪽 ; 같은 책 2권, 187쪽.

李東熙, 2004, 「전남동부지역 가야계 토기와 역사적 성격」, 『한국상고사학보』 46.

郭長根, 2004, 「호남동부지역의 가야세력과 그 성장과정」, 『호남고고학보』 20.

朴天秀, 2006, 「임나사현과 기문·대사를 둘러싼 백제와 대가야」, 『가야, 낙동강에서 영산강으로』, 제12회 가야사국제학술회의 발표자료집, 김해시.

那國의 上哆唎, 下哆唎, 娑陀, 牟婁의 4현을 달라고 요구하자, 哆唎國守 호즈미노오미 오시야마[穗積臣押山]가 이에 찬성하는 의견을 왜국에 냈으며, 결국 왜는 그 땅을 백제에게 주었다고 하였다.[16] 여기서 穗積臣押山은 처음에 왜의 사신으로서 백제에 왔지만 다리국에 주재하면서 백제의 이익을 대변하는 것으로 보아, 이미 왜계 백제 관료가 되었다고 보아도 좋을 만한 인물이다. 또한 여수・순천의 백제 산성 아래에 있는 고분들은 원래 가야계 석곽이었으나 6세기 전반에 백제의 문물에 경도되면서 백제계 석곽으로 변화해갔다.[17] 이는 해당 지역이 가야 소국이었다가 바로 백제 영토로 전환되어 간 것을 의미한다. 그러므로 왜의 '임나 4현 할양'이라는 관념은, 그 전에는 그 땅이 왜왕의 소유였다는 것이 아니라,[18] 멀리 떨어져 있는 교역 대상자인 왜왕의 호응을 얻어 가야의 영토 일부를 빼앗으려는 백제의 외교적 修辭에 현혹되어 생긴 왜 측의 환상일 뿐이다.

그 이듬해에 대가야와 백제는 '己汶'이라는 곳을 놓고 영역을 다투게 되는데, 이 사실은 繼體紀 7년 조 기사에 보인다. 그에 따르면, 백제가 513년 6월에 姐彌文貴將軍과 州利卽爾將軍을 왜에 사신으로 보내, "伴跛國이 백제 땅인 己汶을 공격하여 빼앗았으니, 이를 돌려 달라."고 왜왕에게 요청하였고,[19] 왜는 11월에 기문과 대사를 백제에게 주었다는 것이다.[20]

---

16) 『日本書紀』 卷17, 繼體天皇 6년 "夏四月 辛酉朔丙寅 遣穗積臣押山 使於百濟. 仍賜筑紫國馬卌匹. 冬十二月 百濟遣使貢調. 別表請任那國上哆唎下哆唎娑陀牟婁 四縣. 哆唎國守穗積臣押山奏曰 此四縣 近連百濟 遠隔日本. 旦暮易通 鷄犬難別. 今賜百濟 合爲同國 固存之策 無以過此. 然縱賜合國 後世猶危. 況爲異場 幾年能守. 大伴大連金村 具得是言 同謨而奏. (中略) 由是 改使而宣勅 付賜物幷制旨 依表賜任那四縣."

17) 李東熙, 2007, 「백제의 전남 동부 지역 진출의 고고학적 연구」, 『한국고고학보』 64집, 103쪽.

18) 森公章, 2006, 『東アジアの動亂と倭國』, 吉川弘文館, 117쪽에서는 繼體紀 6년 12월 조의 '임나 4현' 관련 기사에 대하여, "물론 倭國이 朝鮮半島에 領地를 가진 적은 없었다."고 서술하였다.

19) 『日本書紀』 卷17, 繼體天皇 7년 6월 "百濟遣姐彌文貴將軍州利卽爾將軍 副穗積臣押山[百濟本記云 委意斯移麻岐彌] 貢五經博士段楊爾. 別奏云 伴跛國略奪臣國己汶之地. 伏願天恩 判還本屬."

여기서 己汶(전북 남원, 임실, 번암)이 원래 백제 땅이었다면, 이를 伴跛, 즉 대가야가 빼앗았다고 하여 왜왕에게 그 환급을 요청하는 것은 비상식적이며, 왜왕이 이를 돌려줄 권한도 없는 것이다. 이 역시 왜와의 교역을 빙자하여 가야연맹 소속국을 잠식해 들어오는 백제의 외교 방식을 보여준다.[21] 왜와 기문국은 선진 문물의 면에서 대가야보다 우월한 백제의 유인에 따르지 않을 수 없었을 것이다.[22] 백제의 외교적 명분에 동의하여 영토 확장에 도움을 준 왜에게 백제는 513년, 516년에 오경박사 段楊爾, 漢高安茂 등을 보내 유학을 전수하였다.[23] 그 결과 백제가 호남 지역을 모두 영유하게 되어, 가야와 백제는 소백산맥을 자연적 경계로 삼게 되었다.

그 후의 상황을 보이는 사료로 『梁職貢圖』가 있다. 그에 따르면, 梁 普通 2년(521)에 백제왕이 수도를 固麻(충남 공주)에 두고 지방에는 22담로를 두어 통치하였는데, 인접한 소국으로 叛波, 卓, 多羅, 前羅, 斯羅, 止迷, 麻連, 上己文, 下枕羅 등이 그에 부속되어 있다고 하였다.[24] 여기서 斯羅, 즉 신라가 백제에게 부속되었다거나, 혹은 가야연맹의 유력한 소국들인 叛波(경북 고령), 卓(경남 창원), 多羅(합천), 前羅(함안)가 백제에 부속되었다는 것은 과장된 표현이다. 다만 그 이하의 止迷(전남 해남), 麻連(광양), 上己文(전북

---

20) 위의 책, 繼體天皇 7년 11월 신해삭 을묘 "於朝廷 引列百濟姐彌文貴將軍斯羅汶得至安羅 辛巳奚及賁巴委佐仟伴跛旣殿奚及竹汶至等 奉宣恩勅. 以己汶滯沙 賜百濟國. 是月 伴跛國 遣戢支 獻珍寶 乞己汶之地. 而終不賜."

21) 金泰植, 2002, 앞의 책 1권, 188쪽.

22) 위치나 정황상의 정확한 설명은 못되나 일본의 吉田連 家系傳承에도 이 지역이 원래는 三己汶의 넓은 지역이었고 任那에 속했었는데 결국 자발적으로 백제에게 귀속되었다는 내용이 나온다, 『新撰姓氏錄』左京皇別下 吉田連條 및 『續日本後紀』卷6, 仁明天皇 承和 4년 6월 壬辰朔 己未條 참조.

23) 『日本書紀』卷17, 繼體天皇 7年(513) "夏六月 百濟 (중략) 貢五經博士段楊爾." 같은 책, 繼體天皇 10年(516) "秋九月 百濟遣州利卽次將軍 副物部連來 謝賜己汶之地. 別 貢五經博士漢高安茂 請代博士段楊爾. 依請代之."

24) 『梁職貢圖』百濟國使 圖經 "普通二年 其王餘隆 遣使奉表云 累破高麗. 所治城曰固麻. 謂 邑檐魯 於中國郡縣. 有二十二檐魯 分子弟宗族爲之. 旁小國有叛波卓多羅前羅斯羅止迷麻 連上己文下枕羅等附之."

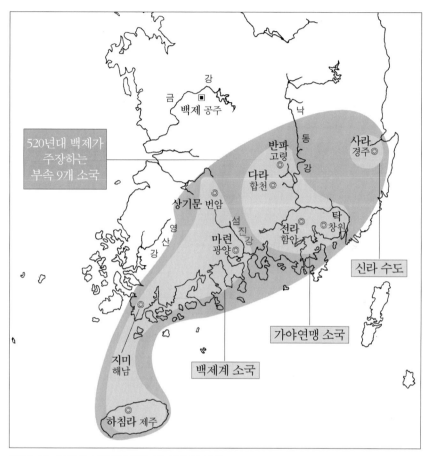

강

금 백제 공주 낙

520년대 백제가
주장하는
부속 9개 소국

반파
고령 사라
경주
동
다라 강
합천

상기문 번암

섬
진
강
영
산
강
마련
광양

탁
창원
전라
함안
신라 수도

가야연맹 소국

지미
해남 백제계 소국

하침라 제주

〈지도 11〉 양직공도 백제국사전 '旁小國'의 위치

임실, 번암), 下枕羅(제주도) 등이 백제에 부속되었다 해도 아직까지 소국으로 존재하고 있다는 것은 중요하다. 지미, 마련 등이 독립을 유지할 수 있었던 것은 가야와의 인접성 때문이었을 것이다. 그렇다면 521년 단계에도 호남 동부의 몇몇 세력은 정치적으로 백제에게 복속되었으나, 아직 지방관이 파견되어 군현으로 편제된 것은 아니어서 여전히 독립성을 유지하고 있었다고 하겠다.(지도 11)

(2) 신라의 왕권 성장과 중앙 집권 체제 정비

신라는 6세기에 들어 지증 마립간이 왕권을 강화하여 '新羅國王'의 尊號를 채택하고(503), 그 후 국내의 州郡縣制를 제정하고(505), 우산국을 정벌하고(512), 阿尸村(경북 의성군 안계면)에 小京을 설치하는 등(514) 서서히 발전하기 시작하였다.[25] 그를 이어 법흥왕은 兵部 설치(517), 율령 반포와 백관 공복 및 위계 설정(520), 불교 공인(528), 상대등 임명(531), 금관국 병합(532), 建元 연호 제정(536) 등과 같이 중앙 집권 체제를 크게 정비하였다.[26]

한편 589년에 멸망한 양나라의 사서인 『梁書』新羅傳에는 5개의 관등만 나오고,[27] 618년에 멸망한 수나라의 사서인 『隋書』新羅傳에 가서야 17개의 관등이 모두 나오기 때문에,[28] 일부 학자들은 6세기 후반까지 신라에는 5개 또는 6개의 京位만이 존재했다거나,[29] 또는 법흥왕 대의 관료제를 신분제와 관련된 衣冠制와 같은 초보적인 것으로 생각해 왔다.[30] 그러나 迎日冷

---

25) 『三國史記』卷4, 新羅本紀4 智證麻立干 4年(503) "冬十月 羣臣上言 始祖創業已來 國名未定 或稱斯羅 或稱斯盧 或言新羅. 臣等以爲 新者德業日新 羅者網羅四方之義 則其爲國號宜矣. 又觀自古有國家者 皆稱帝稱王 自我始祖立國 至今二十二世 但稱方言 未正尊號. 今羣臣一意 謹上號新羅國王. 王從之."
　　같은 왕 6年(505) "春二月 王親定國內州郡縣. 置悉直州 以異斯夫爲軍主. 軍主之名 始於此."
　　같은 왕 13年(512) "夏六月 于山國歸服 歲以土宜爲貢. 于山國在溟州正東海島 或名鬱陵島 地方一百里 恃嶮不服. 伊湌異斯夫爲何瑟羅州軍主 謂 于山人愚悍 難以威來 可以計服. 乃多造木偶師子 分載戰船 抵其國海岸 誑告曰 汝若不服 則放此猛獸踏殺之. 國人恐懼 則降."
　　같은 왕 15年(514) "春正月 置小京於阿尸村. 秋七月 徙六部及南地人戶 充實之."
26) 위의 책, 法興王 4年(517) "夏四月 始置兵部."
　　같은 왕 7年(520) "春正月 頒示律令 始制百官公服 朱紫之秩."
　　같은 왕 15年(528) "肇行佛法. (中略) 不復是毀佛事."
　　같은 왕 18年(531) "夏四月 拜伊湌哲夫爲上大等 摠知國事. 上大等官 始於此 如今之宰相."
　　같은 왕 19年(532) "金官國主金仇亥 與妃及三子 (中略) 以國帑寶物來降."
　　같은 왕 23年(536) "始稱年號 云建元元年."
27) 『梁書』卷54, 列傳48 新羅 "其官名 有子賁旱支 齊旱支 謁旱支 壹告支 奇貝旱支."
28) 『隋書』卷81, 列傳46 新羅國 "其官有十七等 其一曰伊罰干 貴如相國 次伊尺干 次迎干 次破彌干 次大阿尺干 次阿尺干 次乙吉干 次沙咄干 次及伏干 次大奈摩干 次奈摩 次大舍 次小舍 次吉士 次大鳥 次小鳥 次造位."

水里碑(503)와 蔚珍鳳坪碑(524)가 발견된 이후 17관등의 대부분이 법흥왕 때 존재하던 것임이 확인되었다.[31]

그 외에 학자들은 몇 가지 점을 더 확인하였다. 즉, 법흥왕 11년(524) 당시의 6부가 독자적인 단위 정치체에서 단순한 王京의 행정 구역으로 변화해 가는 과도기적인 성격의 것이었고, 中古期 신라 왕실은 喙部와 沙喙部를 직접적 지배 기반으로 삼고 있었다는 것이다.[32] 또한 관등으로 干支만을 칭한 존재들은 그가 冠稱한 部의 지배자이며 신라의 중앙 관등제에 편입되어 있지 않았다는 연구도 나왔다.[33]

왕실이 아닌 사탁부에 소속된 인물들이 중앙 관등을 띠고 있는 것은, 사탁부를 이루던 지배층들이 수도에 거주하면서 중앙 조정 중심의 17관등 체계에 편입되어 있었다는 것을 의미한다. 그렇다면 524년까지 단지 '干支'만을 칭하던 岑喙部, 本彼部, 斯彼部 등은 신라 왕실의 연합 집단으로 인정받아 중앙의 諸干支會議에 참여하는 권리를 부여받고 있었으나, 아직 그 지배층의 중앙 이주를 미루고 있던 세력이라고 할 수 있다.[34]

그러나 그 후 528년에 불교가 공인되고 531년에 귀족회의 의장으로서 상대등이 임명된 것은 신라의 왕권이 초월적인 지위로 승격한 것을 보여준다. 각 部 지배층의 중앙 이주는 강화된 신라 왕권을 토대로 하여 이루어졌고 部長 가족들은 진골 귀족 또는 6두품으로 편입되었을 것이다.[35] 그러면 수도에 거주하는 왕과 귀족들에 의한 중앙 집권적 지배가 완성되는 것이다.

532년에 신라 군대의 공격으로 멸망한 김해의 金官國은 6부에 속하지 않

29) 曾野壽彦, 1955, 「新羅の十七等の官位成立の年代についての考察」, 『古代研究』 II, 東京大 教養學部, 116쪽.
   宮崎市定, 1959, 「三韓時代の位階制について」, 『朝鮮學報』 14, 163~164쪽.
30) 武田幸男, 1974, 「新羅法興王代の律令と衣冠制」, 『古代朝鮮と日本』, 85~93쪽.
31) 盧泰敦, 1989, 「蔚珍鳳坪新羅碑와 新羅의 官等制」, 『韓國古代史研究』 2, 183쪽.
32) 李文基, 1989, 「蔚珍鳳坪新羅碑와 中古期의 六部問題」, 『韓國古代史研究』 2, 170쪽.
33) 全德在, 1996, 『新羅六部體制研究』, 一潮閣.
34) 金泰植, 2003, 「初期 古代國家論」, 『강좌 한국고대사 제2권 : 고대국가의 구조와 사회(1)』, 駕洛國史蹟開發研究院, 67쪽.

음에도 불구하고 그 지배자인 仇亥王 일가는 신라 수도로 이주하여 사탁부에 소속되면서 진골로 편입되었다.[36] 이는 常道에 어긋난 특혜로서, 신라가 금관국의 王家를 우대함으로써 나머지 가야 제국의 적개심을 누그러뜨리려는 일종의 선전술이었다.[37]

수도 내에 행정 구역으로서의 6부 거처가 마련되었다고 해도, 지방의 5부 중심 세력은 상황에 따라 순차적으로 이주해 들어온 듯하다. 대구, 부산 지방 등에서는 5세기 말 무렵에 봉토 직경 20m 이상의 큰 고분군이 없어지고, 양산, 창녕 지방 등에서는 6세기 전반에 그런 현상이 일어난다. 이는 部의 지배층이나 기타 소국 지배층의 中央 集住와 관련이 있을 것이다.[38]

(3) 대가야의 고대국가 형성과 남부지역 일부 상실

『일본서기』 繼體 8년(514) 조 기사로 보아, 伴跛(경북 고령의 대가야)는 子呑(경남 진주)과 帶沙(경남 하동)에 성을 쌓아 滿奚(전남 광양)에 이어지게 하고, 봉수대와 저택을 설치하여 백제 및 왜국에 대비했다. 또한 爾列比(경남 의령군 부림면)와 麻須比(경남 창녕군 영산면)에 성을 쌓아 麻且奚(경남

---

35) 봉평비의 인물 배치는 관등 순서대로 되어 있는데, 本彼部의 □夫智 干支와 岑喙部의 美昕智 干支가 沙喙部의 而粘智 太阿干支보다 상위에 위치하고 있는 점으로 보아 그들은 추후 眞骨로 편입되었을 가능성이 있다. 즉, 본피부와 잠탁부의 長은 아직 중앙 관등에 편입되어 있지 않으면서도 진골만의 관등인 제5등 大阿湌보다 서열이 높았던 것이다. 그러나 그 후의 왕권 강화 과정에서 6부 지배층의 신분이 한 단계 격하되었을 수도 있다. 왕비의 아버지였던 朴英失 각간이 있었던 车梁部를 제외한 本彼・習比・漢祇部人의 경우 530년대 이후의 비문이나 문헌 기록에서 大阿湌 이상의 관등을 가진 관리가 한 사람도 발견되지 않으므로, 喙部와 沙喙部를 제외한 4부인들은 6두품에 편제되었다고 보는 견해도 있다. 全德在, 2000, 「7세기 중반 관직에 대한 관등규정의 정비와 골품제의 확립」, 『한국 고대의 신분제와 관등제』, 河一植 외 5인 공저, 아카넷, 309~311쪽.
36) 『三國史記』 卷4, 新羅本紀4 法興王 19년 "金官國主金仇亥 與妃及三子 長日奴宗 仲日武德 季日武力 以國帑寶物來降. 王禮待之 位上等 以本國爲食邑. 子武力仕至角干."
37) 朱甫暾, 1982, 「加耶滅亡問題에 대한 一考察 -新羅의 膨脹과 關聯하여-」, 『慶北史學』 4.
38) 봉토 직경 10m 이하의 고분군은 지방을 막론하고 그 뒤에도 계속 이어지는데, 이는 세력이 약화된 토착 촌주 세력들의 무덤일 것이다.

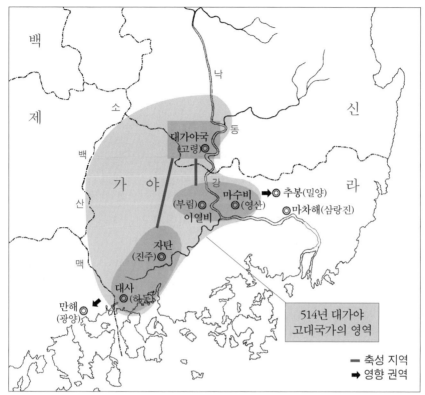

〈지도 12〉 6세기 초 대가야의 사방 축성

삼랑진) 및 推封(경남 밀양)에까지 뻗치고, 사졸과 병기를 모아서 신라를 핍박했다고 한다.[39](지도 12)

　여기서 반파가 성을 쌓은 위치가 고령에서 멀리 떨어진 점이나, 사졸과

39) 『日本書紀』卷17, 繼體天皇 8년 3월 "伴跛築城於子呑帶沙 而連滿奚 置烽候邸閣 以備日本. 復築城於爾列比麻須比 而絚麻且奚推封. 聚士卒兵器 以逼新羅. 駈略子女 剝掠村邑. 凶勢所加 罕有遺類. 夫暴虐奢侈 惱害侵凌 誅殺尤多 不可詳載."
지명 고증에 대해서는, 金泰植, 1997, 「百濟의 加耶地域 關係史: 交涉과 征服」, 『百濟의 中央과 地方』, 忠南大學校 百濟研究所, 61~67쪽 ; 2002, 『미완의 문명 7백년 가야사 1권』, 푸른역사, 188~192쪽 참조.

병기를 모았다는 표현으로 보아, 대가야국은 연맹의 수도뿐만 아니라 주변의 다른 지방에서도 노동력이나 군대를 동원한 것으로 보인다. 그렇다면 이 기사는 대가야의 왕권이 강화되어 넓은 영역에 걸쳐 무력을 독점한 사실을 반영한다고 인정해도 좋다. 이는 대가야가 백제와의 영역 다툼 과정에서 가야 북부지역에 걸쳐 고대국가를 성립시켰음을 의미한다.

이 당시의 대가야 영역은 지금의 고령군을 중심으로 하여 서쪽으로 거창군, 함양군, 산청군, 진주시 서부, 하동군 일대를 포함하며, 남쪽으로 합천군과 의령군 동부 일부, 창녕군 남부 일부를 포함하는 지역이었다. 이런 범위는 6세기 초에 고령 양식 토기 유형이 유행하던 지역과[40] 거의 일치한다. 그러므로 가야는 늦어도 510년대에는 이 지역에 대한 통제력을 강화하여 초기 고대국가 단계에 이르렀다고 할 수 있다.

다만 이 범위는 가야 소국연맹체라고 여겨지던 지역의 2분의 1 정도에 지나지 않으므로, 나머지 의령 서부, 진주 동부, 함안, 사천, 고성, 마산, 창원, 김해 등의 세력은 대가야에 통합되지 않고 그대로 가야연맹 소국을 이루는 지위에 있었다고 하겠다. 그 지역은 토기 문화권으로 보아, 함안 양식(함안, 마산, 의령 서부),[41] 고성-진주 양식(고성, 사천, 진주, 산청),[42] 김해양식(김해, 창원) 토기 유형 등으로 다시 구분된다.

繼體紀 9년(516) 조에는 왜국 사신 모노노베노무라지[物部連]와 수군 500명이 帶沙江에 머무른 지 6일 만에 伴跛가 군대를 일으켜 와서 그들을 공격하여 쫓아냈다는 기사가 나온다.[43] 이는 반파, 즉 고령의 대가야가 군

40) 朴天秀, 1998, 「대가야의 역사와 유적」, 『가야문화도록』, 경상북도, 14쪽.
41) 金正完, 1997, 「신라와 가야토기의 발생 및 변화과정」, 『한국고대의 토기』, 국립중앙박물관, 58쪽.
42) 尹貞姬, 1997, 「소가야토기의 성립과 전개」, 경남대학교 대학원 석사학위논문. 다만, 晉州, 산청 지방에는 고성-진주 양식 토기와 고령 양식 토기가 공존하는 면모를 보이고 있다.
43) 『日本書紀』卷17, 繼體天皇 9년 "是月 到于沙都嶋 傳聞 伴跛人懷恨銜毒恃强縱虐. 故物部連 率舟師五百 直詣帶沙江. 文貴將軍 自新羅去. 夏四月 物部連於帶沙江停住六日. 伴跛 興師往伐 逼脫衣裳 劫掠所齎 盡燒帷幕. 物部連等 怖畏逃遁 僅存身命 泊汶慕羅.[汶慕羅 嶋名也.]"

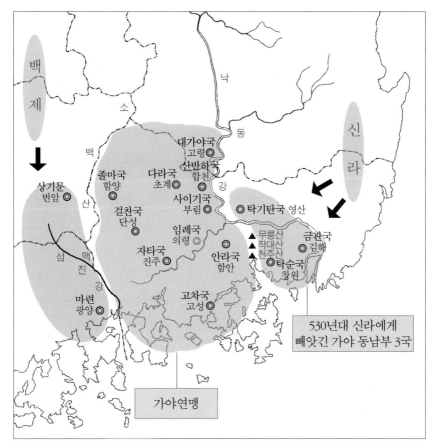

〈지도 13〉 530년대 말 가야연맹의 지역 범위

대를 일으켜 帶沙江, 즉 하동 부근의 섬진강 유역까지 와서 왜국 사신 일행을 공격한 사건을 말한다. 이것은 고령 지방에 중심을 둔 대가야 왕권의 무력이 멀리 하동 지방까지 미친 것을 나타내므로, 가야 왕권의 무력 독점 사례로 추가할 수 있다.

그런 조건에서 대가야는 보다 큰 권위를 가지고 신라와 결혼 동맹을 맺었다. 즉, 522년에 고령 대가야의 異腦王이 신라에 청혼하자 법흥왕이 이찬 比助夫의 누이동생을 보내주어 결혼이 성립되었다.[44] 얼마 안 있어 대가야에 시집온 신라 왕녀는 月光太子를 낳았으며, 결혼 2년 후인 524년에는 신라국왕이 남쪽 경계를 돌아보며 땅을 개척하는데, 가야국왕이 와서 만나기도 하였다.[45] 이는 가야연맹의 대표 세력인 고령 대가야의 왕이 신라 법흥왕과 낙동강 방면에서 만나서 영토의 경계를 상호 확인하기 위해 회담을 가졌던 사실을 기록한 것이라고 생각된다.

그러나 신라 법흥왕의 계획된 책동에 의하여 몇 년 후에 이 동맹은 파탄에 이르고, 그에 따라 가야연맹 내부에는 분열의 조짐이 생겨났다. 이를 포착한 신라는 529년을 전후하여 무력 공세를 통하여 喙己呑國(경남 창녕군 영산면)으로부터 항복을 받아냈으며, 뒤이어 532년에 金官國(=南加羅國, 김해시), 530년대 후반에 卓淳國(창원)도 신라에 투항하였다. 그런 사이에 백제도 安羅國(함안) 주변의 乞乇城과 久禮牟羅城(칠원) 등을 침공하여 군대를 주둔시키게 되었다.[46] 이처럼 520년대 후반 이후로 가야연맹이 분열의 조짐과 함께 일부 소국들이 멸망하면서 약세를 보임에 따라, 호남 동부지역의 마지막 소국인 麻連(전남 광양)과 上己文(전북 장수 번암 또는 임실) 등도 백제에게 통합되어 군현으로 편제되었을 것으로 추정된다.(지도 13)

(4) 이와이의 난과 교류 패턴의 변화

백제가 호남 동부지역을 점령한 6세기 전반 이후, 한반도 남부지역에서 왜와의 교역을 담당하고 있던 대가야의 역할은 약화되었다. 이는 백제가 가야를 매개로 하지 않고 왜와 직접 교역할 수 있는 통로를 마련하였기 때문이

---

44) 『三國史記』卷4, 新羅本紀4 法興王 9년 "春三月 加耶國王遣使請婚 王以伊湌比助夫之妹送之."
『新增東國輿地勝覽』卷29, 高靈縣 建置沿革 引用 釋順應傳 "大伽倻國月光太子 乃正見之十世孫. 父曰異腦王. 求婚于新羅 迎夷粲比枝輩之女 而生太子 則異腦王 乃惱窒朱日之八世孫也. 然亦不可考."
45) 『三國史記』卷4, 新羅本紀4 法興王 11년 9월 "王出巡南境拓地. 加耶國王來會."
46) 金泰植, 1988, 「6세기 전반 加耶南部諸國의 소멸과정 고찰」, 『韓國古代史研究』1, 한국고대사연구회.

다. 한편 일본열도에서는 527년에 쓰쿠시노 구니노미야츠코[筑紫國造] 이와이[磐井]가 규슈 북부에 세력을 뻗치고 있으면서 신라의 뇌물을 받고 반란을 일으켜서, 한반도 각지에서 오는 배들을 주도적으로 유치하였다가,[47] 이듬해에 중앙 귀족인 모노노베노 아라카히[物部麤鹿火]의 토벌군에게 진압 당한[48] 사건이 일어났다. 이와이의 무덤으로 알려진 후쿠오카현 야메시[八女市] 이와토야마[岩戶山] 고분은 전체 길이 132미터의 전방후원분으로서 규슈 북부 최대의 고분이며, 동북쪽 모서리에 한 변 43미터의 방형 구획이 있어 그 안에 돌로 만든 무사, 벌거벗은 사람, 말, 돼지 등의 각종 석제품이 나열되어 있다.[49] 이와이가 토벌 당한 후에 축조된 그의 무덤이 이처럼 기나이와 다른 독자적인 설계를 보여주는 점으로 보아, 규슈는 이때 야마토 정권에 종속적으로 연합되었다고 해도 여전히 독립적인 지위를 유지하는 동맹자 관계에 있었다고 추정된다.

여기서 규슈 북부의 호족이 왜국 중앙 정권에게 반기를 든 것은 가야 및 신라의 계책과 관련이 있는 것으로 보인다. 이는 백제와 왜국 중앙과의 긴밀한 교류관계를 방해하기 위한 것이었다고 추정된다. 이것을 왜국의 중앙 정권이 진압했다는 것은, 한반도와 일본열도 사이의 교류에서 규슈 왜인의 중간 역할이 무력화됨을 뜻한다. 결과적으로 510년 및 520년대를 거치면서 고대 한일 교류의 패턴은 기존의 百濟-加耶-九州倭-近畿倭를 거치는 형식으로부터 百濟-近畿倭로 직결되는 형식이 우세하게 된 것이다.

그러나 대가야가 호남 동부지역에서 백제와의 대결에서 패배한 이후, 가야 남부지역의 고성군 송학동 1호분 B호석실, 의령군 경산리 1호분, 운곡리

---

47) 『日本書紀』卷17, 繼體天皇 21년 6월 壬午朔 甲午 "近江毛野臣 率衆六萬 欲往任那 爲復興建新羅所破南加羅喙己吞 而合任那. 於是 筑紫國造磐井 陰謨叛逆 猶預經年. 恐事難成 恒伺間隙. 新羅知是 密行貨賂于磐井所 而勸防遏毛野臣軍. 於是 磐井掩據火豊二國 勿使修職. 外邀海路 誘致高麗百濟新羅任那等國年貢職船. 內遮遣任那毛野臣軍."
48) 위의 책, 繼體天皇 22년 11월 甲寅朔 甲子 "大將軍物部大連麤鹿火 親與賊帥磐井 交戰於筑紫御井郡. 旗鼓相望 埃塵相接 決機兩陣之間 不避萬死之地. 遂斬磐井 果定疆場."
49) 西谷貞 編, 2007, 『東アジア考古學辭典』, 東京 : 東京堂出版, 30~31쪽.

1호분 등에서 왜계 석실 구조와 대가야 양식의 토기, 마구, 청동 주발[青銅盌] 등의 부장품을 갖춘 고분들이 나타났다. 이 고분 구조는 주로 일본 규슈 후쿠오카현과 구마모토현 등에서 나타나며, 해당 시기의 규슈 북부 지역에서도 고령 양식의 귀걸이와 토기, 고성 양식의 토기 등이 나타나므로, 양 지역 사이의 긴밀한 관계가 상정된다.[50] 이는 원거리 중계 능력을 상실한 加耶와 규슈 왜의 양자 사이에 전통적인 교류 통로가 오히려 강화되고 있었음을 반영하는 것이다.

2. 신라의 팽창과 가야의 소멸

(1) 가야의 남북 분열

6세기 중엽 가야 지역의 유적 상황을 살펴보면, 고령, 합천, 거창, 진주 등의 대가야 문화권에는 굴식 돌방무덤 및 삼족토기[三足器] 등 백제 문물의 요소들이 약간 추가된다. 반면에 함안, 고성, 사천 등의 가야 서남부지역은 여전히 기존의 문화 기반을 유지 발전시킬 뿐이고 상대적으로 백제 문물의 영향이 희박하다.[51] 또한 가야 지역 전체의 고분 분포 상황을 통관해 볼 때, 개개의 봉분 및 고분군의 규모가 가장 큰 것은 고령 지산동 고분군과 함안 말산리·도항리 고분군이다. 이는 고령과 함안의 지배 세력들이 가야 말기에 문화 성격이 서로 구별되는 가야 북부 및 남부 지역의 중심 세력이었음을 확인케 한다.

이러한 세력 편제는 고령의 대가야국의 패권이 흔들리고 함안의 안라국이 가야연맹 내에서 강화되면서 나타난 현상이다. 520년대 후반에 탁순국이 신라로부터 공격을 받고 그 와중에 탁기탄국이 신라에 병합되자, 가야연

---

50) 朴天秀, 2007, 『새로 쓰는 古代 韓日交涉史』, 서울 : 社會評論, 242~243쪽.
51) 金泰植, 1993, 『加耶聯盟史』, 一潮閣, 251~253쪽.

맹 내의 남부 제국은 그것을 저지하지 못한 대가야를 불신하게 되었다. 그들은 자구책으로 자체 내의 단결을 도모했는데 함안의 안라국이 이를 주도했다. 즉 안라가 높은 건물을 지어서 새로운 정치적 합의체 맹주로서의 면모를 갖추고, 백제, 신라, 왜 등의 사신을 초빙하여 국제 회의, 즉 안라 회의를 개최한 것은[52] 이를 반영한다.

백제는 이러한 움직임에 반발하여 531년에 안라로 침공해 들어가서 乞毛城을 영유하고,[53] 더 나아가 534년에 탁순국 북방의 久禮牟羅(칠원)에 성을 쌓아 군대를 주둔시켰다.[54] 그 결과 안라 및 그 서남부의 가야 소국들은 백제의 정치적 영향력 아래 놓였다. 그러나 백제로부터 지속적인 억압을 받고 있던 창원의 탁순국왕이 538년경에 신라군을 불러들여서 반대 집단을 소탕하고 스스로 신라에 편입되었고,[55] 신라는 한 걸음 더 나아가 구례산성(칠원)에 주둔한 백제 군사를 물리쳐 쫓아냈다.[56]

그러자 백제는 가야 지역의 최대 세력인 대가야와 그에 동조하는 가야 북부 지역에 선진 문물을 나누어 주면서 적극적으로 포섭하였다. 그러한 과정에서 가야 북부의 대가야 측 소국들은 신라의 배반과 남부 지역 소국들의

---

52) 『日本書紀』卷17, 繼體天皇 23년 3월 "是月 遣近江毛野臣 使于安羅. 勅勸新羅 更建南加羅喙己呑. 百濟遣將軍君尹貴麻那甲背麻鹵等 往赴安羅 式請詔勅. 新羅恐破蕃國官家 不遣大人 而遣夫智奈麻禮奚奈麻禮等 往赴安羅 式請詔勅. 於是 安羅新起高堂 引昇勅使. 國主隨後昇階. 國內大人 預昇堂者一二. 百濟使將軍君等 在於堂下. 凡數月再三 謨謀乎堂上. 將軍君等 恨在庭焉."

53) 위의 책, 繼體天皇 25년 12월조 細注의 百濟本記 인용문 "太歲辛亥三月 軍進至于安羅 營乞毛城."

54) 위의 책, 繼體天皇 24년 9월 "於是 阿利斯等 知其細碎爲事 不務所期 頻勸歸朝 尙不聽還. 由是 悉知行迹 心生飜背. 乃遣久禮斯己母 使于新羅請兵 奴須久利 使于百濟請兵. 毛野臣聞百濟兵來 迎討背評[背評地名 亦名能備己富里也] 傷死者半. 百濟則捉奴須久利 枉械枷鏁 而共新羅圍城. 責罵阿利斯等曰 可出毛野臣. 毛野臣 嬰城自固. 勢不可擒. 於是 二國圖度便地 淹留弦晦 築城而還. 號曰久禮牟羅城. 還時觸路 拔騰利枳牟羅布那牟羅牟雌枳牟羅阿夫羅久知波多枳五城."

55) 『日本書紀』卷19, 欽明天皇 2년 4월 "其卓淳 上下携貳 主欲自附 內應新羅. 由是見亡." 같은 왕 5년 3월 "至於卓淳 亦復然之. 假使卓淳國主 不爲內應新羅招寇 豈至滅乎."

56) 위의 책, 欽明天皇 5년 3월 "新羅春取喙淳 仍擯出我久禮山戌 而遂有之."

독립적 태도에 대응하기 위하여 친 백제적인 성향으로 기울어졌으니, 고령, 거창, 합천 등 대가야 문화권 일부에서 나타나는 백제계 문물 요소는 그의 반영이라 하겠다. 또한 가야 북부 소국 사이에 백제의 권위가 통용되면서 대가야의 통합력은 소국연맹체 수준으로 약화되었다.

반면에 가야 남부 지역에는 안라국이 주도하는 자주적 성격의 연맹체가 형성되었다. 久禮牟羅城을 신라가 영유하게 되면서 안라는 신라와 협조하지 않는 한 존속할 수 없는 상황으로 바뀌었다. 이에 안라는 신라 및 왜국과의 친분을 내세움으로써 백제에 대하여 좀 더 독자적인 자세를 취하게 되었고, 대외적으로 대가야에 못지않은 가야연맹 중심 세력의 하나로 대두했다. 이러한 안라의 대두로 말미암아 가야연맹은 남북으로 분열되어 大加耶-安羅 二元體制로 돌입했다.

530년대를 거치면서 가야는 연맹 전체가 남북으로 분열되어, 540년대에는 백제 및 신라의 침공에 대비하며 독립적으로 생존하기 위한 대책을 모색하였다. 당시에 백제와 신라는 고구려의 남진에 공동 대응하는 나제 동맹을 맺고 있었으면서도, 가야 지역의 병합을 위해서는 서로 경쟁하고 있었다. 그러므로 가야연맹이 생존하기 위해서는 백제와 신라와의 경쟁 관계를 적절히 이용하는 수밖에 없었다. 그리하여 후기 가야연맹은 고령 대가야국과 함안 안라국 중심의 남북 이원체제로 분열된 상태였음에도 불구하고, 7~8개국의 執事들로 구성된 대외 교섭 단체를 마련하여 백제와 신라 양측과의 외교 교섭을 도모하였다.

(2) 백제의 통치 체제 재정비와 외교적 성공

백제의 성왕은 526년에 熊津城(충남 공주)을 수리하고 沙井柵(대전광역시 중구 사정동)을 세워[57] 수도 주변 방어를 튼튼히 하였으며, 이를 토대로 538년에 泗沘(충남 부여)로 천도하고 국호를 남부여로 고치는 등[58] 중흥을

---

57) 『三國史記』卷26, 百濟本紀4 聖王 4년(526) "冬十月 修葺熊津城 立沙井柵."

꾀하여, 내외 관청을 22부로 확대하고 수도와 지방을 5부와 5방으로 정비하였다.[59] 그는 이러한 통치 체제 재정비를 토대로 삼아 적극적인 대외 관계를 전개하였다. 그래서 백제는 541년에 梁나라에 毛詩博士와 涅槃經義 및 工匠과 畵師 등을 청하고,[60] 신라에 화해를 요청하였으며,[61] 한편으로는 가야연맹의 회의 요청을 받아들였다.

그리하여 541년 4월과 544년 11월의 두 차례에 걸쳐 安羅(경남 함안), 加羅(경북 고령), 卒麻(경남 함양), 散半奚(합천군 초계면), 多羅(합천), 斯二岐(의령군 부림면), 子他(진주시), 久嵯(고성)[62] 등 가야연맹 7~8개 소국의 旱岐 등이 백제 수도에 모였다.[63]

제1차 사비 회의에서 가야연맹의 사신단은 자신들의 독립 보장 및 신라의 공격에 대한 우려를 표시하였다.[64] 이에 대하여 백제 성왕은 안이한 자세로 가야연맹 제국을 부속시키려고 하였기 때문에, 상호간의 구체적인 요구 사항이 잠복해 있는 상태에서 별다른 성과를 내지 못했다.

---

58) 『三國史記』卷26, 百濟本紀4 聖王 16년(538) "春 移都於泗沘[一名所夫里] 國號南扶餘."
59) 『北史』卷94, 列傳82 百濟 "其都曰居拔城 亦曰固麻城. 其外更有五方 中方曰古沙城 東方曰得安城 南方曰久知下城 西方曰刀先城 北方曰熊津城. (中略) 各有部司 分掌衆務. 內官有前內部・穀內部・內掠部・外掠部・馬部・刀部・功德部・藥部・木部・法部・後宮部. 外官有司軍部・司徒部・司空部・司寇部・點口部・客部・外舍部・綢部・日官部・市部. 長吏三年一交代. 都下有萬家 分爲五部 曰上部・前部・中部・下部・後部 部有五巷 士庶居焉. 部統兵五百人. 五方各有方領一人 以達率爲之 方佐貳之. 方有十郡 郡有將三人 以德率爲之. 統兵一千二百人以下 七百人以上. 城之內外人庶及餘小城 咸分隸焉.
60) 『三國史記』卷26, 百濟本紀4 聖王 19년 "王遣使入梁朝貢 兼表請毛詩博士・涅槃等經義幷 工匠・畵師等 從之."
61) 『三國史記』卷4, 新羅本紀4 眞興王 2년 "百濟遣使請和 許之."
62) 지명 비정에 대해서는 金泰植, 2002, 『미완의 문명 7백년 가야사 제2권』, 200~204쪽 참조.
63) 『日本書紀』卷19, 欽明天皇 2년(541) 4월 "安羅次旱岐夷吞奚大不孫久取柔利 加羅上首位古殿奚 卒麻旱岐 散半奚旱岐兒 多羅下旱岐夷他 斯二岐旱岐兒 子他旱岐等 與任那日本府吉備臣[闕名字] 往赴百濟 俱聽詔書."
   같은 왕 5년(544) 11월 "日本吉備臣 安羅下旱岐大不孫久取柔利 加羅上首位古殿奚 卒麻君 斯二岐君 散半奚君兒 多羅二首位訖乾智 子他旱岐 久嵯旱岐 仍赴百濟."
64) 위의 책, 欽明天皇 2년 4월 "任那旱岐等對曰 (中略) 夫建任那者 爰在大王之意. 祇承教旨 誰敢間言. 然任那境接新羅 恐致卓淳等禍.[等謂㖨己呑加羅. 言卓淳等國 有敗亡之禍.]"

3년 후에 열린 제2차 사비 회의에서 백제 성왕은 세 가지 계책을 제시하였다. 그 내용은 (1) 가야연맹 및 왜의 협조 아래 가야의 변경에 6성을 축조하여 이를 바탕으로 신라의 구례산 5성을 쳐서 회복하고, (2) 안라 중심의 독자 세력 추진 집단을 무력화시키며, (3) 임나의 下韓에 파견된 백제의 郡令 · 城主는 그대로 유지한다는 것이었다.[65] 성왕이 제시한 것은 가야 영토에 대한 점진적 침탈 정책에 지나지 않았으며 가야를 위한 양보는 거의 없었기 때문에 가야연맹 집사들은 그 제안을 완곡하게 거절하였다.[66]

그러자 백제는 545년부터 3년에 걸쳐 문물 증여를 통해서 가야연맹의 마음을 달래고 왜국에 대해서도 백제 문물의 우수성을 입증시킴으로써, 그 대가로 기존의 세 가지 계책을 관철시키려고 노력하였다.[67] 그 결과 백제와 가야연맹 제국 및 왜로 이어지는 외교-교역망이 구축되어, 546년에 왜는 말 70필과 배 10척을 보내고,[68] 548년에는 왜 병사를 보내줄 것을 약속했다.[69]

---

65) 위의 책, 欽明天皇 5년(544) 11월 "竊聞 新羅安羅兩國之境 有大江水 要害之地也. 吾欲據此 修繕六城. 謹請天皇三千兵士 每城充以五百 幷我兵士 勿使作田 而逼惱者 久禮山之五城 庶自投兵降首. 卓淳之國 亦復當興. 所請兵士 吾給衣粮. 欲奏天皇 其策一也. 猶於南韓 置郡令城主者 豈欲違背天皇遮斷貢調之路. 唯庶剋濟多難 殲撲强敵. 凡厥凶黨 誰不謀附. 北敵强大 我國微弱. 若不置南韓 郡領城主 修理防護 不可以禦此强敵 亦不可以制新羅. 故猶置之 攻逼新羅 撫存任那. 若不爾者 恐見滅亡 不得朝聘. 欲奏天皇 其策二也. 又吉備臣河內直移那斯麻都 猶在任那國者 天皇雖詔建成任那 不可得也. 請 移此四人 各遣還其本邑. 奏於天皇 其策三也."

66) 위의 책, 欽明天皇 5년 11월 "於是 吉備臣旱岐等日 大王所述三策 亦協愚情而已. 今願 歸以敬諮日本大臣[謂在任那日本府之大臣也]安羅王加羅王 俱遣使同奏天皇. 此誠千載一會之期 可不深思而熟計歟."

67) 위의 책, 欽明天皇 6년(545) 9월 "百濟遣中部護德菩提等 使于任那 贈吳財於日本府臣及諸旱岐 各有差."
같은 왕 7년(546) 6월 "百濟遣中部奈率掠葉禮等獻調."
같은 왕 8년(547) 4월 "百濟遣前部德率眞慕宣文 · 奈率奇麻等 乞救軍. 仍貢下部東城子言代德率汶休麻那."

68) 위의 책, 欽明天皇 7년(546) 정월 "百濟使人中部奈率己連等罷歸. 仍賜以良馬七十匹船一十隻."

69) 위의 책, 欽明天皇 9년(548) 정월 "百濟使人前部德率眞慕宣文等請罷. 因詔日 所乞救軍 必當遣救. 宜速報王."

이에 대하여 안라국은 위기의식을 느끼고 고구려에게 백제 정벌을 요청했다. 그러나 獨山城, 즉 馬津城(충남 예산군 예산읍) 전투가 신라의 참전으로 인하여 고구려의 패배로 끝나면서, 고구려와 안라 사이의 밀통이 발각되었다.[70] 그러자 안라의 상층부는 백제에게 대항할 계책이 궁해져 무력화되었다. 결국 백제의 설득과 문물 증여에 따라 그 뜻이 관철되면서 550년을 전후하여 가야연맹은 백제에게 종속적으로 연합되었다.

(3) 신라의 한강 유역 병합

외교적으로 큰 성공을 거둔 백제의 성왕은 551년에 그 권위를 가지고 신라와 동맹하여 고구려의 남부를 쳐서 한강 유역을 회복하였다. 『일본서기』 기사에는, 백제 성왕이 신라와 임나(=가야)의 군대를 거느리고 고구려를 쳐서 한강 하류지역 漢城과 平壤의 옛 땅 6郡을 수복했다고 기록하고 있다.[71]

한편 신라 진흥왕은 제도를 정비하여 왕권을 강화하고 불교 교단을 육성하여[72] 사상적 통합을 도모하면서 사방에 軍主를 파견하여[73] 영토 팽창을 도모하였다. 그리하여 550년에는 고구려의 道薩城(충북 괴산군 도안면)과 백제 金峴城(충북 진천)을 빼앗고,[74] 551년에는 고구려가 영유하고 있던 한강 유역을 백제 성왕과 함께 공격하였다. 『삼국사기』 신라본기에는 "왕이 居柒夫 등에게 명하여 고구려에 침입케 하였는데, 이긴 기세를 타고 10개 군을 빼앗았다."[75]고 하였고, 거칠부 열전에는 "백제 사람들이 먼저 平壤을

---

70) 위의 책, 欽明天皇 9년 4월 "百濟遣中部杆率掠葉禮等奏曰 (中略) 然馬津城之役[正月辛丑 高麗率衆 圍馬津城] 虜謂之曰 由安羅國與日本府招來勸罰. 以事准況 寔當相似. 然三廻欲審其言 遣召而並不來 故深勞念."

71) 위의 책, 欽明天皇 12년(551) "是歲 百濟聖明王 親率衆及二國兵[二國謂新羅任那也] 往伐高麗 獲漢城之地. 又進軍討平壤. 凡六郡之地 遂復故地."

72) 『三國史記』 卷4, 新羅本紀4 眞興王 5년 "春二月 興輪寺成 三月 許人出家爲僧尼 奉佛."

73) 『昌寧眞興王拓境碑』(561) "四方軍主. 比子伐軍主 沙喙 登□□智 沙尺干. 漢城軍主 喙 竹夫智 沙尺干. 碑利城軍主 喙 福登智 沙尺干. 甘文軍主 沙喙 心麥夫智 及尺干."

74) 『三國史記』 卷4, 新羅本紀4 眞興王 11년(550) "春正月 百濟拔高句麗道薩城. 三月 高句麗陷百濟金峴城. 王乘兩國兵疲 命伊湌異斯夫 出兵擊之 取二城增築 留甲士一千戍之."

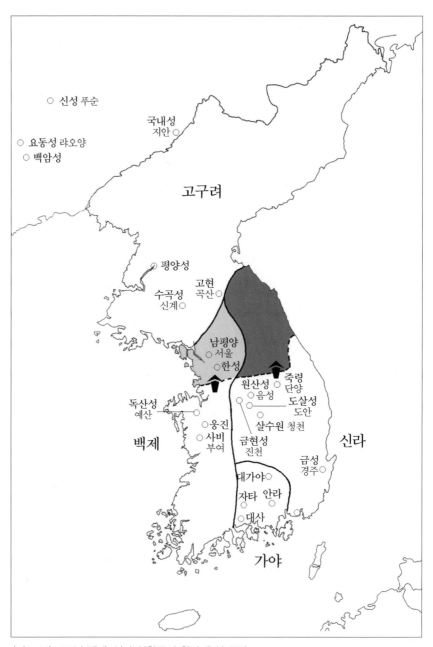

<지도 14> 551년 백제-신라 연합군의 한강 유역 공략

격파하고 거칠부 등은 승리의 기세를 타서 竹嶺 바깥, 高峴 이내의 10郡을 취하였다."[76]고 하였다. 이로 보아, 당시에 백제-가야 연합군은 한강 하류 지역을 쳐서 漢城과 平壤(=南平壤, 지금 서울)을 비롯하여 6郡을 회복하였고, 신라군은 한강 상류지역을 쳐서 竹嶺(충북 단양)과 高峴(황해 곡산?) 사이의 10郡을 취했음을 알 수 있다.(지도 14)

백제-가야-신라 연합군에 의한 고구려 공격 및 한강 유역 점령은 백제와 신라의 분점으로 끝난 것이 아니라 2년 후에 극적인 반전을 보였다. 즉『삼국사기』에 의하면, 553년 7월에 신라가 백제의 동북쪽 변두리를 빼앗아 新州(경기 하남시)를 설치하였기[77] 때문이다. 그러나 같은 사건에 대하여『일본서기』에서는 552년 是歲條에 "백제가 漢城과 平壤을 버렸기 때문에 신라가 한성에 들어가 살았다."[78]라고 기록하였다.

이 사건에서 신라가 한성을 점령한 시기는 편년 자료의 성격상『삼국사기』쪽을 따라 553년으로 보는 것이 타당하다. 그 원인에 대해서는 신라의 일방적인 백제 공격에 의한 한강 하류 점탈로 보기보다는 552년이나 553년 초 고구려와 신라의 和約에 의한 백제 협공으로 보는 것이 일반적이다.[79] 그 때 고구려는 이미 상실한 한강 유역과 함께 함흥평야 일대를 신라에게 넘겨주고, 대신 양국이 화평한 관계를 맺는다는 것이 주된 내용이었을 것으로 추측된다.[80]

---

75)『三國史記』卷4, 新羅本紀4 眞興王 12년(551) "王命居柒夫等 侵高句麗 乘勝取十郡."

76)『三國史記』卷44, 列傳4 居柒夫 "十二年辛未 王命居柒夫及仇珍大角湌・比台角湌・耽知 迊湌・非西迊湌・奴夫波珍湌・西力夫波珍湌・比次夫大阿湌・未珍夫阿湌等八將軍 與 百濟侵高句麗. 百濟人先攻破平壤 居柒夫等 乘勝取竹嶺以外高峴以內十郡."

77)『三國史記』卷4, 新羅本紀4 眞興王 14년 "秋七月 取百濟東北鄙 置新州 以阿湌武力爲軍 主."

78)『日本書紀』卷19, 欽明天皇 13년 "是歲 百濟棄漢城與平壤 新羅因此入居漢城. 今新羅之 牛頭方・尼彌方也.[地名未詳]"

79) 盧泰敦, 1976,「高句麗의 漢水流域 喪失의 原因에 대하여」,『韓國史研究』13, 한국사연구 회 ; 1999,『고구려사 연구』, 서울 : 사계절, 429~433쪽.

80) 위의 책, 433쪽.

(4) 가야의 멸망

한강 하류 지역을 둘러싼 백제와 신라 사이의 갈등으로 인하여 120년 동안 이어져오던 나제 동맹(433~553)이 파탄에 이르렀다. 백제 성왕은 왜와 직접적인 관계를 더욱 강화하였다. 이는 전통적으로 왜와의 교역을 중개하던 가야를 고립시켜 약화시키고 왜의 군수물자 및 군사력을 동원하여 신라와의 전쟁에 동원하기 위한 것이었다. 그리하여 백제는 552년에 왜에 불교를 전수하고, 554년에는 유학과 역법 및 의약 등을 전수하였으며, 왜는 백제의 요청에 따라 말·화살과 원군 1,000명 등을 보냈다.[81]

그러자 백제는 554년에 가야 및 왜의 원군을 이끌고 신라에 쳐들어가 管山城(충북 옥천) 전투를 일으켰다. 이 전쟁은 『삼국사기』의 기록과 같이 백제와 가야가 신라를 침으로써 유발된 것이며, 여기서 그 연합군이 패하여 군사 29,600명이 전사하는 대규모의 것이었다.[82] 그런데 『일본서기』의 기록에 의하면, 백제는 554년 6월에 규슈의 왜군 1,000명을 받아 12월 9일에 函山城 즉 관산성을 공격하였고, 백제는 군사 10,000명을 보내 임나를 돕고 있었다.[83] 그렇다면 이 전쟁에서 전사한 29,600명 중에 18,600명 이상이 임

---

81) 『日本書紀』 卷19, 欽明天皇 13년(552) 10월 "百濟聖明王[更名聖王]遣西部姬氏達率怒唎斯致契等 獻釋迦佛金銅像一軀·幡蓋若干·經論若干卷."
　　같은 왕 14년(553) 6월 "遣內臣[闕名] 使於百濟. 仍賜良馬二匹·同船二隻·弓五十張·箭五十具. 勅云 所請軍者 隨王所須. 別勅 醫博士·易博士·曆博士等 宜依番上下. 今上件色人 正當相代年月. 宜付還復相代. 又卜書·曆本·種種藥物 可付送."
　　같은 왕 15년(554) "春正月 (中略) 於是 內臣奉勅而答報曰 卽令遣助軍數一千·馬一百匹·船卌隻. (中略) 夏五月 丙戌朔戊子 內臣率舟師 詣于百濟."

82) 『三國史記』 卷4, 新羅本紀4 眞興王 15년 7월 "百濟王明穠與加良 來攻管山城. 軍主角干于德·伊湌耽知等 逆戰失利. 新州軍主金武力 以州兵赴之. 及交戰 裨將三年山郡高干都刀 急擊殺百濟王. 於是 諸軍乘勝 大克之 斬佐平四人·士卒二萬九千六百人 匹馬無反者."

83) 『日本書紀』 卷19, 欽明天皇 15년 12월 "而天皇遣有至臣 帥軍以六月至來. 臣等深用歡喜. 以十二月九日 遣攻斯羅. 臣先遣東方領物部莫奇武連 領其方軍士 攻函山城. 有至臣所將來民竹斯物部莫奇委沙奇 能射火箭. 蒙天皇威靈 以月九日酉時 焚城拔之. 故遣單使馳船奏聞. (中略) 伏願 速遣竹斯嶋上諸軍士 來助臣國 又助任那 則事可成. 又奏 臣別遣軍士萬人 助任那."

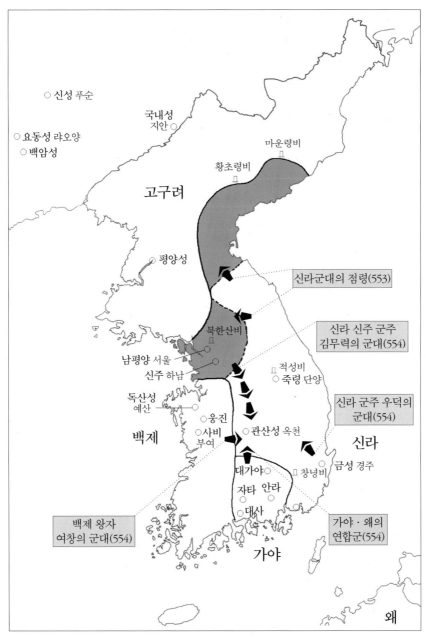

○ 신성 푸순

국내성
지안 ○

○ 요동성 랴오양
○ 백암성

마운령비

황초령비

고구려

○ 평양성

신라군대의 점령(553)

북한산비

신라 신주 군주
김무력의 군대(554)

남평양 서울
신주 하남

적성비
○ 죽령 단양

신라 군주 우덕의
군대(554)

독산성
예산

○ 웅진
○ 사비
부여

○ 관산성 옥천

신라

백제

금성 경주

대가야 ○

창녕비

자타 안라

○ 대사

백제 왕자
여창의 군대(554)

가야

가야 · 왜의
연합군(554)

왜

〈지도 15〉 553년 신라의 팽창과 554년 관산성 전투

나 즉 가야의 군대이니, 관산성 전투의 주력 부대가 가야군이었던 셈이다.

말하자면 백제는 백제-가야-왜 연합군의 대부분을 가야인으로 구성하여 신라에 대한 공격에 나선 것이다. 그러나 백제 성왕이 그 전투를 지휘하고 있던 아들 餘昌을 위로하기 위해 久陀牟羅塞(충북 옥천)로 가다가, 금관가야(=남가라국, 김해시) 왕자였던 신주(하남시) 군주 김무력이 지휘하는 신라군에게 잡혀 뜻하지 않은 죽음을 당하자,[84] 백제-가야-왜 연합군은 사기가 떨어져 급격히 패퇴되었다.(지도 15) 그 결과 백제에 의지하던 가야연맹 제국은 독립을 유지하기 어렵게 되었다.

그 후 신라는 555년부터 558년에 걸쳐 한강 유역 경영을 마치고 나서[85] 가야연맹을 병합하기 시작했다. 그리하여 560년 무렵에 阿羅加耶(=安羅國, 함안)가 먼저 신라에게 투항하는 등[86] 쇠퇴의 분위기가 이어졌으나, 大加耶(=加羅國, 고령)는 마지막 힘을 다하여 신라에게 굴복하지 않는 자세를 나타냈다. 이에 신라는 대군을 출동시켜 대가야를 정복하였다(562).

임나일본부설에서는 서기 562년을 임나일본부의 멸망으로 다루고 있다. 이는『日本書紀』欽明 23년 조의 기사를 토대로 한 것이다. 그런데 그 기사는 本文에서 "新羅打滅任那官家"라고 서술하고 그 細注에서 "一本云 卄一年 任那滅焉. 總言任那 別言 加羅國 安羅國 斯二岐國 多羅國 卒麻國 古嵯國

---

84) 위의 책, 欽明天皇 15년 12월 "餘昌謀伐新羅. 耆老諫曰 天未與 懼禍及. 餘昌曰 老矣 何怯也. 我事大國 有何懼也. 遂入新羅國 築久陀牟羅塞. 其父明王憂慮 餘昌長苦行陣 久廢眠食. 父慈多闕 子孝希成. 乃自往仰慰勞. 新羅聞明王親來 悉發國中兵 斷道擊破. 是時 新羅謂佐知村飼馬奴苦都[更名谷智]曰 苦都賤奴也. 明王名主也. 今使賤奴殺名主. 冀傳後世 莫忘於口. 已而苦都 乃獲明王 (中略) 苦都斬首而殺 堀坎而埋."
85)『三國史記』卷4, 新羅本紀4 眞興王 16년(555) "冬十月 王巡幸北漢山 拓定封疆. 十一月 至自北漢山 敎所經州郡 復一年租調 曲赦 除二罪 皆原之."
　　같은 왕 18년(557) "以國原爲小京. 廢沙伐州 置甘文州 以沙湌起宗爲軍主. 廢新州 置北漢山州."
　　같은 왕 19년(558) "春二月 徙貴戚子弟及六部豪民 以實國原. 奈麻身得作砲弩上之 置之城上."
86)『日本書紀』卷19, 欽明天皇 22년(561) "故新羅築城於阿羅波斯山 以備日本."
　　같은 왕 23년(562) "一本云 卄一年(560) 任那滅焉."

사국시대의 한일관계사 연구 | 四國時代의 韓日關係史 硏究

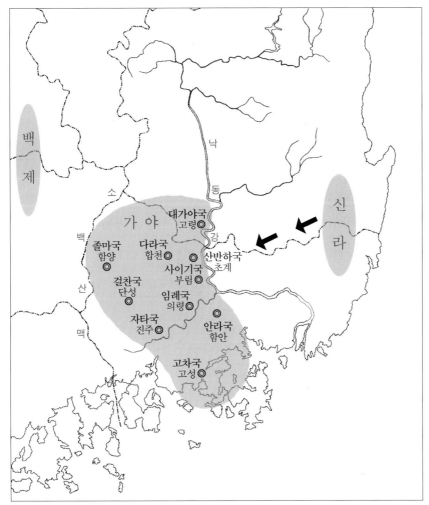

〈지도 16〉 가야 멸망기 10국의 위치

子他國 散半下國 乞湌國 稔禮國 合十國." 이라고 하였으니, 이는 세주의 임
나 멸망 기사를 토대로 하여 『일본서기』 편찬자가 '任那官家' 라는 말을 작
문해 넣어 변형한 것이다.

여기서 '官家(미야케)' 는 단순히 명목상의 貢納國이라는 뜻이므로[87] 8

세기 『일본서기』 편찬자의 인식을 나타낼 뿐 별다른 역사적 실체가 있었던 것은 아니며, 신라가 멸했다는 '任那' 는 가야연맹 전역에 대한 總稱이라고 하겠다. 그 細注에는 '모두 말하면 任那이고 따로 말하면 加羅國(고령), 安羅國(함안), 斯二岐國(부림), 多羅國(합천), 卒麻國(함양), 古嵯國(고성), 子他國(거창), 散半下國(초계), 乞湌國(단성), 稔禮國(의령) 등을 합해서 10국이다.' 라고 기록되어 있다.[88](지도 16)

이는 『삼국사기』 신라본기 진흥왕 23년 조의 기사와 같이 진흥왕이 異斯夫에게 명하여 가야를 토벌케 하고 斯多含이 보좌하여 결국 함락시켰다는 사건을[89] 가리키는 것이다. 결국 562년 9월 대가야의 멸망을 끝으로 가야 10국으로 표상되는 마지막 시기의 가야연맹은 멸망하였다.

3. 소위 '임나일본부' 의 성격

(1) '임나일본부' 이해의 기준

任那日本府說과 관련된 6세기 한일관계사의 쟁점은 『日本書紀』에 보이는 '任那日本府' 가 무엇인가 하는 점이다. '임나일본부' 라는 용어는 541년부터 544년까지의 기록에 5회 나올 뿐이고, '日本府' 라고만 나오는 것을 포함하면 464년부터 552년까지 35회 나오며, 그 중에 둘은 '安羅日本府' 라고도 나온다. 그리하여 근래의 '임나일본부' 관련 전문 연구에서는 임나일본부

---

87) 『日本書紀』에서 官家는 屯倉과 같이 '미야게(みやけ)' 라고 발음하지만, 실제로는 屯倉 즉 일본열도 내부에 있는 야마토 정권의 課稅地區로서의 直轄 農業經營地를 가리키는게 아니라, 대부분이 百濟나 加耶諸國 자체를 가리키며, 야마토 정권에 대한 貢納國의 의미로 쓰이고 있다. 坂本太郎外 3인, 1965, 『日本書紀』 下, 日本古典文學大系 68, 岩波書店, 551쪽 補注 참조.

88) 지명 비정에 대해서는 金泰植, 2002, 『미완의 문명 7백년 가야사 2권』, 200~204쪽 참조.

89) 『三國史記』 卷4, 新羅本紀4 眞興王 23년 "九月 加耶叛 王命異斯夫討之 斯多含副之 斯多含領五千騎先馳 入栴檀門 立白旗 城中恐懼 不知所爲 異斯夫引兵臨之 一時盡降."

의 성립 시기를 4세기나 5세기로 보는 견해는 거의 없고, 대개 6세기 전반의 문제로 접근하고 있다.

다만 대부분의 '일본부' 관련 기사와 동떨어져 『일본서기』 雄略 8년 (464) 조에 나오는 '일본부' 관련 구절은 앞의 제3장 제2절 3항에서 논의했 듯이 '임나일본부' 관련 자료로 이용할 수 없다. 그 나머지의 '일본부' 관 련 사료들은 모두 『일본서기』 소재 541년부터 552년 사이의 기록에 나오는 것들이다. 그 자료들을 검토해 보면 몇 가지의 기준을 마련할 수 있다.

첫째로 이른바 '임나일본부' 라는 것은 541년부터 552년 사이에 존재하 였으며 그 전후로 몇 년 정도를 추가할 가능성이 있다.

둘째로 이 시기의 '임나일본부' 또는 '안라일본부' 는 함안의 安羅國에 설치되어 있었다.

셋째로 '임나일본부' 는 卿=大臣(的臣), 臣(吉備臣) 및 下級官人(河內直, 移那斯, 麻都) 등으로 구성되어 있고, 이들은 왜인이거나 왜계 혈통과 관련 이 있었다.

넷째로 '임나일본부' 의 官人들은 이른바 '任那執事' 즉 가야 각국에서 파견된 대표자들과 함께 가야연맹체의 대외 정책 결정에 참여하였고, 그들 의 방향은 가야연맹의 독립적 발전을 위한 것이었다.

『일본서기』에 나오는 임나일본부라는 것은 이러한 성격에 불과한데, 기 존의 임나일본부설에서는 이를 시간적으로 공간적으로 지나치게 확대 해석 하였던 것이다. 6세기 중엽의 안라에 있었던 '임나일본부' 는 그 존재가 인 정되나, 이 문제는 분열상을 보이던 가야 말기의 정치 상황과 관련하여 해 석되어야 한다.

임나일본부의 성격에 대해서는 크게 보아 (1) 任那支配說과 (2) 外交交 易說로 나뉜다. 임나 지배설은 가야가 아닌 외부 세력이 군사적 정벌 또는 기타 방식을 통하여 가야 지역을 지배하고 있었다는 학설이고, 외교 교역설 은 가야의 독립성을 인정한 위에서 가야와 외부 세력 사이의 외교 또는 교 역 관계를 중시한 학설이다. 그 안에서 (1)군에 속하는 학설은 4種으로, ① 倭의 任那支配說, ② 야마토의 日本列島內 미마나 支配說, ③ 百濟의 加耶

支配說, ④ 倭系 任那豪族說 등이 있고, (2)군에 속하는 학설도 4種으로, ① 交易機關說, ② 使臣團說, ③ 外交機關說, ④ 安羅倭臣館說 등이 있다.

(2) 임나 지배설 4종

(1)-① 왜의 임나 지배설은 통상 임나일본부설, 倭의 出先機關說, 또는 남한 경영론이라고도 하는 것으로 왜가 임나를 369년부터 562년까지 통치하였음을 말하고 있다. 이는 8세기 초『일본서기』편찬자의 뜻을 이어 일본의 에도 시대 국학자들이 계승하고 19세기 말부터 20세기 초의 문헌 사학자인 菅政友, 那珂通世, 今西龍, 鮎貝房之進 등의 견해를 末松保和가 종합한 것이며 그 후로도 여러 개설적인 논고에서 반복적으로 기술되었다.[90]

1980년대 이후로는 임나 지배 기간을 축소하여, 제1기인 5세기 50년대부터 70년대까지는 백제의 한 權臣이 임나를 직접 지배하고, 제2기인 5세기 후반(480~490년대)에는 왜 왕권이 이를 '직접 경영' 하였으며, 제3기인 6세기 전반에는 왜 왕권이 백제왕을 사이에 끼고 이를 '간접 경영' 하였다고 보기도 한다.[91]

혹은 그 기간을 532년부터 562년 사이의 30년으로 축소하되, 임나일본부는 신라와 백제로부터 독립을 원하는 임나 제국의 기대 아래, 532년에 야마토 정권이 安羅에 出兵하고 官人을 파견하여 현지의 日系 세력을 통일하고 설치한 出先機關이며, 일본부는 임나 제국 전체의 합의기관에 참여하여 강한 영향력을 행사함으로써 임나 지배를 실현하였다고 본 견해도 있다.[92]

또는 더 나아가 왜의 임나 지배 기간을 심지어 530년부터 531년 사이의

---

90) 末松保和, 1949,『任那興亡史』, 大八洲出版; 1956, 再版, 吉川弘文館, 69쪽.
　　石母田正, 1962, 「古代史槪說」,『岩波講座日本歷史』1, 東京 : 岩波書店.
　　八木充, 1963, 「任那支配の二形態」,『山口大學大學會誌』14-2 ; 1964, 「大伴金村の失脚 -官家支配から日本府支配へ-」,『日本書紀研究』1, 71~74쪽.
91) 山尾幸久, 1983,『日本古代王權形成史論』, 岩波書店, 216~219쪽.
92) 大山誠一, 1980, 「所謂 '任那日本府'の成立について」上・中・下,『古代文化』32-9・11・12, 京都 : 古代學協會, 537~548쪽.

1년으로 축소하여, 임나일본부는 530년부터 531년에 걸치는 매우 짧은 기간 동안에 가야 재지 지배층의 정치 질서에 의거하면서 활동한 왜 왕권의 관인 및 군사적 집단이며, 군사력의 제공을 매개로 한 왜 왕권과 안라 사이에는 일종의 臣從關係가 인정되나, 531년 백제의 안라 進駐 이후, '在安羅諸倭臣'은 이미 가야 제국의 맹주의 지위에 있었던 백제왕의 통제에 복속하고, 왜 왕권의 파견군은 백제의 '傭兵'的 성격으로 변질되었다고 보기도 하였다.[93]

그러나 『일본서기』의 기사들로 보아, '임나일본부' 관인들은 가야연맹의 旱岐들과 함께 회의에 참석하는 면모는 보여도, 가야연맹의 왕이나 한기들에게 명령을 내린다거나 지배를 하는 모습은 전혀 없다. 가야 지배를 위한 경찰이나 군사력의 존재도 보이지 않는다. 그렇다면 그 관인들이 왜계의 인물로 추정된다고 해도 '임나일본부'를 왜의 임나 지배기구로 인정하기 어렵다.

(1)-② 야마토의 일본열도 내 미마나 지배설은 分國說이라고도 하는 것으로, '왜의 임나 지배'를 인정하면서도, 그 지배 대상인 '미마나'의 위치를 일본열도 내에서 구하고, 임나일본부는 기비[吉備] 지방의 미마나[任那] 소국에 설치된 긴키[近畿] 야마토[大和]의 통치기관이라고 보았다.[94]

이 학설은 기존의 임나일본부설에 안주하고 있었던 일본학계의 반성을 촉구하는 성과를 거두기도 하였다. 그러나 『일본서기』를 비롯한 문헌 사료들을 이용할 때 무리한 억측이 많아서 그 반론으로서 분국설 자체도 그다지 유력한 결론이 되지 못한 듯하다.[95]

(1)-③ 백제의 가야 지배설은 百濟軍司令部說이라고도 하는 것으로서,

93) 鈴木英夫, 1987, 「加耶·百濟と倭 -'任那日本府'論-」, 『朝鮮史研究會論文集』 24, 83~87쪽 ; 1996, 『古代倭國と朝鮮諸國』, 靑木書店.
94) 金錫亨, 1966, 『초기조일관계연구』, 사회과학원출판사 ; 1988, 『초기조일관계사 (하)』, 사회과학출판사, 209쪽.
95) 金泰植, 1991, 「書評 : 조희승·김석형著 『초기조일관계사』(상)·(하)」, 『韓國古代史論叢』 1, 駕洛國史蹟開發研究院.

'임나 지배설'의 관점에 서면서도, 그 지배의 주체를 왜가 아닌 백제로 보아 『일본서기』의 사료를 재정리하였다. 즉 4세기 후반부터 6세기 중엽까지 백제가 가야 지역을 지배하였으며, 소위 '임나일본부'는 백제의 가야 지배를 위한 파견군 사령부였다는 것이다.[96]

혹은 이런 관점을 이어받아 발전시킨 傭兵說도 있다. 백제는 그의 直轄領인 '任那'에 군사 지휘자인 郡令・城主를 보내 통괄하고 거기에 백제군을 주둔시키고 본국에서 백성도 들여보내 살게 하였으며, '任那日本府'는 그것을 통할하던 기관명이라고 하였다. 백제는 신라와의 국제 관계상 그 곳에 부분적으로 야마토 정권으로부터 日人 傭兵을 받아 배치하고, 日系 百濟 官僚를 보내 그들을 지휘하게 하였다는 것이다.[97]

그런데 『일본서기』의 기사들을 볼 때, '임나일본부' 관인들은 대체로 백제에 반대하여 신라 측에 가담하거나 고구려에 백제 침공을 권유하는 등의 행위를 하였다. 이는 '임나일본부'의 실상이 백제의 파견군 사령부, 또는 백제 직할령의 통할기관이라고 보기 어렵게 하는 자료들이다.

(1)-④ 왜계 임나 호족설은 僞倭 自治集團說이라고도 하고 또는 '가야 거주 왜인설'이라고도 하는 것으로, 임나일본부는 신라・백제와의 접촉지대에 있었던 '日本府의 郡縣'을 통치하는 기관이었다고 하였다. '임나 경영'의 실태는, 왜인으로 칭하는 임나의 지방 호족이 일본의 중앙 귀족이나 지방 호족과 관계를 가진 것에 의하여 임나 제국의 연합 조직에 파고들어 그 세력을 확대하고 외교권을 통제할 수 있었다는 것이다.[98] 또한 남한 지역에 어느 정도의 왜인이 거주하고 있었고 임나일본부에는 吉備・的・河內・爲 哥(伊賀) 등 왜국 중앙・지방의 호족 이름을 자칭하는 자가 있었으나, 이 왜

---

96) 千寬宇, 1977, 「復元加耶史」 中, 『문학과 지성』 29, 925쪽 ; 1991, 『加耶史研究』, 一潮閣, 33쪽.

97) 金鉉球, 1985, 『大和政權の對外關係研究』, 吉川弘文館 ; 1993, 『任那日本府研究』, 一潮閣, 218~233쪽.

98) 井上秀雄, 1966, 「任那日本府の行政組織」, 『日本書紀研究』 2 ; 1973, 『任那日本府と倭』, 東出版, 82~89쪽.

인의 정치 집단과 야마토 정권과의 직접적인 관계는 없었다고 하였으므로, 전혀 '僞倭' 만으로 되어있는 것은 아니고 거기에는 '가야 거주 왜인집단'이 포함되어 있었다는 것이다.[99]

이는 餘他 임나 지배설들과 달리 군사 정벌을 상정하지 않았으나, 왜인 또는 왜인을 사칭하는 호족이 가야 지역에 거주하며 그 일부를 통치하고 있었다고 본 점에서는 임나 지배설의 일종으로 파악할 수 있다. 그러나 임나 일본부가 가야 지역의 한 독립소국이라고 하면서, 그 중심지는 안라왕이 통치하던 안라국에 있었고 영역은 가야의 변경 지대에 있었다고 하여 특이한 형태를 상정하고 있다. 이른바 '일본부의 군현' 이라는 개념도 원래 야마토 정권이 가야 제국의 요청을 받아들여 그의 외곽 백제·신라와의 분쟁 지대에 설치한 직할령이라고 하였던 것인데,[100] 그 사료적 근거는 불투명하다.

한편 왜계 임나 호족설은 근래에 약간 성격을 달리 하여 가야에 거주하는 왜인 집단을 좀 더 부각시키는 방향으로 변화되고 있다. 그에 따르면, '日本府' 란 5세기대의 왜와 한반도와의 관계 또는 지방 호족의 독자적 통교 등에 의하여 가야 지역, 특히 옛날부터 왜와 관련이 깊었던 안라에 거주한 왜인의 一團이고, 가야 제국과 공통의 이해를 가져 거의 대등한 관계로 그들과 접하며 주로 외교 교섭에 협동하고 종사하고 있었다고 하였다.[101]

이는 '안라 거주 왜인 집단설' 이라고 해야 옳을 듯하고 이노우에 히데오의 원래 견해보다는 객관적인 표현이라고 보이나, 5세기부터 있었다는 그들의 존재가 어째서 540년대에 와서 부각되는지, 그들이 안라왕과 어떤 관계에 있었는지에 대한 설명이 필요하다.

(3) 외교 교역설 4종

(2)-① 가야와 왜 사이의 교역기관설은 한국 쪽에서 먼저 나온 견해이다.

99) 井上秀雄, 1973, 앞의 책, 109~110쪽.
100) 井上秀雄, 1959, 「いわゆる任那日本府について」, 『國史論叢』1 ; 1973, 앞의 책, 7~12쪽.
101) 森公章, 2006, 『東アジアの動亂と倭國』, 吉川弘文館, 164~165쪽.

'任那府'는 후세의 倭館 官吏와 같은 것으로서 본시 왜국이 가야 제국과의 무역 관계를 위하여 설치한 公的 商館인데, 후에 가야 제국이 신라의 압력에 못 이겨 왜인의 원조를 구하기 때문에 이것이 다소 그 역할의 중심이 되었던 것 같다고 하였다.[102]

일본 쪽에서도 비슷한 연구가 나와, 4세기 이래로 가야 지역은 왜의 각지 세력들에 대한 철 소재 및 생산 기술의 공급지였는데, 차츰 기나이[畿內] 세력이 일본열도에서 국가 형성의 주체 세력으로 등장하여, 당시의 가야 제국 연합이 유지하고 있던 회의체에 자기 관료를 참여시켜 보다 많은 선진 문물을 독점적으로 수용하고자 노력하였으며, 그것이 바로 임나 문제의 기본 성격이라고 하였다. 그러므로 그들이 파견한 관료로 구성된 임나일본부는 가야에 대한 統治機關이나 軍政機關이 아니라 交易機關이었다는 것이다.[103]

또는 이를 일본 규슈의 문제와 연관시켜,『三國志』의 3세기 邪馬臺國이나『宋書』의 5세기 '倭의 五王'은 규슈의 倭로 보아야 하므로, '임나일본부'는 5세기 이전의 규슈 왜 왕조와 관련이 있는 문물 수용의 통로였던 것이고, 6세기 초 繼體朝 이후에야 국제적으로 등장하기 시작한 야마토 정권과는 실제적 연관을 갖지 않는다고 본 견해도 있다.[104]

(2)-② 왜의 사신단설은 '任那日本府'라는 용어의 풀이를 중시하여, 소위 '日本府'의 말 뜻은 일본의 관청이란 뜻이지만 그 발음은 '야마토노미코토모치'로서 倭宰의 뜻이요 宰는 곧 '御事持'로서 천황의 명령을 받아 일을 집행하기 위해 파견된 자라고 하였다. 그러므로 임나일본부는 왜가 가야 제국과의 외교 교섭을 위해 임시로 파견한 사신, 관인 또는 그 집단에 지나지

---

102) 李丙燾, 1937,「三韓問題의 新考察」(六),『震檀學報』7, 113쪽 ; 1976,『韓國古代史研究』, 서울 : 博英社, 305쪽.
103) 吉田晶, 1975,「古代國家의 形成」,『岩波講座日本歷史』2, 54~57쪽.
104) 李根雨, 1994,「日本書紀에 引用된 百濟三書에 관한 研究」, 한국정신문화연구원 한국학대학원 문학박사 학위논문, 43쪽.

않는다고 하였다.[105]

이는 '임나일본부'의 성립 원인으로 군사 행동을 전제하지 않아, 그 성격에 대한 견해로 한일 연구자들 사이에 무난하게 받아들여지고 있다. 그러나 '미코토모치'는 야마토 정권의 명령을 받고 다른 지역으로 가서 말을 전하기만 하는 단순한 사신에 머무르는 것이 아니라 '國司' '國守'와 같이 해당 지역을 지배하기 위해 파견된 지방 장관을 포함하며, 『일본서기』의 용례로 보아 '日本府'라는 용어는 대부분이 기관으로서의 용례를 보이고 있기 때문에, '미코토모치'의 용어에 기반을 둔 사신(단)설에 안주할 수는 없다고 하는 반론이 있다.[106] 더욱이 『일본서기』의 기사에서 그 관인들을 왜 왕권이 파견한 흔적이 분명치 않고 그들은 왜 왕권의 견해대로 움직이지 않는 독자성을 보이고 있기 때문에 문제가 남는다.

그리하여 '임나일본부'는 왜에서 안라에 파견된 특수 외교사신으로서 執事-卿-大臣 등의 직제를 가지나, 이들은 안라에 반영구적으로 거주하면서 안라의 정책에 따르고 있기 때문에 실제로는 안라국 소속의 '왜계 안라 관료'라고 보아도 좋다는 절충적 견해가 있다.[107] 혹은 야마토 정권의 중앙 집권 능력을 문제 삼아, 임나일본부는 야마토 정권과 별개의 정치 주체로서의 왜로부터 파견된 外交官人들의 殘存 형태라고 보는 견해도 있다.[108]

105) 請田正幸, 1974, 「六世紀前期の日朝關係 -任那 '日本府'を中心として-」, 『朝鮮史研究會論文集』 11, 197쪽.
鈴木靖民, 1985, 「東アジア諸民族の國家形成と大和王權」, 『岩波講座日本歷史』 1(原始・古代1).
李永植, 1990, 「古代日本の任那派遣氏族の研究 -的臣・吉備臣・河內直を中心として-」, 富士ゼロックス・小林節太郎記念基金1989年度研究助成論文, 48~49쪽 ; 1993, 『加耶諸國と任那日本府』, 吉川弘文館, 274쪽.
106) 李在碩, 2004, 「소위 任那問題의 過去와 現在 -문헌사학의 입장에서-」, 『전남사학』 23, 64~74쪽.
107) 白承忠, 2003, 「'임나일본부'와 '왜계백제관료'」, 『강좌 한국고대사』 제4권, 가락국사적개발연구원, 178쪽.
108) 鬼頭淸明, 1974, 「加羅諸國の史的發展について」, 『古代朝鮮と日本』, 龍溪書舍, 251쪽.

(2)-③ 가야와 왜 사이의 외교기관설에서는 그 설치 주체를 왜가 아닌 가야 쪽으로 옮겨, 이른바 '임나일본부'의 설치 주체가 임나 제국이었다고 보는 견해가 유력하다.[109] 이에 더하여 '임나일본부'는 530년대 이후 국가적인 위기에 놓여 있던 안라가 자국의 독립 보존을 위해 조직한 외교기구로, 여기에는 안라와 이해관계를 같이하는 己汶國系 망명 세력, 서일본 호족, 일본계 안라인까지 참여하였다고 보아 논점을 좀 더 분명히 한 견해도 있다.[110] 혹자는 6세기 전반 안라국이 친신라적인 외교를 통해 독자성을 유지하려고 하자, 야마토 정권이 그 곳에 왜계 인물을 파견하여 안라국의 친신라적인 외교 활동에 동조한 것이라고 하여, 임나일본부를 안라국과 왜국의 합작기관으로 보기도 하였다.[111]

혹은 그 성격을 백제와 왜 왕권의 中間者的 외교기관이라고 보는 견해도 있다. 그에 의하면 금관가야의 '倭宰'에 소속되어 통역 기능을 중심으로 외교와 해상 교역을 담당했던 인물들이 532년에 금관가야가 멸망하자 그에 항거하여 안라와 쓰시마 섬 등지로 흩어져 임나 부흥과 韓日海域世界의 질서를 되찾고자 노력하였다고 한다. 그들은 각국에 소속되지 않은 '중간자적 존재'로서, 왜 왕권이 공식적인 외교 인력을 양성하지 못한 상태에서 해상을 통한 외교와 교역시스템의 관리를 위임받았던 것이라고 하였다.[112]

(2)-④ 安羅倭臣館說은 위의 교역기관설과 사신단설 및 외교기관설을 합하여, 가야연맹체 말기의 정치 상황과 연동시켰다. 그에 따르면, '임나일본부'라는 것은 가야 말기인 530년대 후반부터 550년대까지 존재하였고, 외형상으로는 '倭國使節 駐在館'의 명분을 지닌다. 그러나 실제로는 530년대

109) 奧田尙, 1976, 「'任那日本府'と新羅倭典」, 『古代國家の形成と展開』, 吉川弘文館, 123쪽.
110) 延敏洙, 1990, 「任那日本府論 -소위 日本府官人의 出自를 中心으로-」, 『東國史學』 24, 동국사학회, 124쪽 ; 1998, 『고대한일관계사』, 혜안, 267~268쪽.
111) 이연심, 2004, 「임나일본부의 성격 재론」, 『지역과 역사』 14, 부경역사연구소, 160쪽.
112) 鄭孝雲, 2005, 「6世紀東アジア政勢と'任那日本府'」, 『日語日文學』 27, 大韓日語日文學會 ; 2007, 「중간자적 존재로서의 '임나일본부'」, 『동북아문화연구』 13.

후반의 설립 초기에는 백제가 친백제 왜인 관료를 안라에 들여보내 설치한 '百濟의 對倭 貿易仲介所'와 같은 것이었고, 신라의 탁순국 병합과 함께 안라에 대한 백제의 군사적 영향력이 소멸된 540년대 이후로는 남부 가야연맹의 맹주인 안라왕이 그 인원을 친안라 왜인 관료들로 재편하여 안라국의 외교를 지원하는 '安羅의 特殊 外務官署'와 같은 성격으로 변모시켰다고 보았다.[113]

(4) 안라왜신관의 성격과 그 관인들의 행적

위에서 논의한 바와 같이, 일반적으로 임나일본부설이라고 인식되어 온 (1)-① 왜의 임나 지배설은 이제 대부분의 학자들이 부정하는 설이 되었다. '임나일본부'라는 단어는 『일본서기』에만 나타나고 있다. 그러나 그 한반도 관련 기사들은 대부분이 백제 쪽에 근거를 가지는 原典을 토대로 삼고 있기 때문에 백제의 주관이 강하게 반영되어 있으며, 이를 『일본서기』 편찬자들이 다시 왜곡하여 표현함으로써 7~8세기 고대 일본 상층부의 인식도 포함하고 있다.

결국 문제가 되는 것은 이른바 '임나일본부'라는 것의 실태이다. 다만 '日本'이라는 말은 왜가 7세기 후반부터 국명으로 표방한 것이므로, '임나일본부'라는 것은 해당 시기의 용어가 아니다. 반면에 欽明紀 15년(554) 12월 조 기사에는 이들을 '在安羅諸倭臣', 즉 '안라에 있는 여러 왜신'이라는 용어로 부른 적이 있으며, 이것이 당시의 실제 용어에 가까운 것이었다고 생각된다. 그러므로 본고에서는, 실재하지도 않았을 뿐만 아니라 그릇된 선입견으로 오염된 '임나일본부'라는 용어를 '安羅倭臣館'으로 바꾸어 부르기로 한다.

현재 학계의 연구 동향을 보면 한국과 일본을 망라하여 (1)群의 임나 지

---

113) 金泰植, 1993, 『加耶聯盟史』, 一潮閣, 229~250쪽 ; 2002, 『미완의 문명 7백년 가야사 1권』, 푸른역사, 216~217쪽.

배설 4종보다는 (2)群의 외교 교역설 4종에 많은 연구자들이 몰려 있어, (2) 群의 견해가 보다 설득력을 가지고 있다고 보인다. 그 중에서도 (2)-② 사신 단설과 (2)-③ 외교기관설에 많은 연구자들이 동조하고 있으며, 외교기관설은 그 성격이나 설립 주체를 어떻게 보는가에 따라 다양한 변이가 있다. (2)-④ 안라왜신관설은 크게 보아 외교기관설에 속하면서도 가야연맹 내부의 정치 상황을 연동시킨 점에 특색이 있다.

540~550년대 안라왜신관의 성격을 살피기 위해서는 무엇보다도 그 관인들이 어떻게 행동했는가를 정리해 보는 것이 지름길이라고 생각된다. 앞에서 정리한 바와 같이 大臣이라고도 불린 안라왜신관 卿은 的臣이고, 執事인 안라왜신관 臣은 吉備臣이며, 왜신관에 소속된 하급 관인으로는 河內直, 移那斯, 麻都 등이 있다. 사료 상에 드러난 그들의 행동을 摘記하면 다음과 같다.

(3)-① 吉備臣은 541년 4월과 544년 11월에 任那 旱岐(執事)들과 함께 백제에 가서 喙己呑·南加羅·卓淳 3국 멸망 이후의 대책을 논의하였다.(欽明紀 2년 4월 조,[114] 5년 11월 조[115])

(3)-② 541년~544년 사이에 왜왕이 사신 印奇臣을 신라에 보내고 津守連을 백제에 보내자, 그들이 신라나 백제에 가는 길에 가야 지역에 들렀을 때 的臣이 사람을 보내 그 방문 취지를 물어보았다.(欽明紀 5년 2월 조의 的臣의 발언[116])

(3)-③ 的臣과 河內直 등은 541년 7월 前後에 신라에 왕래하며 安羅의 경작 문제

114) 安羅次旱岐夷吞奚大不孫久取柔利 加羅上首位古殿奚 卒麻旱岐 散半奚旱岐兒 多羅下旱岐夷他 斯二岐旱岐兒 子他旱岐等 與任那日本府吉備臣[闕名字] 往赴百濟 俱聽詔書.

115) 百濟遣使 召日本府臣任那執事曰 遣朝天皇 奈率得文許勢奈率奇麻物部奈率奇非等 還自日本. 今日本府臣及任那國執事 宜來聽勅 同議任那. 日本吉備臣 安羅下旱岐大不孫久取柔利 加羅上首位古殿奚 卒麻旱岐 斯二岐君 散半奚君兒 多羅二首位訖乾智 子他旱岐 久嗟旱岐 仍赴百濟.

116) 會聞印奇臣使於新羅 乃追遣問天皇所宣. 詔曰 日本臣與任那執事 應就新羅 聽天皇勅. 而不宣就百濟聽命也. 後津守連遂來過此. 謂之曰 今余被遣於百濟者 將出在下韓之百濟郡令城主.

등을 논의하였다.(欽明紀 2년 7월 조,[117] 5년 3월 조에 인용된 倭王의 국
서[118])

(3)-④ 543년 11월과 544년 정월에 백제가 사신을 보내 任那 執事와 倭臣館 執事
를 불렀는데 的臣이 倭王의 의도를 핑계로 대면서 그들을 백제에 보내지
않았다.(欽明紀 4년 12월조,[119] 5년 정월 조,[120] 5년 2월 조[121])

(3)-⑤ 548년 정월의 馬津城 전투에서 잡힌 고구려 포로를 통해, 安羅國과 倭臣館
의 延那斯와 麻都가 고구려에 몰래 사신을 보내 백제를 벌주기를 권하였
음이 알려졌다.(欽明紀 9년 4월 조,[122] 10년 6월 조[123])

이와 같은 자료들로 보아, 的臣, 吉備臣, 河內直, 移那斯, 麻都 등의 안라
왜신관 관인들은 안라에 머무르면서 외국과 관련된 일에 관여하고 있음을
알 수 있다. (3)-①에서는 백제에 가서 가야연맹 전체의 앞날을 논의하는데
참여했고, (3)-③에서는 신라에 가서 안라의 경작 문제를 논의하였고, (3)-⑤
에서는 고구려에 사신을 보내 백제 공격을 권유하였다. 안라왜신관 관인들
은 그 중에서 (3)-①에서는 가야연맹 전체 사신단의 일원으로 갔고 (3)-⑤에
서는 안라만을 위해 단독으로 간 것으로 판단된다. (3)-③에서는 '安羅日本
府'라고도 나오고 백제가 '使于安羅 召到新羅任那執事'하였다고 한 것으

---

117) 百濟聞安羅日本府與新羅通計. 遣前部奈率鼻利莫古奈率宣文中部奈率木劦眯淳紀臣奈
率彌麻沙等 [紀臣奈率者 蓋是紀娶韓婦所生 因留百濟 爲奈率者也. 未詳其父. 他皆效
此也] 使于安羅 召到新羅任那執事 謨建任那. 別以安羅日本府河內直通計新羅 深責罵之.
[百濟本記云 加不至費直阿賢移那斯佐魯麻都等 未詳也].

118) 於是 詔曰 的臣等[等者 謂吉備弟君臣河內直等也] 往來新羅 非朕心也. 曩者 印支彌[未詳]
與阿鹵旱岐在時 爲新羅所逼 而不得耕種. 百濟路迥 不能救急. 由的臣等往來新羅 方得耕
種 朕所曾聞.

119) 是月 乃遣施德高分 召任那執事與日本府執事. 俱答言 過正旦而往聽焉.

120) 百濟國遣使 召任那執事與日本府執事. 俱答言 祭神時到 祭了而往. 是月 百濟復遣使 召任
那執事與日本府執事. 日本府任那 俱不遣執事 而遣微者. 由是 百濟不得俱謀建任那國.

121) 日本府答曰 任那執事不赴召者 是由吾不遣 不得往之. 吾遣奏天皇 還使宣日 朕當以印奇
臣語訛未詳]遣於新羅 以津守連遣於百濟. 汝待聞勅際 莫自勞往新羅百濟也. (中略) 唯聞
此說 不聞 任那與日本府 會於百濟 聽天皇勅. 故不往焉 非任那意.

122) 然馬津城之役[正月辛丑 高麗率衆 圍馬津城] 虜謂之曰 由安羅國與日本府招來勸罰.

123) 因詔曰 延那斯麻都 陰私遣使高麗者 朕當遣問虛實. 所乞軍者 依願停之.

로 보아 왜신관 관인들이 任那 執事, 즉 가야 각국이 파견한 대표자(대부분은 투岐)들과 함께 신라에 간 것으로 추정되나, 왜신관 관인이 논의한 것은 주로 안라의 경작 문제였던 것으로 보아 그들은 대외적으로 안라의 이익을 위해 행동하고 있었음을 알 수 있다.

또한 (3)-②에서는 신라나 백제에 가는 왜의 사신을 맞이하여 그 목적을 확인하였으며, (3)-④에서는 그 때 얻은 왜왕의 의도에 대한 정보를 기반으로 하여 가야연맹 집사들이 백제왕이 주도하는 회의에 참여하지 않는 명분을 제공하였다. 이로 보아 왜신관 관인들은 왜 왕권과 직접적인 관련을 맺고 있지는 않지만 한반도에 오래 거주한[124] 왜인이거나 왜계 인물이기 때문에, 일본어 소통 능력을 토대로 일본열도의 정보를 알아내어 가야연맹이 타국과 대외 관계를 수립하는 데 중요한 역할을 하였다고 추정된다.

따라서 사료 상에 나오는 왜신관 관인들은 가야연맹체, 그 중에서도 특히 안라국의 독립성 유지 및 대외 교섭을 위해서 활동하였던 것을 확인할 수 있다. 현재의 연구 경향으로 볼 때, 이제 6세기의 '任那日本府' 문제는, 왜 왕권과의 관계는 그리 크지 않고 오히려 백제사나 가야사와 밀접한 관련을 가진다고 생각할 수밖에 없게 되었다. 그에 따라 볼 때, 안라왜신관은 540년대에 가야연맹이 대가야 중심의 연맹체를 유지하고 있으면서 주위의 중앙 집권적 고대국가인 신라와 백제의 복속 압력을 받고 있던 시기에, 가야연맹의 제2인자였던 안라국이 자신을 중심으로 한 연맹체를 도모하기 위해 운영하였던 기구였다. 그 관인들의 행동을 토대로 생각해 볼 때, 그들이 속한 안라왜신관은 실질적으로 안라의 외무관서였다고 해도 과언이 아니다.

---

124) 『日本書紀』卷19, 欽明天皇 2년 7월 "日本卿等 久住任那之國 近接新羅之境 新羅情狀 亦是所知. 毒害任那 謨防日本 其來尚矣 匪唯今年."

4. 삼국의 정립과 왜

(1) 삼국의 안정과 통치 체제 보완

6세기 후반의 한반도는 고구려, 백제, 신라의 삼국이 정립하여 경쟁적으로 중국의 남북조와 교섭하며 한동안 평화를 유지하였다. 고구려 평원왕은 중국의 北齊 및 周, 陳, 隋나라에 조공하고[125] 586년에는 도읍을 長安城으로 옮겨[126] 번영을 구가하였다. 백제 위덕왕은 관산성 패전 직후의 위기를 수습하고 北齊 및 北周, 隋, 陳나라에 조공하며[127] 안정을 추구하였다.

신라 진흥왕은 553년에 한강 하류 지역을 점령하고 562년에 가야를 병합한 이후, 564년에 北齊, 566년 이후에 陳에 사신을 보내 조공함으로써[128] 중국과의 직접 교섭에 나섰다. 신라는 중국에 토산물을 보냈으며, 北齊가 진흥왕을 '使持節東夷校尉樂浪郡公新羅王'으로 봉했다 하고, 陳이 불교 경론

---

125) 『三國史記』卷19, 高句麗本紀7 平原王 2년(560) "春二月 北齊廢帝封王爲使持節領東夷校尉遼東郡公高句麗王."
    같은 왕 3년(561) "冬十一月 遣使入陳朝貢."
    같은 왕 4년(562) "春二月 陳文帝詔授王寧東將軍."
    같은 왕 6년(564) "遣使入北齊朝貢."
    같은 왕 7년(565) "春正月 立王子元爲太子. 遣使入北齊朝貢."
    같은 왕 8년(566) "冬十二月 遣使入陳朝貢."
    같은 왕 12년(569) "冬十一月 遣使入陳朝貢."
    같은 왕 13년(570) "春二月 遣使入陳朝貢."
    같은 왕 15년(573) "遣使入北齊朝貢."
    같은 왕 16년(574) "春正月 遣使入陳朝貢."
    같은 왕 19년(577) "王遣使入周朝貢 周高祖拜王爲開府儀同三司大將軍遼東郡開國公高句麗王."
    같은 왕 23년(581) "十二月 遣使入隋朝貢. 高祖授王大將軍遼東郡公."
    같은 왕 24년(582) "春正月 遣使入隋朝貢. 冬十一月 遣使入隋朝貢."
    같은 왕 25년(583) "春正月 遣使入隋朝貢. (中略) 夏四月 遣使入隋朝貢. 冬 遣使入隋朝貢."
    같은 왕 26년(584) "春 遣使入隋朝貢. 夏四月 隋文帝宴我使者於大興殿."
    같은 왕 27년(585) "冬十二月 遣使入陳朝貢."
126) 위의 책, 平原王 28년(586) "移都長安城."

1,700여 권을 보냈다고 하므로,[129] 6세기 중엽의 신라가 원하는 것은 국제사회에서의 지위 획득과 불교와 같은 고급 정신문화의 수입이었다고 보인다.

또한 진흥왕은 영토가 팽창됨에 따라 이를 관리하기 위하여 각지에 州를 추가하고 軍主를 파견하여 다스렸다. 그리하여 한강 유역에는 新州(553), 北漢山州(557), 南川州(568)를 교대로 설치하였고, 옛 가야 지역에는 完山州(555), 大耶州(565), 신라 북부 지역에는 沙伐州에 대신한 甘文州(557), 고구려 동남부 지역에는 比列忽州(556), 達忽州(568)를 번갈아 설치하였으며,[130] 國原(충북 충주)을 小京으로 만들고 부유한 사람들을 이민시켜 충실

---

127) 『三國史記』卷27, 百濟本紀5 威德王 14년(567) "秋九月 遣使入陳朝貢."
  같은 왕 17년(570) "高齊後主 拜王爲使持節侍中車騎大將軍帶方郡公百濟王."
  같은 왕 18년(571) "高齊後主 又以王爲使持節都督東青州諸軍事東青州刺史."
  같은 왕 19년(572) "遣使入齊朝貢."
  같은 왕 24년(577) "秋七月 遣使入陳朝貢. (中略) 十一月 遣使入宇文周朝貢."
  같은 왕 25년(578) "遣使入宇文周朝貢."
  같은 왕 28년(581) "王遣使入隋朝貢 隋高祖詔 拜王爲上開府儀同三司帶方郡公."
  같은 왕 29년(582) "春正月 遣使入隋朝貢."
  같은 왕 30년(583) "冬十一月 遣使入陳朝貢."
  같은 왕 33년(586) "遣使入陳朝貢."
128) 『三國史記』卷4, 新羅本紀4 眞興王 25년(564) "遣使北齊朝貢."
  같은 왕 27년(566) "春二月 (中略) 遣使於陳貢方物."
  같은 왕 28년(567) "春三月 遣使於陳貢方物."
  같은 왕 29년(568) "夏六月 遣使於陳貢方物."
  같은 왕 31년(570) "夏六月 遣使於陳獻方物."
  같은 왕 32년(571) "遣使於陳貢方物."
  같은 왕 33년(572) "三月 王太子銅輪卒. 遣使北齊朝貢."
129) 위의 책, 眞興王 26년(565) "春二月 北齊武成皇帝詔 以王爲使持節東夷校尉樂浪郡公新羅王. (中略) 九月 (中略) 陳遣使劉思與僧明觀 來聘 送釋氏經論千七百餘卷."
130) 위의 책, 眞興王 14년(553) "秋七月 取百濟東北鄙 置新州 以阿湌武力爲軍主."
  같은 왕 16년(555) "春正月 置完山州於比斯伐."
  같은 왕 17년(556) "秋七月 置比列忽州 以沙湌成宗爲軍主."
  같은 왕 18년(557) "廢沙伐州 置甘文州 以沙湌起宗爲軍主. 廢新州 置北漢山州."
  같은 왕 26년(565) "九月 廢完山州 置大耶州."
  같은 왕 29년(568) "冬十月 廢北漢山州 置南川州. 又廢比列忽州 置達忽州."

하게 만들었다. [131] 진흥왕은 자신이 확보한 영역을 돌아보며 경상남도 창녕(561), 서울 북한산, 함경남도 황초령, 마운령(모두 568)에 순수비를 세우기도 하였으며, 그런 일련의 과정에서 연호를 開國(551), 大昌(568), 鴻濟(572) 등으로 바꾸어[132] 국가의 면모를 일신코자 하였다. 또한 종전의 촌락 공동체 내부에 있었던 청년 조직들을 중앙에 일괄 흡수하여 화랑도를 창설하고,[133] 불교를 장려하여 祇園寺, 實際寺, 皇龍寺를 짓고 八關筵會를 개최하였다. [134]

진평왕은 579년에 왕위에 오르자 밖으로 중국의 隋, 唐과 조공 외교를 하면서, 안으로 중앙 조정의 관부 설치에 많은 노력을 기울였다. 그리하여 581년에는 문관 인사를 담당하는 位和府를 설치하고, 583년에는 선박에 대한 관리를 하는 船府를 설치하였으며, 584년에는 조세 수취의 업무를 담당하는 調府, 수레와 가마를 만들고 관리하는 乘府를 설치하였다. [135] 586년에는 외교를 담당하는 禮部를 두고, 591년에는 외국 사신의 접대를 관장하는

---

131) 위의 책, 眞興王 18년(557) "以國原爲小京."
   같은 왕 19년(558) "春二月 徙貴戚子弟及六部豪民 以實國原. 奈麻身得作砲弩上之 置之城上."
   같은 왕 26년(565) "秋八月 命阿湌春賦 出守國原."
132) 위의 책, 眞興王 12년(551) "春正月 改元開國."
   같은 왕 29년(568) "改元大昌."
   같은 왕 33년(572) "春正月 改元鴻濟."
133) 위의 책, 眞興王 37년(576) "春 始奉源花. 初君臣病無以知人 欲使類聚羣遊 以觀其行義 然後擧而用之. 遂簡美女二人 一日南毛 一日俊貞 聚徒三百餘人. 二女爭娟相妬 俊貞引南毛於私第 强勸酒 至醉 曳而投河水以殺之. 俊貞伏誅 徒人失和罷散. 其後 更取美貌男子 粧飾之 名花郎以奉之. 徒衆雲集 或相磨以道義 或相悅以歌樂 遊娛山水 無遠不至 因此知其人邪正 擇其善者 薦之於朝."
134) 위의 책, 眞興王 14년(553) "春二月 王命所司 築新宮於月城東 黃龍見其地. 王疑之 改爲佛寺 賜號曰皇龍."
   같은 왕 27년(564) "春二月 祇園‧實際二寺成. (中略) 皇龍寺畢功."
   같은 왕 33년(572) "冬十月二十日 爲戰死士卒 設八關筵會於外寺 七日罷."
135) 위의 책, 眞平王 3년(581) "春正月 始置位和府 如今吏部."
   같은 왕 5년(583) "春正月 始置船府署 大監‧弟監各一員."
   같은 왕 6년(584) "春二月 改元建福. 三月 置調府令一員 掌貢賦. 乘府令一員 掌車乘."

領客府를 두어[136] 늘어나는 중국과의 외교 교섭에 대비하였다.

이처럼 삼국은 각기 내실을 도모하며 안정을 유지하고 있었으나, 589년에 隋나라가 陳나라를 멸망시키고 중국을 통일하자 한반도에서 경계의 움직임이 나타나기 시작하였다. 백제 위덕왕은 수나라의 전함 한 척이 耽牟羅國(제주)에 표류했다가 돌아갈 때, 필요한 물건을 주고 사신을 보내 진나라 평정한 것을 축하하였다.[137] 고구려 평원왕은 陳나라가 망했다는 소식을 듣고 크게 두려워하여 군사를 훈련하고 군량을 쌓아서 방어할 계책을 세웠다. 그러나 590년에 수나라 高祖가 고구려에 국서를 보내 "비록 藩國이라고 칭하기는 하지만 정성과 예절을 다하지 않는다."고 위협하자, 양국 사이에는 戰雲이 감돌았다.[138]

(2) 백제의 문화 전수와 왜의 왕권 성장

왜와의 교역 중심은 6세기 전반 내지 중엽 이후로 백제로 옮겨졌으니, 나라의 아스카[飛鳥] 문화는 곧 그 반영이었다. 당시에 백제는 왜국의 요청에 따라 주로 고급 정신문화를 전하였다. 그리하여 백제는 513년, 516년의 오경박사 段楊爾·漢高安茂에 이어 554년에 오경박사 馬丁安·王柳貴 등을 보내 유학을 전수하였다.[139] 또한 백제는 552년에 노리사치계 등을 보내 釋迦佛金銅像 1軀와 幡蓋 약간, 경론 약간 권을 보냈고, 577년에는 경론 약간 권과 律師, 禪師, 比丘尼, 呪禁師, 造佛工, 造寺工 6인을 보내고, 588년에는 佛

136) 위의 책, 眞平王 8년(586) "春正月 置禮部令二員."
　　같은 왕 13년(591) "春二月 置領客府令二員."
137)『三國史記』卷27, 百濟本紀5 威德王 36년(589) "隋平陳 有一戰船 漂至耽牟羅國. 其船得還 經于國界 王資送之甚厚 幷遣使奉表 賀平陳."
138)『三國史記』卷19, 高句麗本紀7 平原王 32년(590) "王聞陳亡大懼 治兵積穀 爲拒守之策 隋高祖賜王璽書 責以 雖稱藩附 誠節未盡."
139)『日本書紀』卷17, 繼體天皇 7·10년 조, 卷19 欽明 15년 조.
　　『日本書紀』應神天皇 15년과 16년 조의 백제 阿直岐와 王仁, 또는『古事記』의 和邇吉師가 論語 10권과 千字文 1권을 전했다고 하여, 이것이 儒學의 최초 전수라고도 하지만, 어느 정도의 사실성을 가지고 있는지는 알 수 없다.

舍利와 僧侶, 寺工, 鑪盤博士, 瓦博士, 畵工 등을 보내 法興寺(飛鳥寺)를 지었다고 하였다.[140] 일본의 불교와 사찰 건축은 실질적으로 그 때부터 시작된 것이다. 또한 554년에 백제가 왜국에 易博士, 曆博士, 醫博士, 採藥師, 樂人 등을 보냈다고 하였으니,[141] 역법 및 의약 등도 백제로부터 전수되었다고 하겠다.

왜국은 백제로부터 불교와 유교를 비롯한 정신문화를 받아들였으나, 552년에 백제 성왕이 보낸 불상을 둘러싸고 奉佛可否에 대하여 蘇我氏와 物部氏가 대립하자 이를 결정짓지 못하였다. 蘇我馬子는 왕실과의 외척 관계를 두텁게 하고, 백제와의 우호 관계를 통하여 불교를 수용하면서 중앙집권을 강화하였으며, 推古 때인 596년에는 일본 최초의 사찰인 法興寺를 완공하기에 이르렀다. 여기서 숭불을 장려하고 法興寺 건립을 주도한 蘇我氏는 한반도에서 이주한 집단을 배경으로 정계에 두각을 나타냈으며, 그들의 조상인 蘇我滿智는 백제 귀족 木滿致와 동일인일 가능성이 있다.[142] 한편 敏達 때 고구려와의 정식 국교가 개시되었으나 백제만큼 영향을 미치지는 못하였다.

(3) 이른바 '任那調'의 문제

『일본서기』를 보면, 임나 멸망 이후에 일본은 신라의 가야 영유를 승인하는 대신 이른바 '任那의 調'를 신라로부터 7세기 전반까지 수취했다고 하였다. 이에 대해서는 『일본서기』 찬자가 야마토 정권의 임나 지배라는 사관에 맞추기 위해 조작해낸 것이라는 비판이 있고[143] 또는 임나의 조는 존재하

---

140) 『日本書紀』卷19, 欽明天皇 13년(552) 10월 조, 卷20, 敏達天皇 6년(577) 11월 庚午朔條, 卷21, 崇峻天皇 元年(588) 是歲條.

141) 위의 책, 欽明天皇 15년(554) 2월 조.

142) 山尾幸久, 1978, 「任那に關する一試論 -史料の檢討を中心に-」, 『古代東アジア史論集』 下卷, 末松保和博士古稀記念會.

143) 金鉉球, 1985, 『大和政權の對外關係硏究』, 東京 : 吉川弘文館.

지도 않은 가공의 것이며, 그 표현은 6세기 말 推古朝 이래 고조되기 시작한 국가의식과 『일본서기』 편찬 당시의 新羅敵視觀 및 蕃國觀이 융합되어 나타난 관념적 허상이라는 연구가 있다.[144]

신라는 575년에 多多羅·須奈羅·和陀·發鬼 4邑의 調, 즉 이른바 '任那調'를 보냄으로써 왜국과의 화해를 도모하였으나, 그 후 다시 신라가 위압적 자세를 보여 한동안 관계가 단절되었다. 그러나 610년 이후로는 왜국에 대하여 자주 외교 사절을 파견하였으며, 그중 서너 차례는 任那使人과 동행한다는 명목으로 더 많은 방물을 전달하였을 것으로 추측된다. 임나 사신은 이름 앞에 喙部·習部와 같은 신라 6부의 이름과 관등이 붙되, 동시에 파견된 신라 사신의 관등인 奈末보다 한 등급 아래인 大舍였던 것으로 보아, 신라 사절단의 正使를 보조하는 副使格의 존재였다고 보인다. 신라는 7세기의 치열한 삼국 전쟁 속에서 그 배후에 있던 왜국과의 외교를 정상화하기 위하여, 그들의 요구에 따라 한동안 신라 사절에 임나 사신 일행을 추가한 것이니, 이것이 왜국의 新羅蕃國觀을 키워주는 요인이 되었을 수도 있다.

* 이 글의 원전 : 金泰植, 2010, 「古代 王權의 成長과 韓日關係 -任那問題를 包含하여-」, 『제2기 한일역사공동연구보고서 제1권(제1분과 편)』, 서울 : 한일역사공동연구위원회, 190~227쪽(第3章 百濟·倭의 連結과 新羅의 加耶 併合).

144) 延敏洙, 1992, 「日本書紀의 '任那의 調' 關係記事의 檢討」, 『九州史學』 105.

5.
4~6세기 한일관계사의 요약

혹자는 고대 한일관계사의 사료가 어째서 이렇게 일본 쪽에 유리하게 서술되어 있는가 하고 한탄하기도 한다. 모든 문자 기록을 그대로 믿고 싶은 마음은 순진한 것일 수 있으나, 이는 사료 고증과 비판을 선행해야 하는 역사학의 근본을 沒覺한 것이다. 한일 간의 문헌 사료 遺存 상태를 보면, 한국 측은 1145년에 편찬된 『三國史記』가 가장 오래된 것임에 비하여, 일본 측은 720년에 편찬된 『日本書紀』가 한일관계에 대하여 많은 기사를 보존하고 있다.

그런데 『삼국사기』는 신라가 고대 문명의 찬란함을 자랑하다가 덧없이 무너지고 난 후, 그에 대한 반성을 바탕으로 성립한 고려시대의 융성기에 유교적 합리성과 국제적 균형감을 기반으로 하여 저술된 것이기에, 자신의 과거 문화에 대한 자만이나 과시와 같은 서술은 보이지 않는다. 그에 비하여 『일본서기』는 일본이 동아시아에서 가장 늦게 출발하여 이제 막 고대국가를 완성한 후의 자신감 속에 편찬된 것이며, 그 안의 일부에는 주변 국가를 배려하지 않는 稚氣가 배어 있기도 하다. 그보다 앞선 5세기 후반의 『宋書』倭人傳에 나오는 외교적인 주장은 그에 비할 바 아니다.

그러므로 고대 한일관계사를 서술할 때 관련 사료만을 그대로 나열하고 아무런 논평을 하지 않는 것은, 특히 많은 문제점을 남긴다. 위에 언급한 바와 같이 한일 양국의 관련 사료들의 상당수는 사실에 입각한 객관성을 바탕으로 한 것이 아니기 때문이다. 본고는 사료 상태의 이런 불균형을 해소하여 올바른 역사인식을 모색하는데 중점을 두었다. 여기서는 장편에 걸친 논문의 요지를 간략하게 요약하는 것으로 결론에 대신하고자 한다.

4세기 전반에는 西晉의 혼란으로 인한 東部都尉의 몰락, 고구려의 樂浪・帶方郡 병합, 이에 따른 加耶聯盟의 동서 분열 등으로 말미암아, 한반도와 일본열도 사이에 일원적인 문화의 흐름이 이어지지 않았다. 따라서 그 시기에는 일본열도 기나이[畿內] 중심의 연맹체도 그다지 큰 기능을 발휘하지 못하고 각 지역이 한반도 남부의 세력들과 개별적인 교섭을 하였다.

백제는 4세기 중엽에 크게 발전하여, 근초고왕은 366년과 368년에 신라에 사신을 보내 우호를 타진하고, 369년 雉壤(황해도 백천) 전투와 371년 平壤城 전투에서 고구려와 싸워 고국원왕을 살해하였으며, 372년에는 東晉과의 공식적 교류를 시작하였다.

『日本書紀』神功 49년 조의 해석을 통해 369년 왜의 임나 정벌을 사실로 인식하는 견해가 있다. 이에 대한 감사의 표시로 3년 후에 백제가 七支刀를 왜에 보냈다고 하나, 그 제작 연도에 대해서는 연호 글자가 분명치 않아 확정할 수 없으며, 칠지도의 모양, 칠자경과의 관련, 다량의 글자를 금은으로 상감한 철검들의 유행 시기 등을 고려해 볼 때 5세기 후반 내지 6세기 초의 것일 가능성이 높다. 神功紀 기사를 欽明紀 2년(541) 조의 성왕 회고 기사와 비교해 볼 때, 그 실상은 4세기 후반에 백제가 가야와 처음으로 친교를 트고 이를 토대로 왜와 연결된 것이며, 신공기 49년 조는 그런 사실을 후대에 왜곡한 기사라고 할 수 있다.

고구려는 4세기 후반 소수림왕 때 성숙한 고대국가 체제를 완비하고 신라에 사신을 보내 수호하였다. 이 시기 한반도 관련 국제 정세의 기본은 고구려와 백제 양대 강국의 대결 구도였으며, 그에 비하면 한반도 남부의 신라와 가야는 부수적으로 연동되어 움직이는 측면이 강하였다. 거기에 또 하나 고려해야 할 사항이 한반도 남부에 출몰한 왜의 문제이다.

광개토왕릉비문에 나오는 왜군의 성격에 대해서는 대개 일본 기나이 야마토[大和] 세력의 파견군이되 각국의 대등한 국제 관계 속에서 들어온 것으로 보고 있다. 그들은 加耶의 의도에 따라 對新羅 戰線에 투입되기도 하고 백제와 가야의 교섭에 따라 고구려와의 전쟁에 투입되기도 하였다고 보는 것이 합리적이다. 게다가 왜군들의 무장 상태가 가야에 비해서 빈약하였다는 사실을 고려한다면, 실상 광개토왕릉비에 나오는 '倭敵' 또는 '倭寇'는 가야-왜 연합군이었고, 그 내부에서 왜군은 가야군에 부속된 존재였다고 할 수 있다.

고구려군의 400년 任那加羅 전투, 404년의 帶方界 전투 승리 등으로 인하여, 백제는 황해도 지역의 영토와 함께 낙동강 유역을 중계 기지로 하는 대왜 교역망을 상실하게 되었다. 고구려군의 南征은 한반도 사국의 세력 판도를 백제 위주로부터 고구려 위주로 바꾸어 놓았으며, 그에 수반하여 김해 金官加耶 중심의 전기 가야연맹은 큰 타격을 입고 해체되었다.

5세기 이후 일본열도의 고대 문화에는 급격한 변화가 일게 되었다. 즉 공격·방어도구가 모두 한반도계의 실용 무장으로 혁신되었고, 공격력이 높은 긴 목 달린 쇠화살촉, 못으로 연결하는 철제 판갑옷 및 투구 제작 기법, 마구 등도 나타나게 되었다. 또한 금동제의 장신구류도 많아지고, 종래의 움집 주거에 화덕이 부설되었고, 토기에서도 단단한 스에키 생산이 시작되었으며, 굴식 돌방무덤의 매장시설이 나타났다.

4세기 말에서 5세기 초에 일본열도에 갑자기 나타난 각종 선진 문물 제작 기술은 한일간 문화 교류의 결과로 보기도 하나 한반도계 주민의 이민과 함께 전해진 것으로 보는 견해가 많다. 4~5세기에 해당한다고 볼 수 있는 『日本書紀』武烈紀 이전 시기의 일본 대외관계 기사에서도 한반도에서 일본열도로의 대량 이민을 전하고 있다. 그 이민의 성격에 대해서는 임나 경영에 따른 歸化人 또는 渡來人說, 騎馬民族征服說 등이 있으나, 그 실상은 가야로부터의 援助工人과 流亡民, 즉 가야계 이주민으로 보는 것이 타당하다.

고구려 장수왕은 427년에 평양으로 천도하여 안정을 도모하였다. 백제 전지왕은 주로 왜국과 교섭하였으나, 비유왕은 왜국 일변도의 교섭에서 벗어나 중국 남조 및 한반도 남방 제국의 네트워크를 구성하려고 노력하였다.

신라는 한동안 고구려의 영향력에 시달렸으나, 눌지왕은 중앙 집권 능력을 높여나가면서 백제의 화친 요청을 수락하였다.

가야 지역은 고구려-신라 연합군의 임나가라 정벌 이후 큰 타격을 입고 약화되었으나, 그 중에서 고령의 伴跛國은 철광산을 개발하며 발전을 주도하였다. 5세기 중엽에 반파국은 大加耶로 국명을 바꾸고 가야연맹을 복구하였으며, 나아가 소백산맥을 서쪽으로 넘어 호남 동부 각지의 세력들을 연합하였다. 그에 힘입어 加羅王 荷知는 479년에 중국 남제에 조공하여 '輔國 將軍 本國王' 의 작호를 받았다.

고구려는 동북아시아 동북부의 중추적 중계 교역자로 성장하여, 479년 (장수왕 67)에는 柔然과 모의하여 地豆于 분할을 시도하였고, 남쪽으로는 한강 이남에 대한 남진 정책을 추진하였다. 고구려의 공격에 의해 475년 백제 수도 慰禮城(서울 송파구)이 함락되고 개로왕이 전사하자, 백제는 熊津 (충남 공주)으로 천도하였다.

또한 고구려는 481년에 신라의 彌秩夫(경북 포항시 흥해)까지 쳐내려갔다. 이에 대하여 백제 동성왕은 원병을 보내 고구려군의 남침을 물리치고 493년에 신라와 결혼 동맹을 맺었다. 가야도 481년에 신라를 구원하고 496년 신라에 흰 꿩을 보내 우호를 닦았다. 당시의 정세는 고구려의 남진에 대처하여 백제-신라-가야가 군사 동맹을 맺어 방어하는 형국이었다. 해당 시기의 『일본서기』에는 雄略紀와 顯宗紀 등에 일본열도의 일부 중앙 귀족 또는 지방 호족들의 家傳에 의하여 왜군이 고구려군과 싸우거나 혹은 내통하는 등의 기사가 나오는데, 그들은 왜왕의 명령 아래 한반도 남부에 와서 독자적으로 활동하는 군대가 아니었다. 그들의 실상은 가야와의 인적·물적 교류의 대가로, 일본열도의 각 지역에서 개별적으로 가야로 동원되어 와서, 가야군에 부속되어 움직이던 존재에 지나지 않았다.

『宋書』 百官志에 의하면 征東·鎭東·安東(大)將軍號는 모두 제3품 ('大' 가 붙으면 제2품)에 해당하며 정원은 1명이다. 승진 사례를 살펴 볼 때 그 사이에 서열은 정동(대)장군, 진동(대)장군, 안동(대)장군의 순서였으니, 정동(대)장군 고구려왕이 제일 높았고, 그 다음이 진동(대)장군 백제왕이었으며, 그 다음이 안동(대)장군 왜국왕이었다. 그러한 장군호는 국가 사이의 국제적 지위를 반영한다.

그럼에도 불구하고 5세기 한일관계사의 쟁점은, 『송서』 왜국전에 나오는 왜 5왕이 자칭한 七國諸軍事號의 성격이 무엇인가 하는 점이다. 왜왕 武가 479년에 보낸 상표문을 통해서 볼 때, 그는 한반도 남부를 군사적으로 통솔할 수 있는 권리를 중국으로부터 인정받고자 했던 듯하다. 그러나 왜왕의 한반도 남부 지역명이 포함된 諸軍事號 인정 여부와 실제로 한반도 남부에서 군사적 지휘권을 행사할 수 있었는지 여부는 별개의 문제이며, 그러한 실상은 문헌 사료나 고고학 자료를 통해서는 확인되지 않는다. 그러므로 혹시 『송서』에서 왜왕의 제군사호 관련 기사를 인용만 한다면, 그 자체로서는 서술의 오류가 아니나, 독자들에게 역사적 진실을 오도할 우려가 있어, 결과적으로는 역사의 왜곡이다. 그것은 왜왕의 의도일 뿐, 실효성이 없는 행위였다는 점을 반드시 병기해야 오해의 여지가 없을 것이다.

5세기 후반 내지 6세기 전반의 한일관계를 둘러싸고 고고학계에서 새로운 문제가 제기되었는데, 그것은 전남 영산강 유역에서 발견된 10여 기의 '前方後圓墳'이다. 그 고분 축조 세력의 성격에 대해서는 이들을 在地首長으로 보는 견해와 倭人으로 보는 견해로 크게 나뉘나, 아직 전반적인 증거가 부족하여 어느 학설이 더 우세하다는 결론을 내리기 어렵다. 다만 유의해야 할 문제는 그 안에서 백제계 위세품이 다수 출토된다는 점이며, 이로 보아 그 고분군은 피장자의 혈통 여부와 관계없이 『삼국사기』 백제본기나 『송서』 백제전에 기록된 백제의 호남 서부지역 병합 과정과 관련 있다고 볼 수 있다.

5~6세기 후기 가야의 교역은 전기만큼 활발하지는 못했으나, 왜와의 교역은 김해를 대신하여 고령을 중심으로 계속되어나갔다. 가야 계통 유물의 분포로 보아, 대가야는 장신구, 마구, 토기, 철 소재와 같은 물품의 유통권을 낙동강 유역과 섬진강 유역에 걸쳐 대내적으로 장악하는 한편, 멀리 바다 건너 對倭 교역 창구를 독점하는 면모를 보였다.

6세기에 들어 백제 무령왕은, 북쪽으로 금강부터 한강에 이르는 영토를 회복하고, 남쪽으로 왜와의 교역을 회복한다는 명분 아래 가야 세력권에 있던 '任那 4縣'과 己汶, 즉 호남 동부의 섬진강 유역을 잠식해 들어갔다. 신라 지증왕은 주군현제를 제정하고 于山國을 정벌하였으며, 그를 이어 법흥왕은 율령 반포, 불교 공인 등을 통하여 중앙 집권 체제를 완비하였다.

대가야는 백제에게 호남 동부지역을 빼앗기자, 子呑(경남 진주), 帶沙(하동), 爾列比(의령군 부림면), 麻須比(창녕군 영산면) 등에 성을 쌓음으로써(514) 중앙 집권적 지배 체제를 강화시켰다. 이 시기에 대가야는 초기 고대국가를 성립시켰다고 할 수 있다. 그런 조건에서 이뇌왕은 522년에 신라와 결혼 동맹을 맺었다. 그러나 몇 년 후에 가야연맹에서 분열이 생겨나자, 신라는 가야의 喙己呑國(경남 영산), 南加羅國(김해), 卓淳國(창원)을 병합하였다. 백제도 安羅國(경남 함안) 주변의 乞乇城과 久禮牟羅城(칠원) 등에 군대를 주둔시켰다.

백제 무령왕은 가야를 배제하고 왜와의 직접적인 교류를 도모하여 513년과 516년에 오경박사를 왜에 보내 유학을 전수하였다. 이 시기를 전후하여 고대 한일 교류의 패턴은 기존의 百濟-加耶-九州倭-近畿倭를 거치는 형식으로부터 百濟-近畿倭로 직결되는 형식이 우세하게 되었고, 이로 인하여 가야와 규슈 왜는 원거리 교역을 중계함으로써 얻고 있던 기존의 이득을 상실하게 되었다. 527년에 쓰쿠시노 구니노미야츠코[筑紫國造] 이와이[磐井]가 왜국 중앙 정권에게 반기를 든 것은, 백제와 왜국 사이의 교류를 막기 위한 가야 및 신라의 계책과 관련 있다고 추정된다.

530년대를 거치면서 후기 가야연맹은 대가야국과 안라국 중심의 남북 이원 체제로 분열된 상태였음에도 불구하고, 7~8개국의 執事들로 구성된 대외 교섭 단체를 마련하여 백제·신라 양측과의 외교 교섭을 도모하였다.

백제의 성왕은 538년에 泗沘(충남 부여)로 천도하고 중흥을 꾀하여, 梁에 방물을 보내고 倭와 문화 교류를 하였으며, 외교적으로 가야연맹을 부속시키려고 하였다. 그는 가야연맹 집사들을 두 차례에 걸쳐 불러들여 사비 회의를 개최하고 선진 문물을 증여함으로써, 결국 550년을 전후하여 가야연맹을 종속적으로 연합시켰다.

성왕은 551년에 그 권위를 가지고 신라와 동맹하여 고구려를 쳐서 한강 하류 지역을 회복하였다. 반면에 신라 진흥왕은 백제 성왕과 함께 고구려를 쳐서 한강 상류 지역을 차지하더니, 2년 후인 553년에는 백제가 점령한 하류 지역까지 탈취하였다.

당시에 백제는 왜에 불교, 유학, 역법, 의약 등을 전수하였다. 그 대가로 왜가 원군 1,000명을 보내자, 백제는 554년에 신라를 침공하여 管山城(충북 옥천) 전투를 일으켰으나 백제-가야-왜 연합군은 패퇴되었다. 그리하여 560년에 阿羅加耶(=安羅國, 경남 함안)가 신라에게 투항하고, 大加耶(=加羅國, 경북 고령)는 562년에 정복당하였다.

任那日本府說과 관련된 6세기 한일관계사의 쟁점은 『日本書紀』 欽明紀에 보이는 '任那日本府'가 무엇인가 하는 점이다. 그 자료들에서 중시되어야 할 것은, 이른바 '임나일본부'라는 것이 541년부터 552년 사이를 전후한 짧은 시기에만 존재하였고, 그 관인들은 가야연맹 집사들과 함께 대외 정책 결정에 참여하였으며, 그들의 정책 방향은 가야연맹의 독립적 발전을 위한 것이었다는 점이다.

'임나일본부'의 성격에 대해서는 크게 보아 任那支配說 4種과 外交交易說 4種으로 나뉜다. 이제 왜의 임나 지배를 논하던 전형적인 임나일본부설은 설득력을 상실하였다고 보아도 좋다. 그리고 관련 사료의 분석에 의하여, '임나일본부'는 4~5세기에는 존속하지 않았고 6세기에만 존재했다고 본다.

게다가 그 6세기의 '임나일본부' 문제도 이제 백제사와 가야사를 배제하고는 생각할 수 없게 되었다. 그에 따라 볼 때, '임나일본부'는 6세기 당시의 용어도 아니고 그릇된 선입견을 불러일으키는 용어이기 때문에, 보다 사실에 가까운 安羅倭臣館이라는 용어로 대체하는 것이 타당하다. 그리고 안라왜신관은 540년대에 가야연맹이 신라와 백제의 복속 압력을 받고 있던 시기에, 가야연맹의 제2인자였던 안라국이 왜계 관료를 영입하여 왜국과의 대외 관계를 주도함으로써, 안라를 중심으로 한 연맹 체제를 도모하기 위해 운영하였던 외무관서와 같은 성격의 기구였다. 그러나 550년을 전후하여,

이 기구는 상호간의 동맹 관계를 공고히 해가고 있던 백제와 왜 왕권의 불신임 속에 해체되었다.

6세기 후반의 한반도는 고구려, 백제, 신라의 삼국이 정립하여 중국의 남북조에 조공 교섭을 하며 한동안 평화를 유지하였다. 왜국은 백제로부터 불교와 유교를 비롯한 고급 정신문화를 받아들이며 국가 체제를 정비하였다.

이 시기에 신라는 이른바 '任那調'를 보냄으로써(575) 왜국과의 화해를 도모하였던 듯하나, 그 후 신라가 위압적 자세를 보여 한동안 관계가 단절되었다. 그러나 610년 이후로는 왜국에 대하여 자주 외교 사절을 파견하였으며, 그중 서너 차례는 任那使人과 동행토록 하였다. 여기서 任那使人이라는 것은 신라 사절단의 正使를 보조하는 副使格의 존재였다. 신라는 6세기 후반 이후 7세기의 치열한 삼국 전쟁 속에서 그 배후에 있던 왜국을 달래기 위하여, 그들의 요구에 따라 한동안 외교 사절에 임나 사신 일행을 추가한 것일 뿐이다. 그러므로 '任那調'의 문제는 신라가 일본의 가야 지역에 대한 연고권을 인정한 증거로 받아들일 수는 없다.

* 이 글의 원전 : 金泰植, 2010, 「古代 王權의 成長과 韓日關係 -任那問題를 包含하여-」, 『제2기 한일역사공동연구보고서 제1권(제1분과 편)』, 서울 : 한일역사공동연구위원회, 227~232쪽(結論).

찾아
보기

● 지은이

김태식 _ 金泰植

1956년 서울 출생
서울대학교 인문대학 국사학과 졸업
서울대학교 대학원 국사학과 문학석·박사
울산대학교 사학과 교수(1985~1992)
홍익대학교 역사학과 교수 및 사범대학장(현재)
한국고대사학회 고문
진단학회 회장

주요 논저

『加耶聯盟史』(일조각, 1993)
『譯註三國史記』(한국정신문화연구원, 1996~98, 共)
『미완의 문명 7백년 가야사』(푸른역사 2002)
『한국 고대 사국의 국경선』(서경문화사 2008, 共)

사국시대의
한일관계사 연구

초판인쇄일	2014년 2월 27일
초판발행일	2014년 2월 28일
지 은 이	김태식
발 행 인	김선경
책 임 편 집	김윤희, 김소라
발 행 처	**도서출판 서경문화사**
	주소 : 서울 종로구 동숭동 199 − 15(105호)
	전화 : 743 − 8203, 8205 / 팩스 : 743 − 8210
	메일 : sk8203@chollian.net
인 쇄	바른글인쇄
제 책	반도제책사
등 록 번 호	제 300-1994-41호
ISBN	978-89-6062-120-6 93900

* 파본은 본사나 구입처에서 교환하여 드립니다.

정가 25,000원